职业教育二维码互动类会计丛书

电算会计真账实操

丛书主编　林冬梅

主　　编　张立伟　罗维东

副 主 编　张开宇　于　蕾　梁　雪

电子工业出版社
Publishing House of Electronics Industry
北京·BEIJING

内 容 简 介

本书依据《企业会计信息化工作规范》和《企业会计准则》及相关法规制度，以用友 ERP-U8V10.1 软件为蓝本，基于"项目导向、任务驱动"的思路进行编写，以职业核心能力为目标，以企业真实账证资料为载体，重视岗位核心能力的培养。

本书共设置 6 个项目：项目一介绍使用用友 ERP-U8V10.1 软件对案例企业的账套进行创建与管理；项目二介绍对案例企业基础档案资料的设置；项目三介绍对案例企业采购管理、应付款管理、销售管理、应收款管理、固定资产、库存管理、存货核算、薪资管理、总账各子系统的参数及核算规则的设置；项目四以案例企业的日常业务活动为任务项，介绍使用用友 ERP-U8V10.1 软件处理各项业务活动的操作方法；项目五介绍案例企业的月末结账处理；项目六介绍编制案例企业会计报表的方法。

本书既适合各类职业院校和成人培训机构财务会计类专业的师生使用，也适合作为各类企业在职会计人员的培训、自学教材。

未经许可，不得以任何方式复制或抄袭本书之部分或全部内容。
版权所有，侵权必究。

图书在版编目（CIP）数据

电算会计真账实操 / 张立伟，罗维东主编. —北京：电子工业出版社，2022.12
ISBN 978-7-121-44693-1

Ⅰ. ①电… Ⅱ. ①张… ②罗… Ⅲ. ①会计电算化 Ⅳ. ①F232

中国版本图书馆 CIP 数据核字（2022）第 239950 号

责任编辑：徐　玲　　　特约编辑：田学清
印　　刷：三河市君旺印务有限公司
装　　订：三河市君旺印务有限公司
出版发行：电子工业出版社
　　　　　北京市海淀区万寿路 173 信箱　　邮编：100036
开　　本：787×1092　1/16　　印张：18.5　　字数：473.6 千字
版　　次：2022 年 12 月第 1 版
印　　次：2023 年 7 月第 2 次印刷
定　　价：48.00 元

凡所购买电子工业出版社图书有缺损问题，请向购买书店调换。若书店售缺，请与本社发行部联系，联系及邮购电话：（010）88254888，88258888。
质量投诉请发邮件至 zlts@phei.com.cn，盗版侵权举报请发邮件至 dbqq@phei.com.cn。
本书咨询联系方式：xuling@phei.com.cn。

本书根据最新的职业教育教学改革精神,结合编者多年的教学与企业会计信息化实践经验,以企业真实经济业务为原型,以用友ERP-U8V10.1软件为蓝本,以企业业务流程为主线编写而成,突出实践、注重实操。全书以企业会计信息化工作流程为主线,以工作知识逻辑为中心组织内容,指导读者按实际工作步骤和内容完成一个完整会计工作过程的各项会计信息化工作,学习如何使用信息化手段来管理企业的购销存业务及其财务活动,体验企业业务流、资金流和信息流的集成性、一致性和实时性。本书紧跟时代步伐,在编写理念中融入党的路线、方针、政策。本书的编写始终贯彻党的二十大报告中提出的"实施科教兴国战略,强化现代化建设人才支撑"理念,注重理论知识和实际应用的紧密结合,注重实际操作和实践能力的训练。

本书具有以下特色。

(1) 编写思路新颖。按照"项目导向、任务驱动"的编写思路,将知识点分解到任务中,能够全面提升读者的综合职业能力。

(2) 内容设计实用。以长春远达箱包有限公司的情景资料为载体,通过系列实战内容设计,让读者熟悉并掌握企业会计信息化工作中"建账→初始化→日常业务→审核→记账→月末结账→会计报表→报表分析"全过程的工作内容、操作方法和基本操作技能,从而具备会计信息化各工作岗位所必需的会计核算能力。

本丛书由林冬梅(吉林省经济管理干部学院)担任丛书主编。本书由张立伟(吉林省经济管理干部学院)、罗维东(广东轻工职业技术学院)担任主编,由张开宇(吉林省经济管理干部学院)、于蕾(吉林省经济管理干部学院)、梁雪(吉林省经济管理干部学院)担任副主编。本书具体的编写分工如下:张立伟、张开宇编写项目一,于蕾、张凌羽(吉林省经济管理干部学院)编写项目二,梁雪、郝雷(吉林省经济管理干部学院)编写项目三,张立伟、罗维东编写项目四,郑浣非(吉林省经济管理干部学院)、战海月(吉林省经济管理干部学院)、鲁秋玲(吉林省经济管理干部学院)编写项目五,罗维东、倪红霞(广东职业技术学院)、初明霞(广东职业技术学院)、吴海英(吉林省生物研究所)编写项目六。

在编写本书的过程中，编者参考了大量的书籍，均以参考文献的形式在书后列出；另外，本书在出版过程中，也得到了畅捷通信息技术股份有限公司相关人员的关心和大力支持，编者在此一并向他们表示衷心的感谢。

由于学识和时间所限，书中难免会有不足之处，恳请广大读者不吝赐教和批评指正，以便编者在今后修订中不断完善和提高。

编　者

2022 年 11 月

目 录

项目一

企业账套创建与管理 1

    任务一   了解企业的情况 2

    任务二   账套创建及管理 4

项目二

企业基础档案设置 16

    任务一   部门档案设置 17

    任务二   企业人员类别设置 18

    任务三   人员档案设置 19

    任务四   地区分类设置 20

    任务五   供应商分类设置 21

    任务六   供应商档案设置 22

    任务七   客户分类设置 23

    任务八   客户档案设置 24

    任务九   存货分类设置 24

    任务十   存货计量单位组与计量单位设置 25

    任务十一   存货档案设置 27

    任务十二   会计科目设置及期初余额录入 27

    任务十三   项目目录设置 35

    任务十四   凭证类别设置 38

任务十五　结算方式设置 38
　　任务十六　付款条件设置 39
　　任务十七　开户银行设置 40
　　任务十八　仓库档案设置 40
　　任务十九　收发类别设置 41
　　任务二十　采购类型设置 42
　　任务二十一　销售类型设置 42
　　任务二十二　费用项目分类设置 43
　　任务二十三　费用项目设置 44
　　任务二十四　发运方式设置 44
　　任务二十五　单据编号设置 45

项目三

子系统的初始设置 47

　　任务一　采购管理系统与应付款管理系统 48
　　任务二　销售管理系统与应收款管理系统 61
　　任务三　固定资产系统 74
　　任务四　库存管理系统与存货核算系统 85
　　任务五　薪资管理系统 92
　　任务六　总账系统 105

项目四

企业日常业务处理 110

　　任务一　缴纳上一季度的税费 111
　　任务二　收取定金的销售业务 115
　　任务三　分批发货的销售业务 120
　　任务四　签订采购合同 125
　　任务五　缴纳社会保险和住房公积金 127
　　任务六　支付定金的采购业务 132
　　任务七　分批付款的采购业务 135
　　任务八　招聘新员工 140

任务	标题	页码
任务九	暂估入库业务处理	143
任务十	报销差旅费	151
任务十一	到货付款业务	154
任务十二	采购退货业务	160
任务十三	到货入库及开票业务	165
任务十四	处理上月销售货物的到款业务	168
任务十五	到货入库业务	171
任务十六	赊销业务	173
任务十七	委托代销业务	175
任务十八	销售发货业务	177
任务十九	分批发货业务	183
任务二十	支付采购尾款业务	186
任务二十一	现金折扣处理	189
任务二十二	购置固定资产业务	192
任务二十三	坏账处理	198
任务二十四	固定资产调配业务	199
任务二十五	采购成本结算和运费分摊	201
任务二十六	存货的正常单据记账及期末处理	204
任务二十七	存货核算的制单业务	205
任务二十八	计提本月固定资产折旧	211
任务二十九	固定资产报废处理	213
任务三十	工资数据变动处理	217
任务三十一	分配职工工资	220
任务三十二	结转代扣个人三险一金及个人所得税并委托银行代发工资	224
任务三十三	计提单位承担的五险一金	232
任务三十四	计提工会经费及职工教育经费	235
任务三十五	查询并输出工资表	238
任务三十六	计算应交增值税及结转未交增值税	240
任务三十七	计算城市维护建设税及教育费附加	246
任务三十八	期间损益结转处理	248
任务三十九	计算并结转本月企业所得税	251
任务四十	银行对账处理	255

项目五

企业月末结账处理 265
　　任务一　各业务子系统的月末结账处理 266
　　任务二　各财务子系统的月末结账处理 271

项目六

企业会计报表编制 276
　　任务　利用 UFO 报表模板生成资产负债表和利润表 277

项目一

企业账套创建与管理

项目总体要求

知识目标:

1. 了解系统管理的地位及作用。
2. 掌握系统用户的设置方法,以及用户权限的含义及设置方法。

能力目标:

1. 培养自主学习、独立总结归纳的自学能力。
2. 能够运用系统管理完成企业账套的创建、修改、备份等操作;能够进行操作员的设置,并根据企业岗位分工和岗位职责完成操作员权限的设置;能够对用友 ERP-U8V10.1 软件使用中出现的系统运行问题进行简单维护。
3. 能够根据任务的设计需要查阅有关资料,在团队合作的基础上完成初始建账工作。

任务描述	任务解析	任务要求	职业素质
党的二十大报告中强调："推动战略性新兴产业融合集群发展，构建新一代信息技术、人工智能、生物技术、新能源、新材料、高端装备、绿色环保等一批新的增长引擎。"随着新一代信息技术在财务管理中的应用，本项目体现智能财税技术，将第二课堂与第一课堂有效结合起来，系统管理是用友ERP-U8V10.1软件展开工作的起点。通过系统管理窗口，用户可以创建用友账套，对账套的用户进行管理，而且只有系统管理正常运行，用户才能完成财务数据录入与输出工作。没有系统管理，就无法进行软件的操作	需要理解、掌握账套创建、操作员及权限管理等内容，重点是企业账套的用户角色设定、新增用户和权限设置过程。进行软件操作演示，可以让学生直观地理解所学内容	1. 理解系统管理员与账套主管的不同。 2. 掌握创建企业账套的具体操作流程。 3. 了解账套信息中的哪些信息可以省略。 4. 掌握新建账套数据的修改方法	通过模拟企业的业务进行软件操作，让学生进行角色扮演，感同身受地去认识自己的岗位职责；让学生能够根据任务的设计需要查阅有关资料，在团队合作的基础上完成初始建账工作

任务一 了解企业的情况

任务目标：

1. 快速地了解企业的基本情况。
2. 了解企业内部会计制度。

一、企业的基本情况

长春远达箱包有限公司（以下简称远达公司）的注册类型为有限责任公司，创立于2009年2月1日，注册资本为90万元，机构代码为12356，是一家专业批发箱包的商业企业，主营产品为潮流女包、精品男包等。远达公司自成立以来，始终秉着诚信服务、务实进取的服务宗旨，以合理的价格、优良的服务与广州聚龙有限公司、广州欣悦有限公司、北京会友商贸有限公司、北京嘉美有限公司等多家企业建立了长期稳定的合作关系，取得了长足发展与进步。目前，远达公司的经营状况良好，主要经营的产品类型有牛皮单肩女包、牛仔布双肩女包、羊皮男式商务包和男式双肩电脑包4种。远达公司2020年的主营业务收入达690万元，同比2019年增长86%，销售净利率为12%，资产利润率为9%，偿债能力、营运能力和盈利能力与同行业平均水平持平。远达公司常年四季货源不断，库存量大，货源有保证，货品齐全。远达公司位于长春市宽城区远达大街23号。远达公司的开户银行为中国工商银行长春市宽城区远达大街支行，账号为11010820071××××，为一般纳税人，纳税登记号为11010820071××××，法人代表为杨帆，咨询热线为0431-8518××××，邮箱为yuandaxiangbao@163.com，邮政编码为100888（此邮政编码为虚构的）。

远达公司董事会下设总经理，总经理管理总经理办公室、财务部、销售部、采购部、仓管部、人力资源部6个部门。股东由3个自然人组成，其中，杨帆的出资额占70%，其出任董事长兼总经理，是公司的法人代表；刘方和赵宁的出资额各占15%，均为董事会成员。总经理下设4位副总经理，其中刘方担任财务副总，赵宁担任销售副总，赵强担任采购副总，姜伟担任人力资源副总。

二、内部会计制度

（1）会计科目编码采用 4-2-2-2 方式，即一级科目 4 位字长，二级科目 2 位字长，三级科目 2 位字长，四级科目 2 位字长。

（2）科目设置要求。应付账款科目下设一般应付账款和暂估应付账款两个二级科目，其中，一般应付账款科目被设置为应付系统受控科目，暂估应付账款科目被设置为应付系统不受控科目。

（3）项目核算。设置在途物资、库存商品、主营业务收入、主营业务成本 4 个项目核算科目。项目大类名称为"商品项目管理"，项目分类定义为潮流女包和精品男包，项目目录分为牛皮单肩女包、牛仔布双肩女包、羊皮男式商务包、男式双肩电脑包，该项目被设置为由上述 4 个科目进行核算。其中，牛皮单肩女包和牛仔布双肩女包为潮流女包，羊皮男式商务包和男式双肩电脑包为精品男包。

（4）会计核算的基本规定。

① 录入或生成记账凭证均由指定的会计人员根据业务日期逐笔制单，出纳凭证由指定的会计人员进行出纳签字。

② 采用复式记账凭证，通用格式。

③ 对记账凭证的修改只采用红字冲销法。

④ 为保证财务与业务数据的一致性，能在业务系统生成的记账凭证不得在总账系统中直接录入。

⑤ 在根据原始单据生成记账凭证时，除特殊规定外不采用合并制单。

⑥ 收到发票同时支付款项的业务，根据题目要求选择是否使用现付功能进行处理。

⑦ 开出发票同时收到款项的业务，根据题目要求选择是否使用现结功能进行处理。

（5）货币资金的核算方法。每日末，对库存现金进行实地盘点。对于银行存款，每月根据银行对账单进行核对清查，若发现不符，则及时查明原因并做出处理。远达公司采用的结算方式包括现金、现金支票、转账支票、银行汇票、银行承兑汇票、电汇、同城特约委托收款等。

（6）职工薪酬的核算方法。远达公司按照有关规定由单位承担并缴纳的养老保险、医疗保险、失业保险、工伤保险、生育保险、住房公积金分别按照上年度缴费职工月平均工资（上年度缴费职工月平均工资与本月应发工资数相同）的 16%、10%、1%、1%、0.8%、12%计算；职工个人承担的养老保险、医疗保险、失业保险、住房公积金分别按照本人上年度月平均工资总额的 8%、2%、0.4%、12%计算。各种社会保险金和住房公积金当月计提，下月缴纳。按照国家有关规定，单位代扣代缴个人所得税。按工资总额的 2%计提工会经费，按工资总额的 2.5%计提职工教育经费。按照国家有关规定，单位代扣代缴个人所得税，其扣除标准为 5 000 元，附加费用为 1 300 元。职工当月工资委托银行当月发放。在工资分摊制单时，对科目和辅助项相同的采用合并制单。

（7）固定资产的核算方法。远达公司的固定资产包括房屋及建筑物、机器设备、交通运输设备和电子设备，均为在用状态。按照《企业会计制度》的规定，远达公司采用平均年限法按月计提折旧，当月新增的固定资产，自下月开始计提折旧；当月减少的固定资产，当月照提折旧。

（8）存货的核算方法。远达公司的存货分类包括各种箱包（箱包分为潮流女包、精品男包两大类）、包装材料和办公用品等，各类存货按照实际成本核算，采用永续盘存制。在核算过程中，存货发出的计价方法采用全月一次加权平均法。

（9）税务的会计处理。远达公司为增值税一般纳税人，适用的税率为13%，按月缴纳，运费按7%做进项税额抵扣。企业所得税的计算采用资产负债表债务法，除应收账款外，假设资产、负债的账面价值与其计税基础一致，未产生暂时性差异。企业所得税的计税依据为应纳税所得额，适用的税率为25%，按月预计，按季预缴，全年汇算清缴。按当期流转税的7%和3%计算城市维护建设税和教育费附加，地方教育费附加按流转税的2%计算。

（10）财产清查的要求。远达公司每月月末对存货进行清查，年末对固定资产进行清查，根据盘点结果编制盘点表，并与账面数据进行比较，报经主管领导审批后进行处理。

（11）坏账损失的核算方法。除应收账款外，其他的应收款项不计提坏账准备。每年年末，按应收账款余额百分比法计提坏账准备，提取比例为期末余额的0.5%。对于可能成为坏账的应收账款应当报告有关决策机构，由其进行审查和确认；发生的各种坏账应查明原因，及时做出会计处理；当已注销的坏账又被收回时，应当及时入账。

（12）利润分配规定。根据公司章程，远达公司的税后利润按以下顺序及规定分配：弥补亏损→按10%提取法定盈余公积→提取任意盈余公积→向投资者分配利润。

（13）月末将各损益类账户余额转入本年利润账户。

（14）其他规定。
① 购销合同中的单价均为含税价。
② 出库单与入库单的原始凭证以系统生成的为准。
③ 存货业务在存货核算系统中根据业务顺序逐笔记账，记账日期统一为2021年8月31日。

任务二　账套创建及管理

任务目标：
1. 快速且准确地添加企业账套操作员并设置其权限。
2. 独立完成企业账套的创建与信息修改。
3. 正确设置账套自动备份计划，会进行账套手工备份与恢复。

一、添加操作员

【任务资料】

远达公司的财务部及业务部共有10人，账套使用人员的岗位分工与权限设置如表1-1所示。

表1-1　账套使用人员的岗位分工与权限设置

编号	姓名	所属部门	职务	操作权限	权限设置
001	杨帆	总经理办公室	总经理	系统初始设置、所有业务单据审核与批复	账套主管
002	刘方	财务部	财务副总	会计业务主管签字、审核凭证、审核销售发票和收款单及付款单、对账、结账、编制会计报表、财务指标分析	公用单据、总账、固定资产、应收款管理、应付款管理、UFO报表、销售管理、存货核算
003	李强	财务部	会计	开销售发票、填制记账凭证、记账、固定资产折旧及增减变动业务、工资分摊、银行对账、核算存货的成本	公用单据、总账、固定资产、应收款管理、应付款管理、薪资管理、销售管理、存货核算
004	王瑞	财务部	出纳	收付款单填制、选择收款和选择付款、票据管理、出纳、出纳签字	总账、应收款管理、应付款管理
005	赵宁	销售部	销售副总	销售单据的审核	销售管理
006	于静	销售部	销售人员	销售订单、发货	销售管理
007	赵强	采购部	采购副总	采购单据的审核	采购管理
008	刘东生	采购部	采购人员	采购订单、到货单、录入采购发票	公用目录和公共单据权限、采购管理
009	马月	仓管部	库管人员	入库、出库、盘点	公共单据权限、库存管理
010	姜伟	人力资源部	人力资源副总	人员增减变动、工资变动、辅助系统初始设置	公用目录设置、薪资管理

注：所有操作员的口令均为空。

【任务说明】

设置该公司账套的操作员。

【岗位说明】

系统管理员设置该公司账套的操作员。

> **知识链接**
>
> 对于操作员，用友软件中包括角色和用户两个不同的概念。
>
> 角色是指在企业管理中拥有某一类职能的组织，可以是实际的部门，也可以是由拥有同一类职能的人构成的虚拟组织，如实际工作中最常见的会计和出纳两个角色。我们在设置角色后，可以定义角色的权限，如果用户被归属于此角色，该用户就相应地具有该角色的权限。
>
> 用户是指有权登录系统并对系统进行操作的人员，即通常意义上的"操作员"。每次注册登录系统，都要进行用户身份的合法性检查，只有设置了具体的用户，才能进行相关操作。

【任务操作路径】

（1）执行"开始|所有程序|用友 ERP-U8V10.1|系统服务|系统服务|系统管理"命令，打开系统管理窗口。执行"系统|注册"命令，打开"登录"对话框。在"登录"对话框中输入服务器的地址，此处为默认的；在"操作员"栏中输入"admin"；"密码"为空；系统默认账套为"（default）"，如图 1-1 所示。

图 1-1 "登录"对话框

单击"登录"按钮，打开"新道教育-用友 U8[系统管理][演示版]"窗口，如图 1-2 所示。

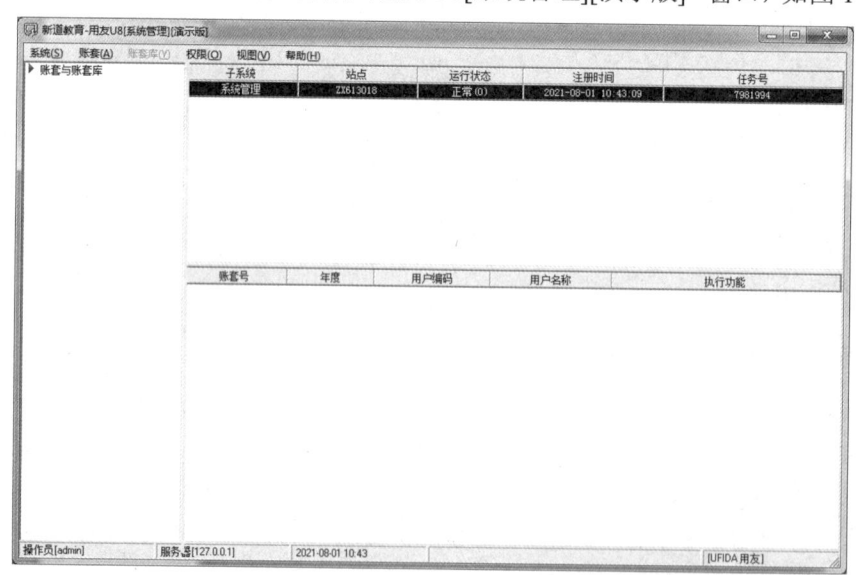

图 1-2 "新道教育-用友 U8[系统管理][演示版]"窗口

提示：用友 ERP-U8V10.1 软件默认的系统管理员（admin）的密码为空，建议不要修改密码。

（2）执行"权限|用户"命令，打开"用户管理"窗口。单击"增加"按钮，打开"操作员详细情况"对话框，增加普通用户"杨帆"，输入"编号""姓名""所属部门"，在"所

属角色"列表框中勾选"账套主管"前的复选框,如图 1-3 所示。

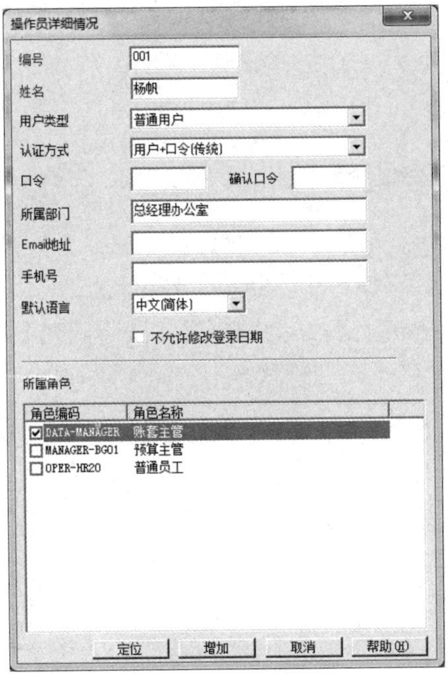

图 1-3 "操作员详细情况"对话框

(3)单击"增加"按钮,按照表 1-1 依次设置其他用户。

二、创建账套

【任务资料】

远达公司于 2021 年 8 月正式启用账套,其建账信息如下。

账套号:812。

账套名称:远达公司。

地址:长春市宽城区远达大街 23 号。

电话及传真:0431-8518××××。

邮政编码:100888。

法人代表:杨帆。

账号:11010820071××××。

企业类型:商业企业。

行业性质:2007 年新会计制度科目。

基础信息:存货需要分类、客户需要分类、供应商需要分类、无外币核算。

编码方案:科目编码级次,4-2-2-2;存货分类编码级次,2-2-2-2-3;客户分类编码级次,2-3-4;供应商分类编码级次,2-3-4;收发类别编码级次,1-1-1;部门编码级次,1-2;结算方式编码级次,1-2;地区分类编码级次,2-3-4;其他编码项目保持不变,数据精度保持默认设置。

【任务说明】

创建核算单位账套，并启用总账、应收款管理、应付款管理、固定资产、薪资管理、销售管理、采购管理、库存管理、存货核算等子系统。

【岗位说明】

系统管理员创建账套并启用各子系统。

【任务操作路径】

（1）系统管理员在系统管理窗口中，执行"账套|建立"命令，打开创建账套向导，选择"新建空白账套"选项，单击"下一步"按钮，按照创建账套向导的提示完成任务资料的输入。

（2）在"账套信息"对话框中，输入"账套号""账套名称""启用会计期"，如图1-4所示。

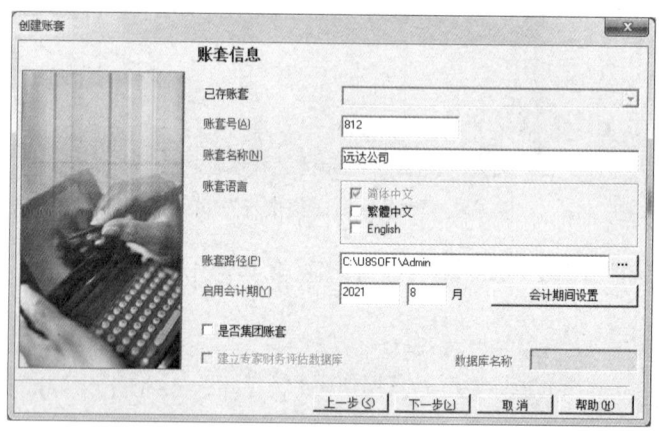

图1-4 输入账套信息

（3）单击"下一步"按钮，输入"单位名称""单位简称""单位地址"等单位信息，如图1-5所示。

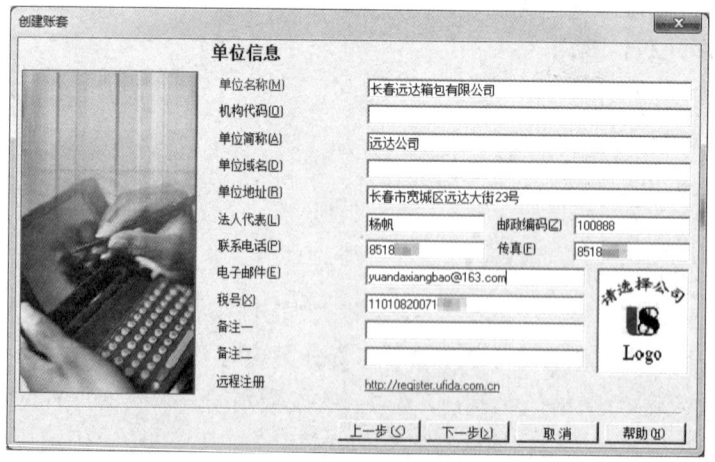

图1-5 输入单位信息

（4）单击"下一步"按钮，设置核算类型：设置"企业类型"为"商业"、"行业性质"为"2007 年新会计制度科目"，从"账套主管"下拉列表中选择"[001]杨帆"选项，勾选"按行业性质预置科目"复选框，如图 1-6 所示。

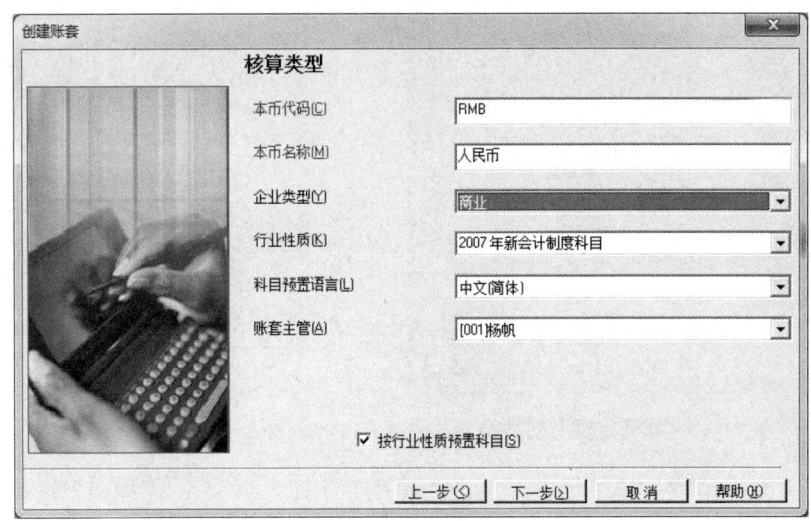

图 1-6　设置核算类型

（5）单击"下一步"按钮，设置基础信息：依次勾选"存货是否分类""客户是否分类""供应商是否分类"3 个复选框，如图 1-7 所示。

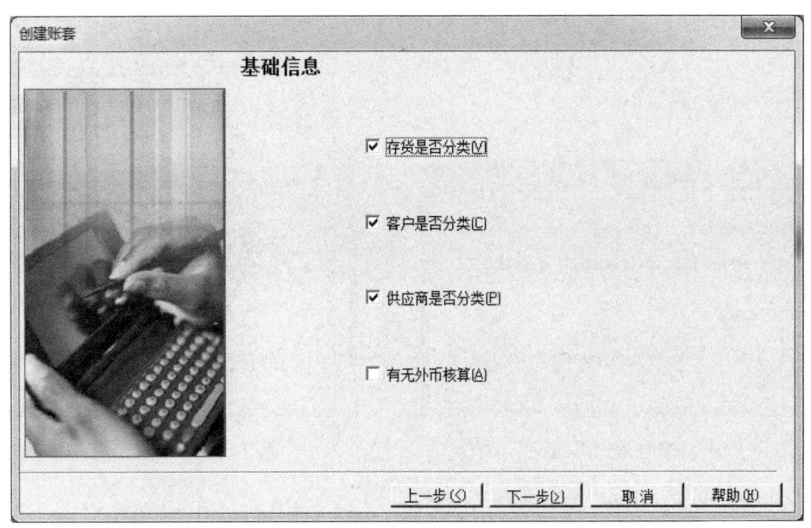

图 1-7　设置基础信息

（6）单击"下一步"按钮，单击"完成"按钮，系统询问"可以创建账套了吗"，单击"是"按钮，系统自动进行创建账套的工作。在账套创建完成后，系统自动打开"编码方案"对话框，按建账信息修改分类编码方案，如图 1-8 所示。

提示：此处创建账套的时间较长，请耐心等待。

（7）单击"确定"按钮，单击"取消"按钮，打开"数据精度"对话框，如图 1-9 所示。

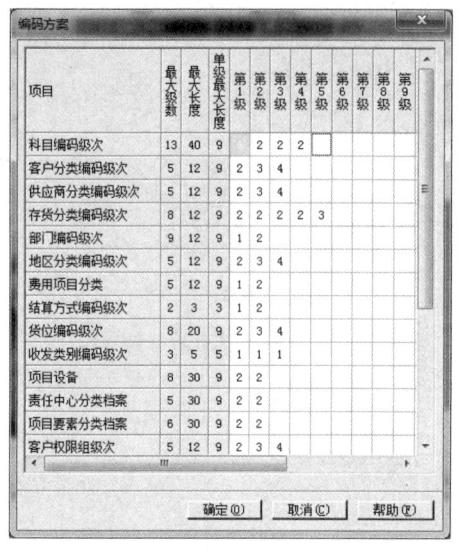
图 1-8 "编码方案"对话框

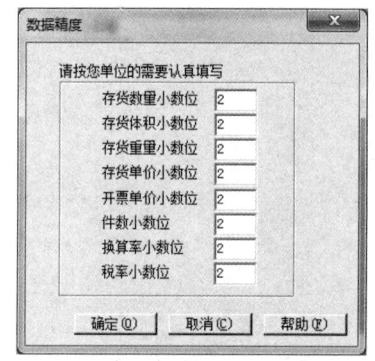
图 1-9 "数据精度"对话框

（8）在"数据精度"对话框中，单击"确定"按钮，直到出现"[812]建账成功"的提示信息，如图 1-10 所示。

（9）单击"是"按钮，打开"系统启用"对话框，依次启用总账、应收款管理、应付款管理、固定资产、薪资管理、销售管理、采购管理、库存管理、存货核算子系统，启用日期为 2021 年 8 月 1 日，如图 1-11 所示。

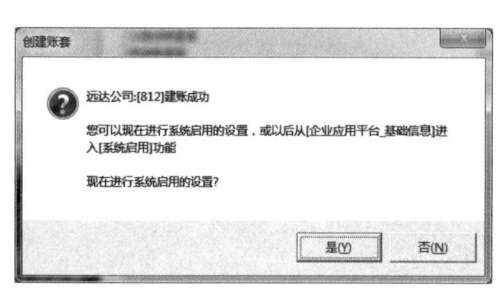
图 1-10 "[812]建账成功"的提示信息

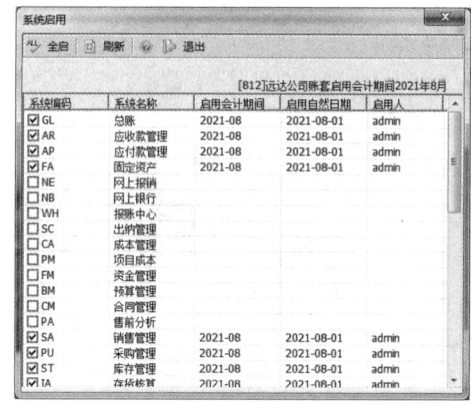
图 1-11 "系统启用"对话框

提示：在出现"现在进行系统启用的设置"提示信息时，可以单击"否"按钮，账套即创建成功。以后可以账套主管杨帆的身份登录企业应用平台，进行系统启用设置，操作路径为"基础设置|基本信息|系统启用"。

三、设置操作员的权限

【任务资料】

2021 年 8 月 1 日，远达公司的操作员权限分工如表 1-1 所示。

【任务说明】

对 10 位操作员进行权限的设置。

【岗位说明】

系统管理员设置操作员的权限。

【任务操作路径】

(1) 系统管理员在系统管理窗口中，执行"权限|权限"命令，打开"操作员权限"窗口，在窗口左侧选择操作员"刘方"，单击"修改"按钮；在窗口右侧选择对应账套"[812]远达公司"，按照表 1-1 中的资料勾选相应的项目，单击"保存"按钮，即可完成操作员"刘方"的权限设置，如图 1-12 所示。

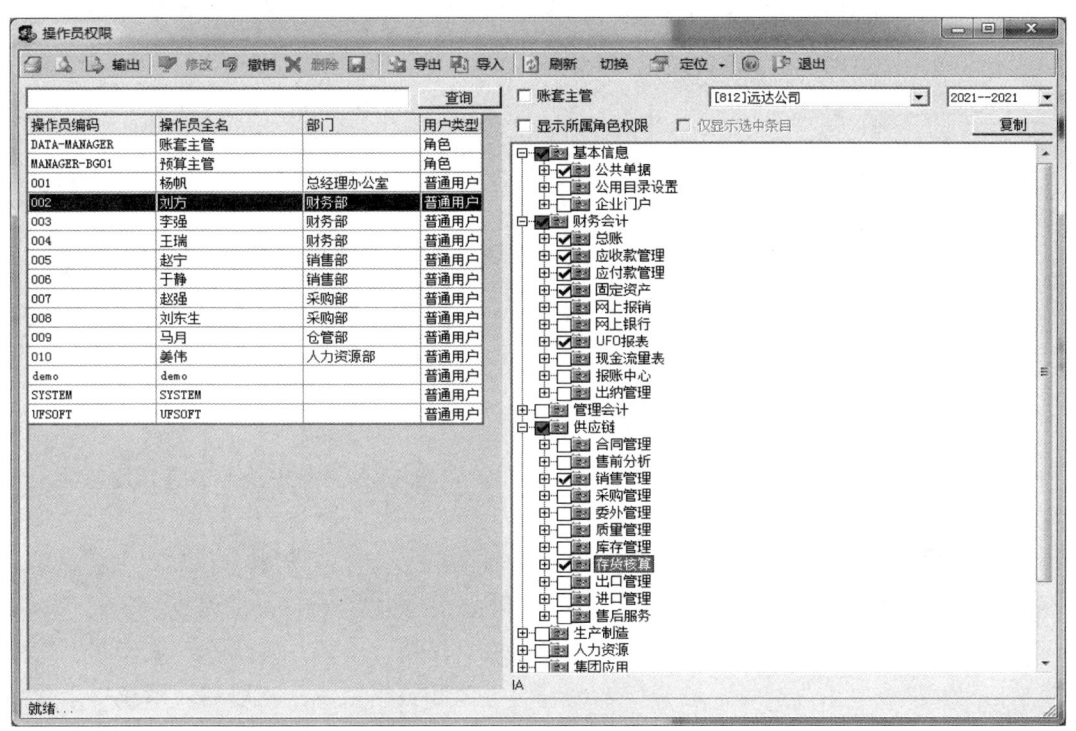

图 1-12 "操作员权限"窗口

(2) 以此方法，按照表 1-1 中的资料完成其他操作员的权限设置。

提示：由于在创建账套时已指定"杨帆"为账套主管，因此在此处无须再进行设置，账套主管自动拥有管理该账套的所有权限。

四、修改账套信息

【任务资料】

2021 年 8 月 1 日，修改远达公司账套基础信息中的相关内容。

【任务说明】

修改远达公司账套的基础信息。

【岗位说明】

账套主管杨帆修改账套的基础信息。

【任务操作路径】

（1）以账套主管杨帆（编号为001）的身份登录系统管理，执行"系统|注册"命令，打开"登录"对话框，在"操作员"栏中输入"001"或"杨帆"，"密码"为空，选择"账套"为"[812]（default）远达公司"，设置"操作日期"为"2021-08-01"，如图1-13所示。

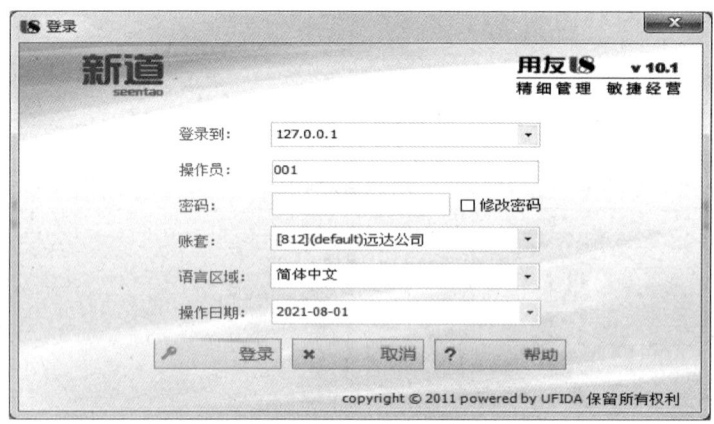

图1-13 "登录"对话框

（2）单击"确定"按钮，打开系统管理窗口，菜单中显示黑色字体的部分为账套主管可以执行的命令。

（3）执行"账套|修改"命令，打开"修改账套"窗口，可修改的账套信息以白色显示，不可修改的账套信息以灰色显示，根据向导的提示逐步完成账套信息的修改。

（4）在修改完所有账套信息后，单击"完成"按钮，出现"确认修改账套了么"的提示信息，单击"是"按钮，进一步修改编码方案和数据精度；完成后，系统提示账套修改成功。

五、账套输出

【任务资料】

2021年8月1日，输出远达公司账套至"F:\远达公司"文件夹中并保存。

【任务说明】

备份远达公司账套至指定文件夹中。

【岗位说明】

系统管理员备份账套。

【任务操作路径】

（1）系统管理员登录系统管理。

（2）执行"账套|输出"命令，打开"账套输出"对话框，选择需要输出的账套，如图 1-14 所示。

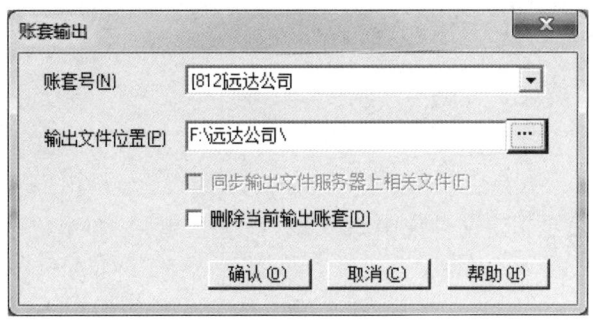

图 1-14 "账套输出"对话框

（3）单击"确认"按钮，系统在压缩完所选账套数据后，打开"选择备份目标"对话框。选择需要将账套数据输出的目标驱动器和文件夹，单击"确认"按钮。系统开始进行备份。在完成备份后，出现"硬盘备份完毕"的提示信息，单击"确定"按钮返回即可。

知识补充

ERP（Enterprise Resource Planning）即企业资源计划，它是整合了企业管理理念、业务流程、基础数据、人力和物力、计算机硬件和软件，可跨越地区、企业、部门整合实时信息的企业管理信息系统。

一个强大的 ERP 系统一般包括采购管理、生产制造管理、销售管理、财务管理（账务处理、应收应付、存货管理、资产管理、成本管理、预算管理、资金管理、绩效评价等）、人力资源管理等子系统。

在 ERP 系统中，企业的任何行为都会以价值形式在财务系统中被反映出来，使企业能够真正做到事前预算、事中控制和事后分析。

课堂思考：会计数据与会计信息有什么区别？它们之间的联系是什么？

提示：

- 只有系统管理员才能对账套进行输出，账套输出的文件名为"UfErpAct.Lst"和"UFDATA.BAK"。

- 正在使用的账套是不允许被删除的,若要删除被选中的某账套数据,则在输出账套时勾选"删除当前输出账套"复选框即可。
- 若要输出年度账,则需要以账套主管的身份登录系统管理,执行"年度账|输出"命令,选择相应年度,在单击"确认"按钮后即可完成。年度账账套输出的文件名为"UFDATA .BAK"和"UfErpYer. Lst"。

六、账套引入

【任务资料】

引入远达公司账套至指定文件夹中。

【岗位说明】

系统管理员引入账套。

【任务操作路径】

(1)系统管理员登录系统管理。

(2)执行"账套|恢复"命令,选择账套文件"UfErpAct. Lst",选择需要引入的账套路径(可以选默认路径,也可以新建路径)。若要覆盖原来的账套,则单击"是"按钮,在引入成功后,系统将给出引入成功的提示。

提示:

- 为了保证系统的安全,在系统管理的"登录"对话框中,可以设置或更改系统管理员的密码。例如,设置系统管理员的密码为"super"的操作步骤如下。

  第一步,勾选"修改密码"复选框,选中系统默认账套,单击"确定"按钮。

  第二步,打开"设置操作员密码"对话框,在"新密码"和"确认新口令"栏中都输入"super"。

  第三步,单击"确定"按钮,返回系统管理。

- 一定要牢记设置的系统管理员的密码,否则无法以系统管理员的身份登录系统管理,也就不能执行账套数据的引入和输出操作。
- 考虑实际教学环境,建议不要设置系统管理员的密码。

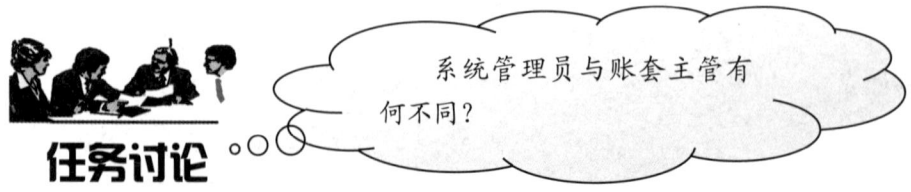

系统管理员与账套主管有何不同?

知识链接

随着经济的发展，用户对管理的要求不断变化、提高，越来越多的信息都表明权限管理必须向更细、更深的方向发展。用友 ERP-U8 提供集中权限管理，除了提供用友对各模块操作的权限，还相应地提供了金额发放权限管理和对于数据的字段级及记录级的控制，不同的组合方式将为企业的控制提供有效的方法。用友 ERP-U8 可以实现 3 个层次的权限管理。

第一，功能级限制管理。该权限将提供划分更为细致的功能级权限管理功能，包括各功能板块相关业务的查看和分配权限。

第二，数据级权限管理。该权限可以通过两个方面进行权限控制：一个是字段级权限控制，另一个是记录级权限控制。

第三，金额级权限管理。该权限主要用于完善内部金额控制，实现对具体金额数量划分级别；对不同岗位的操作员进行金额级别控制，以便限制他们制单时可以使用的金额数量；不涉及内部系统控制的不在管理范围内。

项目二

企业基础档案设置

项目总体要求

知识目标：

1. 理解各项企业基础档案设置在实际操作中所起的作用。

2. 了解会计科目期初余额的录入在用友 ERP-U8V10.1 软件中的重要作用。

能力目标：

1. 能够进行部门、人员、供应商、客户、存货等分类或档案的设置。

2. 能根据任务的设计需要查阅有关资料、相关案例，明确企业应用平台的设计理念，在团队合作的基础上完成企业基本信息、基础档案和数据权限的设置工作。

任务描述	任务解析	任务要求	职业素质
本项目所涉及的操作是在学生充分了解企业概况的基础上，针对企业的业务流程和业务特点在企业应用平台中进行的。通过本项目的操作，可以实现企业基础档案和基础数据的设置与维护、信息的及时沟通和传递、资源的有效利用等	需要理解、掌握会计核算基础资料设置的主要内容，尤其是重点理解各会计核算基础资料的含义及作用，熟悉主要总账管理控制参数的含义，掌握会计科目设置的原理与方法，掌握不同类型会计科目期初余额录入的方法	1. 理解正确设置总账管理控制参数的方法。 2. 能够根据企业业务设置基础档案资料。 3. 能够根据企业业务正确设置会计科目。 4. 能够正确录入不同会计科目的期初余额	通过模拟企业的业务进行软件操作，树立会计信息化业务流程意识，有效设置基础参数是商品化会计软件能够适应不同企业会计业务流程的重要手段；树立会计核算工作连续性意识、录入期初余额是会计核算工作的重要保证

企业的基础档案由账套主管杨帆在企业应用平台中进行设置。

任务一　部门档案设置

任务目标：

完成企业各职能部门的档案设置。

【任务资料】

微课 2-1　部门档案设置

2021 年 8 月 1 日，设置部门档案，相关信息如表 2-1 所示。

表 2-1　部门档案

部门编码	部门名称	成立时间
1	总经理办公室	2009-02-01
2	财务部	2009-02-01
3	销售部	2009-02-01
4	采购部	2009-02-01
5	仓管部	2009-02-01
6	人力资源部	2009-02-01

【任务说明】

依据任务资料完成部门档案设置。

【岗位说明】

账套主管杨帆设置部门档案。

【任务操作路径】

账套主管杨帆在企业应用平台中，执行"基础设置|基础档案|机构设置|部门档案"命令，打开"部门档案"窗口，按照表 2-1 完成部门档案设置。

任务二　企业人员类别设置

任务目标：

完成企业各部门人员类别的档案设置。

【任务资料】

2021年8月1日，设置人员类别，相关信息如表2-2所示。

表2-2　人员类别

人员类别编码与名称	档案编码	档案名称
101 正式工	10101	企管人员
101 正式工	10102	财务人员
101 正式工	10103	采购人员
101 正式工	10104	销售人员
101 正式工	10105	库管人员
101 正式工	10106	研发人员
101 正式工	10107	后勤人员
101 正式工	10108	其他人员
104 其他		其他

【任务说明】

依据任务资料完成人员类别设置。

【岗位说明】

账套主管杨帆设置人员类别。

【任务操作路径】

（1）账套主管杨帆在企业应用平台中，执行"基础设置|基础档案|机构设置|人员类别"命令，打开"人员类别"窗口。单击"增加"按钮，打开"增加档案项"对话框，在"档案编码"栏中输入"104"，在"档案名称"栏中输入"其他"，如图2-1所示。

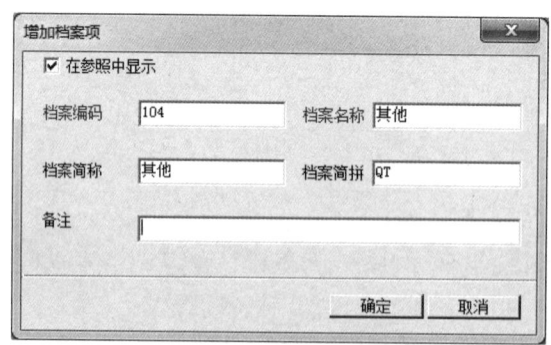

图2-1　"增加档案项"对话框

（2）在"人员类别"窗口中，先单击"正式工"，再单击"增加"按钮，按照表2-2中的资料输入其他人员类别的相关信息，结果如图2-2所示。

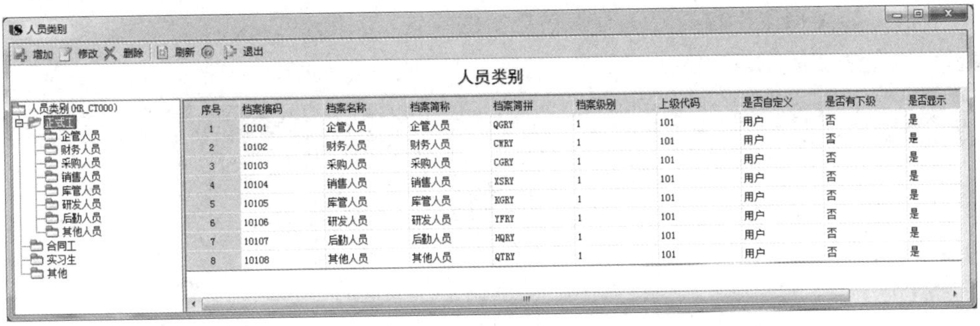

图2-2 "人员类别"窗口

任务三 人员档案设置

任务目标：

完成企业各部门人员档案的设置。

【任务资料】

2021年8月1日，设置人员档案，相关信息如表2-3所示。

表2-3 人员档案

人员编码	人员姓名	性别	行政部门	人员类别	雇佣状态	银行名称	银行账号	是否操作员	是否业务员
001	杨帆	男	总经理办公室	企管人员	在职	中国工商银行	62220202001	否	是
002	刘方	男	财务部	财务人员	在职	中国工商银行	62220202002	否	是
003	李强	男	财务部	财务人员	在职	中国工商银行	62220202003	否	是
004	王瑞	女	财务部	财务人员	在职	中国工商银行	62220202004	否	是
005	赵宁	男	销售部	销售人员	在职	中国工商银行	62220202005	否	是
006	于静	女	销售部	销售人员	在职	中国工商银行	62220202006	否	是
007	赵强	男	采购部	采购人员	在职	中国工商银行	62220202007	否	是
008	刘东生	女	采购部	采购人员	在职	中国工商银行	62220202008	否	是
009	马月	男	仓管部	库管人员	在职	中国工商银行	62220202009	否	是
010	姜伟	男	人力资源部	企管人员	在职	中国工商银行	62220202010	否	是
011	王佳明	男	销售部	销售人员	在职	中国工商银行	62220202011	否	是

【任务说明】

依据任务资料完成人员档案设置。

【岗位说明】

账套主管杨帆设置人员档案。

【任务操作路径】

（1）账套主管杨帆在企业应用平台中，执行"基础设置|基础档案|机构设置|人员档案"命令，打开"人员档案"窗口，进行人员档案的设置。按照表2-3输入账套主管杨帆的档案信息，如图2-3所示。

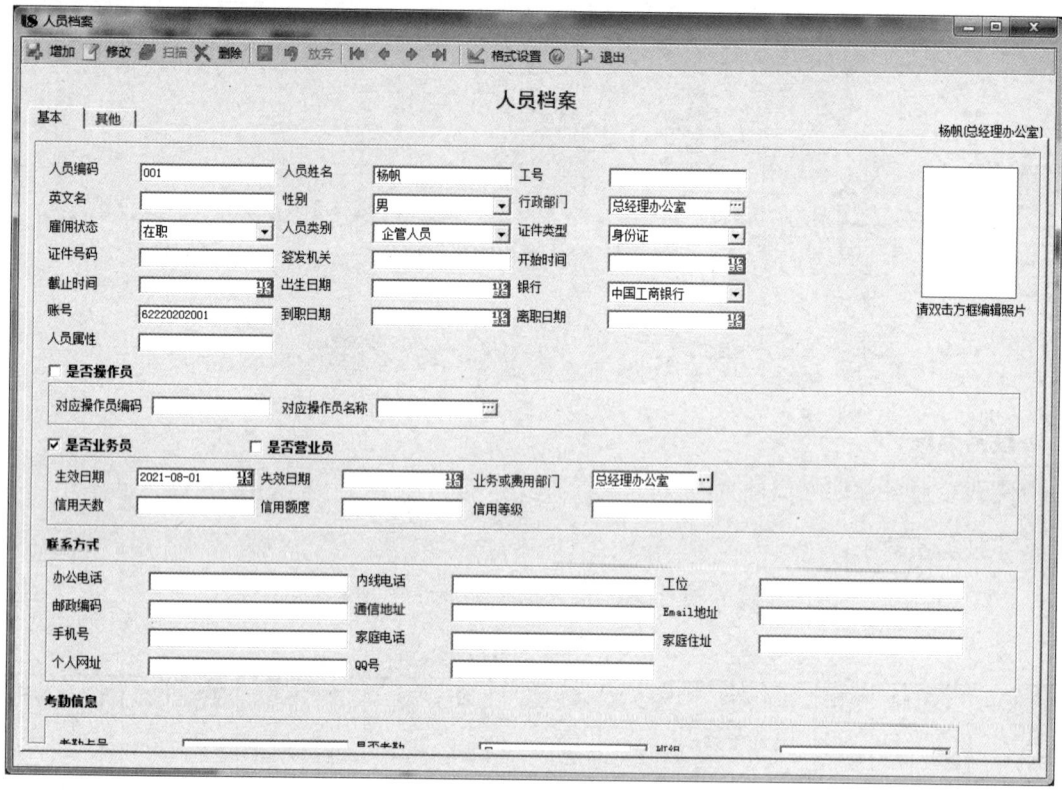

图2-3　输入账套主管杨帆的档案信息

（2）单击"保存"按钮。

（3）以此方法，依次输入其他人员的档案信息。

任务四　地区分类设置

任务目标：

完成企业的地区分类设置。

【任务资料】

2021年8月1日，设置地区分类，相关信息如表2-4所示。

表2-4　地区分类

分类编码	分类名称
01	华北

续表

分类编码	分类名称
02	东北
03	华东
04	华中
05	华南
06	西南
07	西北

【任务说明】

依据任务资料完成地区分类设置。

【岗位说明】

账套主管杨帆设置地区分类。

【任务操作路径】

账套主管杨帆在企业应用平台中,执行"基础设置|基础档案|客商信息|地区分类"命令,打开"地区分类"窗口,按照表2-4进行地区分类的设置。

任务五　供应商分类设置

任务目标：

完成企业的供应商分类设置。

【任务资料】

2021年8月1日,设置供应商分类,相关信息如表2-5所示。

表2-5　供应商分类

一级分类编码与名称	二级分类编码与名称
01 箱包商	01001 批发商
	01002 代销商
02 材料商	02001 批发商
03 汽车商	

【任务说明】

依据任务资料完成供应商分类设置。

【岗位说明】

账套主管杨帆设置供应商分类。

【任务操作路径】

账套主管杨帆在企业应用平台中,执行"基础设置|基础档案|客商信息|供应商分类"命令,打开"供应商分类"窗口,按照表2-5进行供应商分类的设置。

任务六 供应商档案设置

任务目标:

完成企业的供应商档案设置。

【任务资料】

2021年8月1日,设置供应商档案,相关信息如表2-6所示。

表2-6 供应商档案

编码	供应商名称	供应商简称	所属分类	币种	货物/委外/服务	所属地区	税号	开户银行	银行账号	地址	电话	发展日期
001	广州聚龙有限公司	聚龙公司	箱包批发商	人民币	采购	05	44005555121××××	中国工商银行广州市海珠分理处	020000501010613××××	广州市海珠区海珠路8号	020-5201××××	2018-09-01
002	广州欣悦有限公司	欣悦公司	箱包批发商	人民币	采购	05	44060576337××××	中国建设银行广州市白云分理处	460000500611062××××	广州市白云北路98号	020-4820××××	2018-09-01
003	北京易达有限公司	易达公司	材料批发商	人民币	采购	01	44068117252××××	招商银行北京市西三环分理处	553250536210××××	北京市海淀区北沙滩路6号	010-6871××××	2018-09-01
004	北京越阳汽车有限责任公司	越阳汽车公司	汽车商	人民币	采购	01	44057498699××××	招商银行北京市中关村分理处	553250536210××××	北京市海淀区北清路11号	010-6269××××	2018-07-01

【任务说明】

依据任务资料完成供应商档案设置。

【岗位说明】

账套主管杨帆设置供应商档案。

【任务操作路径】

账套主管杨帆在企业应用平台中,执行"基础设置|基础档案|客商信息|供应商档案"命令,打开"供应商档案"窗口,按照表2-6进行聚龙公司供应商档案的设置,结果如图2-4所示。

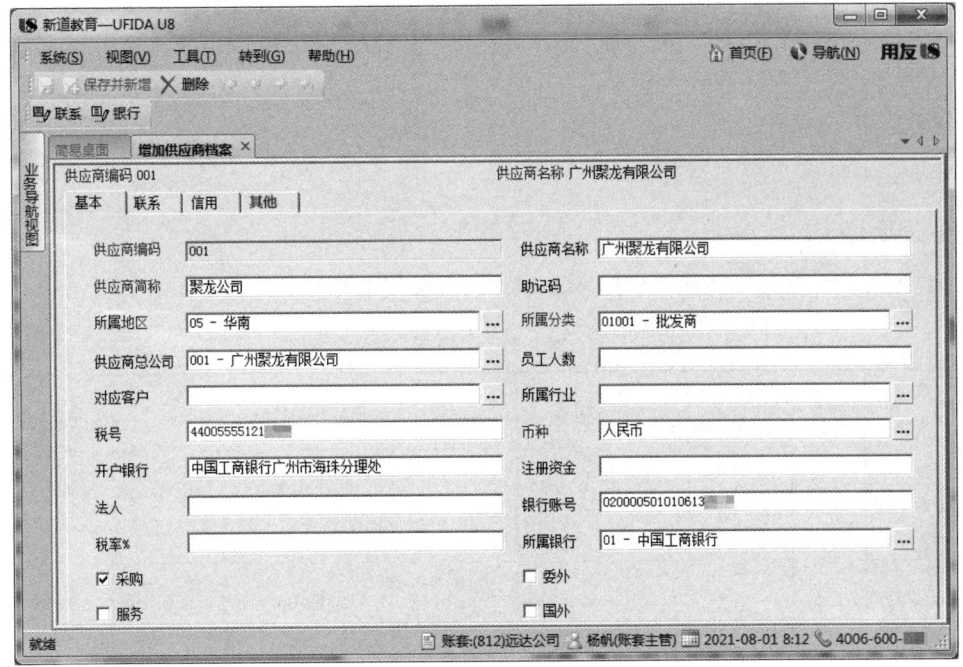

图 2-4　聚龙公司供应商档案的设置结果

任务七　客户分类设置

任务目标：

完成企业的客户分类设置。

【任务资料】

2021 年 8 月 1 日，设置客户分类，相关信息如表 2-7 所示。

表 2-7　客户分类

一级分类编码	名称
01	零售商
02	批发商

【任务说明】

依据任务资料完成客户分类设置。

【岗位说明】

账套主管杨帆设置客户分类。

【任务操作路径】

账套主管杨帆在企业应用平台中，执行"基础设置|基础档案|客商信息|客户分类"命令，打开"客户分类"窗口，按照表 2-7 进行客户分类的设置。

任务八 客户档案设置

任务目标：

完成企业的客户档案设置。

【任务资料】

2021年8月1日，设置客户档案，相关信息如表2-8所示。

表2-8 客户档案

客户编码	客户名称	客户简称	所属分类	币种	所属地区	税号	开户银行	银行账号	地址	电话	发展日期
001	北京会友商贸有限公司	会友商场	零售商	人民币	华北	11012037645××××	中国工商银行北京市西三旗分理处	020000100410531××××	北京市海淀区西三旗路12号	010-6210××××	2011-09-01
002	北京嘉美有限公司	嘉美公司	批发商	人民币	华北	11061279612××××	中国工商银行北京市安慧里分理处	020000100510345××××	北京市朝阳区安慧里路1号	010-6562××××	2011-09-01
003	河北飞扬有限公司	飞扬公司	批发商	人民币	华北	11087697058××××	中国工商银行保定市天威分理处	020000100662510××××	河北省保定市竞秀区天威路81号	0312-4531××××	2011-09-01

【任务说明】

依据任务资料完成客户档案设置。

【岗位说明】

账套主管杨帆设置客户档案。

【任务操作路径】

账套主管杨帆在企业应用平台中，执行"基础设置|基础档案|客商信息|客户档案"命令，打开"客户档案"窗口，按照表2-8进行客户档案的设置。

任务九 存货分类设置

任务目标：

完成企业的存货分类设置。

【任务资料】

2021年8月1日，设置存货分类，相关信息如表2-9所示。

表 2-9 存货分类

一级分类编码与名称	二级分类编码与名称
01 商品	0101 箱包
	0102 包装材料
	0103 固定资产
02 劳务	

【任务说明】

依据任务资料完成存货分类设置。

【岗位说明】

账套主管杨帆设置存货分类。

【任务操作路径】

账套主管杨帆在企业应用平台中,执行"基础设置|基础档案|存货|存货分类"命令,打开"存货分类"窗口,按照表 2-9 进行存货分类的设置。

任务十 存货计量单位组与计量单位设置

任务目标:

完成企业的存货计量单位组与计量单位设置。

【任务资料】

2021 年 8 月 1 日,设置存货计量单位组与计量单位,相关信息如表 2-10 和表 2-11 所示。

微课 2-2 存货计量单位组与计量单位设置

表 2-10 存货计量单位组

计量单位组编码	计量单位组名称	计量单位组类别
01	无固定换算率	无换算率

表 2-11 存货计量单位

计量单位编码	计量单位名称	计量单位组	主单位标志	换算率
01	个	01 无固定换算率		
02	件	01 无固定换算率		
03	元	01 无固定换算率		
04	次	01 无固定换算率		
05	辆	01 无固定换算率		

【任务说明】

依据任务资料完成存货计量单位组与计量单位设置。

【岗位说明】

账套主管杨帆设置存货计量单位组与计量单位。

【任务操作路径】

（1）账套主管杨帆在企业应用平台中，执行"基础设置|基础档案|存货|计量单位"命令，打开"计量单位"窗口。单击"分组"按钮，打开"计量单位组"对话框。单击"增加"按钮，在"计量单位组编码"栏中输入"01"，在"计量单位组名称"栏中输入"无固定换算率"，单击"计量单位组类别"下拉按钮，在弹出的下拉列表中选择"无换算率"选项，如图2-5所示。单击"退出"按钮。

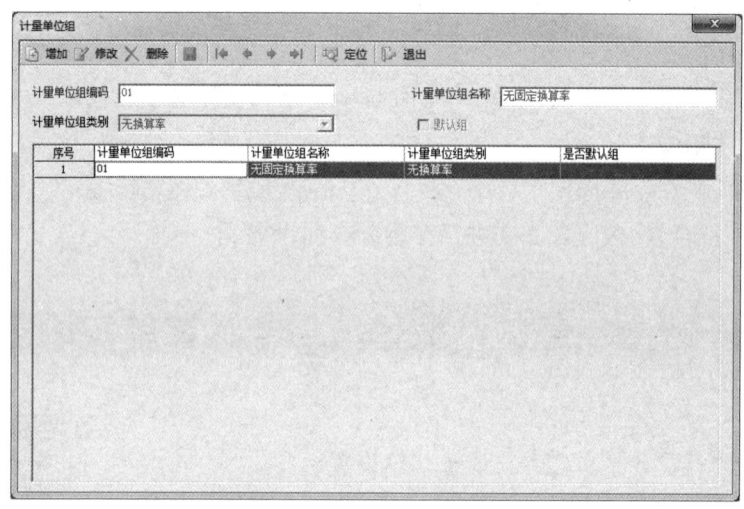

图 2-5 "计量单位组"对话框

（2）在"计量单位"窗口中，单击"单位"按钮，打开"计量单位"对话框，按照表2-11进行相关设置，如图2-6所示。

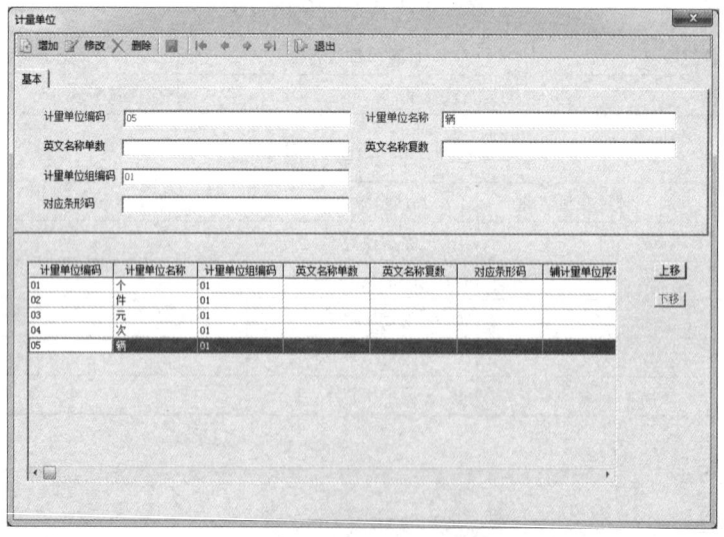

图 2-6 "计量单位"对话框

任务十一 存货档案设置

任务目标：

完成企业的存货档案设置。

微课 2-3 存货档案设置

【任务资料】

2021 年 8 月 1 日，设置存货档案，相关信息如表 2-12 所示。

表 2-12 存货档案

存货编码	存货名称	主计量单位	税率/%	存货分类	存货属性	成本/元		
						参考成本	参考售价	售价（批发价）
00001	牛皮单肩女包	个	13	0101 箱包	外购、内销、外销			
00002	牛仔布双肩女包	个	13	0101 箱包	外购、内销、外销			
00003	羊皮男式商务包	个	13	0101 箱包	外购、内销、外销			
00004	男士双肩电脑包	个	13	0101 箱包	外购、内销、外销			
00005	运输费	次	7	02 劳务	应税劳务			
00006	汽车	辆	13	0103 固定资产	外购、资产			

【任务说明】

依据任务资料完成存货档案设置。

【岗位说明】

账套主管杨帆设置存货档案。

【任务操作路径】

账套主管杨帆在企业应用平台中，执行"基础设置|基础档案|存货|存货档案"命令，打开"存货档案"窗口，按照表 2-12 进行存货档案的设置。

任务十二 会计科目设置及期初余额录入

任务目标：

完成企业会计科目设置及期初余额录入。

【任务资料 1】

2021 年 8 月 1 日，设置会计科目及录入期初余额，相关信息如表 2-13 所示。

表 2-13 会计科目设置及期初余额

科目编码	科目名称	辅助账类型	余额方向	年初余额	累计借方	累计贷方	期初余额
1001	库存现金	日记	借	38 436.38	30 096.24	15 000	53 532.62
1002	银行存款		借	260 097	972 257	920 000	312 354

续表

科目编码	科目名称	辅助账类型	余额方向	年初余额	累计借方	累计贷方	期初余额
100201	工行存款	银行、日记	借	260 097	972 257	920 000	312 354
100202	建行存款	银行、日记	借				
1012	其他货币资金		借				
101201	银行汇票		借				
1121	应收票据		借				
112101	银行承兑汇票		借				
112102	商业承兑汇票		借				
1122	应收账款	客户往来	借	46 608	50 000	71 700	24 908
1123	预付账款	供应商往来	借				
1221	其他应收款		借				
1231	坏账准备		贷	800			800
1401	材料采购		借				
1402	在途物资	项目核算	借	242 500	900 000	825 000	317 500
1403	原材料		借	63 710	70 000	112 650	21 060
1405	库存商品	项目核算	借				
1406	发出商品		借				
1409	委托代销商品		借				
1511	长期股权投资		借				
151101	其他股权投资		借				
1531	长期应收款		借				
1601	固定资产		借	216 000			216 000
1602	累计折旧		贷	33 091.20		6 012	39 103.20
1603	固定资产减值准备		贷				
1604	在建工程		借				
1606	固定资产清理		借				
1701	无形资产		借				
1703	无形资产减值准备		贷				
1801	长期待摊费用		借				
1901	待处理财产损溢		借				
190101	待处理流动资产损溢		借				
190102	待处理固定资产损溢		借				
2001	短期借款		贷				
2201	应付票据		贷				
220101	银行承兑汇票		贷				
220102	商业承兑汇票		贷				
2202	应付账款		贷	180 050	227 900	207 500	159 650
220201	暂估应付账款	供应商往来	贷	112 500	140 000	125 000	97 500
220202	一般应付账款	供应商往来	贷	67 550	87 900	82 500	62 150
2203	预收账款	客户往来	贷				

续表

科目编码	科目名称	辅助账类型	余额方向	年初余额	累计借方	累计贷方	期初余额
2211	应付职工薪酬		贷	4 859.15	162 072	169 948	12 735.15
221101	工资	部门核算	贷		130 000	130 000	
221102	职工福利	部门核算	贷				
221103	社会保险费	部门核算	贷	663.90	14 392	18 568	4 839.9
221104	住房公积金	部门核算	贷	3 342	11 280	13 680	5 742
221105	工会经费	部门核算	贷	557	2 800	3 200	957
221106	职工教育经费	部门核算	贷	296.25	3 600	4 500	1 196.25
221107	其他	部门核算	贷				
2221	应交税费		贷	13 368.33	105 795.47	140 270.71	47 843.57
222101	应交增值税		贷				
22210101	进项税额		贷				
22210102	进项税额转出		贷				
22210103	销项税额		贷				
22210104	已交税金		贷				
22210105	出口退税		贷				
22210106	转出未交增值税		贷				
222102	未交增值税		贷		65 314	97 971	32 657
222103	应交所得税		贷	10 000	30 000	31 400	11 400
222104	应交个人所得税		贷	619.22	1 200.96	1 102.61	520.87
222105	应交城市维护建设税		贷	2 028.78	6 600.76	6 857.97	2 285.99
222106	应交教育费附加		贷	720.33	2 679.75	2 939.13	979.71
2231	应付利息		贷				
2241	其他应付款		贷	6 182.70	20 868	25 308	10 622.70
224101	应付社会保险费		贷	2 840.70	9 588	11 628	4 880.70
224102	应付住房公积金		贷	3 342	11 280	13 680	5 742
2501	长期借款		贷				
2701	长期应付款		贷				
4001	实收资本		贷	375 000			375 000
4002	资本公积		贷				
4101	盈余公积		贷	54 000			54 000
4103	本年利润		贷		1 267 347	1 312 947	45 600
4104	利润分配		贷	200 000			200 000
410401	提取法定盈余公积		贷				
410402	提取任意盈余公积		贷				
410403	应付现金股利或利润		贷				
410404	转作股本的股利		贷				
410405	盈余公积补亏		贷				
410406	未分配利润		贷	200 000			200 000
6001	主营业务收入	项目核算	贷		1 890 000	1 890 000	

续表

科目编码	科目名称	辅助账类型	余额方向	年初余额	累计借方	累计贷方	期初余额
6051	其他业务收入		贷				
6301	营业外收入		贷				
6401	主营业务成本	项目核算	借		1 530 500	1 530 500	
6402	其他业务成本		借				
6403	营业税金及附加		借		2 400	2 400	
6601	销售费用		借		56 543	56 543	
660101	包装费		借				
660102	广告费		借				
660103	运杂费		借		3 600	3 600	
660104	职工薪酬		借		41 400	41 400	
660105	业务招待费		借				
660106	折旧费		借		7 803	7 803	
660107	其他		借		3 740	3 740	
6602	管理费用		借		117 128	117 128	
660201	职工薪酬	部门核算	借		110 550	110 550	
660202	办公费	部门核算	借				
660203	差旅费	部门核算	借				
660204	业务招待费	部门核算	借				
660205	折旧费	部门核算	借		1 934	1 934	
660206	其他	部门核算	借		4 644	4 644	
6603	财务费用		借				
6701	资产减值损失		借				
6711	营业外支出		借				
6801	所得税费用		借		33 000	33 000	
6901	以前年度损益调整		借				

【任务说明】

依据任务资料1完成会计科目设置及期初余额录入。

【岗位说明】

账套主管杨帆进行会计科目设置及期初余额录入。

【任务操作路径】

（1）账套主管杨帆在企业应用平台中，执行"基础设置|基础档案|财务|会计科目"命令，打开"会计科目"窗口，按照表2-13进行会计科目的设置。

（2）账套主管杨帆在企业应用平台中，执行"业务工作|财务会计|总账|设置|期初余额"命令，打开"期初余额录入"窗口，按照表2-13进行期初余额的录入。

【任务资料2】

2021年8月1日，录入带辅助核算会计科目的期初余额，明细资料如下。

（1）将一般应付账款科目设置为应付系统受控科目；将暂估应付账款科目设置为应付系统不受控科目。

（2）应收账款期初往来明细如表 2-14 所示。

表 2-14　应收账款期初往来明细

日期	客户	业务员	摘要	方向	金额/元	票号	票据日期
2020-06-20	飞扬公司	赵宁	销售牛仔布双肩女包	借	24 408	12500331	2020-06-20
2020-06-20	飞扬公司	赵宁	代垫运费	借	500		

（3）库存商品期初余额与累计发生额明细如表 2-15 所示。

表 2-15　库存商品期初余额与累计发生额明细

单位：元

库存商品	累计借方金额	累计贷方金额	期初余额
牛仔布双肩女包	450 000	400 000	220 000
羊皮男士商务包	450 000	425 000	97 500
合计	900 000	825 000	317 500

（4）应付账款期初往来明细如表 2-16 所示。

表 2-16　应付账款期初往来明细

日期	供应商	业务员	摘要	方向	金额/元	票号	票据日期
2020-03-20	聚龙公司	赵强	购买羊皮男式商务包暂估入库	贷	97 500		
2020-03-14	欣悦公司	赵强	购买牛仔布双肩女包	贷	62 150	G0010	2020-3-14

（5）应付职工薪酬科目期初余额与累计发生额明细如表 2-17 所示。

表 2-17　应付职工薪酬科目期初余额与累计发生额明细

单位：元

科目	累计借方金额	累计贷方金额	期初余额
应付职工薪酬——工资	130 000	130 000	
总经理办公室	40 000	40 000	
财务部	30 000	30 000	
销售部	30 000	30 000	
采购部	10 000	10 000	
仓管部	10 000	10 000	
人力资源部	10 000	10 000	
应付职工薪酬——社会保险费	14 392	18 568	4 839.9
总经理办公室	4 530.32	5 080	1 081.2
财务部	3 802.15	5 103.2	1 331.1
销售部	3 570.02	4 741.6	1 407.6

续表

科目	累计借方金额	累计贷方金额	期初余额
采购部	856.67	1 247.2	346.8
仓管部	776.17	1 148.8	331.5
人力资源部	856.67	1 247.2	341.7
应付职工薪酬——住房公积金	11 280	13 680	5 742
总经理办公室	1 781	2 160	1 320
财务部	3 651	4 428	1 566
销售部	2 939	3 564	1 656
采购部	980	1 188	408
仓管部	949	1 152	390
人力资源部	980	1 188	402
应付职工薪酬——工会经费	2 800	3 200	957
总经理办公室	442	505	220
财务部	906	1 036	261
销售部	729	834	276
采购部	243	278	68
仓管部	237	269	65
人力资源部	243	278	67
应付职工薪酬——职工教育经费	3 600	4 500	1 196.25
总经理办公室	989	1 132	275
财务部	1 003	1 295	326.25
销售部	808	1 042	345
采购部	269	347	85
仓管部	262	337	81.25
人力资源部	269	347	83.75

（6）将主营业务收入、主营业务成本均设置为牛皮单肩女包的收入和成本。

（7）管理费用科目的累计发生额明细如表2-18所示。

表2-18 管理费用科目的累计发生额明细

单位：元

科目	累计借方金额	累计贷方金额
管理费用——职工薪酬	110 550	110 550
总经理办公室	39 150	39 150
财务部	41 400	41 400
采购部	10 200	10 200
仓管部	9 750	9 750
人力资源部	10 050	10 050
管理费用——折旧费	1 934	1 934
总经理办公室	952	952
财务部	982	982

续表

科目	累计借方金额	累计贷方金额
管理费用——其他	4 644	4 644
总经理办公室	1 744	1 744
财务部	1 608	1 608
采购部	436	436
仓管部	420	420
人力资源部	436	436

【任务说明】

依据任务资料 2 完成带辅助核算会计科目期初余额的录入。

【岗位说明】

账套主管杨帆录入带辅助核算会计科目的期初余额。

【任务操作路径】

（1）账套主管杨帆在企业应用平台中，执行"业务工作|财务会计|总账|设置|期初余额"命令，打开"期初余额录入"窗口；双击应收账款科目所在行的"期初余额"栏，打开"辅助期初余额"窗口；单击"往来明细"按钮，打开"期初往来明细"窗口；单击"增行"按钮，按照表 2-14 录入应收账款的期初往来明细资料，如图 2-7 所示。

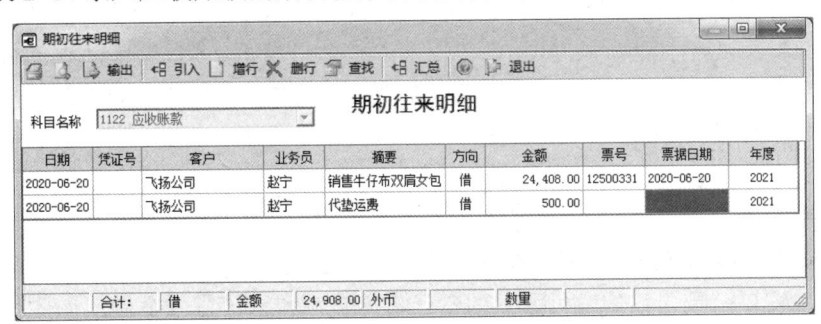

图 2-7　录入应收账款期初往来明细资料

（2）单击"汇总"按钮，完成期初往来明细的汇总计算；单击"退出"按钮，返回"辅助期初余额"窗口，录入应收账款的累计借方金额和累计贷方金额，如图 2-8 所示。

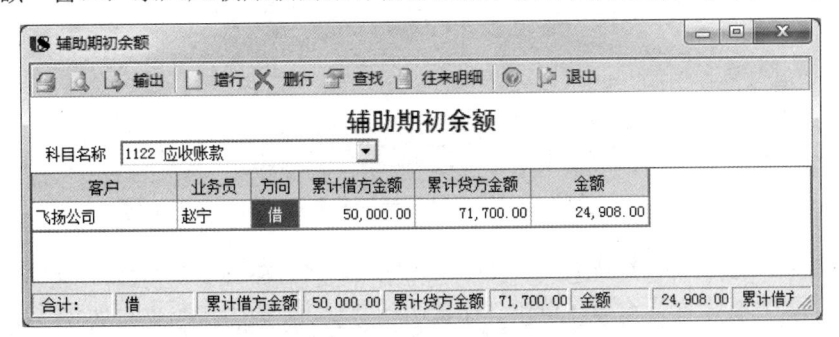

图 2-8　录入应收账款的累计借方金额和累计贷方金额

(3)双击库存商品科目所在行的"期初余额"栏,打开"辅助期初余额"窗口;单击"增行"按钮,按照表2-15录入库存商品的期初明细资料,如图2-9所示。

图2-9 录入库存商品的期初明细资料

(4)在企业应用平台中,执行"财务会计|总账|设置|期初余额"命令,打开"期初余额录入"窗口;双击暂估应付账款科目所在行的"期初余额"栏,打开"辅助期初余额"窗口;单击"往来明细"按钮,打开"期初往来明细"窗口;单击"增行"按钮,按照表2-16录入暂估应付账款的期初往来明细资料,如图2-10所示。

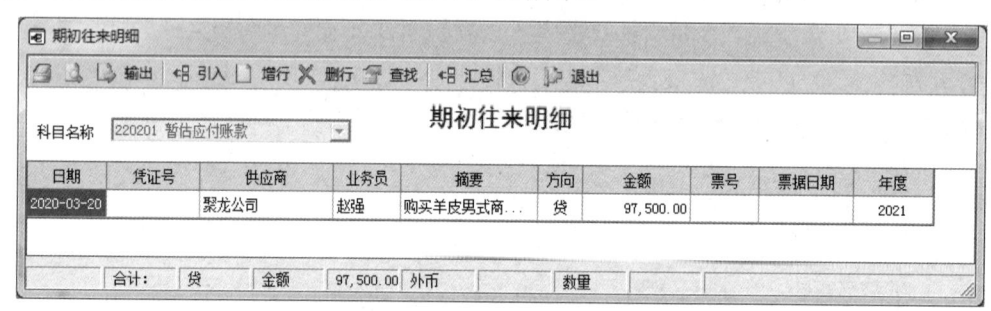

图2-10 录入暂估应付账款的期初往来明细资料

(5)单击"汇总"按钮,完成期初往来明细的汇总计算;单击"退出"按钮,返回"辅助期初余额"窗口,录入暂估应付账款的累计借方金额和累计贷方金额,如图2-11所示。

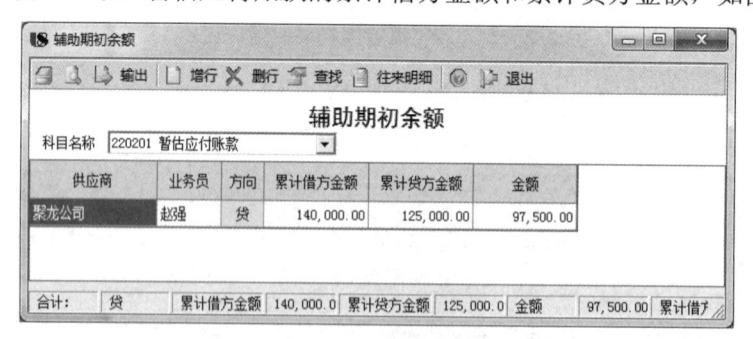

图2-11 录入暂估应付账款的累计借方金额和累计贷方金额

(6)同理,打开"期初余额录入"窗口,双击一般应付账款科目所在行的"期初余额"栏,打开"辅助期初余额"窗口;单击"往来明细"按钮,打开"期初往来明细"窗口;单击"增行"按钮,按照表2-16录入一般应付账款的期初往来明细资料,如图2-12所示。

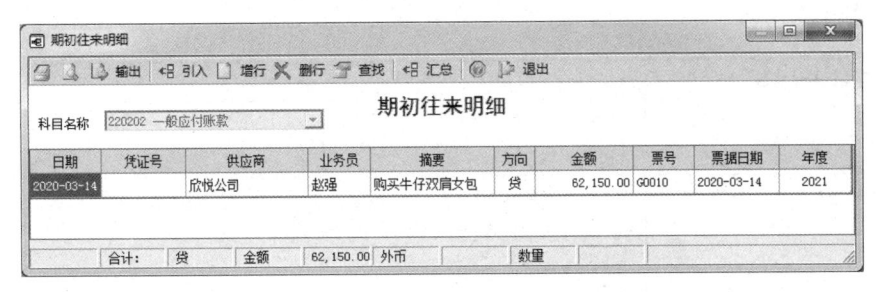

图 2-12　录入一般应付账款的期初往来明细资料

（7）单击"汇总"按钮，完成期初往来明细的汇总计算；单击"退出"按钮，返回"辅助期初余额"窗口，录入一般应付账款的累计借方金额和累计贷方金额，如图 2-13 所示。

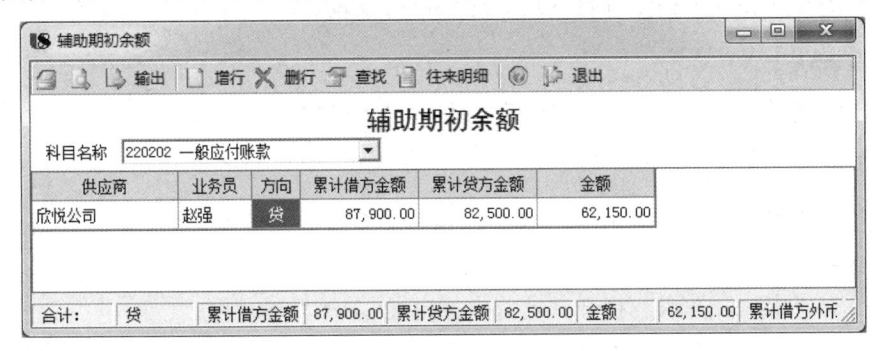

图 2-13　录入一般应付账款的累计借方金额和累计贷方金额

（8）以此方法，按照表 2-18 依次录入管理费用等科目的期初余额与累计发生额。
（9）单击"试算"按钮，系统进行试算平衡。
（10）单击"确定"按钮，完成试算平衡的操作。

任务十三　项目目录设置

任务目标：

完成"商品项目管理"的项目目录设置。

【任务资料】

2021 年 8 月 1 日，设置"商品项目管理"的项目目录，相关信息如表 2-19 所示。

表 2-19　项目目录

项目设置步骤	设置内容
项目大类	商品项目管理
核算科目	在途物资 库存商品 主营业务收入 主营业务成本

续表

项目设置步骤	设置内容
项目分类	1 潮流女包 2 精品男包
项目目录	101 牛皮单肩女包 102 牛仔布双肩女包 201 羊皮男式商务包 202 男式双肩电脑包

【任务说明】

依据任务资料完成"商品项目管理"的项目目录设置。

【岗位说明】

账套主管杨帆进行"商品项目管理"的项目目录设置。

【任务操作路径】

(1) 账套主管杨帆在企业应用平台中,执行"基础设置|基础档案|财务|项目目录"命令,打开"项目目录"窗口。

(2) 单击"增加"按钮,打开"项目大类定义_增加"对话框。

(3) 录入新项目大类名称"商品项目管理",单击"下一步"按钮,其他设置均采用系统默认值,最后单击"完成"按钮,打开"项目档案"对话框。

(4) 选择"核算科目"选项卡,设置"项目大类"为"商品项目管理",单击">"按钮,分别选择要参加核算的科目"1402 在途物资""1405 库存商品""6001 主营业务收入""6401 主营业务成本",如图 2-14 所示。

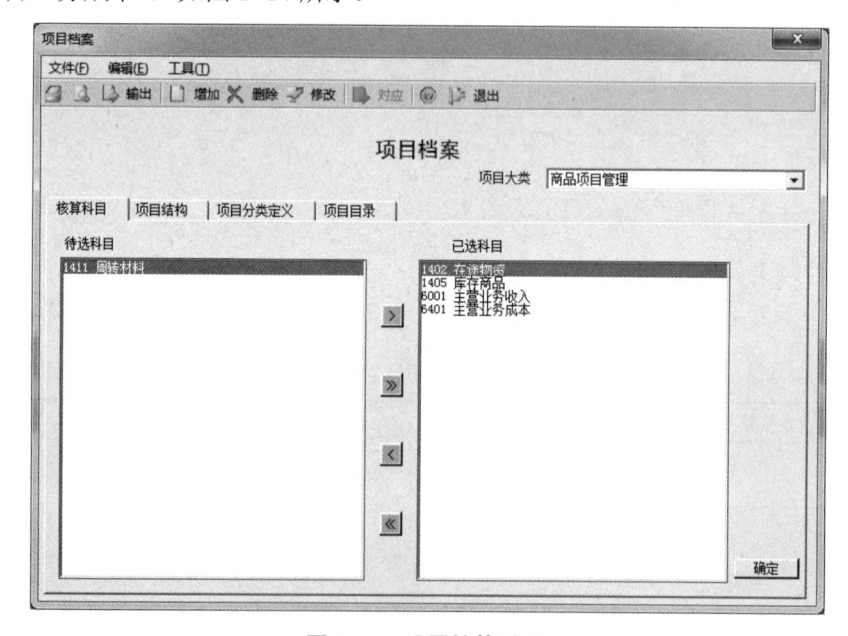

图 2-14 设置核算科目

(5)单击"确定"按钮。

(6)选择"项目分类定义"选项卡,单击右下角的"增加"按钮,设置"分类编码"为"1"、"分类名称"为"潮流女包",单击"确定"按钮。以此方法增加其他项目分类,结果如图 2-15 所示。

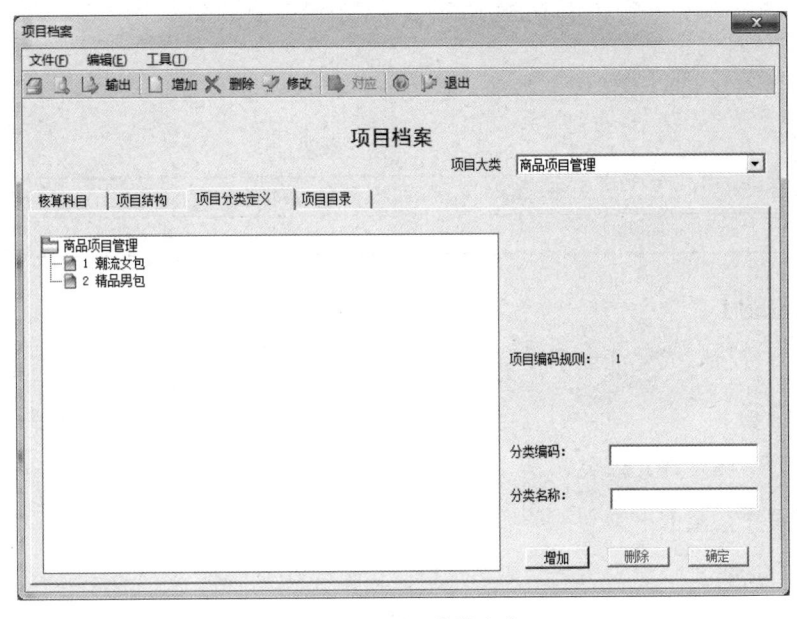

图 2-15 项目分类定义

(7)选择"项目目录"选项卡,单击"维护"按钮,进行项目目录维护。单击"增加"按钮,设置"项目编号"为"101"、"项目名称"为"牛皮单肩女包"、"所属分类码"为"1"。以此方法,按照表 2-19 增加其他项目,结果如图 2-16 所示。

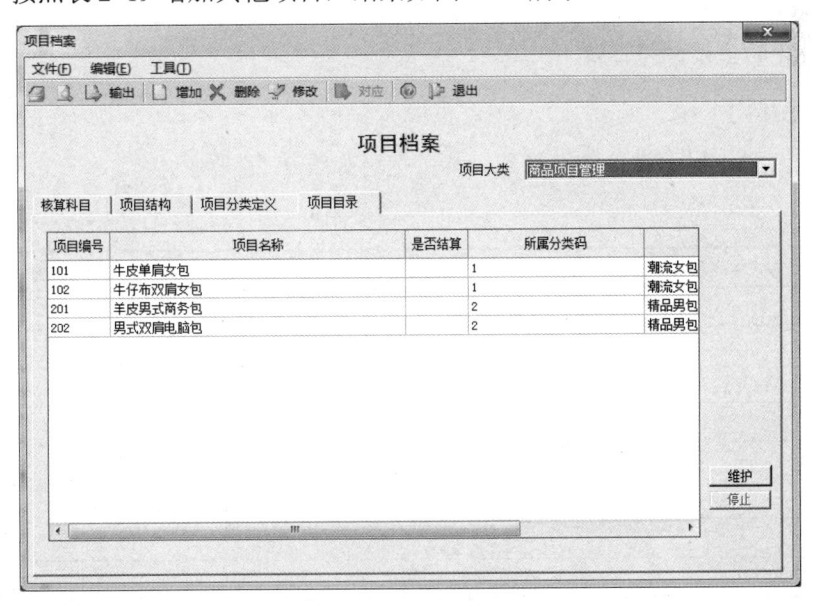

图 2-16 项目目录维护

任务十四　凭证类别设置

任务目标：

完成企业的凭证类别设置。

【任务资料】

2021年8月1日，设置凭证类别，相关信息如表2-20所示。

表2-20　凭证类别

类别字	类别名称	限制类型	限制科目
记	记账凭证		

【任务说明】

依据任务资料完成凭证类别设置。

【岗位说明】

账套主管杨帆设置凭证类别。

【任务操作路径】

账套主管杨帆在企业应用平台中，执行"基础设置|基础档案|财务|凭证类别"命令，打开"凭证类别预置"窗口，按照表2-20完成凭证类别的设置。

任务十五　结算方式设置

任务目标：

完成企业的结算方式设置。

【任务资料】

2021年8月1日，设置结算方式，相关信息如表2-21所示。

表2-21　结算方式

一级结算方式编码及名称	二级结算方式编码	二级结算方式名称
1 现金		
2 支票	201	现金支票
	202	转账支票
3 银行汇票		
4 商业汇票	401	银行承兑汇票
	402	商业承兑汇票
5 电汇		
6 同城特约委托收款		

【任务说明】

依据任务资料完成结算方式设置。

【岗位说明】

账套主管杨帆设置结算方式。

【任务操作路径】

账套主管杨帆在企业应用平台中，执行"基础设置|基础档案|收付结算|结算方式"命令，打开"结算方式"窗口，按照表 2-21 完成结算方式的设置。

任务十六 付款条件设置

任务目标：

完成企业的付款条件设置。

【任务资料】

2021 年 8 月 1 日，设置付款条件，相关信息如表 2-22 所示。

表 2-22 付款条件

付款条件编码	付款条件名称	信用天数	优惠天数 1	优惠率 1	优惠天数 2	优惠率 2
01	2/10, n/30	30	10	2	30	0

【任务说明】

依据任务资料完成付款条件设置。

【岗位说明】

账套主管杨帆设置付款条件。

【任务操作路径】

（1）账套主管杨帆在企业应用平台中，执行"基础设置|基础档案|收付结算|付款条件"命令，打开"付款条件"窗口。

（2）按照表 2-22 录入付款条件的相关信息，结果如图 2-17 所示。

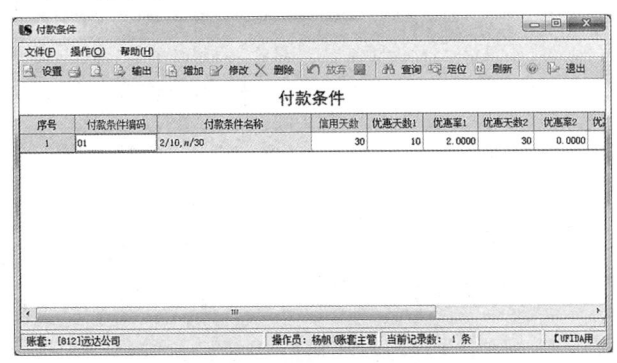

图 2-17 付款条件

任务十七　开户银行设置

任务目标：

完成企业的开户银行设置。

【任务资料】

2021 年 8 月 1 日，设置开户银行，相关信息如表 2-23 所示。

表 2-23　本单位开户银行

编码	银行账号	开户银行	所属银行编码	签约标志
01	622202020087	中国工商银行长春市远达支行	01 中国工商银行	检查收付账号

【任务说明】

依据任务资料完成开户银行设置。

【岗位说明】

账套主管杨帆设置开户银行。

【任务操作路径】

账套主管杨帆在企业应用平台中，执行"基础设置|基础档案|收付结算|本单位开户银行"命令，打开"本单位开户银行"窗口，按照表 2-23 完成开户银行的设置。

任务十八　仓库档案设置

任务目标：

完成企业的仓库档案设置。

【任务资料】

2021 年 8 月 1 日，设置仓库档案，相关信息如表 2-24 所示。

表 2-24　仓库档案

仓库编码	仓库名称	部门	计价方式	仓库属性	是否参与 MRP 运算、是否参与 ROP 计算	是否记入成本	是否纳入可用量计算	是否资产仓
0010	女包仓库	仓管部	全月平均法	普通舱	否、否	是	是	否
0020	男包仓库	仓管部	全月平均法	普通舱	否、否	是	是	否
0030	材料仓库	仓管部	全月平均法	普通舱	否、否	是	是	否
0040	固定资产仓库	仓管部	全月平均法	普通舱	否、否	否	是	是

【任务说明】

依据任务资料完成仓库档案设置。

【岗位说明】

账套主管杨帆设置仓库档案。

【任务操作路径】

账套主管杨帆在企业应用平台中,执行"基础设置|基础档案|业务|仓库档案"命令,打开"仓库档案"窗口,按照表 2-24 完成仓库档案的设置。

任务十九 收发类别设置

任务目标:

完成企业的收发类别设置。

【任务资料】

2021 年 8 月 1 日,设置收发类别,相关信息如表 2-25 所示。

表 2-25 收发类别

收发类别编码	收发类别名称	收发类别标志
1	正常入库	收
11	采购入库	
12	采购退货	
13	调拨入库	
14	其他入库	
2	非正常入库	
21	盘盈入库	
22	其他入库	
6	正常出库	发
61	销售出库	
62	销售退货	
63	调拨出库	
64	其他出库	
7	非正常出库	
71	盘亏出库	
72	其他出库	

【任务说明】

依据任务资料完成收发类别设置。

【岗位说明】

账套主管杨帆设置收发类别。

【任务操作路径】

账套主管杨帆在企业应用平台中,执行"基础设置|基础档案|业务|收发类别"命令,打开"收发类别"窗口,按照表 2-25 完成收发类别的设置。

任务二十　采购类型设置

任务目标:

完成企业的采购类型设置。

【任务资料】

2021 年 8 月 1 日,设置采购类型,相关信息如表 2-26 所示。

表 2-26　采购类型

采购类型编码	采购类型名称	入库类别	是否列入 MPS/MRP 计划
01	厂家供货	11(采购入库)	否
02	批发商供货	11(采购入库)	否
03	代销商供货	11(采购入库)	否
04	采购退回	12(采购退货)	否

【任务说明】

依据任务资料完成采购类型设置。

【岗位说明】

账套主管杨帆设置采购类型。

【任务操作路径】

账套主管杨帆在企业应用平台中,执行"基础设置|基础档案|业务|采购类型"命令,打开"采购类型"窗口,按照表 2-26 完成采购类型的设置。

任务二十一　销售类型设置

任务目标:

完成企业的销售类型设置。

【任务资料】

2021 年 8 月 1 日,设置销售类型,相关信息如表 2-27 所示。

表2-27 销售类型

销售类型编码	销售类型名称	出库类别	是否列入 MPS/MRP 计划
01	批发	61（销售出库）	否
02	零售	61（销售出库）	否
03	销售退回	62（销售退货）	否

【任务说明】

依据任务资料完成销售类型设置。

【岗位说明】

账套主管杨帆设置销售类型。

【任务操作路径】

账套主管杨帆在企业应用平台中，执行"基础设置|基础档案|业务|销售类型"命令，打开"销售类型"窗口，按照表 2-27 完成销售类型的设置。

任务二十二　费用项目分类设置

任务目标：

完成企业的费用项目分类设置。

【任务资料】

2021 年 8 月 1 日，设置费用项目分类，相关信息如表 2-28 所示。

表2-28 费用项目分类

分类编码	分类名称
1	销售费用
2	管理费用

【任务说明】

依据任务资料完成费用项目分类设置。

【岗位说明】

账套主管杨帆设置费用项目分类。

【任务操作路径】

账套主管杨帆在企业应用平台中，执行"基础设置|基础档案|业务|费用项目分类"命令，打开"费用项目分类"窗口，按照表 2-28 完成费用项目分类的设置。

任务二十三　费用项目设置

任务目标：

完成企业的费用项目设置。

【任务资料】

2021年8月1日，设置费用项目，相关信息如表2-29所示。

表2-29　费用项目

费用项目编码	费用项目名称	费用项目分类名称
01	运杂费	1 销售费用
02	包装费	1 销售费用
03	业务招待费	2 管理费用

【任务说明】

依据任务资料完成费用项目设置。

【岗位说明】

账套主管杨帆设置费用项目。

【任务操作路径】

账套主管杨帆在企业应用平台中，执行"基础设置|基础档案|业务|费用项目"命令，打开"费用项目"窗口，按照表2-29完成费用项目的设置。

任务二十四　发运方式设置

任务目标：

完成企业的发运方式设置。

【任务资料】

2021年8月1日，设置发运方式，相关信息如表2-30所示。

表2-30　发运方式

发运方式编码	发运方式名称
01	送货
02	提货
03	发货

【任务说明】

依据任务资料完成发运方式设置。

【岗位说明】

账套主管杨帆设置发运方式。

【任务操作路径】

账套主管杨帆在企业应用平台中，执行"基础设置|基础档案|业务|发运方式"命令，打开"发运方式"窗口，按照表 2-30 完成发运方式的设置。

任务二十五　单据编号设置

任务目标：

完成各种单据编号设置。

【任务资料】

2021 年 8 月 1 日，将"采购订单""采购专用发票""采购普通发票""采购运费发票""销售订单""销售专用发票""销售普通发票"的单据编号设置修改为"手工改动，重号时自动重取"。

【任务说明】

依据任务资料完成各种单据编号设置。

【岗位说明】

账套主管杨帆设置各种单据编号。

【任务操作路径】

账套主管杨帆在企业应用平台中，执行"基础设置|单据设置|单据编号设置"命令，打开"单据编号设置"窗口，按照任务资料完成单据编号的设置。

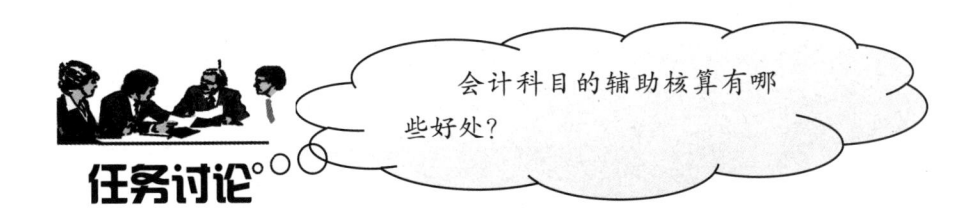

> 会计科目的辅助核算有哪些好处？

知识补充

　　一个会计信息化平台由若干子系统构成，这些子系统共享公共基础数据，这些基础数据是会计信息化平台运行的基石。这些公共基础数据之间存在前后承接的关系，我们在设置时应遵循一定的先后顺序。

　　设置会计科目是初始化过程中最重要的一项工作，会计科目设置的好坏，直接关系到日后核算工作的顺利、正确与否。在会计信息化软件中采用的一级会计科目必须符合国家会计制度的规定，但明细科目可根据企业的实际情况，在满足核算和管理要求及会计报表数据来源的基础上自行设置。

　　为了保证会计数据的连续性和完整性，初次启用会计信息化软件需要录入期初余额数据，这些数据主要包括系统启用时间之前的科目总账、明细账、辅助账的余额数据。

课堂思考：如何应用辅助核算科目？

知识链接

　　只有末级明细科目才能录入期初余额；一级科目的余额由系统自动累计得到。

　　带辅助核算科目的期初余额不能直接在总账科目中录入，而要在辅助账中录入，系统会自动将其计入总账科目中。其修改也必须在辅助账中进行。

　　在期初余额录入完成以后，要注意进行试算平衡。

项目三

子系统的初始设置

项目总体要求

知识目标：

1. 理解各子系统的初始设置在实际操作中所起的作用。

2. 掌握在企业应用平台中对各子系统进行初始设置和期初数据录入的操作方法。

能力目标：

1. 能够设置各子系统的初始参数。

2. 能够进行各子系统期初数据的录入。

3. 能够根据任务的设计需要查阅有关资料、相关案例，明确各子系统初始设置的设计理念，在团队合作的基础上完成企业各子系统的初始设置工作。

任务描述	任务解析	任务要求	职业素质
本项目所涉及的操作是在企业应用平台中进行的,主要包括设置各子系统的初始参数及录入期初数据,期初数据的完整、准确可以保证手工业务与软件处理的衔接和数据的连贯性	需要了解各子系统基础档案初始化的内容和作用,掌握采购管理系统、应付款管理系统、销售管理系统、应收款管理系统、固定资产系统、库存管理系统、存货核算系统、薪资管理系统、总账系统的初始化内容	能够正确设置和录入采购管理系统、应付款管理系统、销售管理系统、应收款管理系统、固定资产系统、库存管理系统、存货核算系统、薪资管理系统、总账系统的系统参数和期初数据	通过模拟企业的业务进行软件操作,树立业财一体化思想;实现对财务业务的科学管理是企业提高工作效率、降低工作误差的重要手段

【任务说明】

子系统的初始资料由账套主管杨帆在企业应用平台中进行设置。

任务一 采购管理系统与应付款管理系统

任务目标:

完成采购管理系统与应付款管理系统的参数与核算规则设置。

一、设置系统参数与核算规则

1. 设置采购管理系统的参数

【任务资料1】

除系统默认设置之外,还需进行如下参数设置。

业务及权限控制:在"订单\到货单\发票单价录入方式"中选中"取自供应商存货价格表价格"单选按钮。

【任务说明】

依据任务资料1完成采购管理系统的参数设置。

【岗位说明】

账套主管杨帆设置采购管理系统的参数。

【任务操作路径】

(1)账套主管杨帆在企业应用平台中,执行"业务工作|供应链|采购管理|设置|采购选项"命令,打开"采购系统选项设置—请按照贵单位的业务认真设置"对话框。

(2)在"业务及权限控制"选项卡中,在"订单\到货单\发票单价录入方式"中选中"取自供应商存货价格表价格"单选按钮,其他选项采用系统默认设置,如图3-1所示。

微课3-1 采购管理系统与应付款管理系统的初始设置

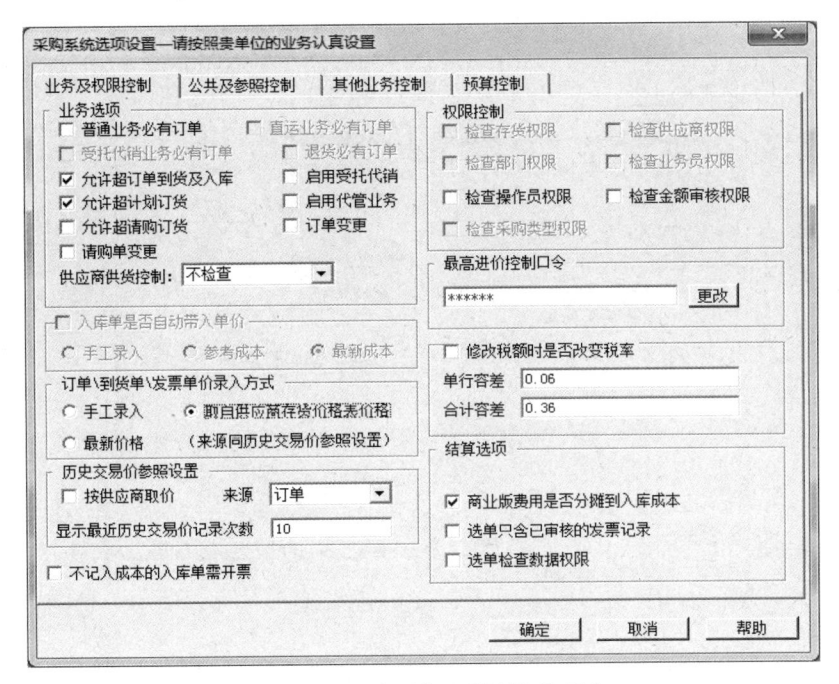

图 3-1 "业务及权限控制"选项卡

（3）单击"确定"按钮，保存系统参数的设置，关闭"采购系统选项设置—请按照贵单位的业务认真设置"对话框。

2．设置应付款管理系统的参数

【任务资料 2】

除系统默认设置之外，还需进行如下参数设置。

常规：将"单据审核日期依据"设置为"单据日期"。

凭证：将"受控科目制单方式"设置为"明细到单据"，将"采购科目依据"设置为"按存货分类"。

【任务说明】

依据任务资料 2 完成应付款管理系统的参数设置。

【岗位说明】

账套主管杨帆设置应付款管理系统的参数。

【任务操作路径】

（1）账套主管杨帆在企业应用平台中，执行"业务工作|财务会计|应付款管理|设置|选项"命令，打开"账套参数设置"对话框。

（2）在"常规"选项卡中，单击"编辑"按钮，使所有参数处于可编辑状态。设置"单据审核日期依据"为"单据日期"，其他选项采用系统默认设置（其中"应付账款核算模型"默认为"详细核算"），如图 3-2 所示。

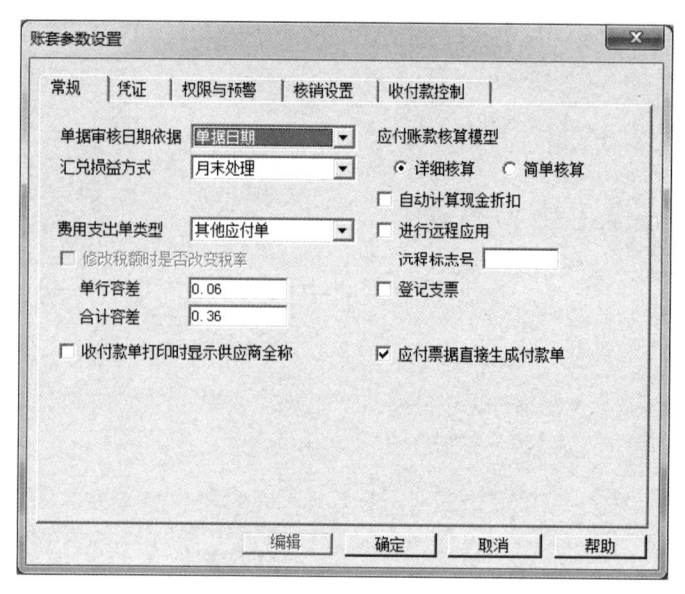

图 3-2 "常规"选项卡

（3）在"凭证"选项卡中，设置"受控科目制单方式"为"明细到单据"，其他选项采用系数默认设置，如图 3-3 所示。

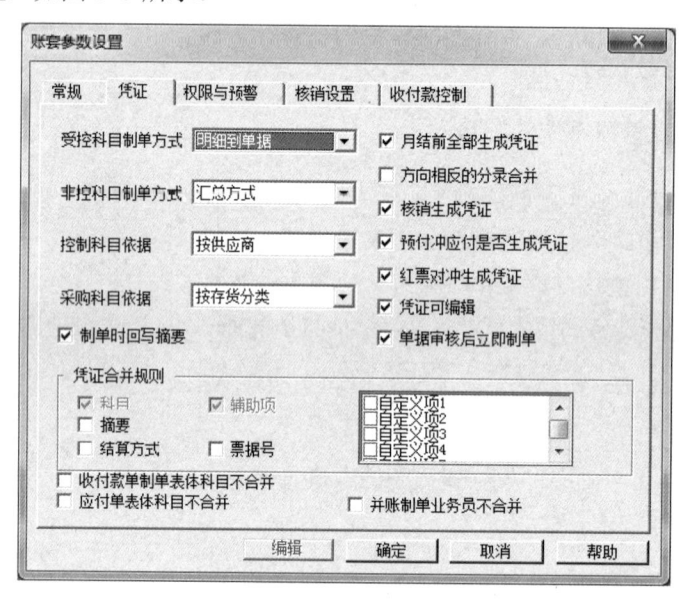

图 3-3 "凭证"选项卡

（4）单击"确定"按钮，保存系统参数的设置，关闭"账套参数设置"对话框。在重注册后修改生效。

3．设置应付款管理系统的科目

【任务资料 3】

完成应付款管理系统的科目设置，相关信息如表 3-1 所示。

表 3-1 应付款管理系统的科目设置

科目类别	设置方式
基本科目	应付科目（本币）：220202 应付账款——一般应付账款
	预付科目（本币）：1123 预付账款
	采购科目：1402 在途物资
	税金科目：22210101 应交税费——应交增值税（进项税额）
	固定资产采购科目：1601 固定资产
产品科目	0101 箱包
	采购科目：1402 在途物资
	税金科目：22210101 应交税费——应交增值税（进项税额）
结算方式科目	结算方式为现金：1001 库存现金
	结算方式为现金支票：100201 银行存款——工行存款
	结算方式为转账支票：100201 银行存款——工行存款
	结算方式为银行汇票：101201 其他货币资金——银行汇票
	结算方式为银行承兑汇票：220101 应付票据——银行承兑汇票
	结算方式为商业承兑汇票：220102 应付票据——商业承兑汇票
	结算方式为电汇：100201 银行存款——工行存款
	结算方式为同城特约委托收款：100201 银行存款——工行存款

注：（1）基本科目设置：在应付款管理系统中，根据表 3-1 录入基本科目。

（2）产品科目与结算方式科目设置：在应付款管理系统中，根据表 3-1 录入对应的科目。

【任务说明】

依据任务资料 3 完成应付款管理系统的科目设置。

【岗位说明】

账套主管杨帆设置应付款管理系统的科目。

【任务操作路径】

（1）账套主管杨帆在企业应用平台中，执行"业务工作|财务会计|应付款管理|设置|初始设置"命令，进入"初始设置"界面。先单击"设置科目"中的"基本科目设置"，再单击"增加"按钮，在"基础科目种类"中选择"应付科目"，设置"科目"为"220202"、"币种"为"人民币"。以此方法，根据表 3-1 完成其他基本科目的设置，结果如图 3-4 所示。

（2）单击"设置科目"中的"产品科目设置"，根据表 3-1 完成产品科目的设置，结果如图 3-5 所示。

（3）单击"设置科目"中的"结算方式科目设置"，根据表 3-1 完成结算方式科目的设置，结果如图 3-6 所示。

图 3-4 基本科目的设置结果

图 3-5 产品科目的设置结果

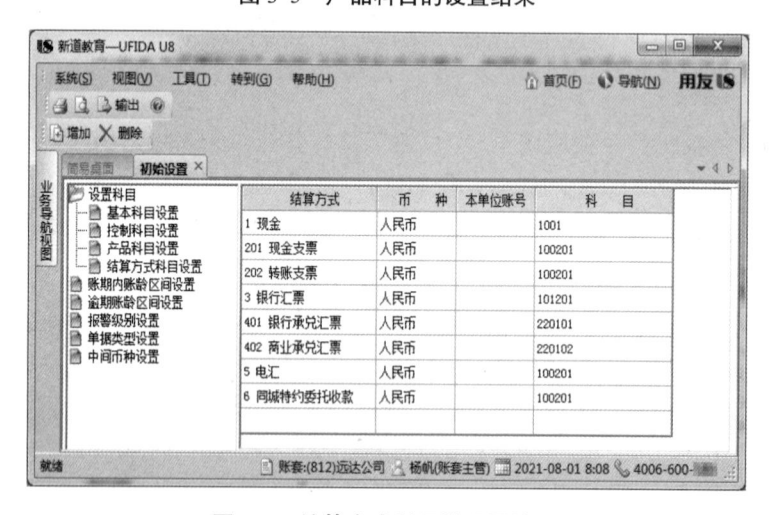

图 3-6 结算方式科目的设置结果

提示：

● 应付科目和预付科目已经在科目档案中被指定为应付系统受控科目。

- 应付票据科目被设置为应付系统不受控科目,在"结算方式科目设置"中录入其对应的应付票据明细科目。
- 若需要为不同的供应商(供应商分类、地区分类)分别设置应付款核算科目和预付款核算科目,则在"控制科目设置"中设置。

4．设置账期内账龄区间与逾期账龄区间

【任务资料4】

完成账期内账龄区间与逾期账龄区间的设置,相关信息如表3-2所示。

表3-2 账期内账龄区间与逾期账龄区间的设置

序号	起止天数	总天数
01	0～30	30
02	31～60	60
03	61～90	90
04	91～120	120
05	121以上	

【任务说明】

依据任务资料4完成账期内账龄区间与逾期账龄区间的设置。

【岗位说明】

账套主管杨帆设置账期内账龄区间与逾期账龄区间。

【任务操作路径】

(1)账套主管杨帆在企业应用平台中,执行"业务工作|财务会计|应付款管理|设置|初始设置"命令,进入"初始设置"界面。

(2)单击"账期内账龄区间设置",根据表3-2,在"起止天数"栏中录入相应的天数,完成账期内账龄区间的设置,结果如图3-7所示。

(3)单击"逾期账龄区间设置",根据表3-2,在"总天数"栏中录入相应的天数,完成逾期账龄区间的设置,结果如图3-7所示。

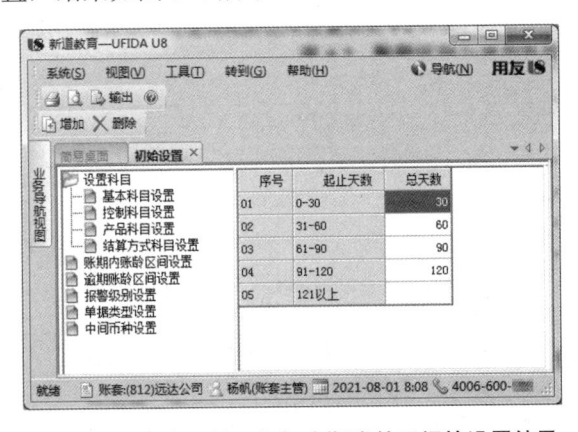

图3-7 账期内账龄区间与逾期账龄区间的设置结果

二、录入期初数据

1. 录入采购管理系统的期初采购入库单

【任务资料 1】

2021 年 7 月 20 日,采购人员刘东生签订合同,购入聚龙公司羊皮男式商务包 150 套,暂估单价为 650 元,在验收合格后入男包仓库,发票未收到。

微课 3-2 采购管理期初数据录入

【任务说明】

依据任务资料 1 完成采购管理系统期初采购入库单的录入。

【岗位说明】

账套主管杨帆录入采购管理系统的期初采购入库单。

【任务操作路径】

(1)账套主管杨帆在企业应用平台中,执行"业务工作|供应链|采购管理|采购入库|采购入库单"命令。

(2)单击"增加"按钮,设置新增入库单表头的"入库日期"为"2021-07-20"、"仓库"为"男包仓库"、"供货单位"为"聚龙公司"、"部门"为"采购部"、"业务员"为"刘东生"、"入库类别"为"采购入库",其他选项采用系统默认设置。

(3)双击表体第一行的"存货编码"栏,并在打开的"采购存货档案"窗口中选择"羊皮男式商务包",返回"期初采购入库单"界面,完成存货的参照生成。

(4)在表体第一行的"数量"栏中录入"150.00",在"本币单价"栏中录入"650.00",单击"保存"按钮,即完成期初暂估入库单的录入,结果如图 3-8 所示。

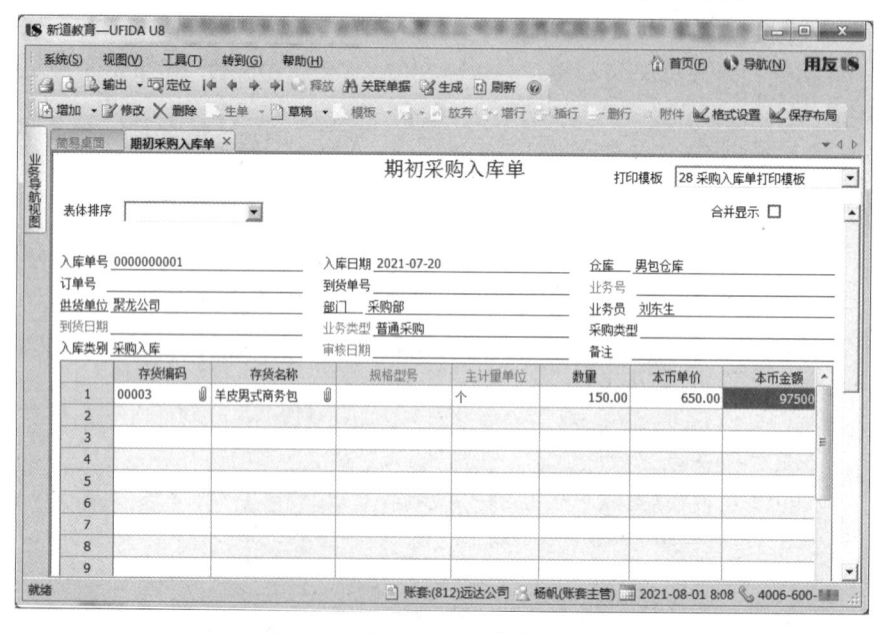

图 3-8 期初采购入库单的录入结果

提示：

- 采购管理系统的期初数据必须在采购期初记账之前进行录入。
- 期初暂估入库单可在采购管理系统的"采购入库"中录入。在完成采购期初记账后，则期初采购入库单只能在库存管理系统的"入库业务|采购入库单"中录入或生成。
- 在进行采购管理系统期初记账前可以修改和删除期初暂估入库单，但在完成期初记账后，则不允许修改和删除期初暂估入库单。
- 如果需要修改期初暂估入库单，那么可以打开需要修改的期初暂估入库单，单击"修改"按钮，在修改完毕后单击"保存"按钮。
- 如果需要删除期初暂估入库单，那么可以打开需要删除的期初暂估入库单，单击"删除"按钮。
- 若企业有票到货未到的在途物资，则可先录入期初采购发票，待货物运达后再办理采购结算。

2．录入采购管理系统的期初采购专用发票

【任务资料2】

2021年7月14日，购买欣悦公司550个牛仔布双肩女包的采购专用发票（发票号为G0010）的相关信息如表3-3所示。

表3-3 期初采购专用发票

发票类型	发票号	开票日期	供应商	采购类型	部门名称	业务员	发票日期	存货名称	数量/个	原币单价/元	价税合计/元
专用发票	G0010	2021-07-14	欣悦公司	批发商供货	采购部	刘东生	2021-07-14	牛仔布双肩女包	550	100	62 150

【任务说明】

依据任务资料2完成采购管理系统期初采购专用发票的录入。

【岗位说明】

账套主管杨帆录入采购管理系统的期初采购专用发票。

【任务操作路径】

账套主管杨帆在企业应用平台中，执行"业务工作|供应链|采购管理|采购发票|采购专用发票"命令，进入"专用发票"界面。单击"增加"按钮，在表头中设置"发票号"为"G0010"、"开票日期"为"2021-07-14"、"供应商"为"欣悦公司"、"采购类型"为"批发商供货"、"业务员"为"刘东生"；在表体中设置"存货编码"为"00002"、"数量"为"550.00"、"原币单价"为"100.00"，单击"保存"按钮即完成录入，结果如图3-9所示。

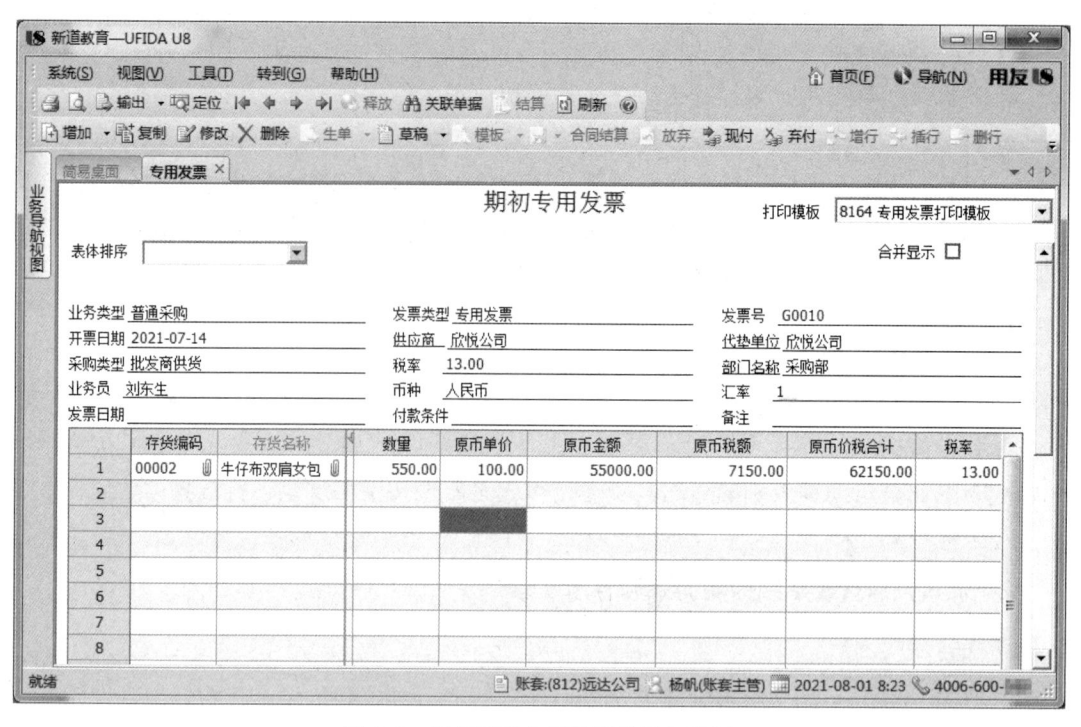

图3-9 期初采购专用发票的录入结果

3. 对采购管理系统进行期初记账

【任务资料3】

对采购管理系统进行期初记账。

【任务说明】

依据任务资料3完成采购管理系统的期初记账。

【岗位说明】

账套主管杨帆进行采购管理系统的期初记账。

【任务操作路径】

（1）账套主管杨帆在企业应用平台中，执行"业务工作|供应链|采购管理|设置|采购期初记账"命令，打开"期初记账"对话框，如图3-10所示。

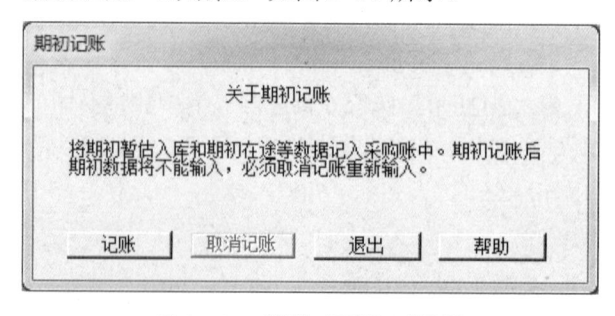

图3-10 "期初记账"对话框

（2）单击"记账"按钮，出现期初记账完毕的提示信息，单击"确定"按钮，完成采购管理系统的期初记账。

提示：
- 采购期初记账是在采购管理业务的往期单据录入工作完成之后，进行的期初记账业务工作。
- 如果没有期初单据，就可以不录入期初单据数据，但必须执行记账操作。

4．录入供应商存货调价单

【任务资料4】

录入供应商存货调价单，相关信息如表3-4所示。

表3-4　供应商存货调价单

供应商	存货名称	原币单价/元	含税单价/元	数量下限/个	生效日期	是否促销价	税率/%	币种
欣悦公司	牛皮单肩女包	200	226	100	2021-08-01	否	13.00	人民币
欣悦公司	牛仔布双肩女包	100	113	100	2021-08-01	否	13.00	人民币
聚龙公司	羊皮男士商务包	500	565	100	2021-08-01	否	13.00	人民币
聚龙公司	男士双肩电脑包	150	169.5	100	2021-08-01	否	13.00	人民币

【任务说明】

依据任务资料4完成采购管理系统供应商存货调价单的录入。

【岗位说明】

账套主管杨帆录入采购管理系统的供应商存货调价单。

【任务操作路径】

（1）账套主管杨帆在企业应用平台中，执行"业务工作|供应链|采购管理|供应商管理|供应商供货信息|供应商存货调价单"命令，进入"供应商存货调价单"界面。

微课3-3　供应商存货调价单设置

（2）单击"增加"按钮，确认表头的"价格标识"为"含税价"，根据表3-4录入供应商存货调价单，结果如图3-11所示。

（3）单击"保存"按钮，保存供应商存货调价单。单击"审核"按钮，若审核通过，则系统将自动更新供应商存货价格表，完成存货的"定价"操作，价格生效。

提示：
- 供应商存货价格表用于供应商存货价格的查询和调价。
- 供应商的属性可能为货物、委外、服务或国外，在采购管理系统中，单据取价只取供应类型为采购的相应记录。

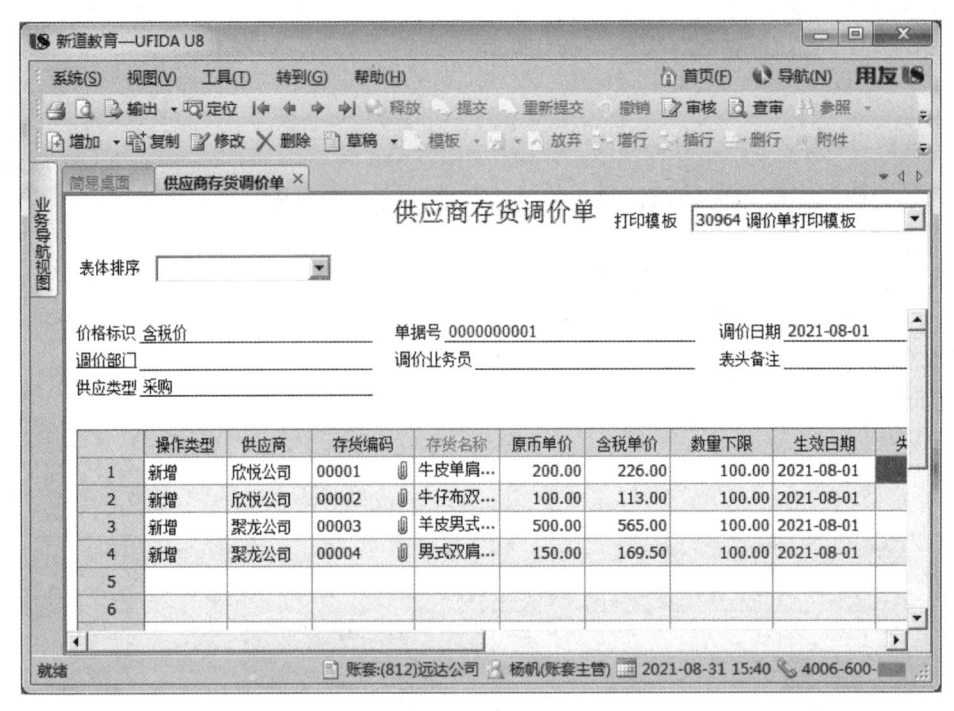

图 3-11　供应商存货调价单的录入结果

5．录入库存管理系统的期初数据

【任务资料 5】

女包仓库牛仔布双肩女包的期初库存数量为 2 200 个，无税单价为 100 元；男包仓库羊皮男式商务包的期初库存数量为 150 个，暂估单价为 650 元。

【任务说明】

依据任务资料 5 完成库存管理系统期初数据的录入。

【岗位说明】

账套主管杨帆录入库存管理系统的期初数据。

【任务操作路径】

（1）账套主管杨帆在企业应用平台中，执行"业务工作|供应链|库存管理|初始设置|期初结存"命令，进入"库存期初数据录入"界面。

（2）选择"仓库"为"女包仓库"，单击"修改"按钮，参照选择表体第一行的"存货编码"为"00002"（牛仔布双肩女包），在"数量"栏中录入"2 200.00"，在"单价"栏中录入"100.00"，设置"入库类别"为"采购入库"。

微课 3-4　库存管理系统期初数据录入

（3）单击"保存"按钮，保存录入的库存信息，如图 3-12 所示。单击"审核"或"批审"按钮，在审核通过后，库存信息即被更新。

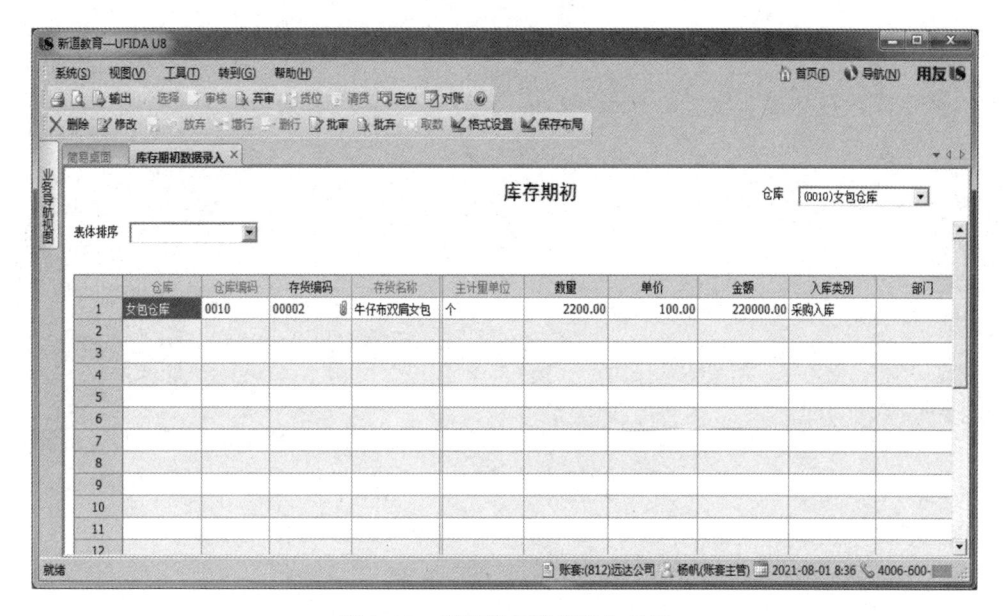

图 3-12 库存期初数据录入结果

（4）以此方法，在"库存期初数据录入"界面中，选择"仓库"为"男包仓库"，单击"修改"按钮，参照选择表体第一行的"存货编码"为"00003"（羊皮男式商务包），在"数量"栏中录入"150.00"，在"单价"栏中录入"650.00"。依次单击"保存"和"审核"按钮。

提示：

- 库存期初结存数据必须按照仓库分别录入，且录入完成后必须审核。库存期初结存数据的审核实际上是期初记账的过程，表明该仓库期初数据录入工作的完成。
- 库存期初数据审核是分仓库分存货进行的，即"审核"功能仅针对当前仓库的某存货进行审核；"批审"功能针对的是当前仓库的所有存货，而非所有仓库的存货。
- 审核后的库存期初数据不能被修改、删除，但可以在执行弃审操作后被修改或删除。
- 对于在库存管理系统中录入的期初数据，可以通过存货核算系统中的"期初余额"的"取数"功能将其记录到存货核算系统中，以便存货核算系统和库存管理系统在对账时能够相符。

6．录入应付账款期初余额并对账

【任务资料 6】

2021 年 3 月 14 日，购买欣悦公司牛仔布双肩女包的应付账款余额为 62 150 元，相关信息如表 3-5 所示。

表 3-5 应付账款期初余额

单据名称	方向	开票日期	发票号	供应商名称	采购部门	科目	货物名称	数量（条件）/个	原币单价/元	价税合计/元
采购专用发票	正	2021-03-14	G0010	欣悦公司	采购部	220202	牛仔布双肩女包	550	100	62 150

【任务说明】

依据任务资料 6 完成应付账款期初余额的录入与对账操作。

【岗位说明】

账套主管杨帆进行应付账款期初余额的录入并对账。

【任务操作路径】

（1）账套主管杨帆在企业应用平台中，执行"业务工作|财务会计|应付款管理|设置|期初余额"命令，打开"期初余额——查询"对话框。

（2）在"期初余额——查询"对话框中，设置查询条件，单击"确定"按钮，进入"期初余额"界面。

微课 3-5 应付账款管理系统期初数据录入

（3）单击"增加"按钮，打开"单据类别"对话框，如图 3-13 所示。

图 3-13 "单据类别"对话框

（4）选择"单据类型"为"采购专用发票"，单击"确定"按钮，进入"采购发票"界面。单击"增加"按钮，设置表头的"发票号"为"G0010"、"开票日期"为"2021-03-14"、"供应商"为"欣悦公司"、"科目"为"220202"、"部门"为"采购部"、"业务员"为"刘东生"；设置表体中的"存货编码"为"00002"（牛仔布双肩女包）、"数量"为"550.00"、"原币单价"为"100.000"，其他栏中的数据由系统自动带出，结果如图 3-14 所示。

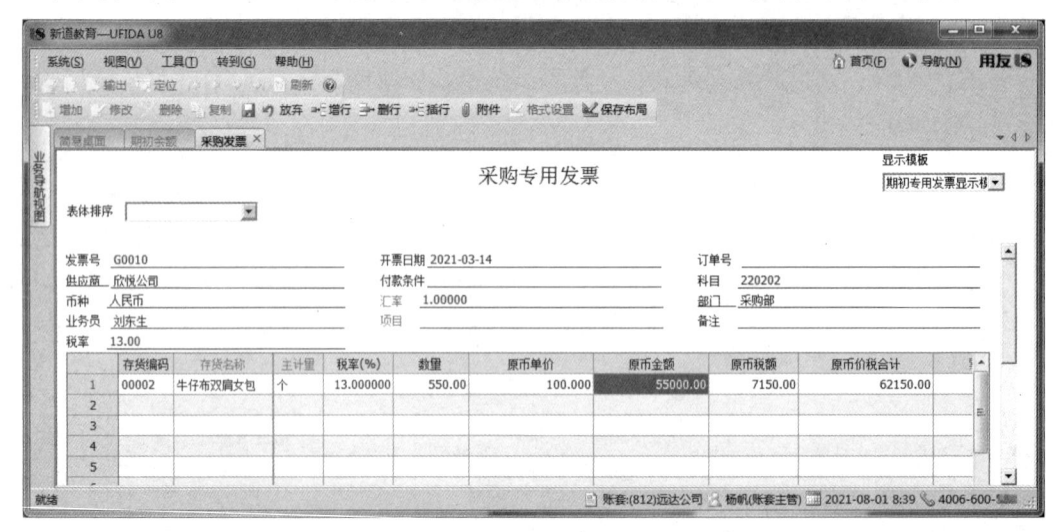

图 3-14 采购专用发票的录入结果

（5）单击"保存"按钮，完成采购专用发票的录入。

（6）单击"对账"按钮，与总账系统进行对账，显示差额都为零，即对账正确，结果如图 3-15 所示。

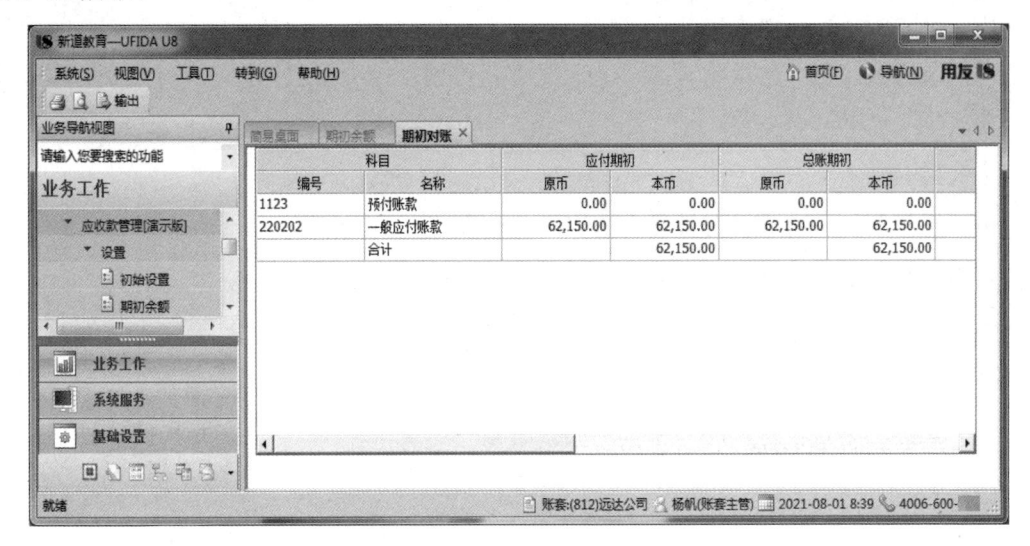

图 3-15 期初对账

提示：

- "单据名称"包括"采购发票""应付单""预付款""应付票据"4 种，以实现应付款管理系统期初余额的录入。单据包括未结算完的采购发票和应付单、预付款单据、未结算完的应付票据、未结算完的合同。这些单据的期初数据必须是账套启用会计期间前的数据。
- 在初次使用应付款管理系统时，要将上一会计期间未处理完成的单据都录入本系统中，以保证记账的连续性。当进行第二年度处理时，系统自动将上年度未处理完成的单据的数据结转为下一年度的期初余额。在下一年度的第一个会计期间，可直接进行期初余额的调整。

任务二　销售管理系统与应收款管理系统

任务目标：

完成销售管理系统与应收款管理系统的参数与核算规则设置。

一、设置系统参数与核算规则

1．设置销售管理系统的参数

【任务资料 1】

除系统默认设置之外，还需进行如下参数设置。

业务控制：勾选"有委托代销业务""委托代销必有订单""允许超发货量开票选项"复选框。

其他控制：在"新增退货单默认"中选中"参照订单"单选按钮，在"新增发票默认"中选中"参照发货"单选按钮。

可用量控制：在"发货单/发票非追踪型存货可用量控制公式"的"预计出库"中，取消勾选"待发货量"复选框。

【任务说明】

依据任务资料1完成销售管理系统的参数设置。

【岗位说明】

账套主管杨帆设置销售管理系统的参数。

【任务操作路径】

（1）账套主管杨帆在企业应用平台中，双击"业务工作|供应链|销售管理|设置|销售选项"，打开"销售选项"对话框。

（2）在"业务控制"选项卡中，勾选"有委托代销业务""委托代销必有订单""允许超发货量开票"复选框，如图3-16所示。

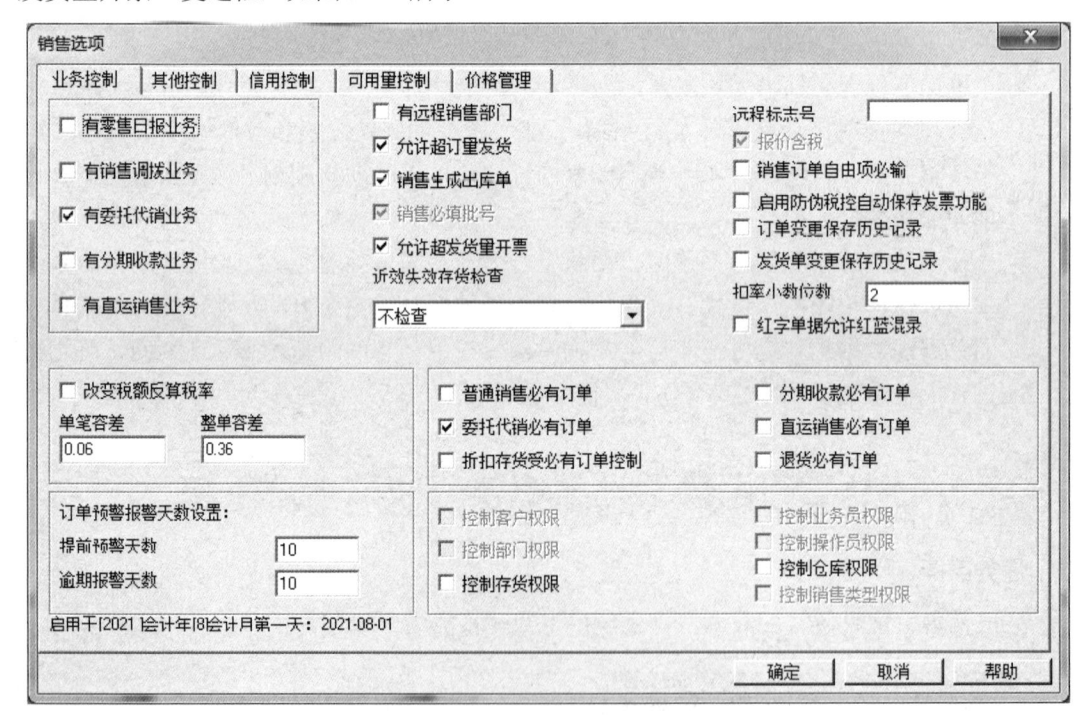

图3-16 "业务控制"选项卡

（3）在"其他控制"选项卡中，在"新增退货单默认"中选中"参照订单"单选按钮，在"新增发票默认"中选中"参照发货"单选按钮，如图3-17所示。

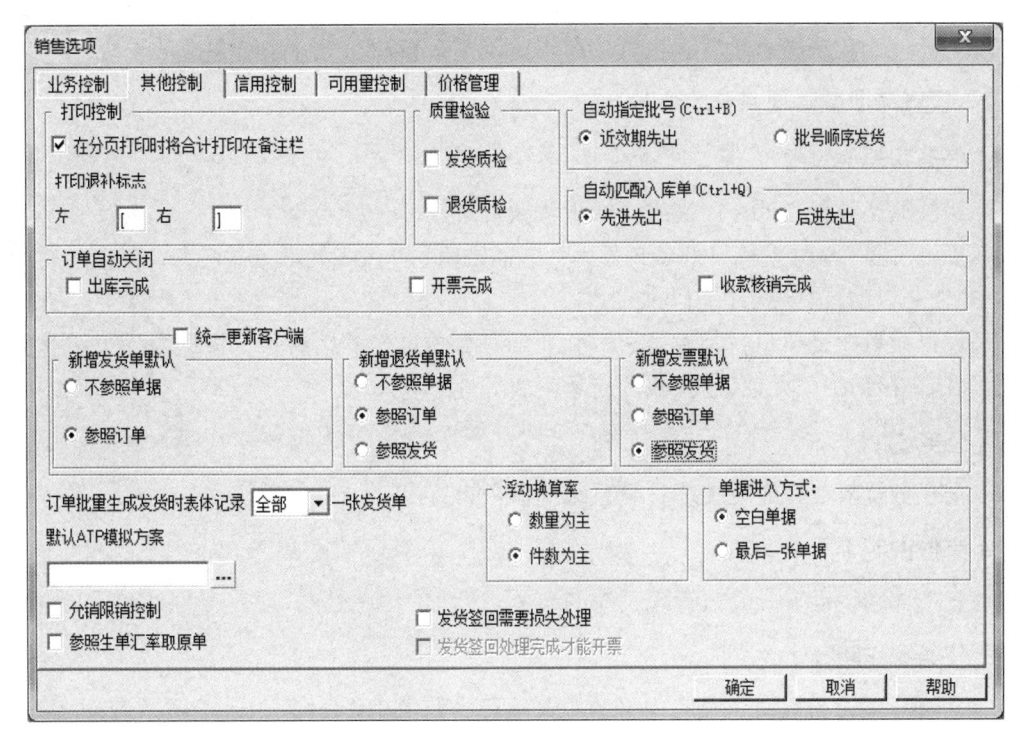

图 3-17 "其他控制"选项卡

（4）在"可用量控制"选项卡中，在"发货单/发票非追踪型存货可用量控制公式"的"预计出库"中，取消勾选"待发货量"复选框，如图 3-18 所示。

图 3-18 "可用量控制"选项卡

（5）其他选项采用系统默认设置，单击"确定"按钮，保存系统参数的设置。

2．设置应收款管理系统的参数

【任务资料2】

除系统默认设置之外，还需进行如下参数设置。

常规：设置"单据审核日期依据"为"单据日期"、"坏账处理方式"为"应收余额百分比"，勾选"自动计算现金折扣"复选框。

凭证：设置"受控科目制单方式"为"明细到单据"、"销售科目依据"为"按存货分类"，勾选"核销生成凭证""预收冲应收生成凭证"复选框。

【任务说明】

依据任务资料2完成应收款管理系统的参数设置。

【岗位说明】

财套主管杨帆设置应收款管理系统的参数。

【任务操作路径】

（1）财套主管杨帆在企业应用平台中，执行"业务工作|财务会计|应收款管理|设置|选项"命令，打开"选项"对话框。单击"编辑"按钮，进入编辑状态。在"常规"选项卡中，设置"单据审核日期依据"为"单据日期"、"坏账处理方式"为"应收余额百分比法"，勾选"自动计算现金折扣"复选框，如图3-19所示。

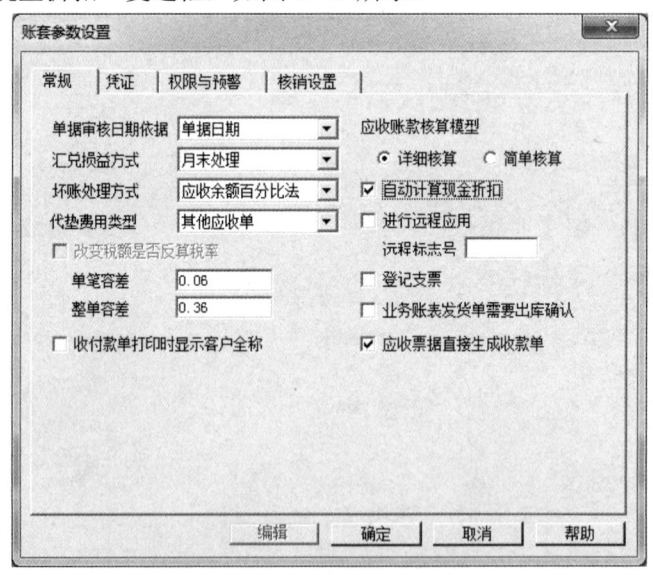

图3-19 "常规"选项卡

（2）在"凭证"选项卡中，设置"受控科目制单方式"为"明细到单据"、"销售科目依据"为"按存货分类"，勾选"核销生成凭证""预收冲应收生成凭证"复选框，其他选项采用系统默认设置，单击"确定"按钮，完成设置，如图3-20所示。

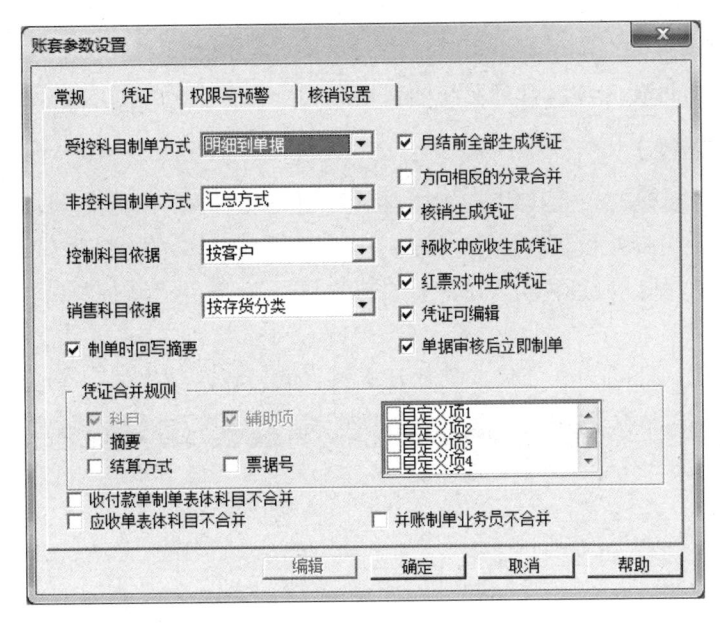

图 3-20 "凭证"选项卡

3．设置应收款管理系统的科目

【任务资料 3】

完成应收款管理系统的科目设置，相关信息如表 3-6 所示。

表 3-6 应收款管理系统的科目设置

科目类别	设置方式
基本科目	应收科目：1122 应收账款
	预收科目：2203 预收账款
	销售收入科目：6001 主营业务收入
	销售退回科目：660206 管理费用——其他
	现金折扣科目：6603 财务费用
	代垫费用科目：1001 库存现金
	税金科目：22210103 应交税费——应交增值税（销项税额）
结算方式科目	结算方式为现金：科目为 1001 库存现金
	结算方式为现金支票：科目为 100201 银行存款——工行存款
	结算方式为转账支票：科目为 100201 银行存款——工行存款
	结算方式为银行汇票：科目为 101201 其他货币资金——银行汇票
	结算方式为银行承兑支票：科目为 102101 应收票据——银行承兑汇票
	结算方式为商业承兑支票：科目为 102102 应收票据——商业承兑汇票
	结算方式为电汇：科目为 100201 银行存款——工行存款
	结算方式为同城特约委托收款：科目为 100201 银行存款——工行存款

【任务说明】

依据任务资料 3 完成应收款管理系统的科目设置。

【岗位说明】

账套主管杨帆设置应收款管理系统的科目。

【任务操作路径】

（1）账套主管杨帆在企业应用平台中，执行"业务工作|财务会计|应收款管理|设置|初始设置"命令，进入"初始设置"界面。先单击"设置科目"中的"基本科目设置"，再单击"增加"按钮，在"基础科目种类"中选择"应收科目"，设置"科目"为"1122"、"币种"为"人民币"。

（2）以此方法，根据表3-6完成其他基本科目的设置，结果如图3-21所示。

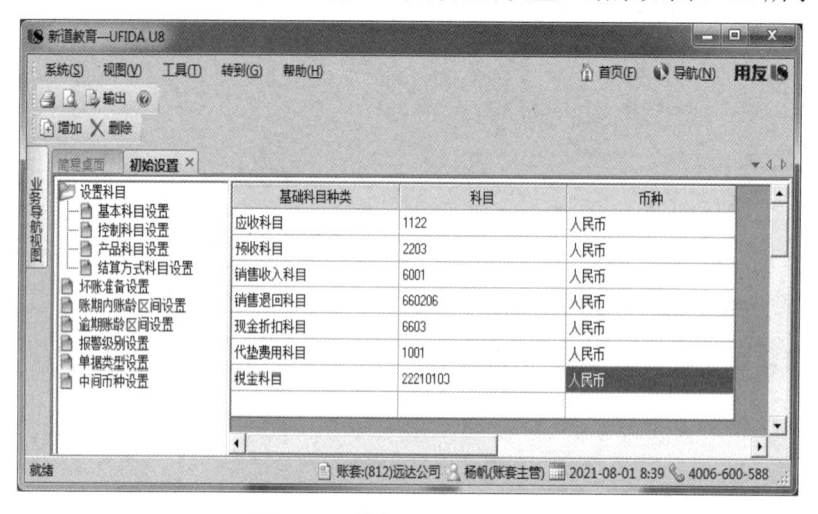

图 3-21　基本科目的设置结果

（3）单击"设置科目"中的"结算方式科目设置"，根据表3-6完成结算方式科目的设置，结果如图3-22所示。

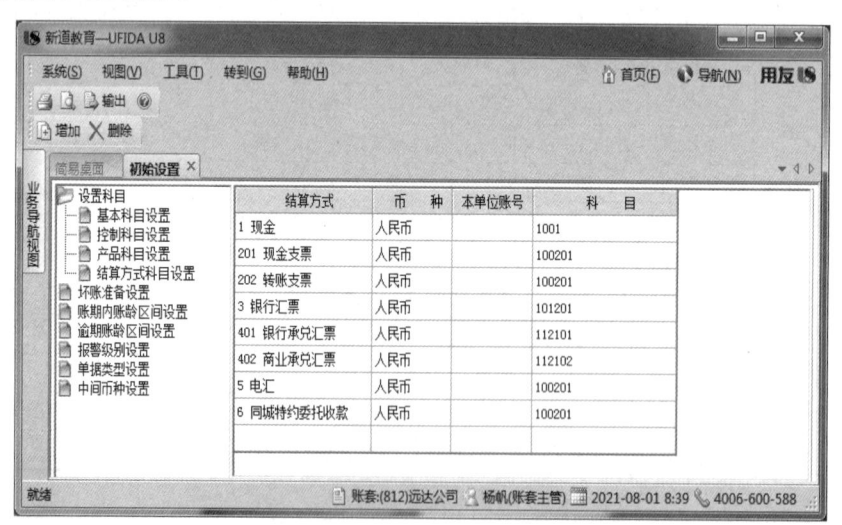

图 3-22　结算方式科目的设置结果

4．设置坏账准备、账期内账龄区间和逾期账龄区间

【任务资料4】

设置坏账准备、账期内账龄区间和逾期账龄区间，相关信息如表3-7～表3-9所示。

表3-7 坏账准备

控制参数	参数设置
提取比例	0.5%
坏账准备期初余额	800
坏账准备科目	1231（坏账准备）
对方科目	6701（资产减值准备）

表3-8 账期内账龄区间

序号	起止天数	总天数
01	0～30	30
02	31～60	60
03	61～90	90
04	91～120	120
05	121以上	

表3-9 逾期账龄区间

序号	起止天数	总天数
01	0～30	30
02	31～60	60
03	61～90	90
04	91～120	120
05	121以上	

【任务说明】

依据任务资料4完成坏账准备、账期内账龄区间和逾期账龄区间的设置。

【岗位说明】

账套主管杨帆设置坏账准备、账期内账龄区间和逾期账龄区间。

【任务操作路径】

（1）账套主管杨帆在企业应用平台中，执行"业务工作|财务会计|应收款管理|设置|初始设置"命令，进入"初始设置"界面，双击"坏账准备设置"，根据表3-7，在"提取比例"栏中录入"0.500"，在"坏账准备期初余额"栏中录入"800.00"，在"坏账准备科目"栏中录入"1231"，在"对方科目"栏中录入"6701"，单击"确定"按钮，完成设置，结果如图3-23所示。

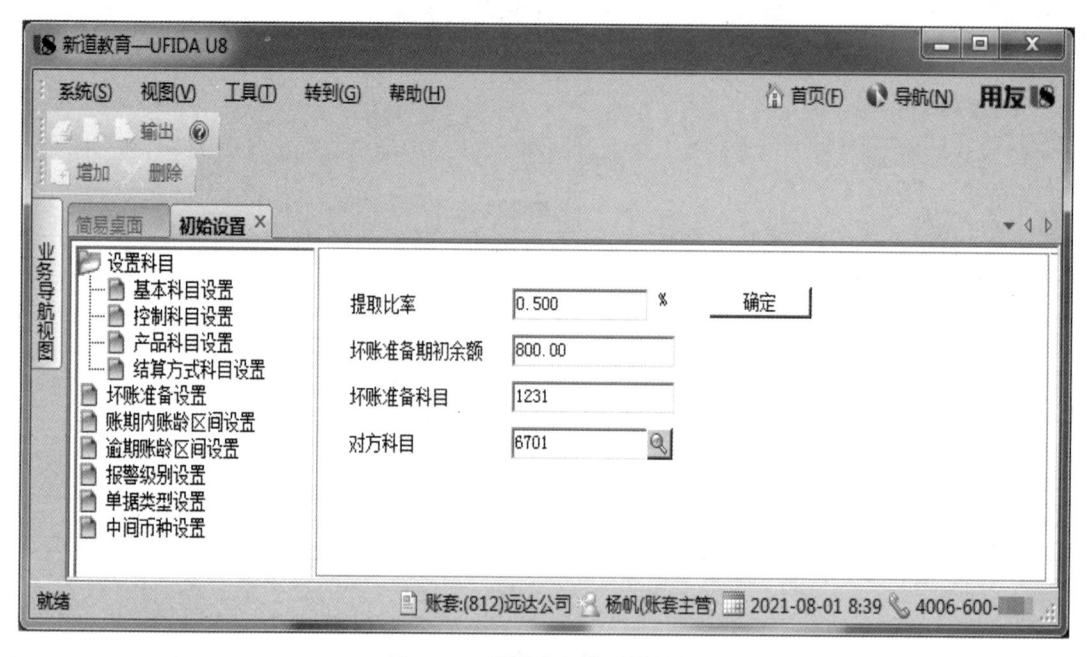

图 3-23　坏账准备的设置结果

（2）双击"账期内账龄区间设置"，根据表 3-8，在"总天数"栏中，由上到下依次录入"30""60""90""120"，结果如图 3-24 所示。

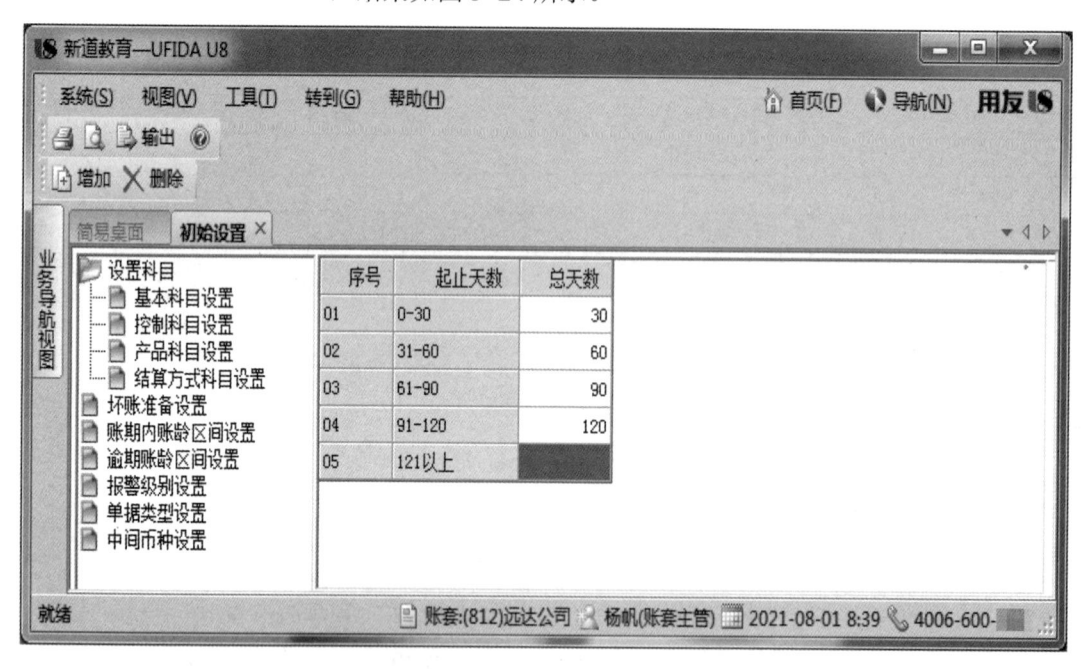

图 3-24　账期内账龄区间的设置结果

（3）双击"逾期账龄区间设置"，根据表 3-9，在"总天数"栏中，由上到下依次录入"30""60""90""120"，结果如图 3-25 所示。

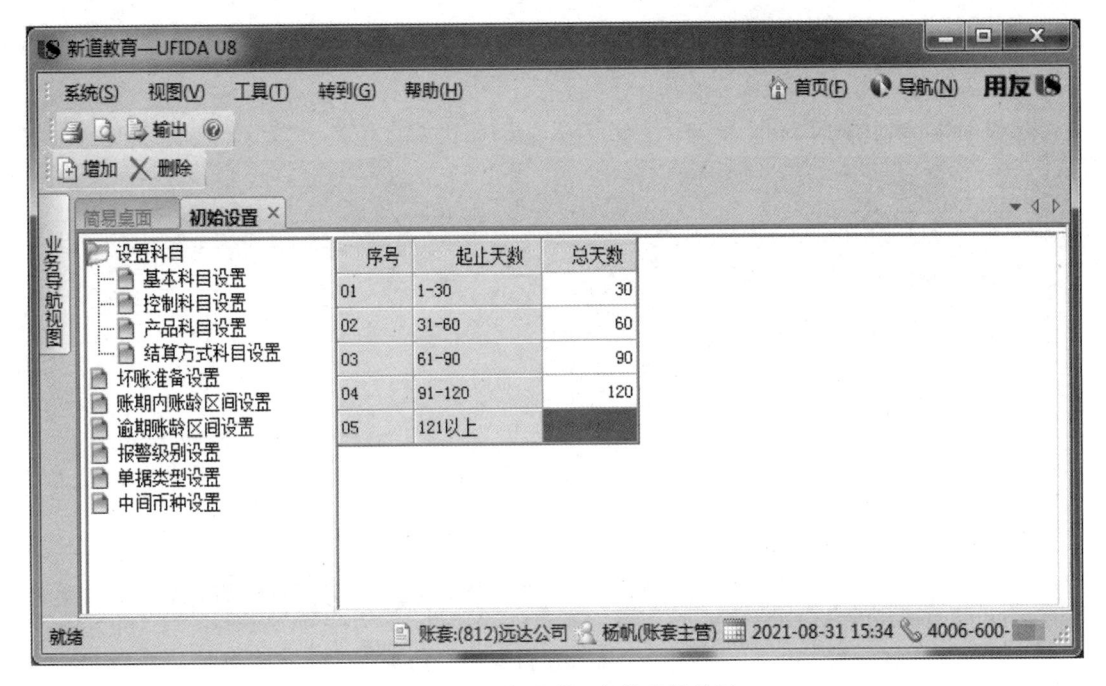

图 3-25 逾期账龄区间的设置结果

5．设置报警级别

【任务资料 5】

设置报警级别，相关信息如表 3-10 所示。

表 3-10 报警级别

级别名称	A	B	C	D	E	F
总比率%	10	20	30	40	50	
起止比率%	0～10%（含）	10%～20%（含）	20%～30%（含）	30%～40%（含）	40%～50%（含）	50%以上

【任务说明】

依据任务资料 5 完成报警级别的设置。

【岗位说明】

账套主管杨帆设置报警级别。

【任务操作路径】

账套主管杨帆在企业应用平台中，执行"业务工作|财务会计|应收款管理|设置|初始设置"命令，进入"初始设置"界面。双击"报警级别设置"，根据表 3-10，在"总比率（%）"栏中，从上到下依次录入"10""20""30""40""50"；在"级别名称"栏中，从上到下依次录入"A""B""C""D""E""F"，结果如图 3-26 所示。

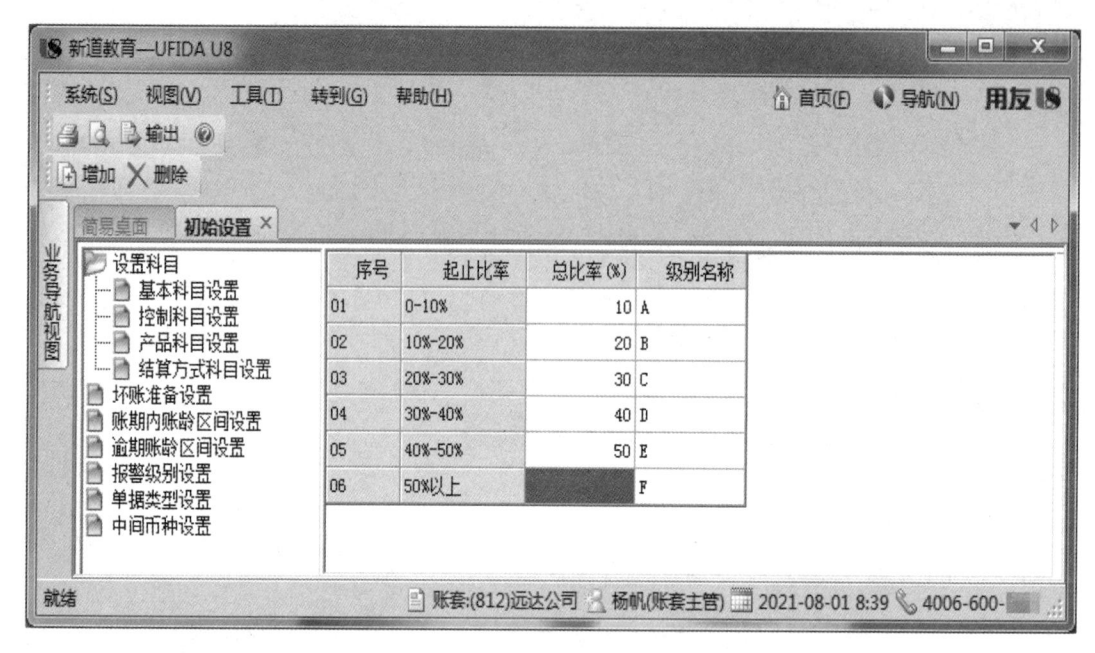

图3-26 报警级别的设置结果

二、录入期初数据

1. 录入销售管理系统的期初数据

【任务资料1】

2021年7月21日，根据订单，销售部向会友商场出售一批男式双肩电脑包，数量为100个，无税单价为180元，增值税税率为13%，价税合计为20 340元。货已发出，发票尚未开出，款项均未收。

【任务说明】

依据任务资料1完成销售管理系统的期初数据录入。

【岗位说明】

账套主管杨帆录入销售管理系统的期初数据。

【任务操作路径】

(1) 账套主管杨帆在企业应用平台中，执行"业务工作|供应链|销售管理|设置|期初录入|期初发货单"命令，进入"期初发货单"界面。

(2) 单击"增加"按钮，在新增的期初发货单中设置"发货日期"为"2021-07-21"、"业务类型"为"普通销售"、"销售类型"为"批发"、"客户简称"为"会友商场"、"销售部门"为"销售部"、"业务员"为"于静"；设置表体中的"仓库名称"为"男包仓库"、"存货名称"为"男式双肩电脑包"、"数量"为"100.00"、"无税单价"为"180.00"，其他数据由系统自动带出，结果如图3-27所示。

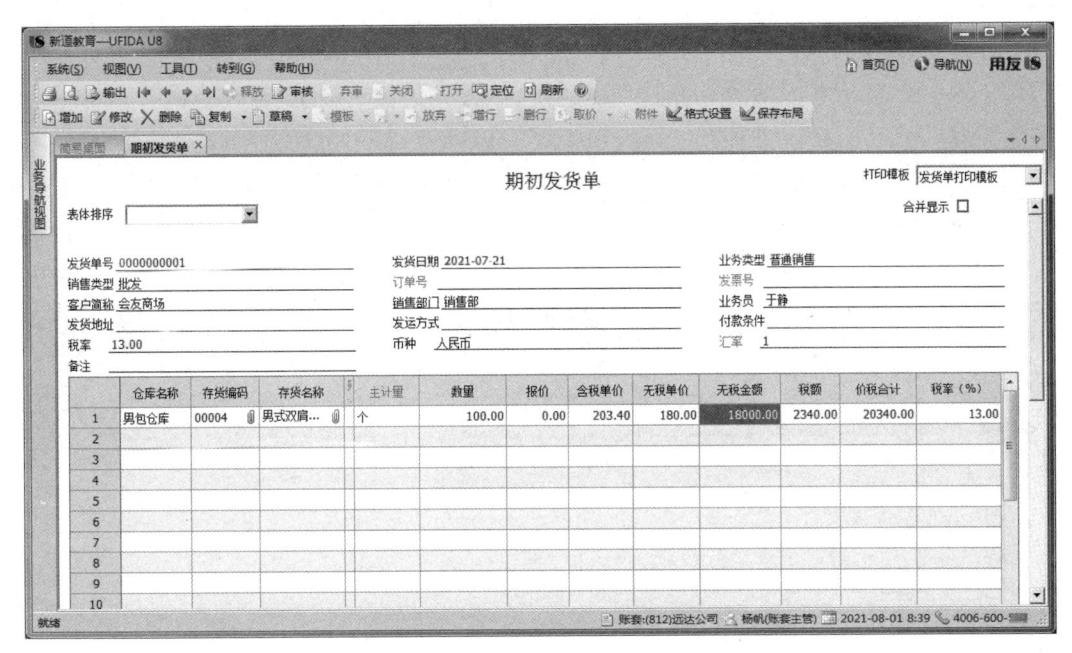

图 3-27 期初发货单的录入结果

（3）单击"保存"按钮，保存该期初发货单。单击"审核"按钮，审核该期初发货单。

2．录入存货调价单

【任务资料 2】

存货调价单如表 3-11 所示。

表 3-11 存货调价单

存货名称	数量下限/个	无税价/元	批发价 1/元	零售价 1/元	生效日期	是否促销价	税率/%
牛皮单肩女包	150	250	282.5		2021-08-01	否	13
牛仔布双肩女包	150	130	146.9		2021-08-01	否	13
羊皮男式商务包	150	650	734.5		2021-08-01	否	13
男式双肩电脑包	150	180	203.4		2021-08-01	否	13

注："批发价 1"为含税单价。

【任务说明】

依据任务资料 2 完成销售管理系统存货调价单的录入。

【岗位说明】

账套主管杨帆录入销售管理系统的存货调价单。

【任务操作路径】

（1）账套主管杨帆在企业应用平台中，执行"业务工作|供应链|销售管理|价格管理|存货价格|存货调价单"命令，进入"存货调价单"界面。

（2）单击"增加"按钮，在新增的存货调价单中设置"存货编码"为"00001"、"数量下限"为"150.00"、"批发价1"为"282.50";在新的一行中设置"存货编码"为"00002"、"数量下限"为"150.00"、"批发价1"为"146.90";在新的一行中设置"存货编码"为"00003"、"数量下限"为"150.00"、"批发价1"为"734.50";在新的一行中设置"存货编码"为"00004"、"数量下限"为"150.00"、"批发价1"为"203.40";系统自动填充其他数据,结果如图 3-28 所示。

(3) 单击"保存"按钮,保存该存货调价单。单击"审核"按钮,审核该存货调价单。

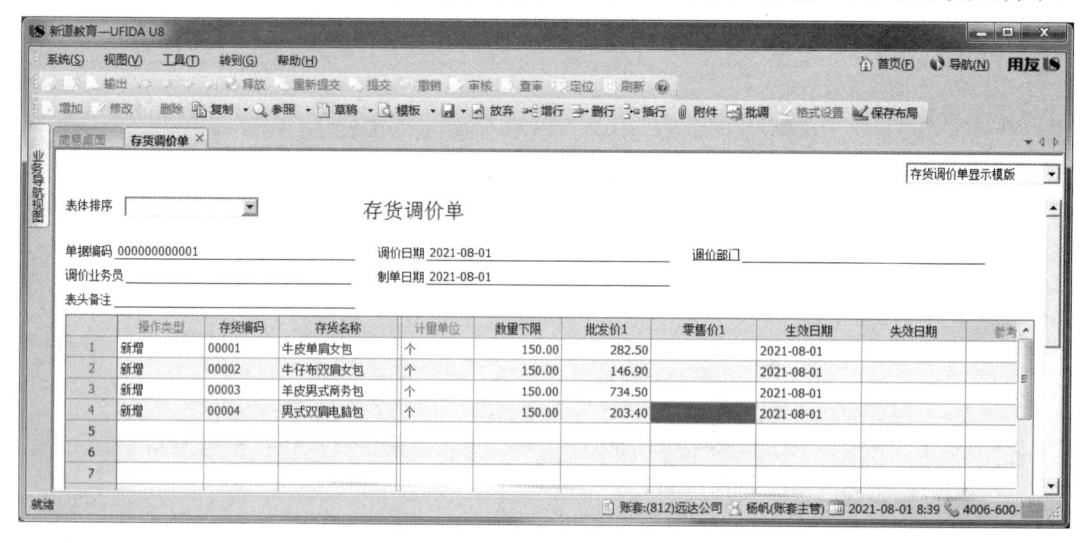

图 3-28 存货调价单的录入结果

3. 录入应收账款的期初余额并对账

【任务资料3】

2020 年向飞扬公司发货 120 个男式双肩电脑包,代垫运费为 500 元,应收账款余额为 24 408 元,相关信息如表 3-12 和表 3-13 所示。

表 3-12 销售专用发票

开票日期	发票号	客户	销售部门	科目	货物名称	数量/个	无税单价/元	税率/%	价税合计/元
2020-06-20	12500331	飞扬公司	销售部	应收账款	男式双肩电脑包	120	180	13	24 408

表 3-13 其他应收单

日期	部门	客户	科目	单价/元	摘要
2020-06-20	销售部	飞扬公司	应收账款	500	代垫运费

【任务说明】

依据任务资料 3 完成应收账款期初余额的录入与对账操作。

【岗位说明】

账套主管杨帆进行应收账款期初余额的录入并完成对账。

【任务操作路径】

（1）账套主管杨帆在企业应用平台中，双击"业务工作|财务会计|应收款管理|设置|期初余额"，打开"期初余额查询"对话框。单击"确定"按钮，打开"期初余额明细表"窗口。

（2）单击"增加"按钮，打开"单据类别"窗口。设置"单据名称"为"销售发票"、"单据类型"为"销售专用发票"，单击"确定"按钮，系统显示销售专用发票。

（3）单击"增加"按钮，在新增的销售专用发票的表头中设置"开票日期"为"2020-06-20"、"发票号"为"12500331"、"客户名称"为"飞扬公司"、"销售部门"为"销售部"；在表体中设置"货物编号"为"00004"、"数量"为"120.00"、"无税单价"为"180.00"，系统自动填充其他数据，单击"保存"按钮，完成销售专用发票的录入，结果如图3-29所示。

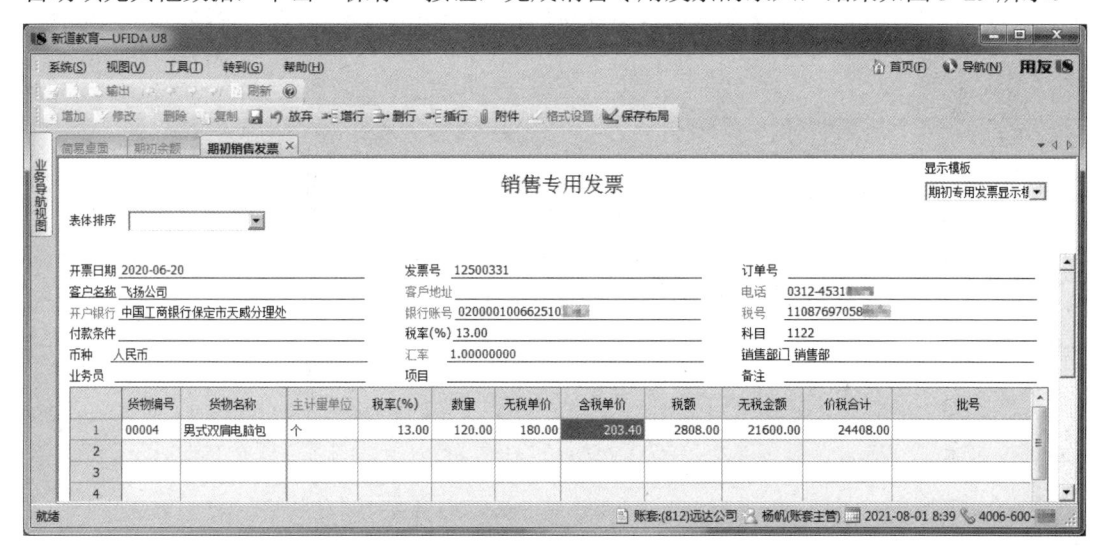

图 3-29　销售专用发票的录入结果

（4）以此方法，财套主管杨帆在企业应用平台中，双击"业务工作|财务会计|应收款管理|设置|期初余额"，打开"期初余额查询"对话框。单击"确定"按钮，打开"期初余额明细表"窗口。

（5）单击"增加"按钮，打开"单据类别"窗口。设置"单据名称"为"应收单"、"单据类型"为"其他应收单"，单击"确定"按钮，进入"单据录入"界面。

（6）单击"增加"按钮，在新增的应收单中设置"单据日期"为"2020-06-20"、"客户"为"飞扬公司"、"金额"为"500.00"，系统自动填充其他数据，单击"保存"按钮，保存该应收单，结果如图3-30所示。

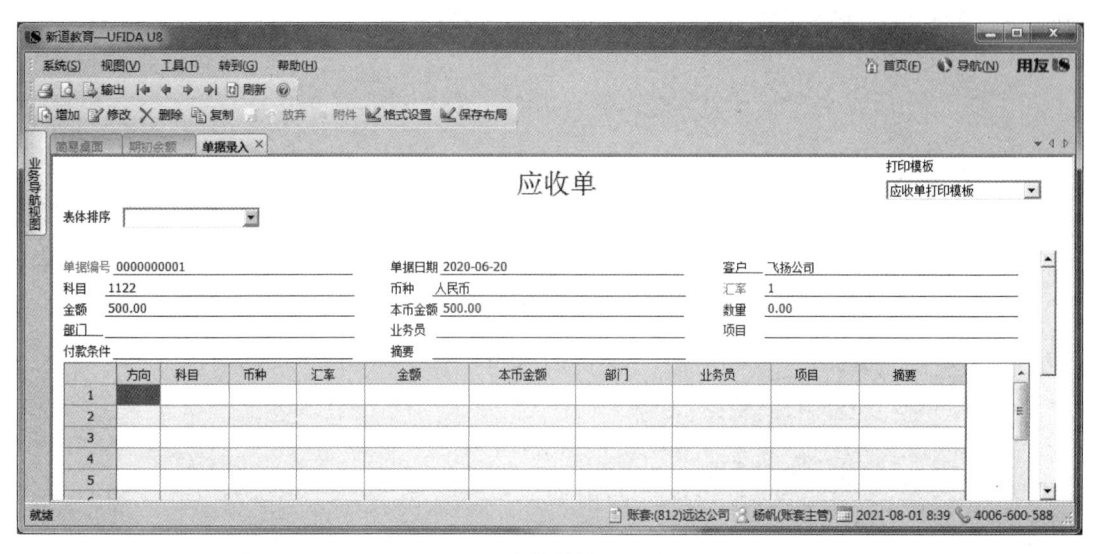

图 3-30 应收单的录入结果

（7）单击"对账"按钮，与总账系统进行对账，显示差额都为零，即对账相符，如图 3-31 所示。

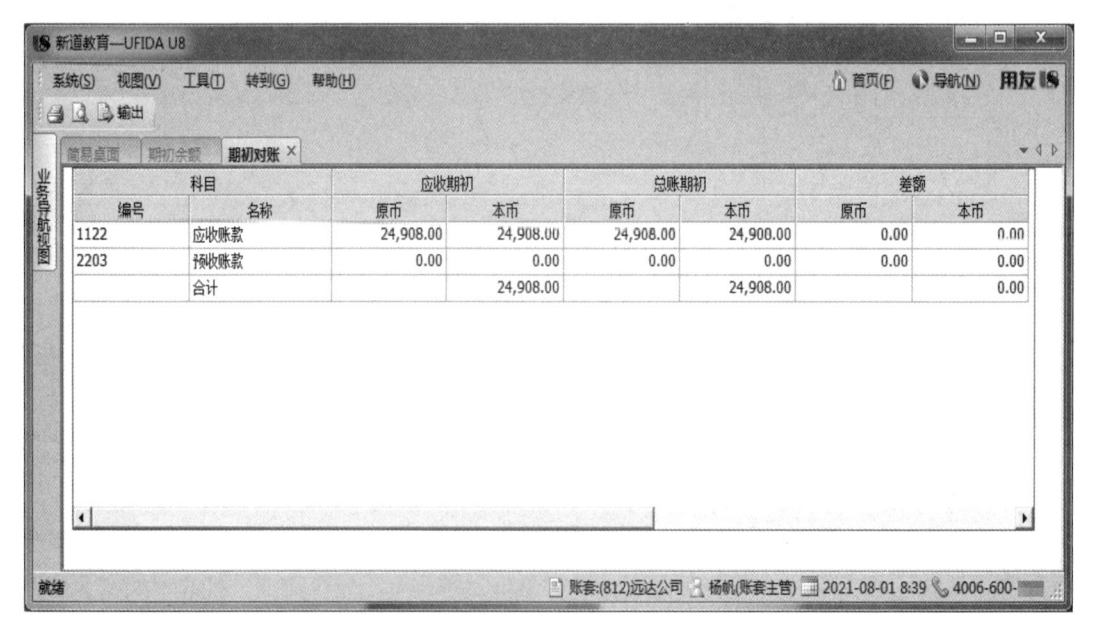

图 3-31 期初对账

任务三 固定资产系统

任务目标：

完成固定资产系统的参数与核算规则设置。

一、设置系统参数与核算规则

【任务资料】

财套启用月份为当前月份（2021年8月）；固定资产采用"平均年限法（一）"计提折旧，折旧汇总分配周期为1个月；当"月初已计提月份=可使用月份-1"时，将剩余折旧全部提足。"资产类别编码方式"为"2112"，"固定资产编码方式"为"自动编码"的"类别编码+序号"，"序号长度"为"5"。要求固定资产系统与总账进行对账，"固定资产对账科目"为"1601，固定资产"，"累计折旧对账科目"为"1602，累计折旧"；若对账不平衡，则允许固定资产系统月末结账。"[固定资产]缺省入账科目"为"1601，固定资产"，"[累计折旧]缺省入账科目"为"1602，累计折旧"，"[减值准备]缺省入账科目"为"1603，固定资产减值准备"，"[增值税进项税额]缺省入账科目"为"22210101，进项税额"，"[固定资产清理]缺省入账科目"为"1606，固定资产清理"。

【任务说明】

依据任务资料完成系统参数与核算规则设置。

【岗位说明】

财套主管杨帆设置系统参数与核算规则。

【任务操作路径】

（1）财套主管杨帆在企业应用平台中，执行"业务工作|财务会计|固定资产"命令，系统将给出是否对固定资产系统进行初始化的提示，单击"是"按钮，打开"初始化账套向导"对话框，当前显示"1．约定与说明"界面。

（2）选中"我同意"单选按钮，单击"下一步"按钮，进入"2．启用月份"界面，如图3-32所示。

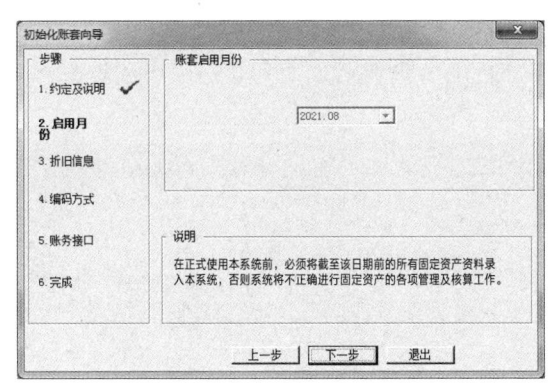

图3-32 "2．启用月份"界面

（3）单击"下一步"按钮，进入"3．折旧信息"界面，设置"主要折旧方法"为"平均年限法（一）"，其他选项采用系统默认设置，如图3-33所示。

（4）单击"下一步"按钮，进入"4．编码方式"界面，设置"固定资产编码方式"为"自动编码"的"类别编号+序号"，其他选项采用系统默认设置，如图3-34所示。

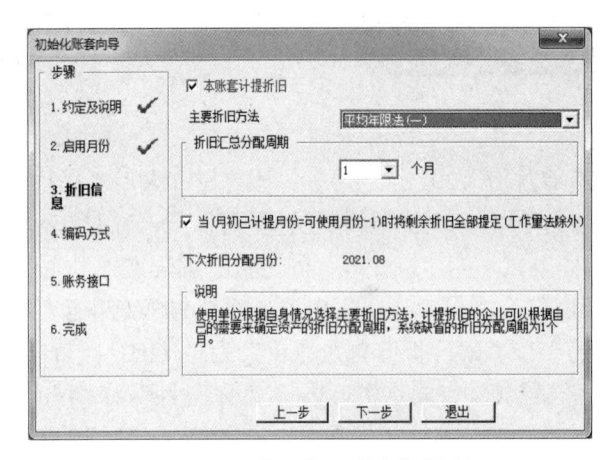

图 3-33 "3. 折旧信息"界面

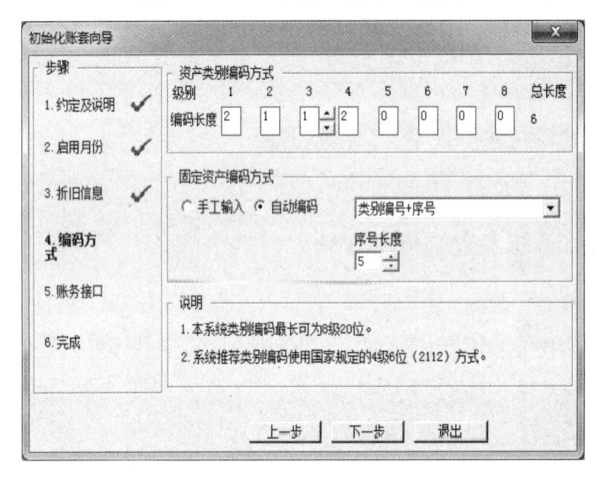

图 3-34 "4. 编码方式"界面

（5）单击"下一步"按钮，进入"5. 账务接口"界面，设置"固定资产对账科目"为"1601，固定资产"、"累计折旧对账科目"为"1602，累计折旧"，其他选项采用系统默认设置，如图 3-35 所示。

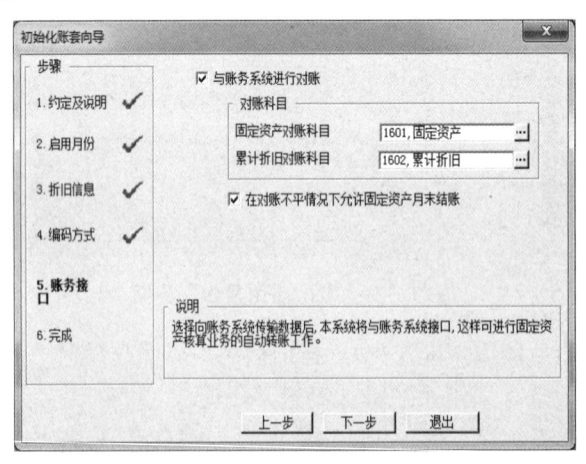

图 3-35 "5. 账务接口"界面

（6）单击"下一步"按钮，进入"6．完成"界面，单击"完成"按钮，系统给出提示信息，如图 3-36 所示。

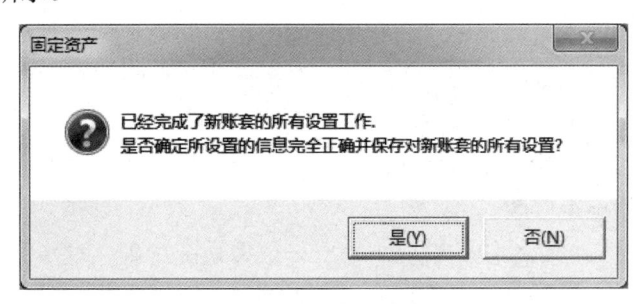

图 3-36　提示信息

（7）单击"是"按钮，系统给出"已成功初始化本固定资产账套"的提示信息。单击"是"按钮，完成固定资产系统的初始化工作。

（8）双击"业务工作|财务会计|固定资产|设置|选项"，打开"选项"对话框。选择"与账务系统接口"选项卡，单击"编辑"按钮，参照生成"[固定资产]缺省入账科目"为"1601，固定资产"、"[累计折旧]缺省入账科目"为1602，累计折旧"、"[减值准备]缺省入账科目"为"1603，固定资产减值准备"、"[增值税进项税额]缺省入账科目"为"22210101，进项税额"、"[固定资产清理]缺省入账科目"为"1606，固定资产清理"，单击"确定"按钮，完成固定资产账套参数的设置，如图 3-37 所示。

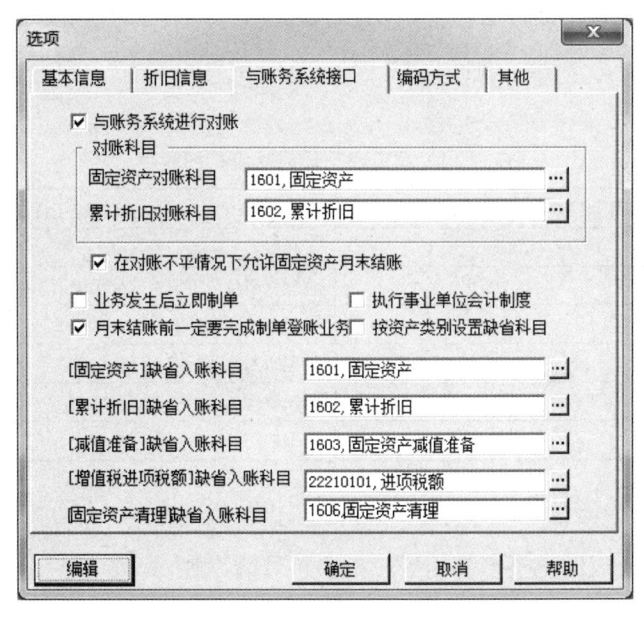

图 3-37　"与账务系统接口"选项卡

提示：

- 在用友 ERP 系统中，企业账套与固定资产账套是不同层次的概念。企业账套是在系统管理中建立的，是针对整个企业的业务数据；而固定资产账套是在固定资产系统中创建的,是企业账套的一个组成部分。类似地,工资账套(在薪资管理系统中创建)也是企业账套的一个组成部分。
- 启用月份:查看本账套固定资产开始使用的年份和会计期间,启用日期只能查看,不可修改。要录入系统的期初资料,一般指截至该期间的期初资料。
- 在设定资产类别编码方式以后,若某一级资产设置了类别,则该级的长度不能修改,没有使用过的各级的长度可修改;每一个账套中资产的自动编码方式只能有一种,一经设定,就不得修改。
- 只有在存在对应总账系统的情况下才要与账务系统对账。对账的含义是将固定资产系统内所有资产的原值、累计折旧与总账系统中的固定资产科目和累计折旧科目的余额进行核对,看数值是否相等。
- 在系统初始化中,有些参数一旦设置完成,在退出初始化向导后就不能修改了。若要修改,则只能通过系统管理中的"重新初始化"功能来实现。重新初始化将清空企业账套中的所有数据。因此,如果有些参数设置不能确定,那么可双击"上一步"按钮,重新进行设置。在确认无误后,单击"完成"按钮保存并退出。

二、设置部门对应折旧科目

【任务资料】

在固定资产计提折旧后,必须把折旧归入成本或费用,本账套需要按部门归集。部门对应折旧科目设置就是给部门选择一个折旧科目,设置固定资产部门对应折旧科目,相关信息如表3-14所示。

表3-14 固定资产部门对应折旧科目

部门名称	对应折旧科目
总经理办公室	管理费用——折旧费(660205)
财务部	管理费用——折旧费(660205)
销售部	销售费用——折旧费(660206)
采购部	管理费用——折旧费(660205)
仓管部	管理费用——折旧费(660205)
人力资源部	管理费用——折旧费(660205)

【任务说明】

依据任务资料完成固定资产部门对应折旧科目的设置。

【岗位说明】

账套主管杨帆设置固定资产部门对应折旧科目。

【任务操作路径】

(1)账套主管杨帆在企业应用平台中,执行"业务工作|财务会计|固定资产|设置|部门

对应折旧科目"命令，进入"部门对应折旧科目"界面，此时显示的是"列表视图"选项卡。

（2）双击"总经理办公室"所在行，此时仅显示总经理办公室及相应的折旧科目。单击"修改"按钮，打开"单张视图"选项卡。在"折旧科目"栏中录入或参照生成"660205，折旧费"，如图 3-38 所示。

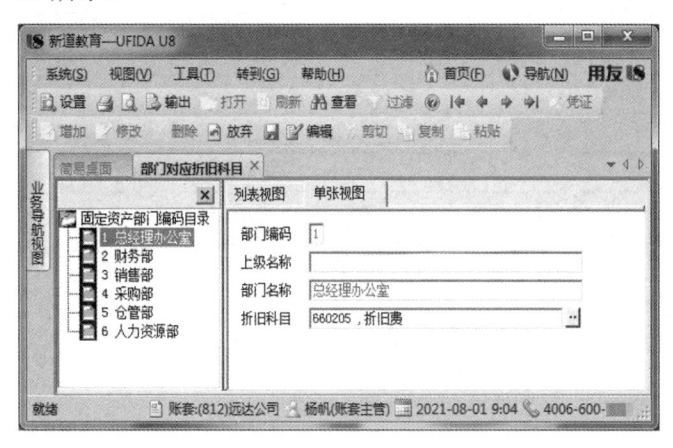

图 3-38　总经理办公室对应折旧科目的设置

（3）单击"保存"按钮，返回"列表视图"选项卡，但此时仅显示财务部及对应的折旧科目，单击"固定资产部门编码目录"，将显示所有部门及相应的折旧科目。

（4）重复步骤（2）和步骤（3），根据表 3-14 完成其他部门对应折旧科目的设置，结果如图 3-39 所示。

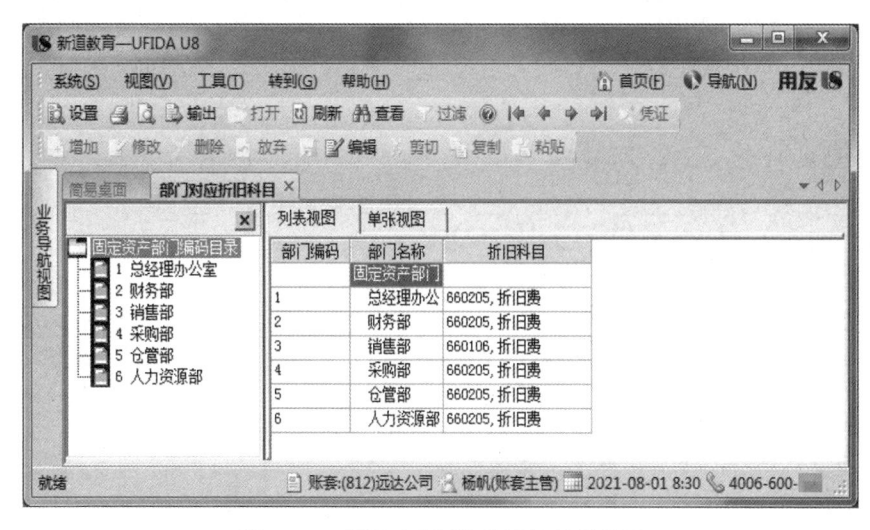

图 3-39　部门对应折旧科目的设置结果

三、设置固定资产类别与折旧方法

【任务资料】

设置固定资产类别与折旧方法，相关信息如表 3-15 所示。

表 3-15　固定资产类别与折旧方法

编码	类别名称	使用年限/月	净残值率/%	计提属性	折旧方法	卡片样式
01	房屋及建筑物			正常计提	平均年限法（一）	通用样式
011	办公楼	360	2	正常计提	平均年限法（一）	通用样式
012	厂房	360	2	正常计提	平均年限法（一）	通用样式
02	机器设备			正常计提	平均年限法（一）	通用样式
021	生产线	120	3	正常计提	平均年限法（一）	通用样式
022	办公设备	60	3	正常计提	平均年限法（一）	通用样式
03	运输工具	120	5	正常计提	平均年限法（一）	通用样式

【任务说明】

依据任务资料完成固定资产类别与折旧方法设置。

【岗位说明】

账套主管杨帆设置固定资产类别与折旧方法。

【任务操作路径】

（1）账套主管杨帆在企业应用平台中，执行"业务工作|财务会计|固定资产|设置|资产类别"命令，进入"资产类别"界面，此时显示的是"列表视图"选项卡。单击"增加"按钮，打开"单张视图"选项卡。

（2）在"类别名称"栏中录入"房屋及建筑物"，设置"计提属性"为"正常计提"、"折旧方法"为"平均年限法（一）"、"卡片样式"为"通用样式"，如图 3-40 所示。

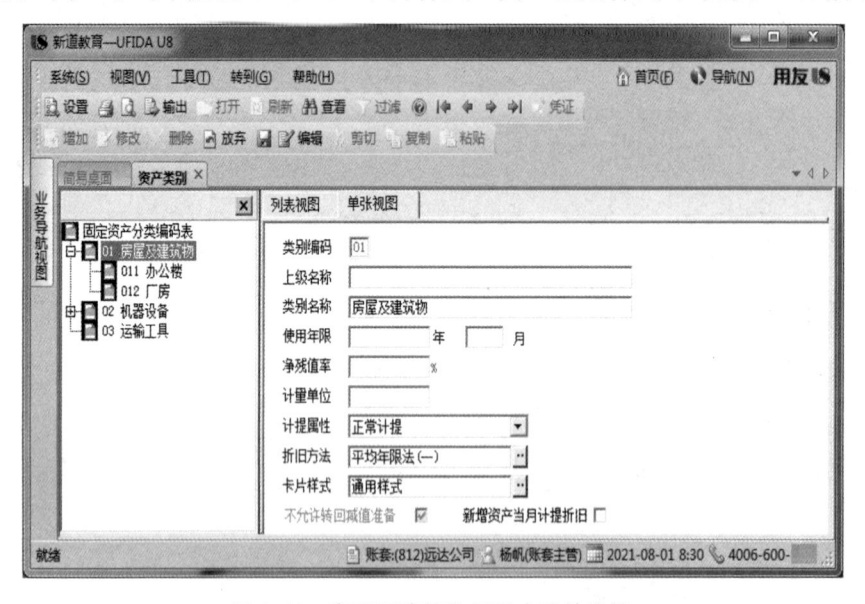

图 3-40　房屋及建筑物折旧方法的设置

（3）单击"保存"按钮，根据表 3-15，继续设置和保存"02 机器设备"和"03 运输工具"的相关信息。单击"是"按钮，返回"列表视图"选项卡。

（4）单击"固定资产分类编码表"中的"01 房屋及建筑物"，单击"增加"按钮，设置"类别名称"为"办公楼"、"使用年限（月）"为"360"、"净残值率（%）"为"2.00"，单击"保存"按钮。以此方法，根据表 3-15，完成其他固定资产类别与折旧方法的设置，结果如图 3-41 所示。

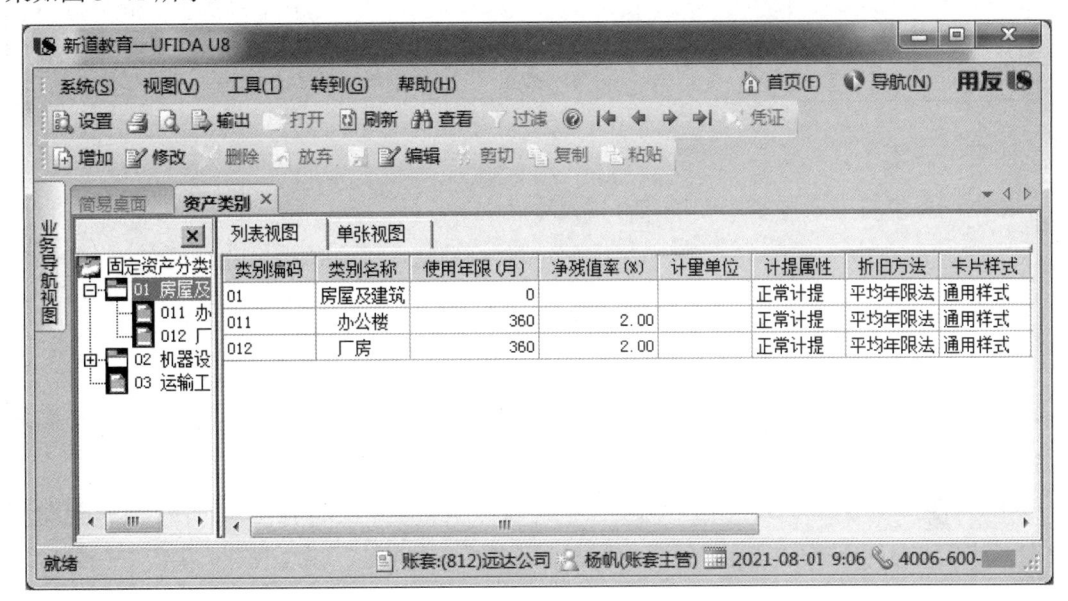

图 3-41　固定资产类别与折旧方法的设置结果

提示：

- 应先建立上级固定资产类别，再建立下级类别，且下级类别继承上级的使用年限、净残值率，可修改。只有在最新会计期间才可以增加，月末结账后则不能增加。
- 资产类别编码不能重复，同级的类别名称不能相同。
- 类别编码、类别名称、计提属性、卡片样式不能为空。
- 使用过的类别的计提属性不能修改。在修改未使用过的明细级类别编码时，只能修改本级的编码。
- 系统已使用（录入卡片时选用过）的类别不允许删除。

四、设置固定资产增减方式

【任务资料】

设置固定资产增减方式，相关信息如表 3-16 所示。

表 3-16　固定资产增减方式

增加方式	对应入账科目	减少方式	对应入账科目
直接购入	银行存款——工行存款（100201）	出售	固定资产清理（1606）
投资者投入	实收资本（4001）	盘亏	待处理固定资产损溢（190102）
捐赠	营业外收入（6301）	投资转出	其他股权投资（151101）

续表

增加方式	对应入账科目	减少方式	对应入账科目
盘盈	以前年度损益调整（6901）	捐赠转出	固定资产清理（1606）
在建工程转入	在建工程（1604）	报废	固定资产清理（1606）
融资租入	长期应付款（2701）	毁损	固定资产清理（1606）
		融资租出	长期应收款（1531）
		拆分减少	固定资产清理（1606）

【任务说明】

依据任务资料完成固定资产增减方式设置。

【岗位说明】

账套主管杨帆设置固定资产增减方式。

【任务操作路径】

（1）账套主管杨帆在企业应用平台中，执行"业务工作|财务会计|固定资产|设置|增减方式"命令，进入"增减方式"界面，此时显示的是"列表视图"选项卡。

（2）单击"1 增加方式"中的"101 直接购入"，单击"修改"按钮，打开"单张视图"选项卡。在"对应入账科目"栏中录入或参照生成"100201，工行存款"，单击"保存"按钮，如图3-42所示。

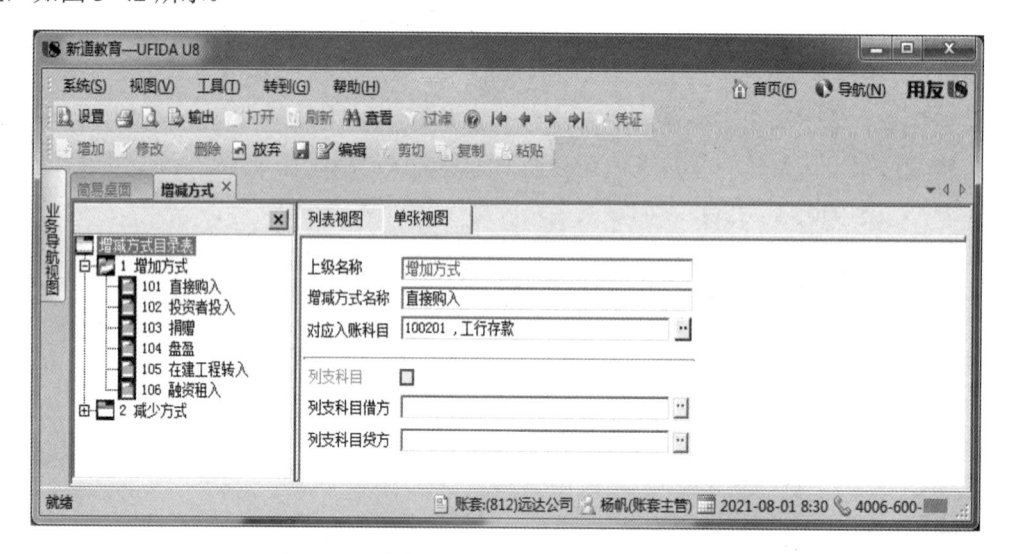

图3-42 直接购入方式对应入账科目的设置

（3）以此方法，设置其他固定资产增减方式对应的入账科目，结果如图3-43所示。

提示：

● 在固定资产增减方式中设置的对应入账科目是系统生成凭证时的默认科目。

● 已使用（卡片被选用过）的方式不能删除。非明细级方式不能删除。

● 系统缺省的增减方式"盘盈""盘亏""毁损"不能删除。

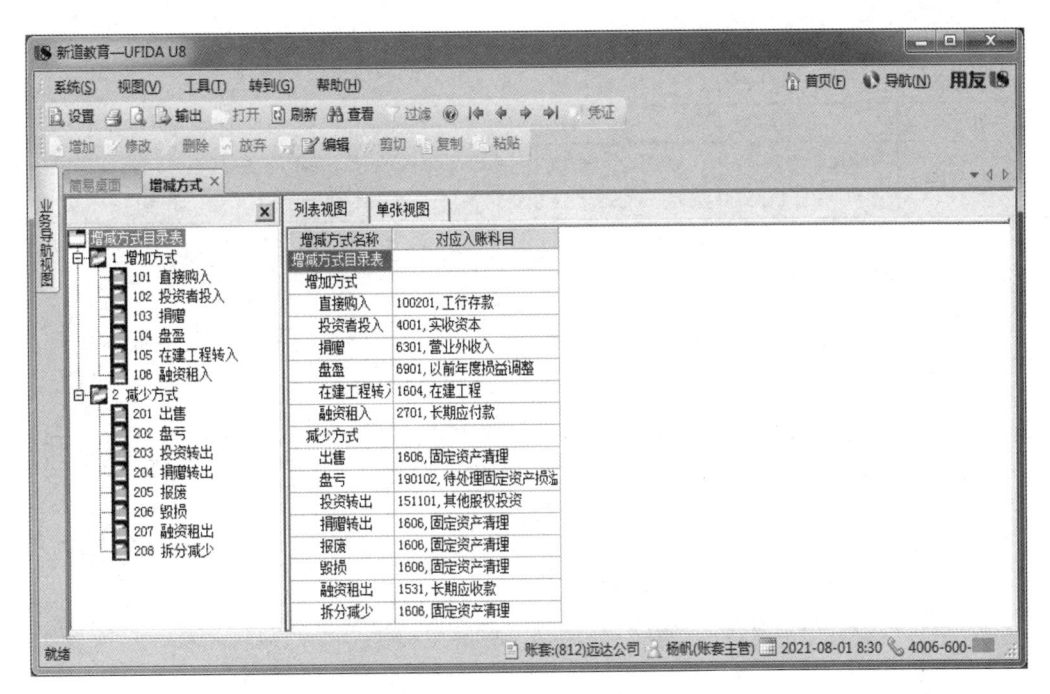

图 3-43　固定资产增减方式对应入账科目的设置结果

五、录入固定资产原始卡片

【任务资料】

录入固定资产原始卡片，相关信息如表 3-17 所示。

表 3-17　固定资产原始卡片

卡片编号	00001	00002	00003	00004	00005
固定资产名称	惠普 T6 电脑	戴尔 TR50 电脑	华硕 F4202 电脑	华硕 F3202 电脑	现代汽车
类别编号	022	022	022	022	03
类别名称	办公设备	办公设备	办公设备	办公设备	运输工具
部门名称	总经理办公室	财务部	销售部	销售部	销售部
增加方式	直接购入	直接购入	直接购入	直接购入	直接购入
使用状况	在用	在用	在用	在用	在用
使用年限/月	60	60	60	60	120
折旧方法	平均年限法（一）	平均年限法（一）	平均年限法（一）	平均年限法（一）	平均年限法（一）
开始使用日期	2010-06-01	2011-11-01	2011-11-01	2011-11-01	2011-08-01
币种	人民币	人民币	人民币	人民币	人民币
原值/元	10 000	10 000	8 000	8 000	180 000
净残值率/%	3	3	3	3	5
净残值/元	300	300	240	240	9 000
累计折旧/元	5 346	2 592	2 073.6	2 073.6	27 018
月折旧率	0.016 2	0.016 2	0.016 2	0.016 2	0.007 9

续表

月折旧额/元	162	162	129.6	129.6	1 422
净值/元	4 654	7 408	5 926.4	5 926.4	152 982
对应折旧科目	660205 管理费用——折旧费	660205 管理费用——折旧费	660106 销售费用——折旧费	660106 销售费用——折旧费	660106 销售费用——折旧费

【任务说明】

依据任务资料完成固定资产原始卡片的录入。

【岗位说明】

账套主管杨帆录入固定资产原始卡片。

【任务操作路径】

（1）账套主管杨帆在企业应用平台中，执行"业务工作|财务会计|固定资产|卡片|录入原始卡片"命令，打开"固定资产类别档案"窗口。

（2）双击"022 办公设备"所在行，进入"固定资产卡片"界面。"卡片编号"默认为"00001"；在"固定资产名称"栏中录入"惠普 T6 电脑"；单击"使用部门"栏，此时出现"使用部门"按钮，单击该按钮，打开"固定资产"对话框，如图 3-44 所示。

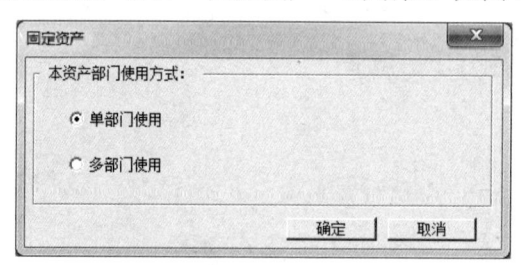

图 3-44 "固定资产"对话框

（3）选中"单部门使用"单选按钮，单击"确定"按钮，打开"部门基本参照"窗口；双击"总经理办公室"所在行，选择"总经理办公室"并返回"固定资产卡片"界面；单击"增加方式"栏，此时出现"增加方式"按钮，单击该按钮，打开"固定资产增减方式"对话框；双击"直接购入"所在行，返回"固定资产卡片"界面。

（4）单击"使用状况"栏，此时出现"使用状况"按钮，单击该按钮，打开"使用状况参照"对话框；双击"在用"所在行，返回"固定资产卡片"界面。

（5）在"开始使用日期"栏中录入"2010-06-01"，在"原值"栏中录入"10 000.00"，在"累计折旧"栏中录入"5 346.00"，结果如图 3-45 所示。

（6）单击"保存"按钮，系统提示数据成功保存，单击"确认"按钮。以此方法，依次录入其他固定资产卡片。

提示：

● 原始卡片是指已使用过并已计提折旧的固定资产卡片。

● 在"固定资产卡片"界面中，除主卡片外，还有若干附属选项卡。在录入主卡片的信息后，可编辑附属设备和录入以前卡片发生的各种变动信息。但附属选项卡中的信息仅供参考，不参与计算。
- 可以为一个资产选择多个使用部门，并且当资产被多个部门使用时，累计折旧采用与使用比例相同的比例在多部门间分摊。

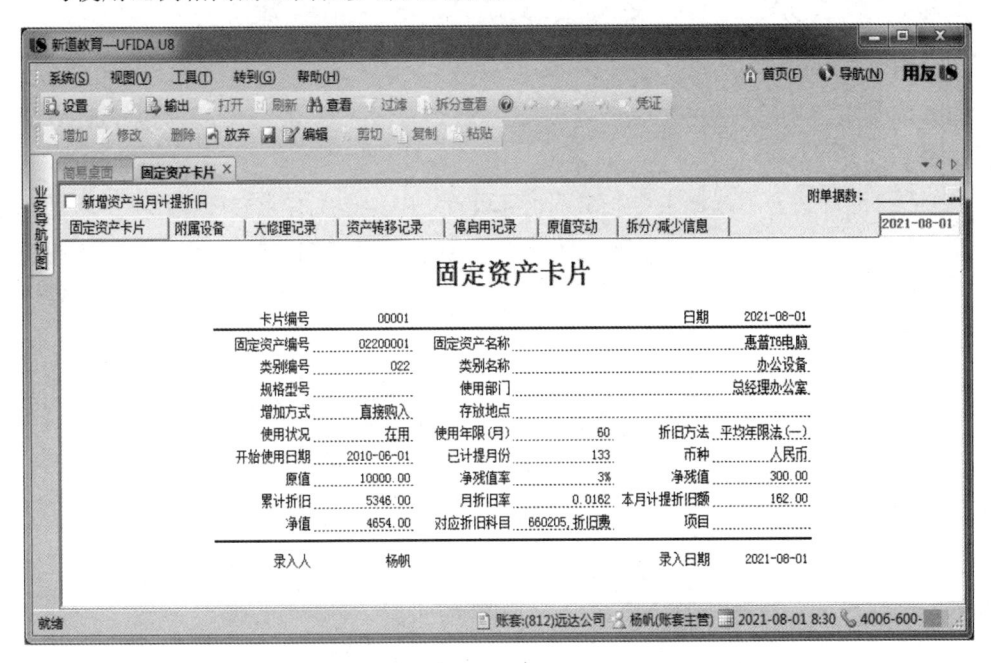

图 3-45　固定资产原始卡片录入结果（惠普 T6 电脑）

任务四　库存管理系统与存货核算系统

任务目标：

完成库存管理系统与存货核算系统的参数与核算规则设置。

一、设置库存管理系统的参数

【任务资料】

除系统默认设置之外，还需进行如下参数设置。

通用设置：在"业务设置"中勾选"有无委托代销业务"复选框；在"修改现存量时点"中勾选"采购入库审核时改现存量""销售出库审核时改现存量""其他出入库审核时改现存量"复选框；在"业务校验"中取消勾选"审核时检查货位"复选框。

专用设置：在"自动带出单价的单据"中勾选"采购入库单""采购入库取价按采购管理选项""销售出库单""其他入库单""其他出库单""调拨单"复选框。

预计可用量设置：在"预计可用量检查公式"中勾选"出入库检查预计可用量"复选框。

【任务说明】

依据任务资料完成库存管理系统的参数设置。

【岗位说明】

账套主管杨帆设置库存管理系统的参数。

【任务操作路径】

（1）账套主管杨帆在企业应用平台中，执行"业务工作|供应链|库存管理|初始设置|选项"命令，打开"库存选项设置"对话框。

（2）在"通用设置"选项卡中，在"业务设置"中勾选"有无委托代销业务"复选框，在"修改现存量时点"中勾选"采购入库审核时改现存量""销售出库审核时改现存量""其他出入库审核时改现存量"复选框，在"业务校验"中取消勾选"审核时检查货位"复选框，其他选项采用系统默认设置，如图3-46所示。

图3-46 库存选项设置——通用设置

（3）在"专用设置"选项卡中，在"自动带出单价的单据"中勾选"采购入库单""采购入库取价按采购管理选项""销售出库单""其他入库单""其他出库单""调拨单"复选框，其他选项采用系统默认设置，如图3-47所示。

（4）在"预计可用量设置"选项卡中，在"预计可用量检查公式"中勾选"出入库检查预计可用量"复选框，其他选项采用系统默认设置，如图3-48所示。

图 3-47　库存选项设置——专用设置

图 3-48　库存选项设置——预计可用量设置

二、设置存货核算系统的参数

【任务资料】

除系统默认设置之外，还需进行如下参数设置。

核算方式：在"零成本出库选择"中选中"参考成本"单选按钮。

控制方式：勾选"结算单价与暂估单价不一致是否调整出库成本"复选框。

【任务说明】

依据任务资料完成存货核算系统的参数设置。

【岗位说明】

账套主管杨帆设置存货核算系统的参数。

【任务操作路径】

(1) 账套主管杨帆在企业应用平台中，双击"业务工作|供应链|存货核算|初始设置|选项|选项录入"，打开"选项录入"对话框。

(2) 在"核算方式"选项卡中，在"零成本出库选择"中选中"参考成本"单选按钮，其他选项采用系统默认设置，如图3-49所示。

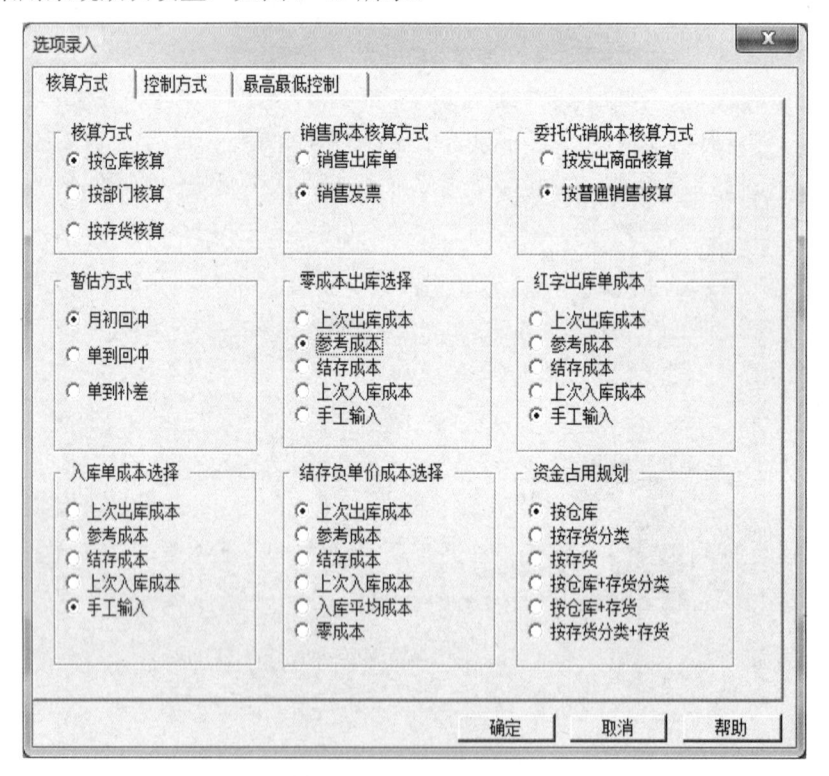

图3-49 核算方式设置

(3) 在"控制方式"选项卡中，勾选"结算单价与暂估单价不一致是否调整出库成本"复选框，其他选项采用系统默认设置，如图3-50所示。

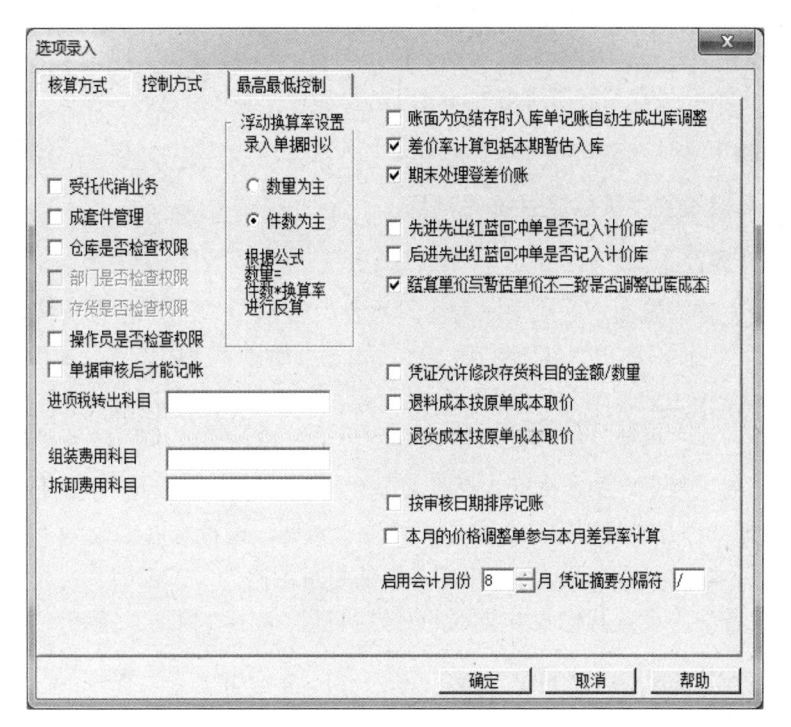

图 3-50　控制方式设置

三、设置存货核算系统的科目

【任务资料】

完成存货科目设置，相关信息如表 3-18 所示。

表 3-18　存货科目

仓库	存货编码	存货名称	存货科目编码	存货科目名称
0010	00001	牛皮单肩女包	1405	库存商品
0010	00002	牛仔布双肩女包	1405	库存商品
0020	00003	男式双肩电脑包	1405	库存商品
0020	00004	羊皮男式商务包	1405	库存商品

完成存货对方科目设置，相关信息如表 3-19 所示。

表 3-19　存货对方科目

收发类别编码	收发类别名称	对方科目编码	对方科目名称	暂估科目名称
11	采购入库	1402	在途物资	220201 暂估应付账款
61	销售出库	6401	主营业务成本	
21	盘盈入库	190101	待处理财产损溢——待处理流动财产损溢	
71	盘亏出库	190101	待处理财产损溢——待处理流动财产损溢	

【任务说明】

依据任务资料完成存货核算系统的科目设置。

【岗位说明】

账套主管杨帆设置存货核算系统的科目。

【任务操作路径】

（1）账套主管杨帆在企业应用平台中，执行"业务工作|供应链|存货核算|初始设置|科目设置|存货科目"命令，打开"存货科目"窗口。单击"增加"按钮，设置仓库编码为"0010"、存货科目编码为"1405"。

（2）以此方法，设置其他仓库存货科目，单击"保存"按钮。

（3）在企业应用平台中，执行"业务工作|供应链|存货核算|初始设置|科目设置|对方科目"命令，打开"对方科目"窗口。单击"增加"按钮，设置仓库编码为"0010"、收发类别编码为"11"、对方科目编码为"1402"、暂估科目编码为"220201"。

（4）以此方法，设置其他收发类别的对方科目，单击"保存"按钮。

四、生成存货期初数据并记账

【任务资料】

生成存货期初数据并记账。

【任务说明】

依据任务资料生成存货期初数据并记账。

【岗位说明】

账套主管杨帆生成存货期初数据并记账。

【任务操作路径】

（1）账套主管杨帆在企业应用平台中，执行"业务工作|供应链|存货核算|初始设置|期初数据|期初余额"命令，打开"期初余额"窗口。在"仓库"下拉列表中选择"女包仓库"选项，单击"取数"按钮，结果如图3-51所示。

图3-51　"期初余额"窗口

（2）以此方法，选择仓库为"男包仓库"，单击"取数"按钮，完成期初取数。

（3）单击"对账"按钮，打开"库存与存货期初对账查询条件"对话框。单击"确定"按钮，系统给出"对账成功"的提示信息，如图 3-52 所示。

图 3-52　"对账成功"的提示信息

（4）单击"确定"按钮，即完成库存与存货期初对账。

（5）单击"记账"按钮，系统给出"期初记账成功"的提示信息，如图 3-53 所示。

图 3-53　"期初记账成功"的提示信息

（6）单击"确定"按钮，完成存货期初记账。

（7）单击"汇总"按钮，打开"期初汇总条件选择"对话框。仓库默认为全选，设置"存货级次"为"明细"，如图 3-54 所示。

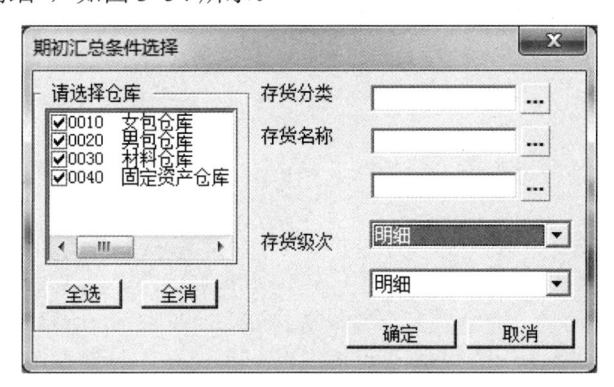

图 3-54　设置存货级次

（8）单击"确定"按钮，打开"期初数据汇总"窗口。期初数据汇总表中列出了期初结存明细数据，如图 3-55 所示。

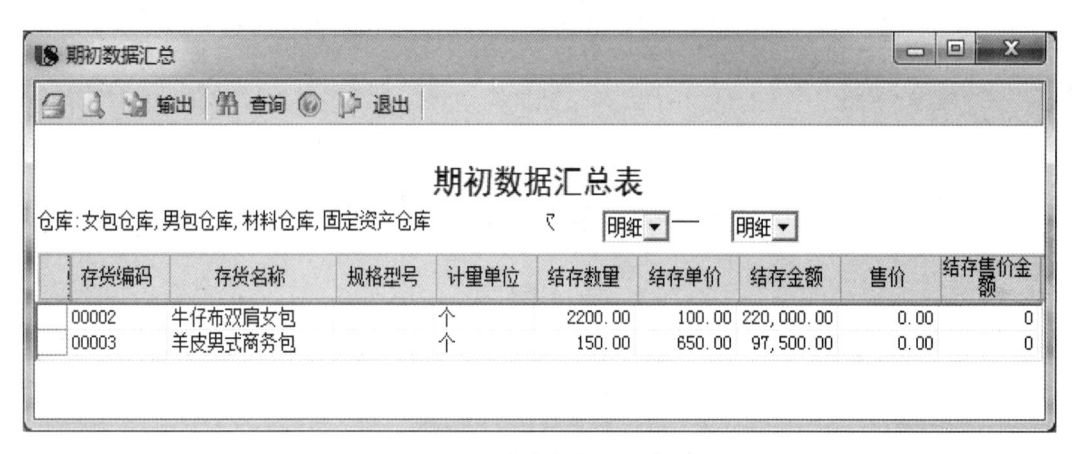

图 3-55　期初数据汇总表

（9）单击"退出"按钮，完成期初数据汇总。

任务五　薪资管理系统

任务目标：

完成薪资管理系统的账套参数与核算规则设置。

一、设置账套参数

【任务资料】

启用日期为当前日期（2021 年 8 月 1 日）；工资类别个数为多个；要求从工资中代扣个人所得税；进行扣零至元；人员编码长度为 3 位。

微课 3-6　建立工资账套

【任务说明】

依据任务资料完成薪资管理系统的账套参数设置。

【岗位说明】

账套主管杨帆设置薪资管理系统的账套参数。

【任务操作路径】

（1）账套主管杨帆在企业应用平台中，执行"业务工作|人力资源|薪资管理"命令，打开"建立工资套"对话框，选中"多个"单选按钮，如图 3-56 所示。

（2）单击"下一步"按钮，勾选"是否从工资中代扣个人所得税"复选框，如图 3-57 所示。

（3）单击"下一步"按钮，勾选"扣零"复选框，选中"扣零至元"单选按钮，如图 3-58 所示。

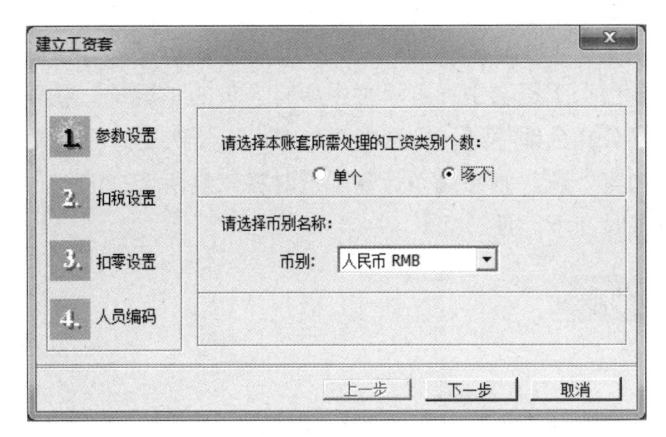

图 3-56　建立工资套——参数设置

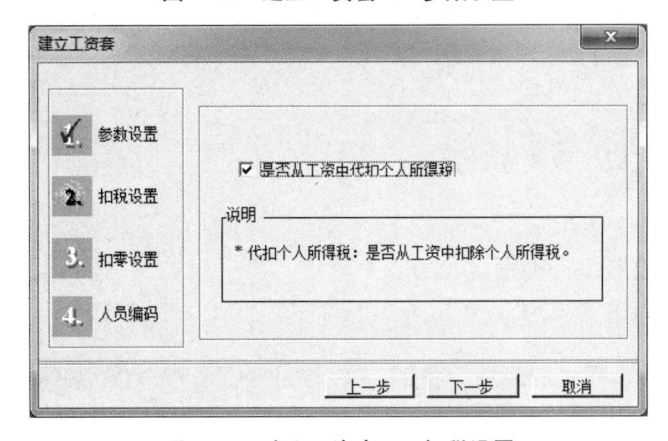

图 3-57　建立工资套——扣税设置

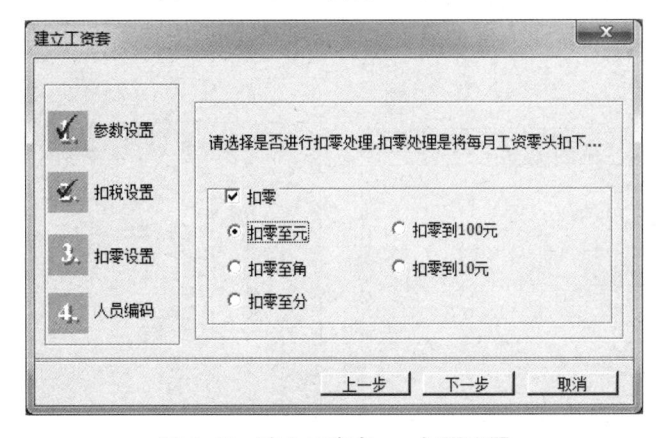

图 3-58　建立工资套——扣零设置

（4）单击"下一步"按钮，系统给出"本系统要求您对员工进行统一编码，人员编码同公共平台的人员编码保持一致"的提示信息，单击"完成"按钮，完成工资账套的建立。

提示：

● 工资类别个数：若单位按周或一月发多次工资，或者单位中有多种不同类别（部门）

的人员，工资发放项目不尽相同，计算公式亦不相同，但需进行统一工资核算管理，则应选择"多个"工资类别；若单位中所有人员的工资统一管理，而人员的工资项目、工资计算公式全部相同，则选择"单个"工资类别。
- 若选择进行扣零处理，则系统在计算工资时将依据所选择的扣零类型将零头扣下，并在积累成整时在下一期补上。

二、设置工资类别

【任务资料】

将本企业的工资类别设置为"在职人员""退休人员""其他"。工资类别是指在一个工资账套中，根据不同情况而设置的工资数据管理类别。在同一工资类别中，将使用同一币种，并统一计算个人所得税。

【任务说明】

依据任务资料完成工资类别设置。

【岗位说明】

账套主管杨帆设置工资类别。

微课 3-7 工资类别设置

【任务操作路径】

（1）账套主管杨帆在企业应用平台中，执行"业务工作|人力资源|薪资管理|工资类别|新建工资类别"命令，打开"新建工资类别"对话框。在"请输入工资类别名称"栏中录入"在职人员"，不要勾选"参照已有工资类别"复选框，如图 3-59 所示。

（2）单击"下一步"按钮，进入部门选择界面，单击"选定全部部门"按钮，如图 3-60 所示。

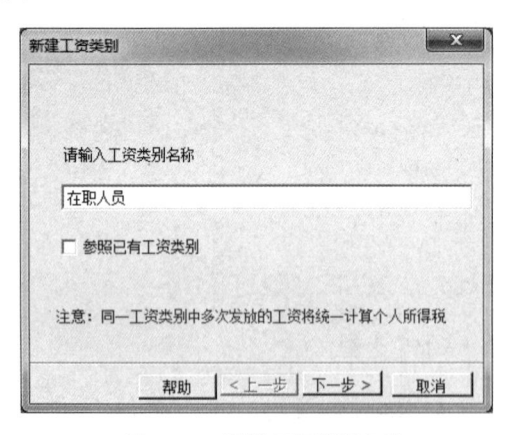

图 3-59 设置工资类别名称

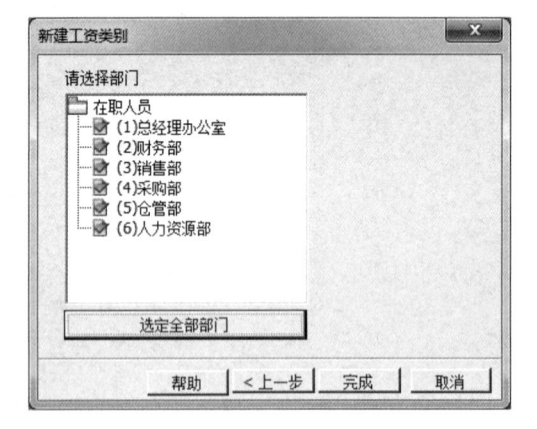

图 3-60 选择部门

（3）单击"完成"按钮，系统给出"是否以 2021-08-01 为当前工资类别的启用日期"的提示信息，单击"是"按钮，完成"在职人员"工资类别的设置。以此方法，完成"退休人员"和"其他"工资类别的设置。

三、设置数据权限控制并分配数据权限

1．设置数据权限控制

【任务资料1】

将数据权限控制设置为不选择"用户"。

【任务说明】

依据任务资料1完成数据权限控制设置。

【岗位说明】

账套主管杨帆设置数据权限控制。

【任务操作路径】

（1）账套主管杨帆在企业应用平台中，执行"系统服务|权限|数据权限控制设置"命令，打开"数据权限控制设置"窗口，在"记录级"选项卡中取消勾选"用户"复选框，如图3-61所示。

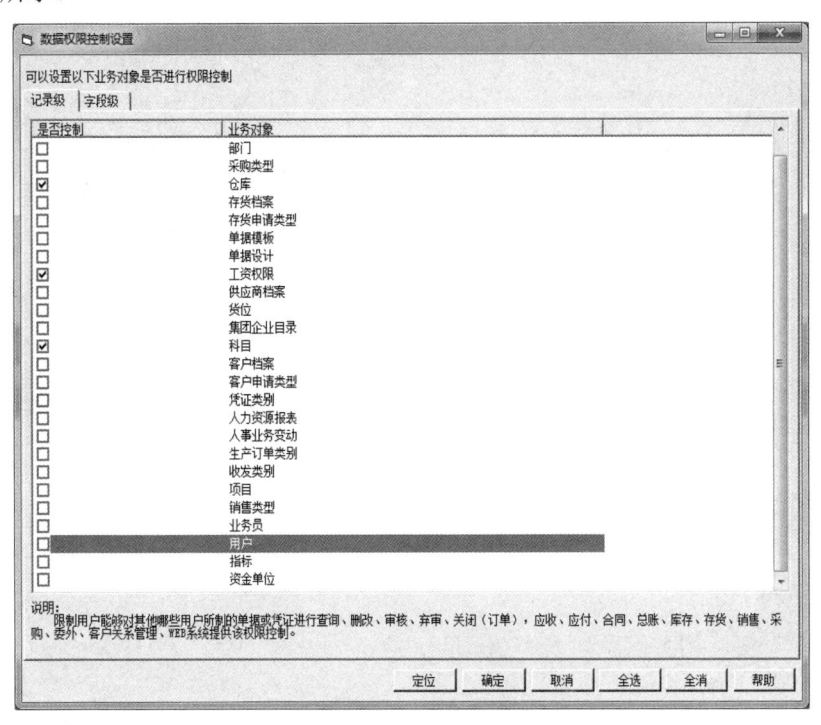

图3-61 "数据权限控制设置"窗口

（2）单击"确定"按钮，完成设置。

2．分配数据权限

【任务资料2】

将姜伟和李强的"工资权限"分配为"工资类别主管"。

【任务说明】

依据任务资料 2 完成数据权限的分配。

【岗位说明】

账套主管杨帆分配数据权限。

【任务操作路径】

（1）账套主管杨帆在企业应用平台中，执行"系统服务|权限|数据权限分配"命令，进入"权限浏览"界面。在"业务对象"下拉列表中选择"工资权限"选项，在左侧的"用户"列表中选择"姜伟"，单击"修改"按钮，勾选"工资类别主管"复选框，如图 3-62 所示。

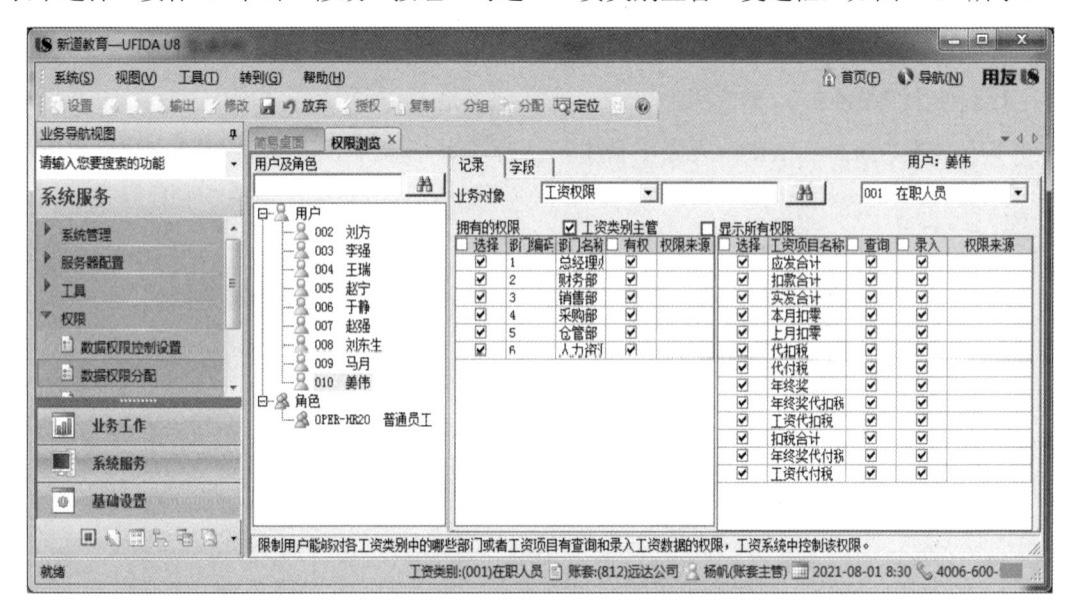

图 3-62 分配数据权限

（2）单击"保存"按钮。以此方法，完成对"李强"的数据权限分配。

四、设置人员档案

【任务资料】

设置人员档案，相关信息如表 3-20 所示。

表 3-20 人员档案

人员编码	人员姓名	行政部门	人员类别	银行名称	银行账号
001	杨帆	总经理办公室	企管人员	中国工商银行	62220202001
002	刘方	财务部	财务人员	中国工商银行	62220202002
003	李强	财务部	财务人员	中国工商银行	62220202003
004	王瑞	财务部	财务人员	中国工商银行	62220202004
005	赵宁	销售部	销售人员	中国工商银行	62220202005

续表

人员编码	人员姓名	行政部门	人员类别	银行名称	银行账号
006	于静	销售部	销售人员	中国工商银行	62220202006
007	赵强	采购部	采购人员	中国工商银行	62220202007
008	刘东生	采购部	采购人员	中国工商银行	62220202008
009	马月	仓管部	库管人员	中国工商银行	62220202009
010	姜伟	人力资源部	企管人员	中国工商银行	62220202010

【任务说明】

依据任务资料完成人员档案设置。

【岗位说明】

账套主管杨帆设置人员档案。

【任务操作路径】

账套主管杨帆在企业应用平台中，执行"业务工作|人力资源|薪资管理|工资类别|打开工资类别"命令，打开"打开工资类别"对话框。选择"在职人员"，单击"确定"按钮。执行"业务工作|人力资源|薪资管理|设置|人员档案"命令，进入"人员档案"界面。单击"批增"按钮，打开"人员批量增加"对话框。单击"查询"按钮，单击"确定"按钮，完善相关信息。在"人员档案"界面中，可查询人员档案信息，如图 3-63 所示。

微课 3-8　人员档案设置

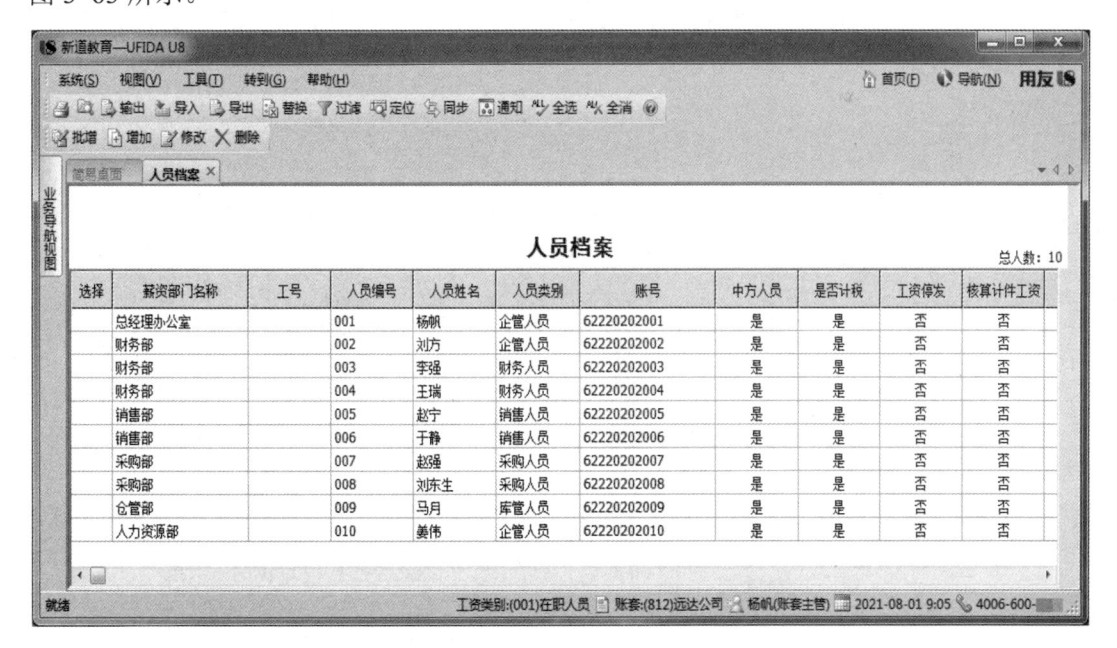

图 3-63　人员档案

五、设置工资项目

【任务资料】

增项：基本工资、岗位工资、绩效工资、交通补助。

减项：养老保险、医疗保险、失业保险、住房公积金、代扣税。

应发合计=增项之和；扣款合计=减项之和；实发合计=应发合计-扣款合计。

【任务说明】

依据任务资料完成工资项目设置。

【岗位说明】

账套主管杨帆设置工资项目。

【任务操作路径】

(1) 账套主管杨帆在企业应用平台中，执行"业务工作|人力资源|薪资管理|工资类别|关闭工资类别"命令，关闭"在职人员"工资类别。执行"业务工作|人力资源|薪资管理|设置|工资项目设置"命令，打开"工资项目设置"对话框。单击"增加"按钮，从"名称参照"下拉列表中选择"基本工资"选项，其默认"类型"为"数字"、"小数"位数为"2"、"增减项"为"增项"。

微课3-9 工资项目设置

(2) 单击"增加"按钮，从"名称参照"下拉列表中选择"奖金"选项，单击"重命名"按钮，将其"工资项目名称"修改为"绩效工资"。

(3) 参照步骤（1）和步骤（2），完成其他"增项"工资项目的设置，结果如图3-64所示。

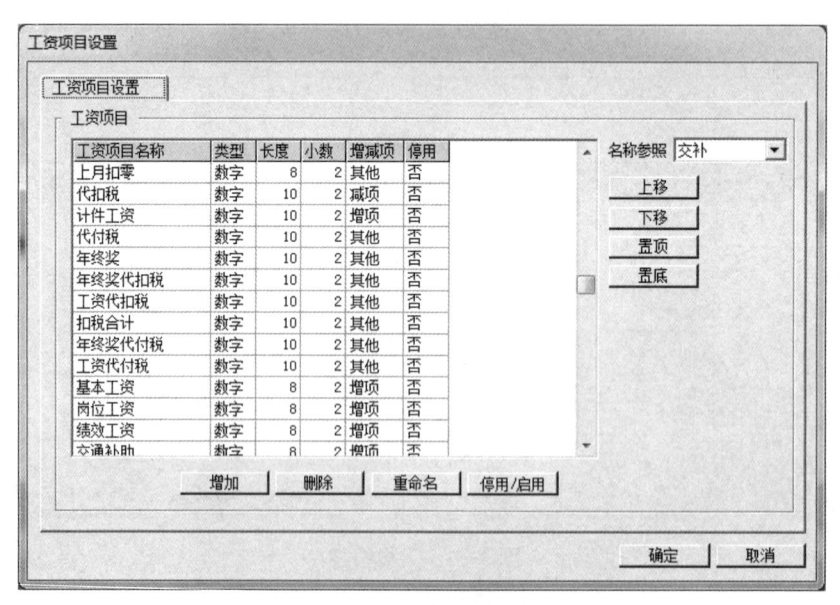

图3-64 "增项"工资项目的设置结果

(4)单击"增加"按钮,从"名称参照"下拉列表中选择"保险费"选项,单击"重命名"按钮,将其"工资项目名称"修改为"养老保险",将其"增减项"设置为"减项"。

(5)重复步骤(4),完成其他"减项"工资项目的设置,结果如图3-65所示。

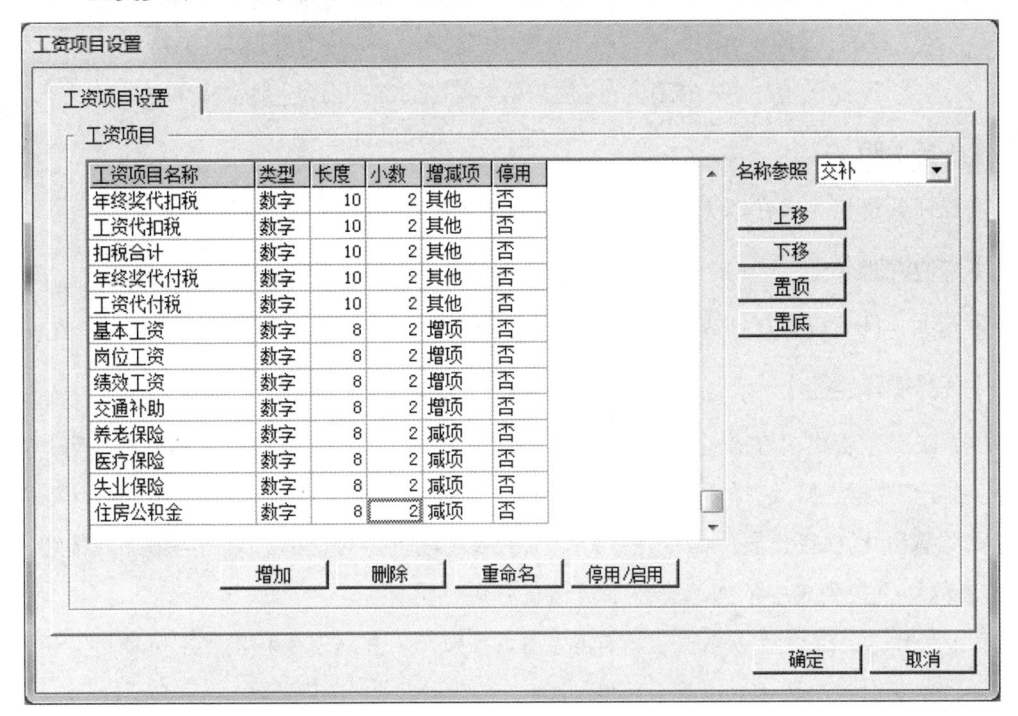

图3-65 "减项"工资项目的设置结果

(6)单击"确定"按钮,完成工资项目的设置。

提示:

- 系统提供的固定工资项目,如本例中的上月扣零,不能修改和删除。
- 工资项目名称必须唯一。工资项目一经使用,数据类型就不允许修改。
- 增项直接计入应发合计,减项直接计入扣款合计。若工资项目类型为字符型,则小数位不可用,增减项为其他。
- 单击"工资项目设置"对话框中的"上移""下移"按钮,可调整工资项目的排列顺序。
- 单击"重命名"按钮,可修改工资项目名称。
- 选择要删除的工资项目,单击"删除"按钮,在确认后即可删除。

六、设置在职人员工资公式

【任务资料】

本企业在职人员的工资项目包括基本工资、岗位工资、绩效工资、交通补助、养老保险、医疗保险、失业保险、住房公积金、代扣税、应发合计、扣款合计、实发合计。

公式设置如下：

  住房公积金=（基本工资+岗位工资+绩效工资+交通补助）×0.12

  养老保险=（基本工资+岗位工资+绩效工资+交通补助）×0.08

  医疗保险=（基本工资+岗位工资+绩效工资+交通补助）×0.02

  失业保险=（基本工资+岗位工资+绩效工资+交通补助）×0.002

【任务说明】

依据任务资料完成在职人员工资公式设置。

【岗位说明】

账套主管杨帆设置在职人员工资公式。

【任务操作路径】

（1）账套主管杨帆在企业应用平台中，执行"业务工作|人力资源|薪资管理|工资类别"命令，打开工资类别，选择"在职人员"，单击"确定"按钮。执行"业务工作|人力资源|薪资管理|设置|工资项目设置"命令，打开"工资项目设置"对话框。单击"增加"按钮，从"名称参照"下拉列表中依次选择各工资项目并进行定义。

（2）选择"公式设置"选项卡，单击"增加"按钮，并从左上角的"工资项目"列表框中选择"养老保险"选项。

（3）在"养老保险公式定义"中单击，单击"运算符"中的"（"按钮，从中下部的"工资项目"列表框中选择"基本工资"选项；单击"运算符"中的"+"按钮，从中下部的"工资项目"列表框中选择"岗位工资"选项；单击"运算符"中的"+"按钮，从中下部的"工资项目"列表框中选择"绩效工资"选项；单击"运算符"中的"+"按钮，从中下部的"工资项目"列表框中选择"交通补助"选项；单击"运算符"中的"）"和"*"按钮；在"养老保险公式定义"中录入"0.08"，结果如图3-66所示。

（4）单击"公式确认"按钮，完成"养老保险"的公式定义。

（5）重复步骤（2）～（4），完成"医疗保险""失业保险""住房公积金"的公式定义。单击"确定"按钮，完成设置。

提示：

- 工资项目不能重复选择。
- 没有选择的工资项目，不能在计算公式中使用。
- 双击"公式设置"选项卡，可定义工资项目的计算公式。
- 不能删除已录入数据或已设置计算公式的工资项目。

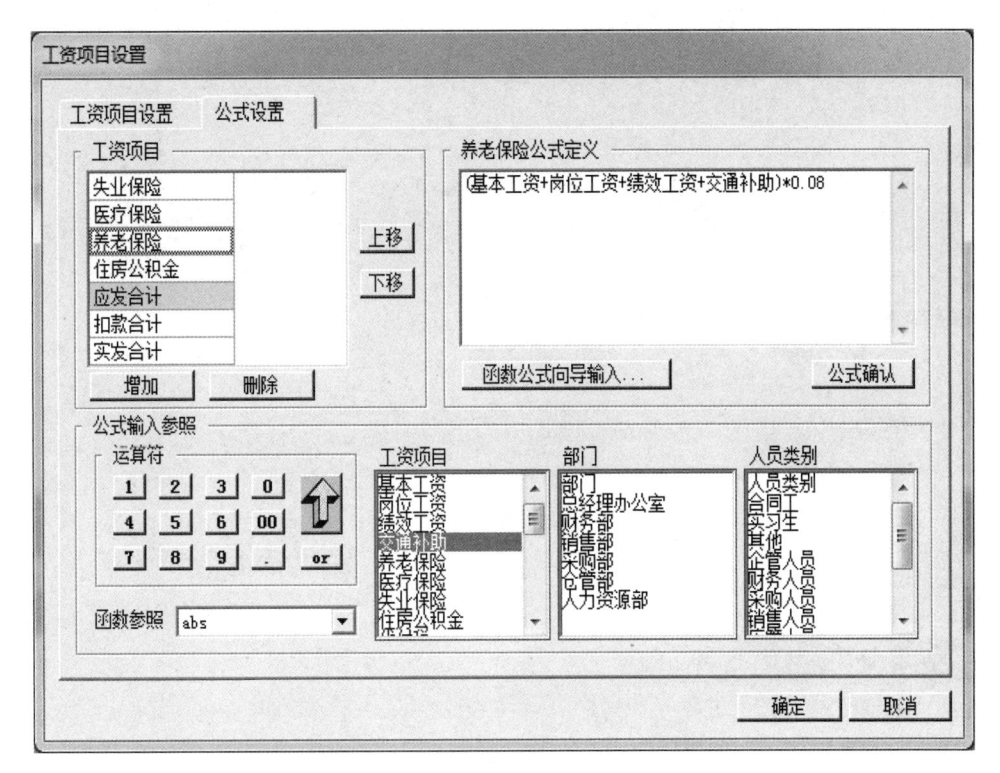

图 3-66 "养老保险"的公式定义

七、设置代发工资银行

【任务资料】

本企业委托代发工资的银行为中国工商银行,个人账号定长为 11 位,录入时自动带出账号长度为 8 位。

【任务说明】

依据任务资料完成代发工资银行设置。

【岗位说明】

账套主管杨帆设置代发工资银行。

【任务操作路径】

(1)账套主管杨帆在企业应用平台中,执行"基础设置|基础档案|收付结算|银行档案"命令,打开"银行档案"窗口。双击"中国工商行"所在行,打开"修改银行档案"对话框。

(2)在"个人账户规则"中勾选"定长"复选框,并设置"账号长度"为"11"、"自动带出账号长度"为"8",单击"保存"按钮完成设置,如图 3-67 所示。

微课 3-10 银行档案设置

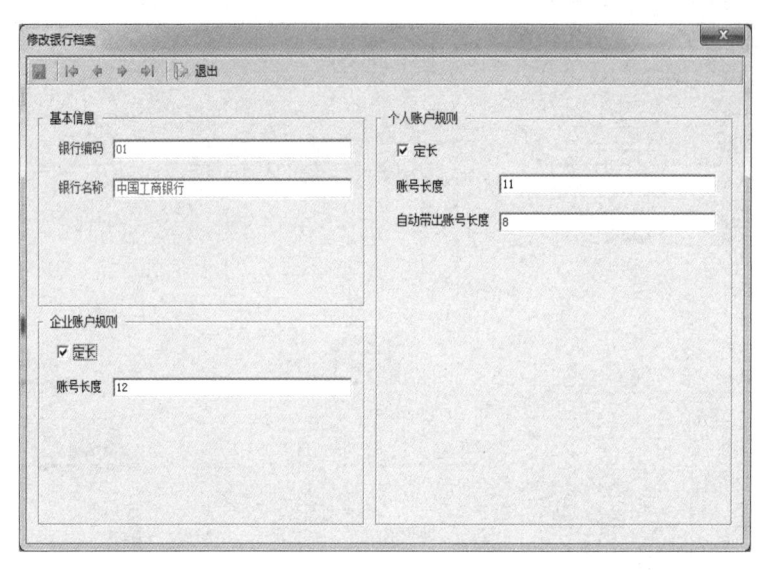

图 3-67 修改银行档案

八、设置代扣个人所得税

【任务资料】

计税基数为 5 000 元，附加费用为 0 元。

【任务说明】

依据任务资料完成代扣个人所得税设置。

【岗位说明】

账套主管杨帆设置代扣个人所得税。

【任务操作路径】

（1）账套主管杨帆在企业应用平台中，执行"业务工作|人力资源|薪资管理|设置|选项"命令，打开"选项"对话框。选择"扣税设置"选项卡，单击"编辑"按钮，参数设置如图 3-68 所示。

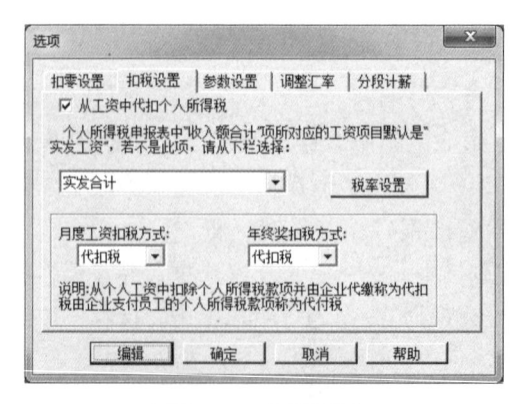

图 3-68 扣税设置

（2）单击"税率设置"按钮，打开"个人所得税申报表——税率表"对话框。修改并确认"基数""附加费用"，以及税率表的相应数据，结果如图 3-69 所示。

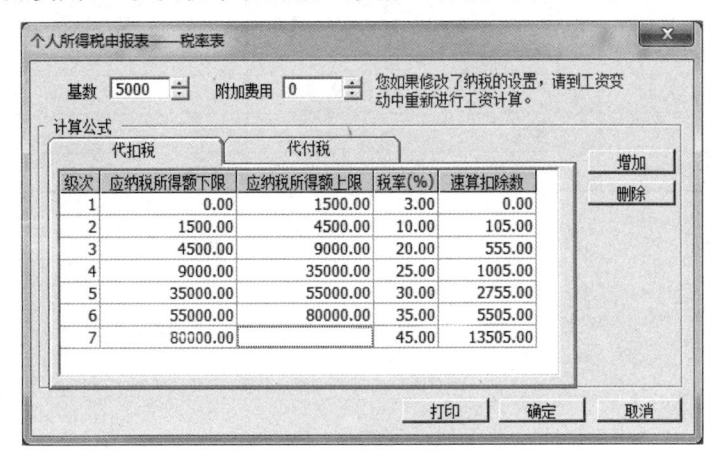

图 3-69　税率设置结果

（3）单击"确定"按钮，完成税率设置，返回"选项"对话框。单击"确定"按钮，完成设置。

提示：

- 只有账套主管才可以修改工资参数。
- 工资账套的参数调整包括扣零设置、扣税设置、参数设置、调整汇率和分段计薪。
- 已经进行过月结的工资类别不能修改币种。
- 设置工资的扣税工资项目，系统默认为"实发合计"。在实际业务中，因可能存在免税收入项目（如政府特殊津贴、院士津贴等）和税后列支项目，可以单独设置一个工资项目来计算应纳税工资。
- 如果修改了扣税设置，就需要在"工资变动"界面中执行"计算"和"汇总"操作，以保证"代扣税"工资项目正确地反映单位实际代扣个人所得税的金额。

九、录入期初工资数据

【任务资料】

录入期初工资数据，相关信息如表 3-21 所示。

表 3-21　期初工资数据

人员编码	人员姓名	薪资部门名称	基本工资/元	岗位工资/元	绩效工资/元	人员类别
001	杨帆	总经理办公室	8 000	5 000	8 000	企管人员
002	刘方	财务部	4 000	2 000	4 000	财务人员
003	李强	财务部	4 000	1 800	2 400	财务人员
004	王瑞	财务部	4 000	1 600	2 000	财务人员
005	赵宁	销售部	4 000	2 000	5 000	销售人员

续表

人员编码	人员姓名	薪资部门名称	基本工资/元	岗位工资/元	绩效工资/元	人员类别
006	于静	销售部	4 000	2 000	5 000	销售人员
007	赵强	采购部	4 000	1 100	1 600	采购人员
008	刘东生	采购部	4 000	1 400	1 000	采购人员
009	马月	仓管部	4 000	1 000	1 600	库管人员
010	姜伟	人力资源部	4 000	1 200	1 800	企管人员

【任务说明】

依据任务资料完成期初工资数据的录入。

【岗位说明】

账套主管杨帆录入期初工资数据。

【任务操作路径】

（1）账套主管杨帆在企业应用平台中，执行"业务工作|人力资源|薪资管理|设置|人员档案"命令，进入"人员档案"界面。双击"杨帆"所在行，打开"人员档案明细"对话框，显示杨帆的详细档案，如图3-70所示。

微课 3-11　期初工资数据录入

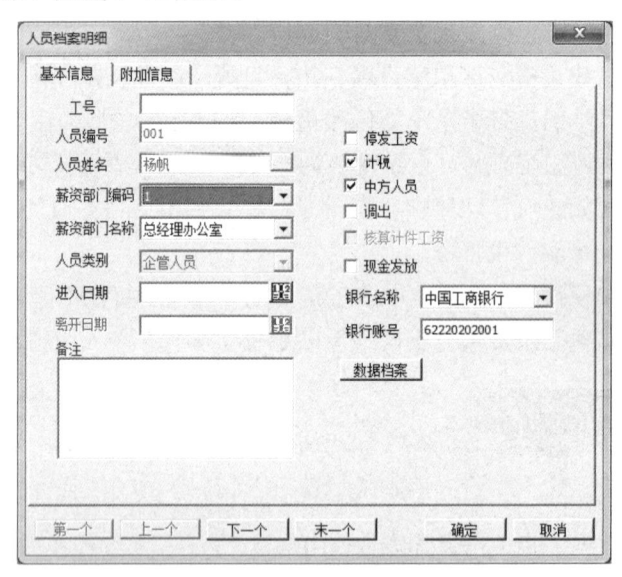

图3-70　"人员档案明细"对话框

（2）单击"数据档案"按钮，打开"工资数据录入——页编辑"对话框，设置"基本工资"为"8 000.00"、"岗位工资"为"5 000.00"、"绩效工资"为"8 000.00"，其他数据由系统自动给出，结果如图3-71所示。

（3）单击"保存"按钮，返回"人员档案明细"对话框。单击"确定"按钮，系统给出"写入该人员档案信息吗"的提示信息，单击"确认"按钮，返回"人员档案明细"对话框。

图 3-71　杨帆的期初工资数据录入结果

（4）单击"下一个"按钮，系统在打开的"人员档案明细"对话框中显示刘方的详细档案。

（5）重复步骤（2）～（4），根据表 3-21 录入其他人员的期初工资数据并保存。单击"取消"按钮，退出"人员档案明细"对话框。

任务六　总账系统

任务目标：

完成总账系统的参数与核算规则设置。

一、设置总账系统的参数与核算规则

【任务资料】

除系统默认设置之外，还需进行如下参数设置。

权限：勾选"出纳凭证必须经由出纳签字"和"凭证必须由主管会计签字"复选框。

【任务说明】

依据任务资料完成总账系统的参数与核算规则设置。

【岗位说明】

账套主管杨帆设置总账系统的参数与核算规则。

【任务操作路径】

账套主管杨帆在企业应用平台中，执行"业务工作|财务会计|总账|设置|选项"命令，打

开"选项"对话框。选择"权限"选项卡，单击"编辑"按钮，勾选"出纳凭证必须经由出纳签字"和"凭证必须经由主管会计签字"复选框，其他选项采用系统默认设置，如图3-72所示。

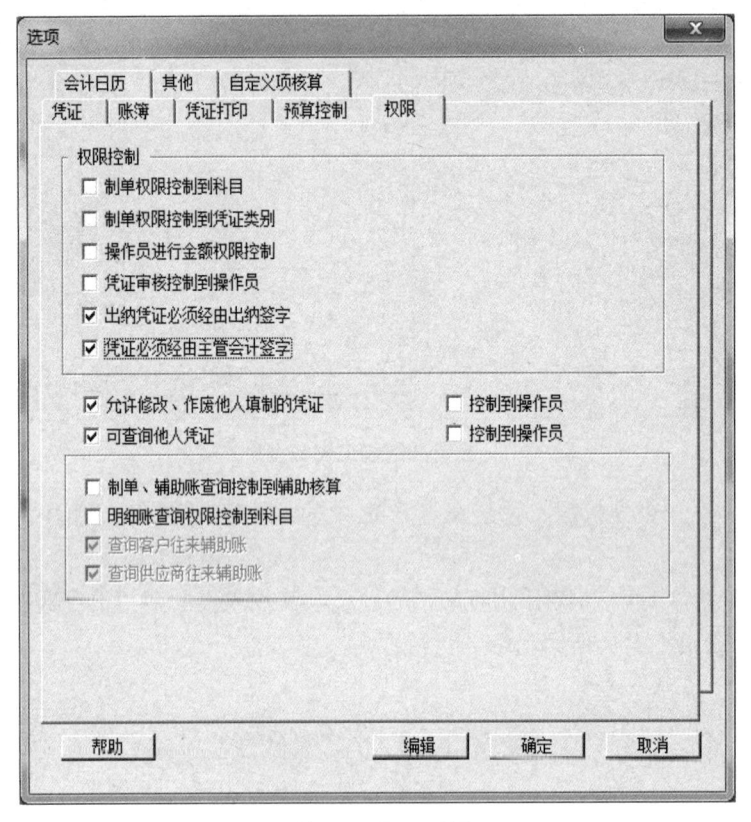

图 3-72 权限设置

二、指定出纳管理的会计科目

【任务资料】

对出纳管理的现金和银行存款科目进行指定：将"现金科目"指定为"1001 库存现金"；将"银行科目"指定为"1002 银行存款"。

【任务说明】

依据任务资料完成出纳管理会计科目的指定。

【岗位说明】

账套主管杨帆指定出纳管理的会计科目。

【任务操作路径】

（1）账套主管杨帆在企业应用平台中，执行"基础设置|基础档案|财务|会计科目"命令，打开"会计科目"窗口。

（2）执行"编辑|指定科目"命令，打开"指定科目"对话框。

（3）选中"现金科目"单选按钮，在"待选科目"列表框中选择"1001 库存现金"选项，单击">"按钮，"1001 库存现金"将出现在"已选科目"列表框中，如图 3-73 所示。

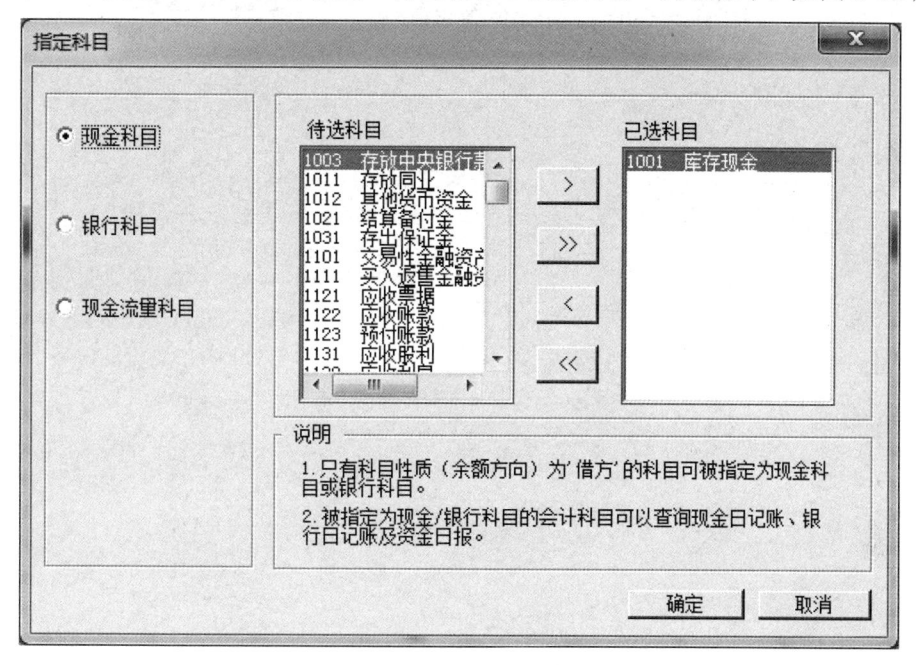

图 3-73　指定现金科目

（4）选中"银行科目"单选按钮，在"待选科目"列表框中选择"1002 银行存款"选项，单击">"按钮，"1002 银行存款"将出现在"已选科目"列表框中。单击"确定"按钮，完成设置。

三、会计科目期初余额对账

【任务资料】

进行会计科目期初余额对账。

【任务说明】

依据任务资料完成会计科目期初余额对账。

【岗位说明】

账套主管杨帆进行会计科目期初余额对账。

【任务操作路径】

（1）账套主管杨帆在企业应用平台中，执行"业务工作|财务会计|总账|设置|期初余额"命令，单击"对账"按钮，打开"期初对账"对话框，如图 3-74 所示。

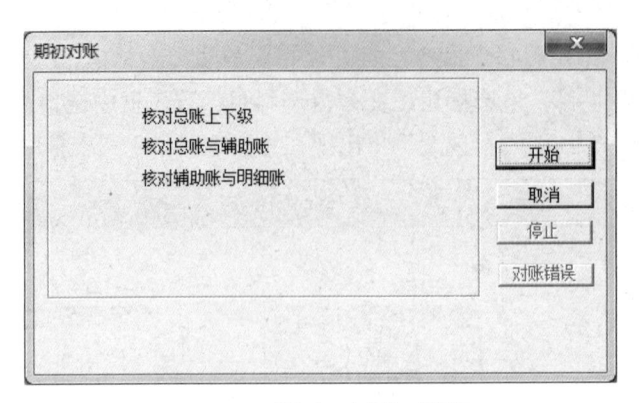

图 3-74 "期初对账"对话框

（2）单击"开始"按钮，系统开始对总账与应付、应收账款，总账与辅助账，辅助账与明细账进行核对，结果如图 3-75 所示。

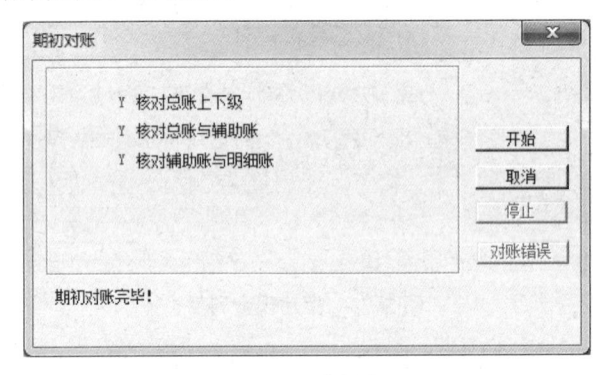

图 3-75 对账结果

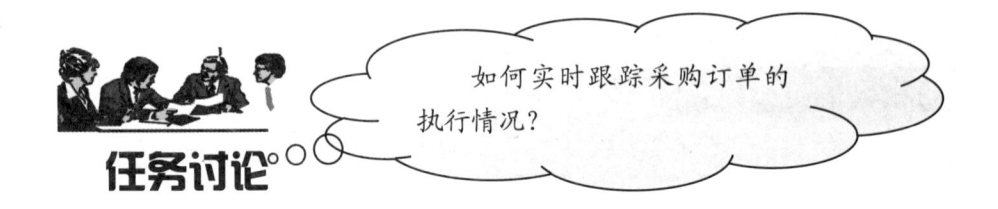

任务讨论

如何实时跟踪采购订单的执行情况？

知识补充

子系统是财务管理软件的重要组成部分，是企业级财务软件从财务部门延伸到业务部门并实现财务与业务一体化管理的最明显的表现形式。购销存管理系统的应用从根本上解决了将财务数据与业务数据割裂开的做法，使资金流与物流同步并相互制约，从而加快了企业对市场的反应速度、提高了决策的有效性。

课堂思考：子系统的初始设置主要包括哪些内容？

知识链接

子系统期初余额录入的注意事项

子系统的初始设置包括基础信息设置和期初余额录入两个方面，而期初余额录入是子系统初始设置的难点。子系统期初余额录入的注意事项如下。

1. 商品或原材料期初余额的录入

（1）采购期初余额的录入。对于某些商品或原材料，因为暂时没有收到发票，所以只能暂估成本先入库。在录入采购期初余额时，需采用增加采购入库单的形式，入库日期是之前的月份。在全部采购期初余额录入结束后，要进行期初记账。如果不进行期初记账，采购管理系统就无法进行日常业务处理，因此即使没有期初数据，也要进行期初记账。此外，如果采购管理系统不进行期初记账，那么库存管理系统和存货核算系统也不能记账。

（2）库存期初余额的录入。这里的库存期初余额针对的是已经放在仓库中的商品或原材料。库存期初余额既可以在库存管理系统中录入，又可以在存货核算系统中录入。只要在其中一个系统中输入，另一个系统就会自动获得期初数据。在期初余额录入结束后，也要进行期初记账。

2. 应收和应付期初余额的录入

（1）客户往来期初余额的录入。客户往来期初对应的科目为应收账款，如显示的科目代码为1122。在客户往来期初余额录入结束后，应进行对账，即与总账系统进行对账。若对账不平衡，则应及时查找原因并纠正。

（2）供应商往来期初余额的录入。供应商往来期初对应的科目为应付账款，如显示的科目代码为2202。在供应商往来期初余额录入结束后，应进行对账，即与总账系统进行对账。

项目四

企业日常业务处理

项目总体要求

知识目标：

1. 理解和掌握各子系统与总账系统的关系。
2. 掌握在处理企业本期发生的各项日常经营业务活动时，涉及用友 ERP-U8V10.1 软件的采购管理系统、应付款管理系统、销售管理系统、应收款管理系统、固定资产系统、库存管理系统、存货核算系统、薪资管理系统、总账系统等多个子系统的操作方法。

能力目标：

1. 能够正确处理各子系统的日常业务。
2. 能够根据任务的设计需要查阅有关资料、相关案例，明确各子系统日常业务处理的设计理念，在团队合作的基础上完成企业各子系统的日常业务处理工作。

任务描述	任务解析	任务要求	职业素质
本项目中的任务是在企业应用平台中进行操作的,主要内容是处理企业本期发生的各项日常经营业务活动	需要了解各子系统基础档案初始化的内容和作用,掌握采购管理系统、应付款管理系统、销售管理系统、应收款管理系统、固定资产系统、库存管理系统、存货核算系统、薪资管理系统、总账系统的相互联系和内在关系	能够正确处理采购管理系统、应付款管理系统、销售管理系统、应收款管理系统、固定资产系统、库存管理系统、存货核算系统、薪资管理系统、总账系统的日常业务	通过模拟企业的业务进行软件操作,增强企业的成本控制意识。便捷的采购管理是降低企业采购成本、提高企业采购效率的重要手段;增强企业的销售管理意识,高效的销售管理是提高企业销售额、增加企业利润的重要手段

任务一 缴纳上一季度的税费

任务目标:

完成缴纳上一季度税费的业务操作。

【任务资料】

2021年8月1日,远达公司以网上电子缴税方式缴纳第一季度企业所得税11 400元,向税务部门缴纳上月代扣代缴个人所得税520.87元、增值税32 657元、城市维护建设税2 285.99元、教育费附加979.71元。

【任务说明】

此业务是缴纳上一季度税费的业务。要完成此业务,就需要通过自定义转账方式生成记账凭证,并对记账凭证进行出纳签字、主管签字和审核。

微课4-1 缴纳上一季度税费

【岗位说明】

会计李强负责自定义转账凭证的设置和生成,出纳王瑞负责出纳签字,财务副总刘方负责主管签字和审核凭证。

【任务操作路径】

(1)自定义转账设置。

① 会计李强在企业应用平台中,执行"业务工作|财务会计|总账|期末|转账定义|自定义转账"命令,打开"自定义转账设置"窗口。

② 单击"增加"按钮,打开"转账目录"对话框。设置"转账序号"为"0001"、"转账说明"为"缴纳税费","凭证类别"默认为"记 记账凭证",如图4-1所示。

③ 单击"确定"按钮,返回"自定义转账设置"窗口。单击"增行"按钮,在"科目编码"栏中录入"222103"(或单击参照按钮,选择"222103 应交所得税"),设置"方向"为"借"。单击"金额公式"参照按钮,打开"公式向导"对话框。设置"公式名称"为"期

初余额",单击"下一步"按钮,设置"科目"为"222103",其他选项采用系统默认设置。单击"完成"按钮,返回"自定义转账设置"窗口。

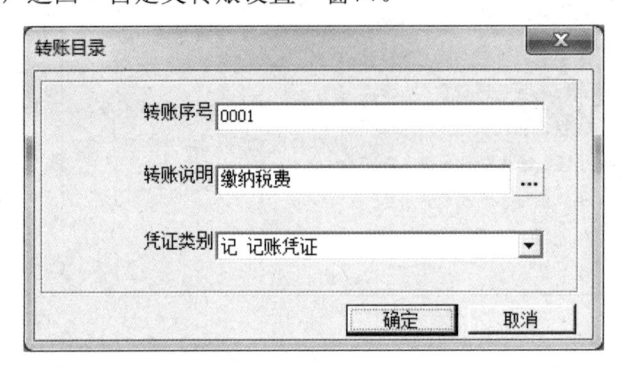

图 4-1 "转账目录"对话框

④ 单击"增行"按钮,在"科目编码"栏中录入"222104"(或单击参照按钮,选择"222104 应交个人所得税"),设置"方向"为"借"。单击"金额公式"参照按钮,打开"公式向导"对话框。设置"公式名称"为"期初余额",单击"下一步"按钮,设置"科目"为"222104",其他选项采用系统默认设置。单击"完成"按钮,返回"自定义转账设置"窗口。

⑤ 单击"增行"按钮,在"科目编码"栏中录入"222102"(或单击参照按钮,选择"222102 未交增值税"),设置"方向"为"借"。单击"金额公式"参照按钮,打开"公式向导"对话框。设置"公式名称"为"期初余额",单击"下一步"按钮,设置"科目"为"222102",其他选项采用系统默认设置。单击"完成"按钮,返回"自定义转账设置"窗口。

⑥ 单击"增行"按钮,在"科目编码"栏中录入"222105"(或单击参照按钮,选择"222105 应交城市维护建设税"),设置"方向"为"借"。单击"金额公式"参照按钮,打开"公式向导"对话框。设置"公式名称"为"期初余额",单击"下一步"按钮,设置"科目"为"222105",其他选项采用系统默认设置。单击"完成"按钮,返回"自定义转账设置"窗口。

⑦ 单击"增行"按钮,在"科目编码"栏中录入"222106"(或单击参照按钮,选择"222106 应交教育费附加"),设置"方向"为"借"。单击"金额公式"参照按钮,打开"公式向导"对话框。设置"公式名称"为"期初余额",单击"下一步"按钮,设置"科目"为"222106",其他选项采用系统默认设置。单击"完成"按钮,返回"自定义转账设置"窗口。

⑧ 单击"增行"按钮,设置"科目编码"为"100201"、"方向"为"贷"、"金额公式"为"JG()"(或设置"公式名称"为"取对方科目计算结果"),如图 4-2 所示,单击"保存"按钮。

(2) 自定义转账凭证生成。

① 会计李强在企业应用平台中,执行"业务工作|财务会计|总账|期末|转账生成"命令,打开"转账生成"对话框。

② 选中"自定义转账"单选按钮,选中"编号"为"0001"的记录行,双击其"是否

结转"栏，出现"Y"，如图4-3所示。

图4-2 "自定义转账设置"窗口

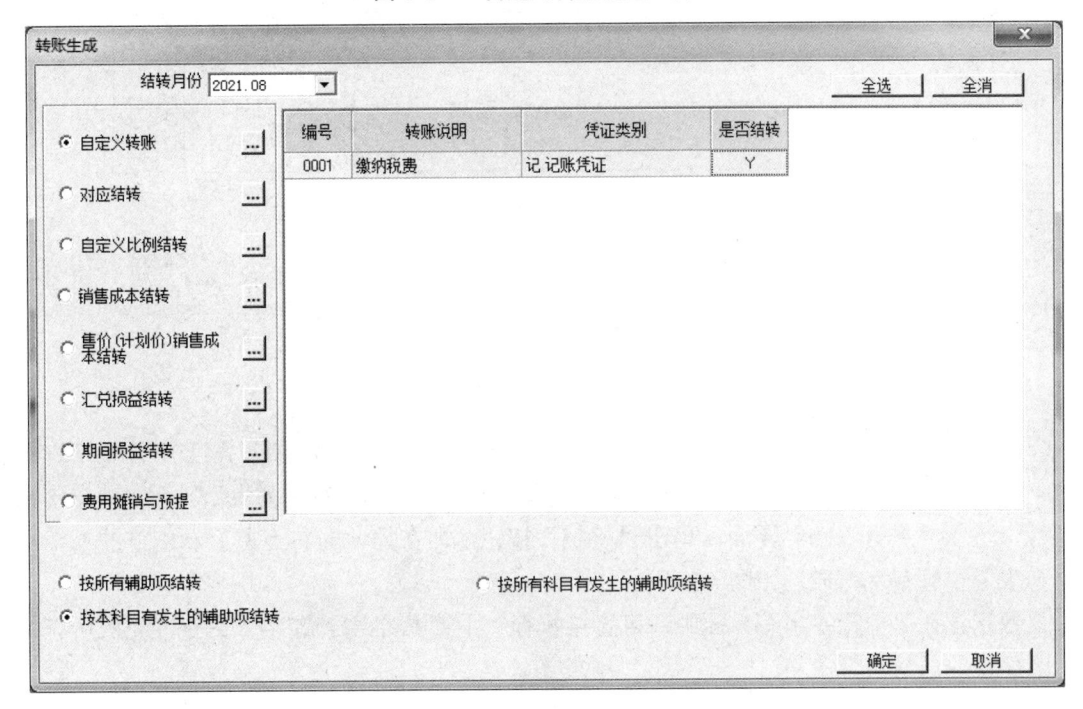

图4-3 "转账生成"对话框

③ 单击"确定"按钮，打开"转账"对话框，生成自定义转账凭证。单击"保存"按钮，凭证左上角出现"已生成"字样，如图4-4所示。

（3）出纳签字。

① 出纳王瑞在企业应用平台中，执行"业务工作|财务会计|总账|凭证|出纳签字"命令，打开"出纳签字"对话框。单击"确定"按钮，进入"出纳签字列表"界面。双击该凭证行，进入"出纳签字"界面。单击"签字"按钮，即在凭证下方的"出纳"处显示王瑞的名

字，表示出纳签字完成。

② 单击"退出"按钮。

提示：在"出纳签字"界面中，可直接执行"出纳|成批出纳签字"命令，完成所有待签字凭证的成批出纳签字。

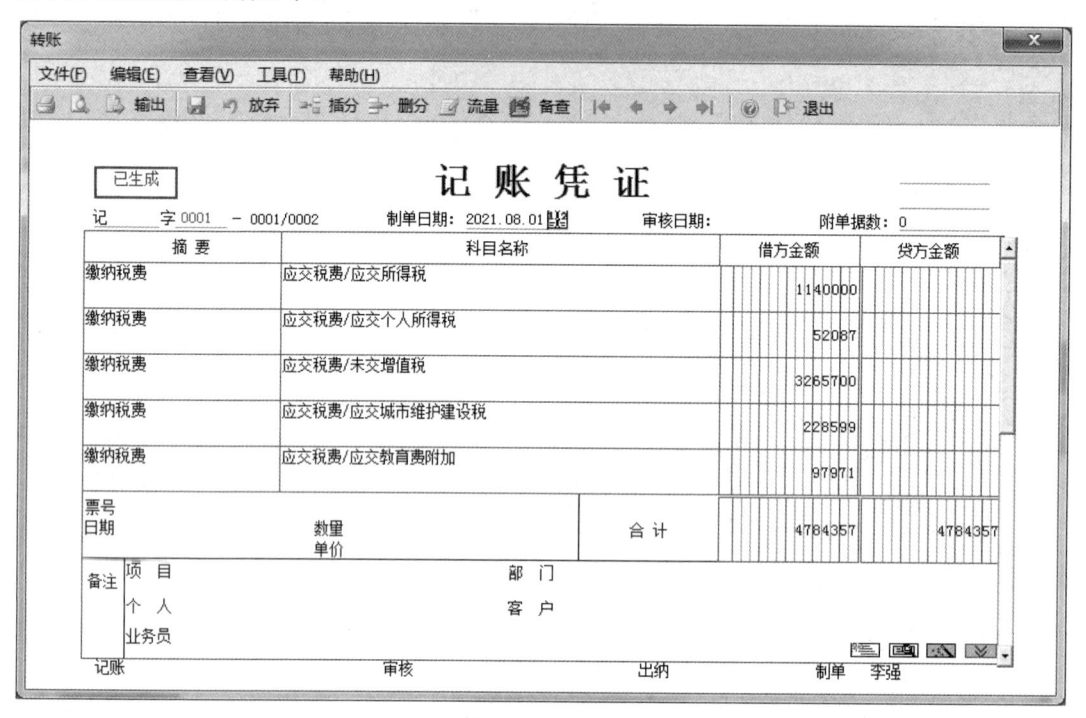

图4-4 生成的自定义转账凭证

（4）主管签字。

财务副总刘方在企业应用平台中，执行"业务工作|财务会计|总账|凭证|主管签字"命令，打开"主管签字"对话框。单击"确定"按钮，进入"主管签字列表"界面。双击该凭证行，进入"主管签字"界面。单击"签字"按钮，即在凭证的右上方显示刘方的红字印章，表示主管签字完成，如图4-5所示。

提示：在"主管签字"界面中，可直接执行"主管|成批主管签字"命令，完成所有待签字凭证的成批主管签字。

（5）审核凭证。

财务副总刘方在企业应用平台中，执行"业务工作|财务会计|总账|凭证|审核凭证"命令，打开"凭证审核"对话框。单击"确定"按钮，进入"凭证审核列表"界面。双击该凭证行，进入"审核凭证"界面，对未审核的凭证进行审核。单击"审核"按钮，即完成对该凭证的审核。

提示：在"审核凭证"界面中，可直接执行"审核|成批审核凭证"命令，完成所有凭证的成批审核。

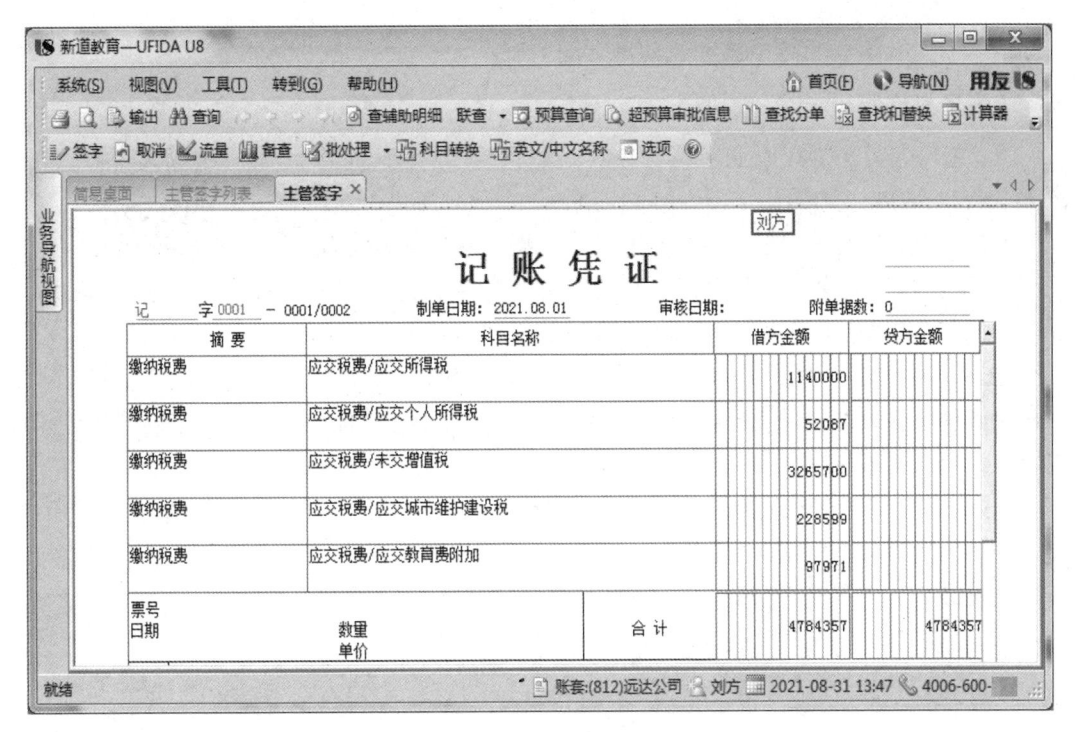

图 4-5 主管签字完成

任务二 收取定金的销售业务

任务目标：

完成收取定金的业务操作。

【任务资料】

2021 年 8 月 1 日，销售人员于静与会友商场签订销售合同（合同编号为 XS0401），出售一批男式双肩电脑包，数量为 450 个，无税单价为 180 元，增值税税率为 13%。在合同签订同日，远达公司预收货款 20 000 元，用转账支票（票号为 12100721）支付，并已给对方开具全款增值税发票（发票号为 02205631）。合同约定 8 月 15 日出库发货，待对方验收合格后以为期两个月的商业承兑汇票方式结算剩余货款。

【任务说明】

此业务是签订销售合同、开具销售发票和预收货款的业务。要完成此业务，就需要录入和审核销售订单和销售专用发票，录入和审核预收类型的收款单，进行应收单据及收款单据的审核，并进行制单。

【岗位说明】

销售人员于静进行销售订单的录入；账套主管杨帆进行业务单据的审核；会计李强进行销售专用发票的开具和记账凭证的填制；出纳王瑞进行收款单据的录入；财务副总刘方

进行销售专用发票、应收单据和收款单据的审核。

【任务操作路径】

（1）销售人员于静在企业应用平台中，执行"业务工作|供应链|销售管理|销售订货|销售订单"命令，进入"销售订单"界面。

单击"增加"按钮，在表头中设置"订单号"为"XS0401"、"业务类型"为"普通销售"、"销售类型"为"零售"、"客户简称"为"会友商场"、"销售部门"为"销售部"、"业务员"为"于静"；在表体中设置"存货名称"为"男式双肩电脑包"、"数量"为"450.00"，系统自动带出其他信息，修改"预发货日期"为"2021-08-15"。单击"保存"按钮，完成该销售订单的录入。

微课 4-2 销售订单录入

（2）账套主管杨帆在企业应用平台中，执行"业务工作|供应链|销售管理|销售订货|销售订单"命令，进入"销售订单"界面。单击"上张"按钮，找到此业务的销售订单，在确认信息无误后单击"审核"按钮，完成对销售订单的审核，如图4-6所示。

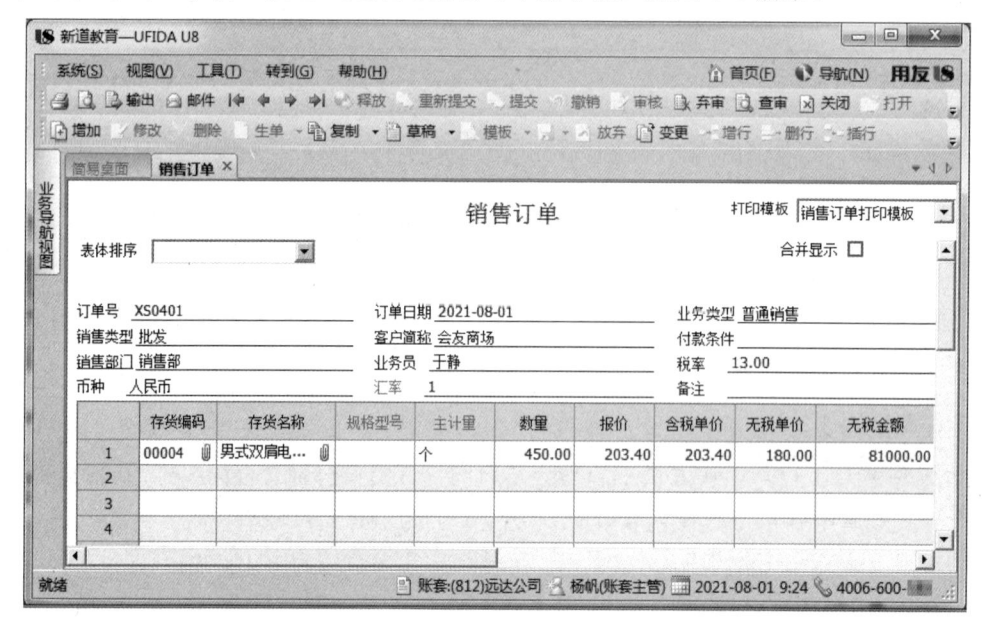

图4-6 审核过的销售订单

（3）会计李强在企业应用平台中，执行"业务工作|供应链|销售管理|销售开票|销售专用发票"命令，进入"销售专用发票"界面。单击"增加"按钮，取消参照发货单生成发票。

单击"生单|参照订单"按钮，打开"查询条件选择—参照订单"对话框，单击"确定"按钮，打开"参照生单"窗口。选择对应的销售订单，单击"确定"按钮，在"销售专用发票"界面中自动出现相关信息。在表头中设置"发票号"为"02205631"，在表体中设置"仓库名称"为"男包仓库"，单击"保存"按钮，完成销售专用发票的录入。

（4）财务副总刘方在企业应用平台中，执行"业务工作|供应链|销售管理|销售开票|销售专用发票"命令，进入"销售专用发票"界面。找到此业务的销售专用发票，在确认信息

无误后,单击"复核"按钮,完成对该张发票的复核,如图 4-7 所示。

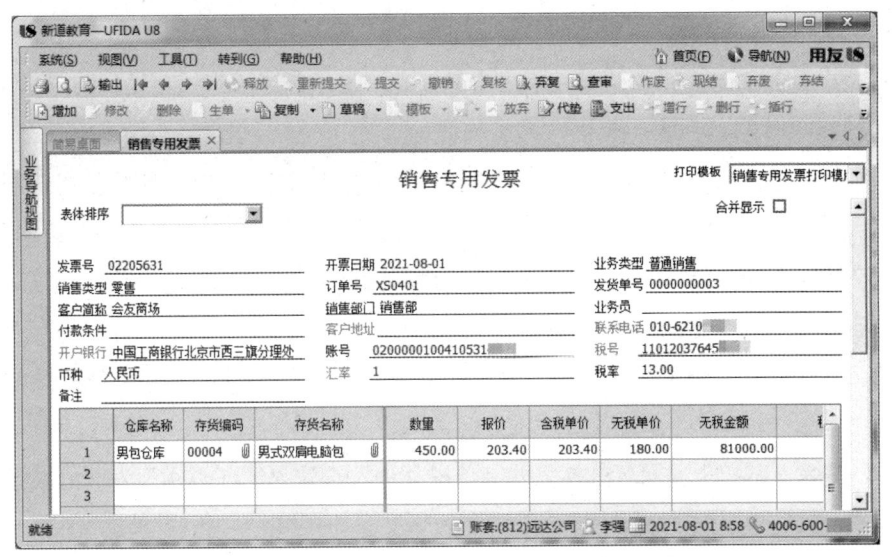

图 4-7 复核过的销售专用发票

(5)出纳王瑞在企业应用平台中,执行"业务工作|财务会计|应收款管理|收款单据处理|收款单据录入"命令,进入"收付款单录入"界面。

微课 4-3 收款单据录入

单击"增加"按钮,在表头中设置"客户"为"会友商场"、"结算方式"为"转账支票"、"本币金额"为"20 000.00"、"票据号"为"12100721"、"部门"为"财务部"、"业务员"为"王瑞";在表体中设置"款项类型"为"预收款",其他信息由系统自动带出。单击"保存"按钮即完成收款单的录入,如图 4-8 所示。

图 4-8 收款单

（6）财务副总刘方在企业应用平台中，执行"业务工作|财务会计|应收款管理|收款单据处理|收款单据审核"命令，打开"收款单查询条件"对话框。单击"确定"按钮，进入"收付款单列表"界面。选择该收款单，单击"审核"按钮，若提示审核成功，则单击"确定"按钮，返回"收付款单列表"界面，即审核完成。

（7）财务副总刘方在企业应用平台中，执行"业务工作|财务会计|应收款管理|应收单据处理|应收单据审核"命令，打开"应收单查询条件"对话框。单击"确定"按钮，进入"单据处理"界面。选择此销售专用发票生成的应收单据，单击"审核"按钮，若提示审核成功，则单击"确定"按钮即审核完成。

（8）会计李强在企业应用平台中，执行"业务工作|财务会计|应收款管理|制单处理"命令，打开"制单查询"对话框。勾选"应收单制单"和"收付款单制单"复选框，单击"确定"按钮，进入"制单"界面。选择需要制单的凭证，设置"凭证类别"为"记账凭证"，如图4-9所示。

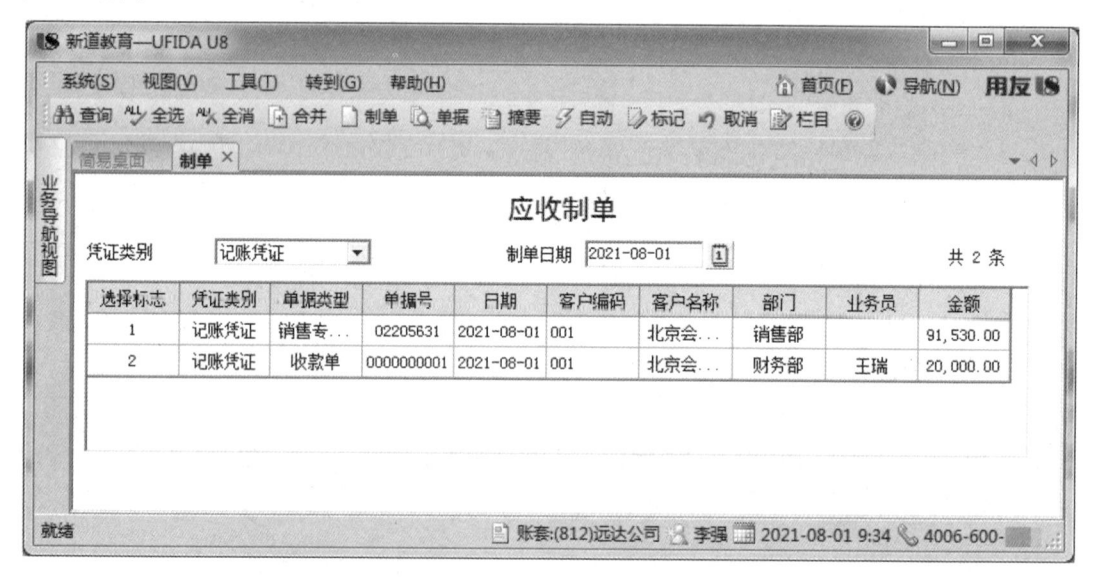

图4-9 "制单"界面

单击"制单"按钮，进入"填制凭证"界面。设置"主营业务收入"科目的"项目"辅助项为"男式双肩电脑包"（在单击"主营业务收入"所在行后，将鼠标指针向下移动，在鼠标指针变为钢笔形态后双击），单击"确定"按钮，单击"保存"按钮，生成应收账款的记账凭证，如图4-10所示。

在"填制凭证"界面中，设置"凭证类别"为"记账凭证"，设置"预收账款"科目的"票号"辅助项为"202-12100721"、"日期"辅助项为"2021.08.01"，单击"保存"按钮，生成预收账款的记账凭证，如图4-11所示。

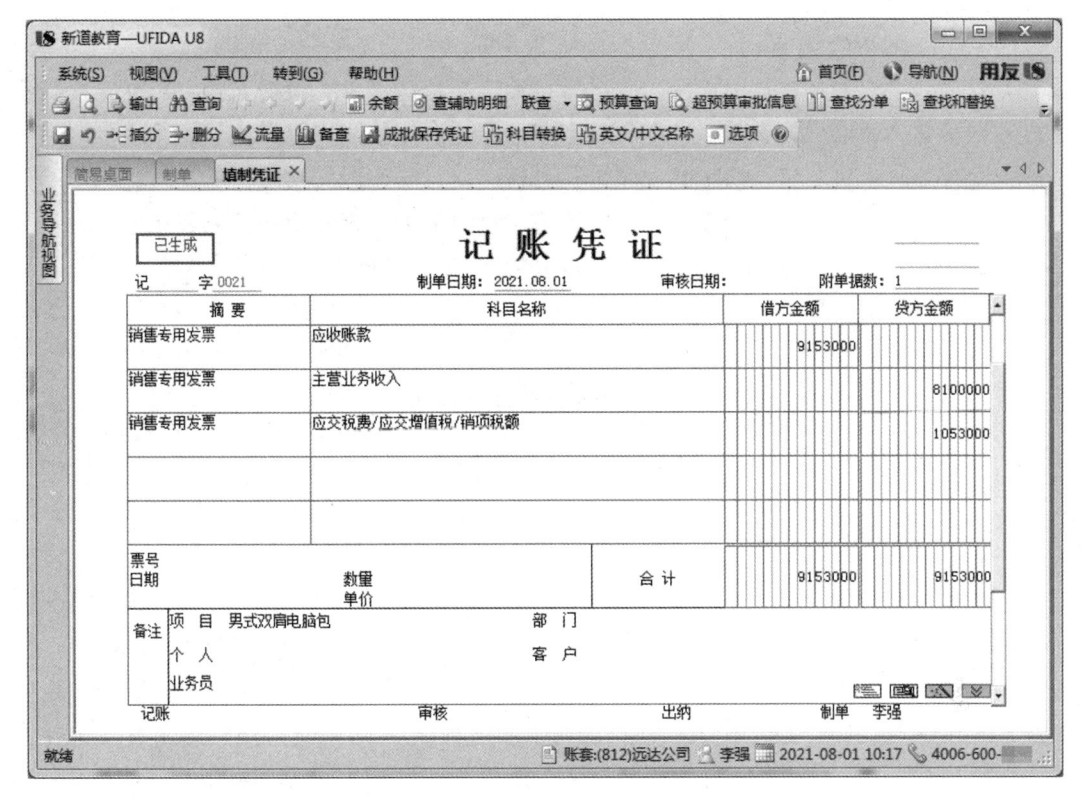

图 4-10 应收账款的记账凭证

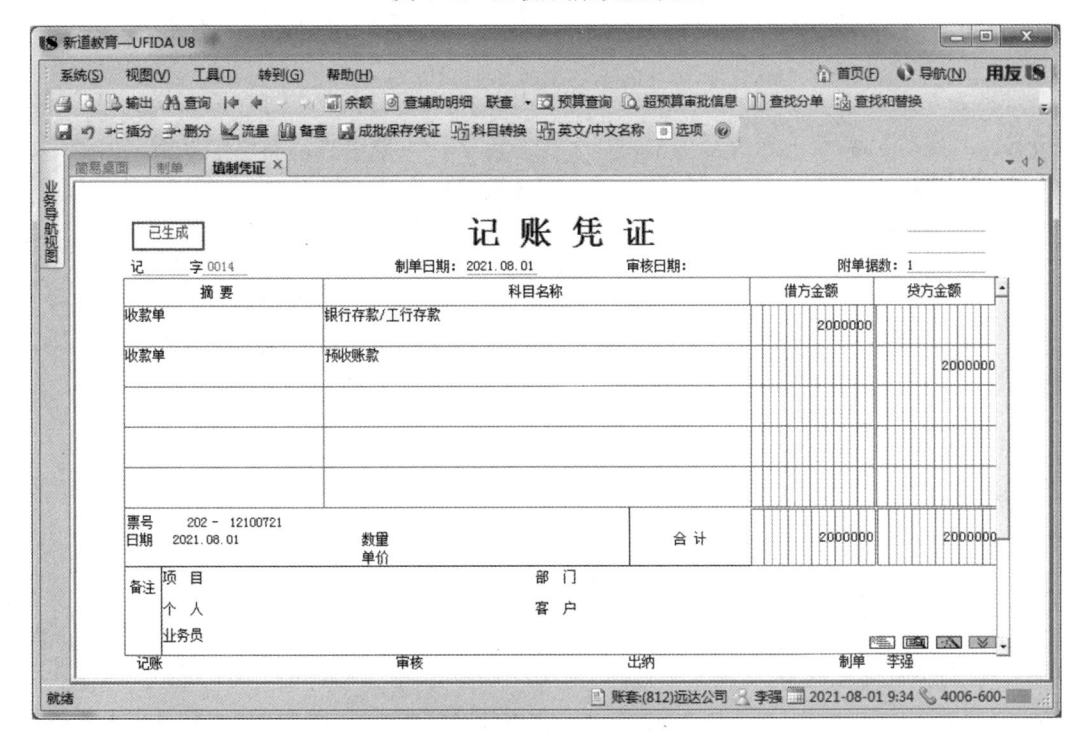

图 4-11 预收账款的记账凭证

提示：

- 对于已审核的订单，可能因为意外情况而需要修改业务，此时可用订单变更功能实现变更，变更后即生效，不必再次审核，即状态依然为"已审核"。
- 当开票后直接发货，对销售发票进行复核时，自动生成销售发货单。
- 在与"库存管理"集成时，若"设置|销售选项|业务控制"的"销售生成出库单"选项为"是"，则在复核销售发票时，自动生成销售出库单；否则，在"库存管理"中只能根据发货单生成出库单。

任务三　分批发货的销售业务

任务目标：

完成分批发货的销售业务操作。

【任务资料】

2021年8月1日，销售人员于静与嘉美公司签订销售合同（合同编号为XS0402），销售2 100个牛仔布双肩女包，无税单价为130元，增值税税率为13%。当日开具全额增值税发票（发票号为02205632），首付款收取全部价款的40%，对方用转账支票（票号为12203672）支付。当日首批发货500个，第二批要求8月17日发货1 600个，对方收到货物并验收合格后支付剩余的60%的合同价款。

【任务说明】

此业务是签订销售合同、进行首批发货、开具销售专用发票、进行部分收款的业务。要完成此业务，就需要录入与审核销售订单和发货单，审核销售出库单，根据发货单生成销售专用发票，以现结方式进行部分收款，对应收单据进行审核，并进行制单。

【岗位说明】

销售人员于静进行销售订单和发货单的录入，账套主管杨帆进行发货单的审核，库管人员马月进行销售出库单的审核，会计李强进行销售专用发票的开具和记账凭证的填制，财务副总刘方进行销售发票和应收单据的复核。

【任务操作路径】

（1）销售人员于静在企业应用平台中，执行"业务工作|供应链|销售管理|销售订货|销售订单"命令，进入"销售订单"界面。

单击"增加"按钮，在表头中设置"订单号"为"XS0402"、"业务类型"为"普通销售"、"销售类型"为"批发"、"客户简称"为"嘉美公司"、"销售部门"为"销售部"、"业务员"为"于静"。在表体的第一行中设置"存货名称"为"牛仔布双肩女包"、"数量"为"500.00"，其他信息由系统自动带出，修改"预发货日期"为"2021-08-01"；在表体的第二行中设置"存货名称"为"牛仔布双肩女包"、"数量"为"1600.00"，其他信息由系统自动带出，修改"预发货日期"为"2021-08-17"。单击"保存"按钮，完成该销售订单的录入。

（2）账套主管杨帆在企业应用平台中，执行"业务工作|供应链|销售管理|销售订货|销售订单"命令，进入"销售订单"界面。单击"上张"按钮，找到此业务的销售订单，在确认信息无误后单击"审核"按钮，完成对销售订单的审核，如图4-12所示。

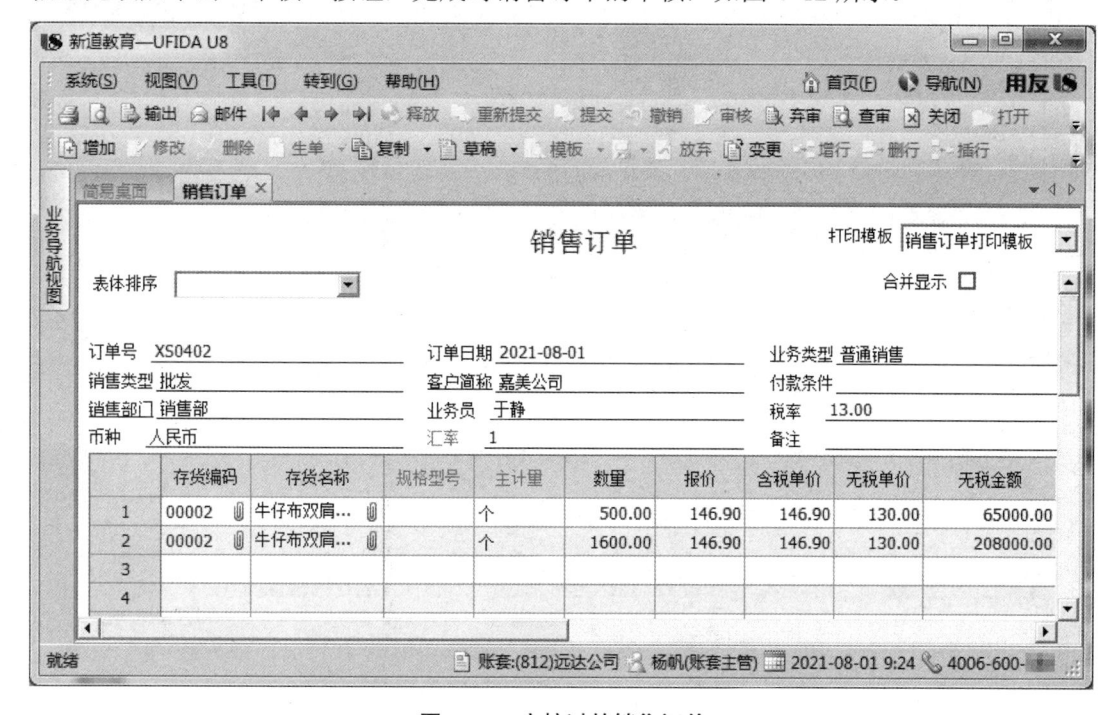

图 4-12 审核过的销售订单

（3）销售人员于静在企业应用平台中，执行"业务工作|供应链|销售管理|销售发货|发货单"命令，进入"发货单"界面。

单击"增加"按钮，打开"查询条件选择—参照订单"对话框。单击"确定"按钮，打开"参照生单"窗口。选择"订单号"为"XS0402"的记录行，单击"确定"按钮，返回"发货单"界面，系统自动带出相关信息。在表头中设置"发运方式"为"发货"，在表体中设置"仓库名称"为"女包仓库"，单击"保存"按钮，完成该发货单的录入。

（4）账套主管杨帆在企业应用平台中，执行"业务工作|供应链|销售管理|销售发货|发货单"命令，进入"发货单"界面。单击"上张"按钮，找到此业务的发货单，在确认信息无误后单击"审核"按钮，完成对该发货单的审核，如图4-13所示。

（5）库管人员马月在企业应用平台中，执行"业务工作|供应链|库存管理|出库业务|销售出库单"命令，进入"销售出库单"界面。单击"末张"按钮，找到此业务的销售出库单，在确认信息无误后单击"审核"按钮，完成对该销售出库单的审核，如图4-14所示。

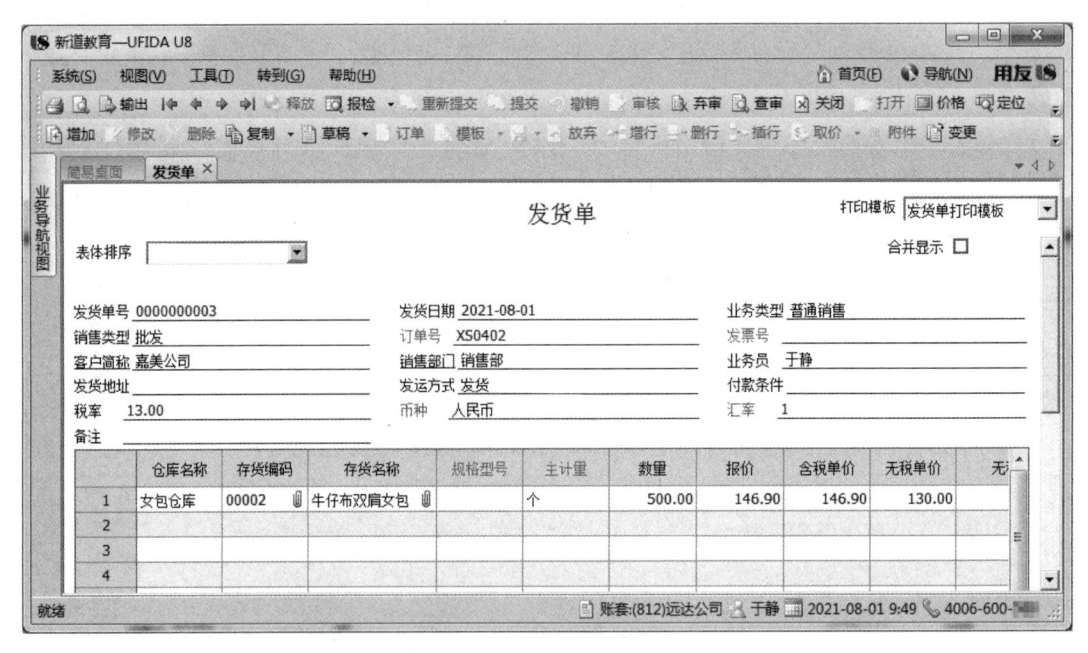

图 4-13　审核过的发货单

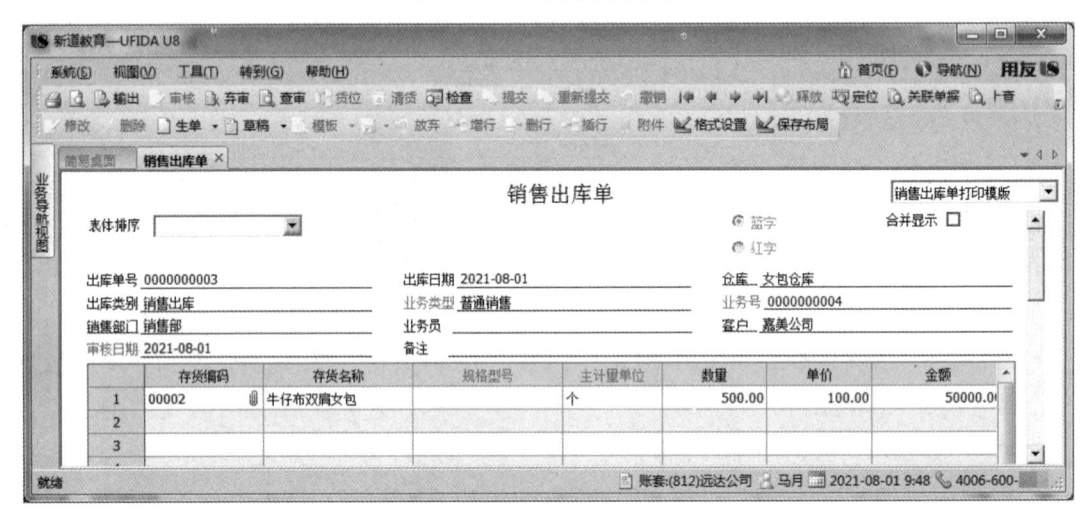

图 4-14　审核过的销售出库单

（6）会计李强在企业应用平台中，执行"业务工作|供应链|销售管理|销售开票|销售专用发票"命令，进入"销售专用发票"界面。单击"增加"按钮，打开"查询条件选择"对话框。单击"确定"按钮，打开"参照生单"窗口。选择对应的发货单，单击"确定"按钮，返回"销售专用发票"界面，相关信息由系统自动带出。在表头中设置"发票号"为"00205632"，在表体中设置"数量"为"2 100.00"，单击"保存"按钮即生成销售专用发票，如图 4-15 所示。

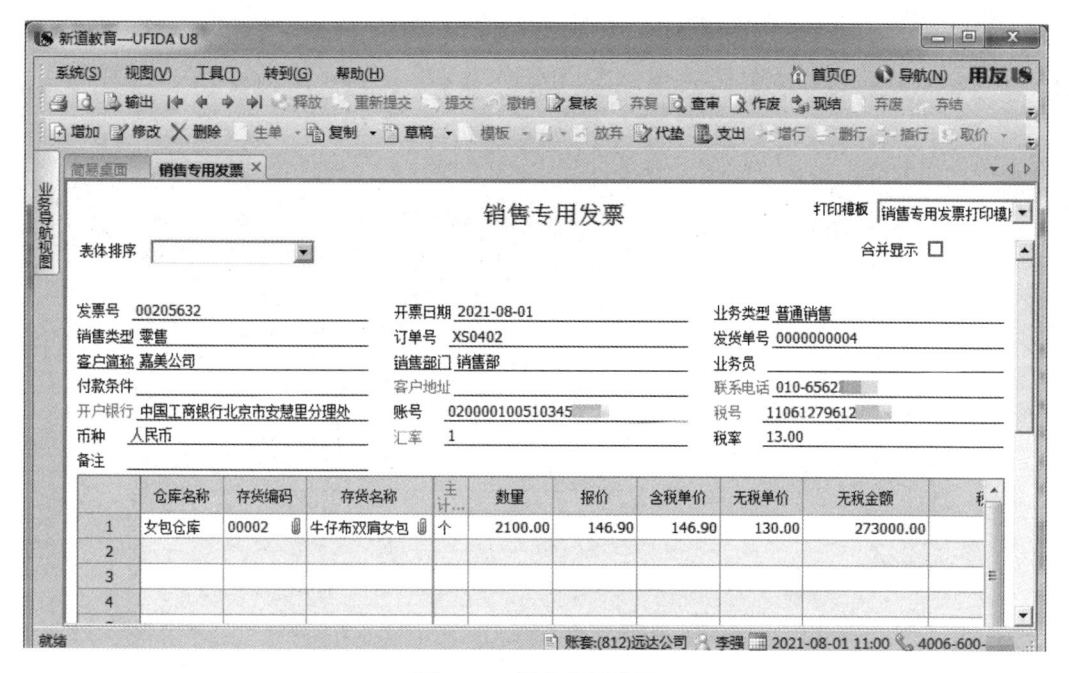

图 4-15 销售专用发票

单击"现结"按钮,打开"现结"对话框。设置"结算方式为"202-转账支票"、"原币金额"为"123 396.00"(销售发票合计金额的 40%)、"票据号"为"12203672"、"项目大类编码"为"00"、"项目大类名称"为"商品项目管理"、"项目编码"为"102"、"项目名称"为"牛仔布双肩女包"、"订单号"为"XS0402",如图 4-16 所示。

图 4-16 "现结"对话框

单击"确定"按钮，完成现结处理。

（7）财务副总刘方在企业应用平台中，执行"业务工作|供应链|销售管理|销售开票|销售专用发票"命令，进入"销售专用发票"界面，对此业务的销售专用发票进行审核，单击"复核"按钮即完成审核，如图4-17所示。

图 4-17　审核过的销售专用发票

（8）财务副总刘方在企业应用平台中，执行"业务工作|财务会计|应收款管理|应收单据处理|应收单据审核"命令，打开"应收单查询条件"对话框。勾选"包含已现结发票"复选框，单击"确定"按钮，进入"单据处理"界面。选中此业务形成的应收单据，单击"审核"按钮，若提示审核成功，则单击"确定"按钮即完成审核，如图4-18所示。

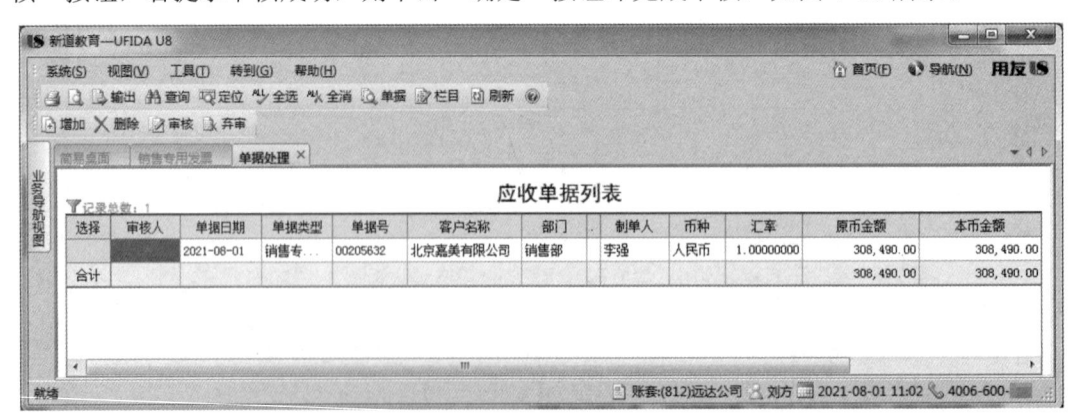

图 4-18　审核过的应收单据

（9）会计李强在企业应用平台中，执行"业务工作|财务会计|应收款管理|制单处理"命令，打开"制单查询"对话框。勾选"现结制单"复选框，单击"确定"按钮，进入"制单"界面。

选择需要制单的凭证，设置"凭证类别"为"记账凭证"，单击"制单"按钮，进入"填制凭证"界面。设置"主营业务收入"科目的"项目"辅助项为"牛仔布双肩女包"，单击"保存"按钮即生成记账凭证，如图 4-19 所示。

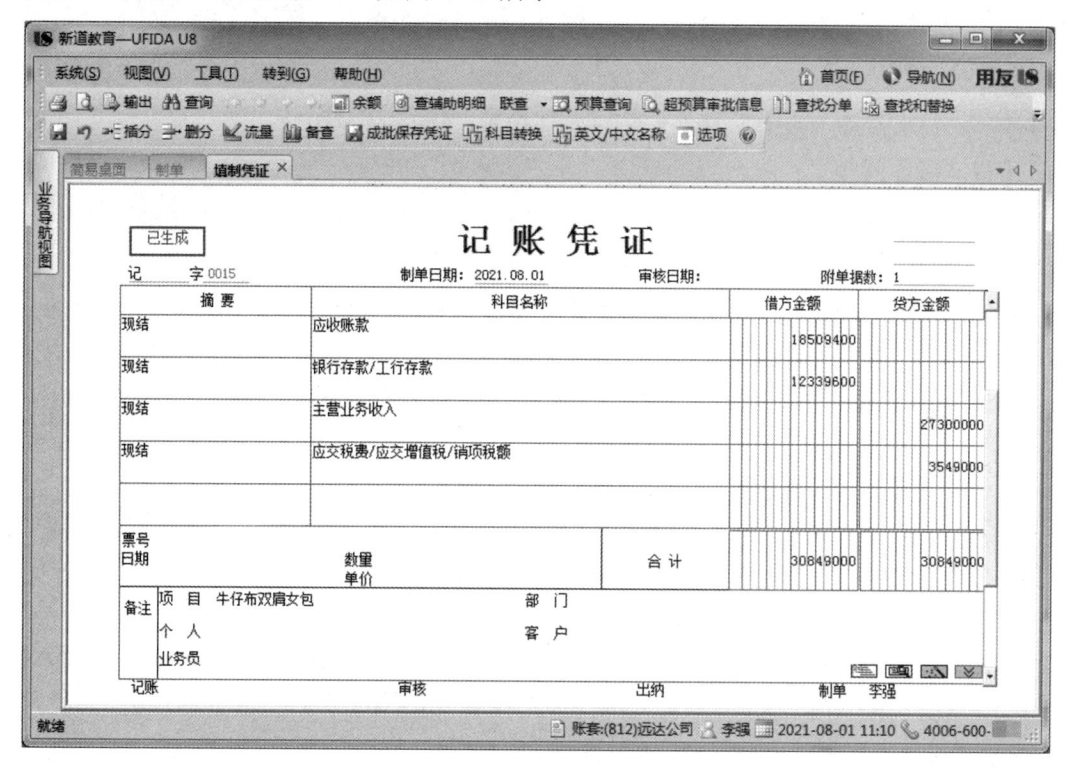

图 4-19　记账凭证

提示：

- 销售发货单可以修改、删除、审核、弃审、打开、关闭，可以行打开、行关闭。
- 当审核的发票已经做过现结处理时，则系统在审核记账的同时，后台还将自动进行相应的核销处理。对于发票有剩余的部分，做应收账款处理。
- 在销售管理系统中录入的发票若未经复核，则不能在应收款管理系统中审核。
- 已经审核过的单据不能进行重复审核；未经审核的单据不能进行弃审处理；已经做过后续处理（如核销、转账、坏账、汇兑损益等）的单据不能进行弃审处理。

任务四　签订采购合同

任务目标：

完成签订采购合同的业务操作。

【任务资料】

2021年8月2日，采购人员刘东生与聚龙公司签订采购合同（合同编号为CG0401），订购羊皮男式商务包400个，无税单价为450元，增值税税率为13%。要求8月8日到货。

【任务说明】

此业务是签订采购合同（采购订单）的业务。要完成此业务，就需要对采购订单进行录入与审核。

【岗位说明】

采购人员刘东生录入采购订单，账套主管杨帆审核采购订单。

【任务操作路径】

（1）采购人员刘东生在企业应用平台中，执行"业务工作|供应链|采购管理|采购订货|采购订单"命令，进入"采购订单"界面。

单击"增加"按钮，在表头中设置"订单编号"为"CG0401"、"采购类型"为"批发商供货"、"供应商"为"聚龙公司"、"部门"为"采购部"、"业务员"为"刘东生"；在表体中设置"存货编码"为"00003"、"存货名称"为"羊皮男式商务包"、"数量"为"400.00"、"原币单价"为"450.00"、"计划到货日期"为"2021-08-08"，其他信息由系统自动带出，单击"保存"按钮即可完成该采购订单的录入。

（2）账套主管杨帆在企业应用平台中，执行"业务工作|供应链|采购管理|采购订货|采购订单"命令，进入"采购订单"界面。单击"上张"按钮，单击"审核"按钮即可完成对此采购订单的审核，如图4-20所示。

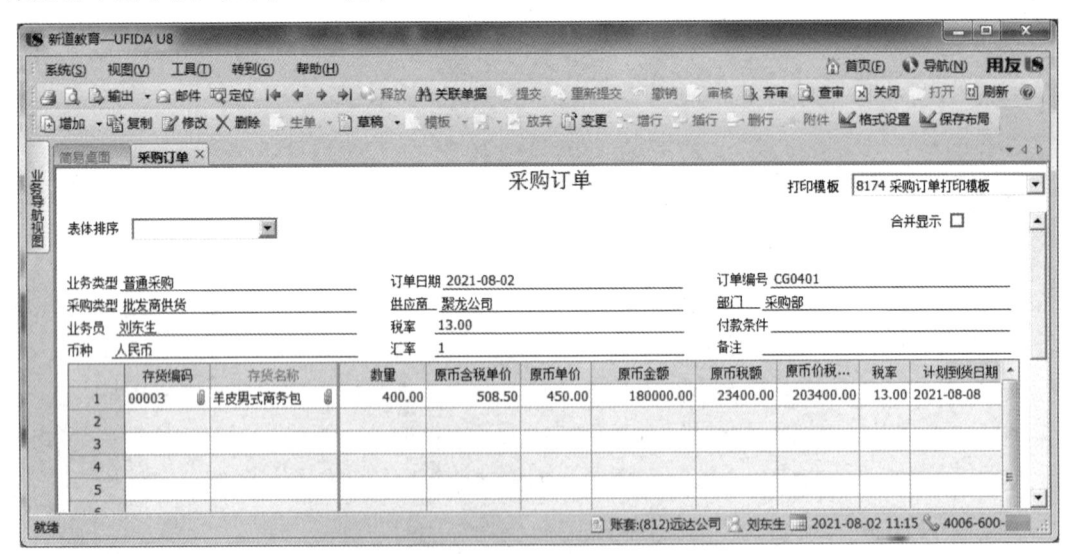

图4-20 审核过的采购订单

提示：

● 采购订单可以手工录入，也可以参照请购单、销售订单、采购计划（MRP/MPS、ROP）、采购合同、出口订单生成。
- 采购订单可以修改、删除、审核、弃审、变更、打开、关闭、锁定、解锁。
- 已审核未关闭的采购订单可以参照生成到货单、采购发票。
- 审核订单可以有3种含义。
    一是在将采购订单录入系统中后，交由供货单位确认。
    二是若采购订单由专职录入员录入，则由业务员进行数据检查。
    三是由采购主管批准。

任务五　缴纳社会保险和住房公积金

任务目标：

完成缴纳社会保险和住房公积金的业务操作。

【任务资料】

2021年8月2日，远达公司缴纳社会保险9 720.6元，其中单位承担部分为4 839.9元、职工个人承担部分为4 880.7元；缴纳住房公积金11 484元，其中单位承担部分为5 742元、职工个人承担部分为5 742元。以转账支票方式（票号为13200753）支付住房公积金，以同城特约委托收款方式（票号为301、302）支付社会保险。

【任务说明】

此业务是缴纳上月社会保险和住房公积金的业务。要完成此业务，就需要使用自定义转账方式对凭证进行设置和生成，并进行出纳签字、主管签字和审核凭证。

【岗位说明】

会计李强负责自定义转账凭证的设置和生成，出纳王瑞负责出纳签字，财务副总刘方负责主管签字和审核凭证。

【任务操作路径】

（1）自定义转账设置。

会计李强在企业应用平台中，执行"业务工作|财务会计|总账|期末|转账定义|自定义转账"命令，打开"自定义转账设置"窗口。

单击"增加"按钮，打开"转账目录"对话框，设置"转账序号"为"0002"、"转账说明"为"缴纳单位承担的社会保险"，"凭证类别"默认为"记 记账凭证"，如图4-21所示。

单击"确定"按钮，返回"自定义转账设置"窗口。单击"增行"按钮，设置"科目编码"为"221103"、"方向"为"借"。单击"金额公式"参照按钮，打开"公式向导"对话框。

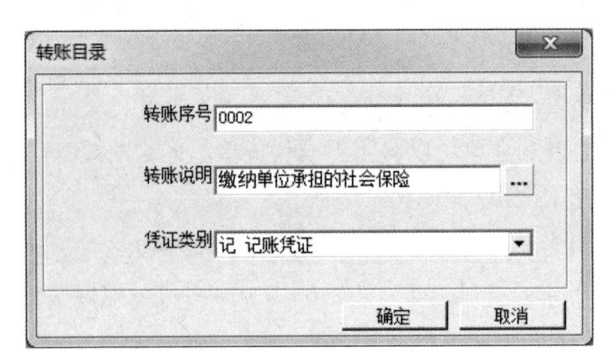

图 4-21 "转账目录"对话框

设置"公式名称"为"期初余额",单击"下一步"按钮,设置"科目"为"221103",其他选项采用系统默认设置。单击"完成"按钮,返回"自定义转账设置"窗口。

单击"增行"按钮,设置"科目编码"为"100201"、方向为"贷"、"金额公式"为"JG()",单击"保存"按钮,如图 4-22 所示。

图 4-22 "自定义转账设置"窗口

单击"增加"按钮,打开"转账目录"对话框。设置"转账序号"为"0003"、"转账说明"为"缴纳个人承担的社会保险"、"凭证类别"为"记 记账凭证"。

单击"确定"按钮,返回"自定义转账设置"窗口。单击"增行"按钮,设置"科目编码"为"224101"、"方向"为"借"。单击"金额公式"参照按钮,打开"公式向导"对话框。

设置"公式名称"为"期初余额",单击"下一步"按钮,设置"科目"为"224101",其他选项采用系统默认设置。单击"完成"按钮,返回"自定义转账设置"窗口。

单击"增行"按钮,设置 "科目编码"为"100201"、"方向"为"贷"、"金额公式"为"JG()",单击"保存"按钮。

单击"增加"按钮,打开"转账目录"对话框。设置"转账序号"为"0004"、"转账说明"为"缴纳住房公积金"、"凭证类别"为"记 记账凭证"。

单击"确定"按钮，返回"自定义转账设置"窗口。单击"增行"按钮，设置"科目编码"为"221104"、"方向"为"借"。单击"金额公式"参照按钮，打开"公式向导"对话框。

设置"公式名称"为"期初余额"，单击"下一步"按钮，设置"科目"为"221104"，其他选项采用系统默认设置。单击"完成"按钮，返回"自定义转账设置"窗口。

单击"增行"按钮，设置"科目编码""224102"、"方向"为"借"。单击"金额公式"参照按钮，打开"公式向导"对话框。

设置"公式名称"为"期初余额"，单击"下一步"按钮，设置"科目"为"224102"，其他选项采用系统默认设置。单击"完成"按钮，返回"自定义转账设置"窗口。

单击"增行"按钮，设置"科目编码"为"100201"、"方向"为"贷"、"金额公式"为"JG（）"，单击"保存"按钮。

（2）自定义转账凭证生成。

会计李强在企业应用平台中，执行"业务工作|财务会计|总账|期末|转账生成"命令，打开"转账生成"对话框。

选中"自定义转账"单选按钮，依次选中"编号"为"0002""0003""0004"的记录行，双击其"是否结转"栏，出现"Y"，如图4-23所示。

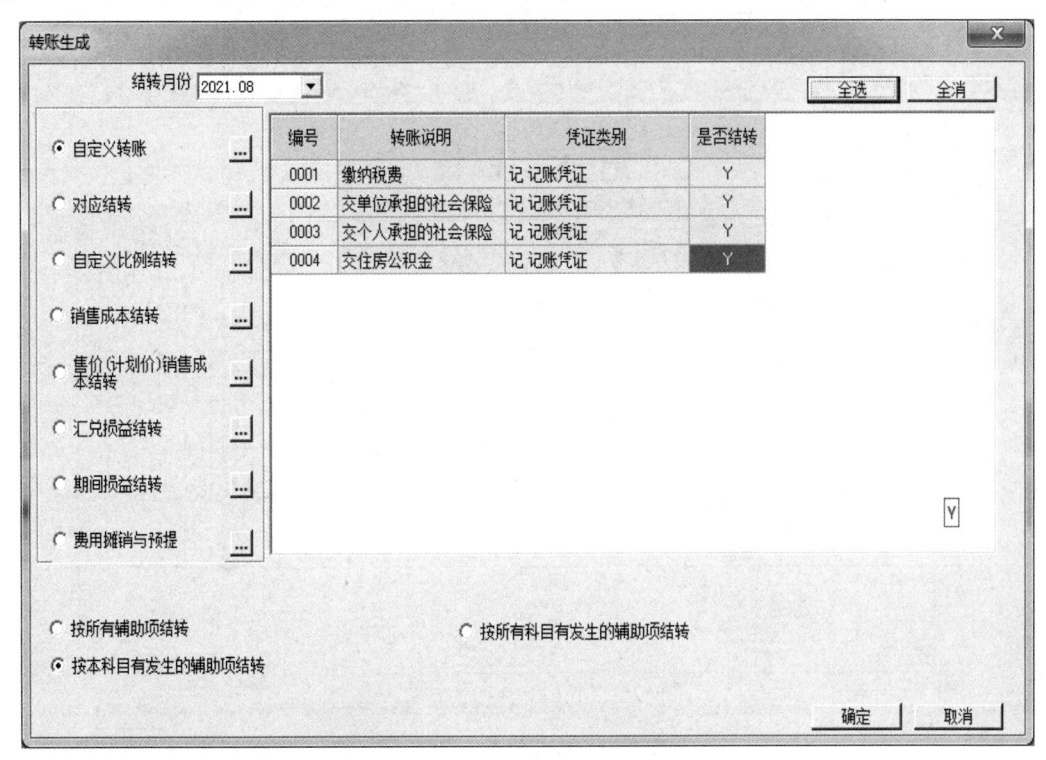

图4-23 "转账生成"对话框

单击"确定"按钮，系统给出"2021.08或之前月有未记账凭证，是否继续结转"的提示信息。单击"是"按钮，打开"转账"对话框，显示生成的"缴纳单位承担的社会保险"凭证。单击"银行存款/工行存款"科目，将鼠标指针移至"票号日期"辅助项上，当鼠标指针变成蓝色钢笔形状时双击,打开"辅助项"对话框。设置"结算方式"为"6"、"票号"为"301"、"发生日期"为"2021-08-02",如图4-24所示。

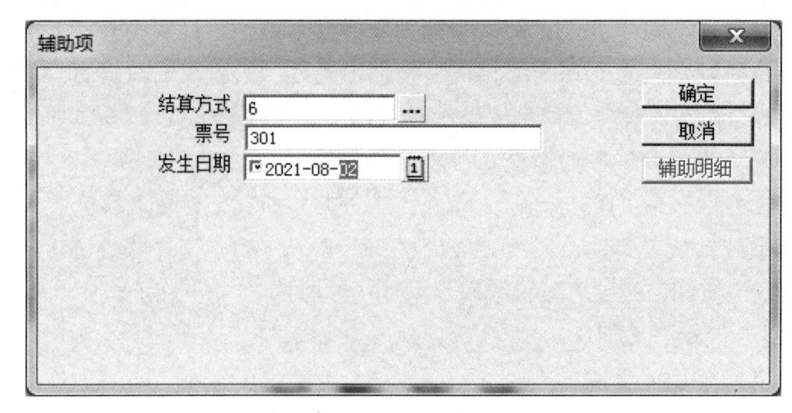

图 4-24 "辅助项"对话框

单击"确定"按钮,返回"转账"对话框,单击"保存"按钮即可生成记账凭证,如图4-25所示。

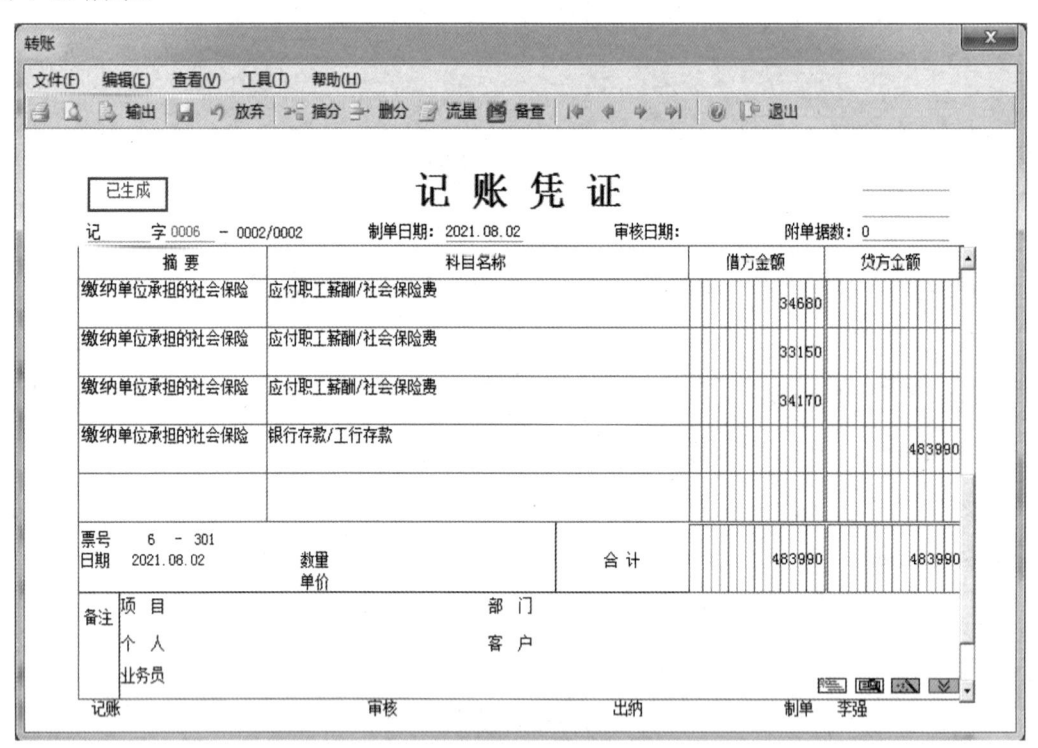

图 4-25 生成的记账凭证1

同理,对"缴纳个人承担的社会保险"和"缴纳住房公积金"两张凭证中的"银行存款/工行存款"科目的辅助项信息进行补充,生成记账凭证,如图4-26和图4-27所示。

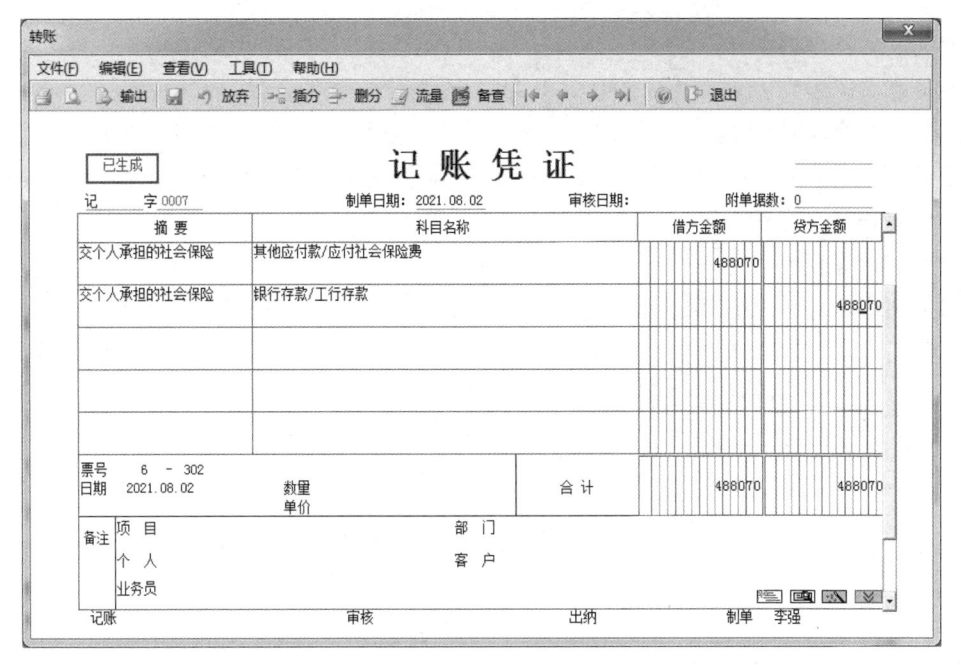

图 4-26　生成的记账凭证 2

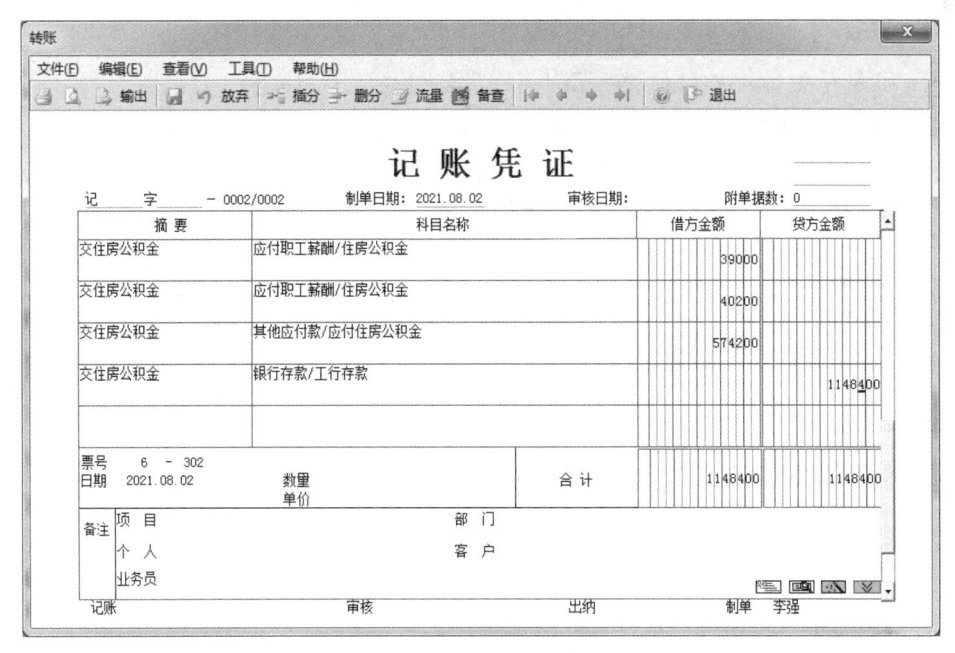

图 4-27　生成的记账凭证 3

（3）出纳签字。

出纳王瑞在企业应用平台中，执行"业务工作|财务会计|总账|凭证|出纳签字"命令，打开"出纳签字"对话框。单击"确定"按钮，进入"出纳签字列表"界面。分别双击上述 3 个凭证行，进入"出纳签字"界面。单击"签字"按钮，即在凭证下方的"出纳"处显示王瑞的名字，表示出纳签字完成。

（4）主管签字。

财务副总刘方在企业应用平台中，执行"业务工作|财务会计|总账|凭证|主管签字"命令，打开"主管签字"对话框。单击"确定"按钮，进入"主管签字列表"界面。分别双击上述 3 个凭证行，进入"主管签字"界面。单击"签字"按钮，即在凭证的右上方处显示刘方的红字印章，表示主管签字完成。

（5）审核凭证。

财务副总刘方在企业应用平台中，执行"业务工作|财务会计|总账|凭证|审核凭证"命令，打开"凭证审核"对话框。单击"确定"按钮，进入"凭证审核列表"界面。分别双击上述 3 个凭证行，进入"审核凭证"界面。单击"审核"按钮，即在凭证下方的"审核"处显示刘方的名字，表示审核完成。

任务六　支付定金的采购业务

任务目标：

完成支付定金的采购业务操作。

【任务资料】

2021 年 8 月 2 日，采购人员刘东生与欣悦公司签订采购合同（合同编号为 CG0402），订购牛皮单肩女包 500 个，无税单价为 200 元，增值税税率为 13%，双方约定同时间用电汇方式（电汇票号为 15628730）支付定金 3 000 元。要求 8 月 11 日到货，在验收合格后 7 日内以电汇方式支付剩余货款。

【任务说明】

此业务是签订采购合同、支付定金的业务。要完成此业务，就需要录入与审核采购订单，录入与审核付款单，并进行制单。

【岗位说明】

采购人员刘东生录入采购订单，账套主管杨帆审核采购订单，出纳王瑞录入付款单，财务副总刘方审核付款单，会计李强进行制单。

【任务操作路径】

（1）录入与审核采购订单。

① 采购人员刘东生在企业应用平台中，执行"业务工作|供应链|采购管理|采购订货|采购订单"命令，进入"采购订单"界面。

单击"增加"按钮，在表头中设置"订单编号"为"CG0402"、"采购类型"为"批发商供货"、"供应商"为"欣悦公司"、"部门"为"采购部"、"业务员"为"刘东生"；在表体中设置"存货编码"为"00001"、"存货名称"为"牛皮单肩女包"、"数量"为"500.00"、"计划到货日期"为"2021-08-11"，其他信息由系统自动带出，单击"保存"按钮即完成该采购订单的录入。

② 账套主管杨帆在企业应用平台中，执行"业务工作|供应链|采购管理|采购订货|采购订单"命令，进入"采购订单"界面。找到该采购订单，单击"审核"按钮即完成对该采购订单的审核。

（2）录入付款单。

出纳王瑞在企业应用平台中，执行"业务工作|财务会计|应付款管理|付款单据处理|付款单据录入"命令，进入"付款单录入"界面。

单击"增加"按钮，在表头中设置"供应商"为"欣悦公司"、"结算方式"为"电汇"、"金额"为"3 000.00"、"票据号"为"15628730"、"部门"为"采购部"、"业务员"为"刘东生"、"摘要"为"支付定金"。单击表体，系统将自动带出相关信息，设置"款项类型"为"预付款"，单击"保存"按钮即完成付款单的录入，如图 4-28 所示。

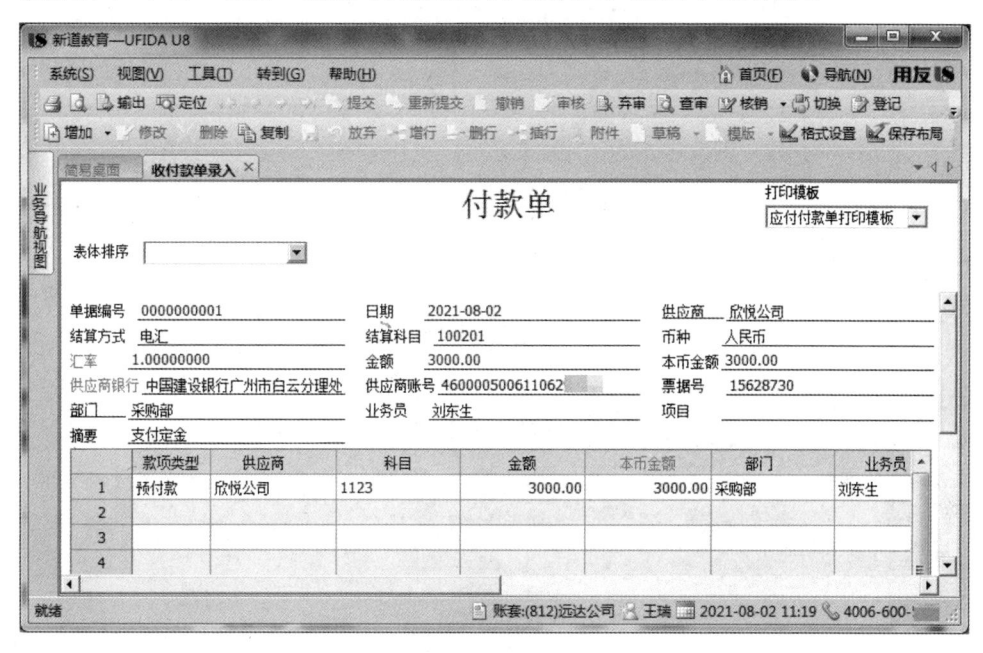

图 4-28　付款单

- 若表体中的"款项类型"为"预付款"，则该记录形成预付款。
- 若表体中的"款项类型"为"应付款"，则该收款是冲销应付款。
- 若表体中的"款项类型"为"其他费用"，则该付款是其他费用。
- 若表体中的"供应商"与表头不同，则表体记录为代付款。

（3）审核付款单与制单。

① 财务副总刘方在企业应用平台中，执行"业务工作|财务会计|应付款管理|付款单据处理|付款单据审核"命令，打开"付款单查询条件"对话框。单击"确定"按钮，进入"收付款单列表"界面。单击"全选"和"审核"按钮，系统给出提示信息，若提示审核成功，则单击"确定"按钮返回"收付款单列表"界面即完成审核。

② 会计李强在企业应用平台中，执行"业务工作|财务会计|应付款管理|制单处理"命

令，打开"制单查询"对话框，勾选"收付款单制单"复选框，如图 4-29 所示。

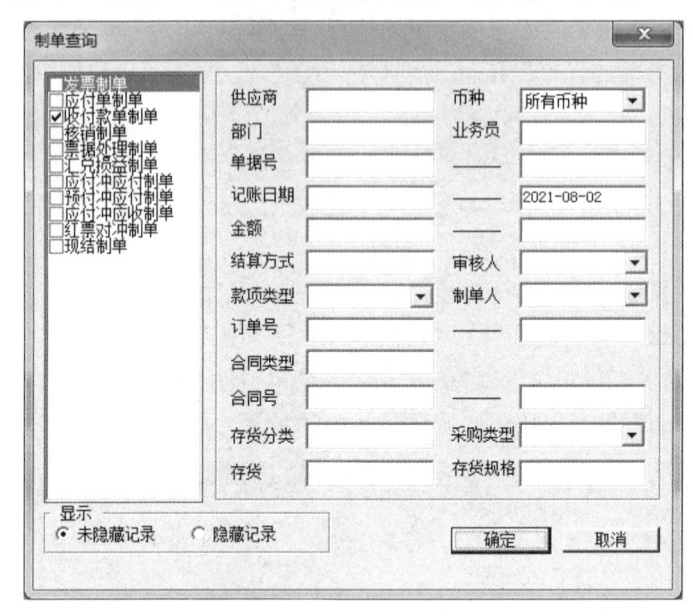

图 4-29 "制单查询"对话框

单击"确定"按钮，进入"制单"界面。单击"全选"按钮（此时由"选择标志"栏可知，系统将生成 1 张凭证），设置"凭证类别"为"记账凭证"。单击"制单"按钮，进入"填制凭证"界面。单击"保存"按钮，即生成记账凭证，如图 4-30 所示。

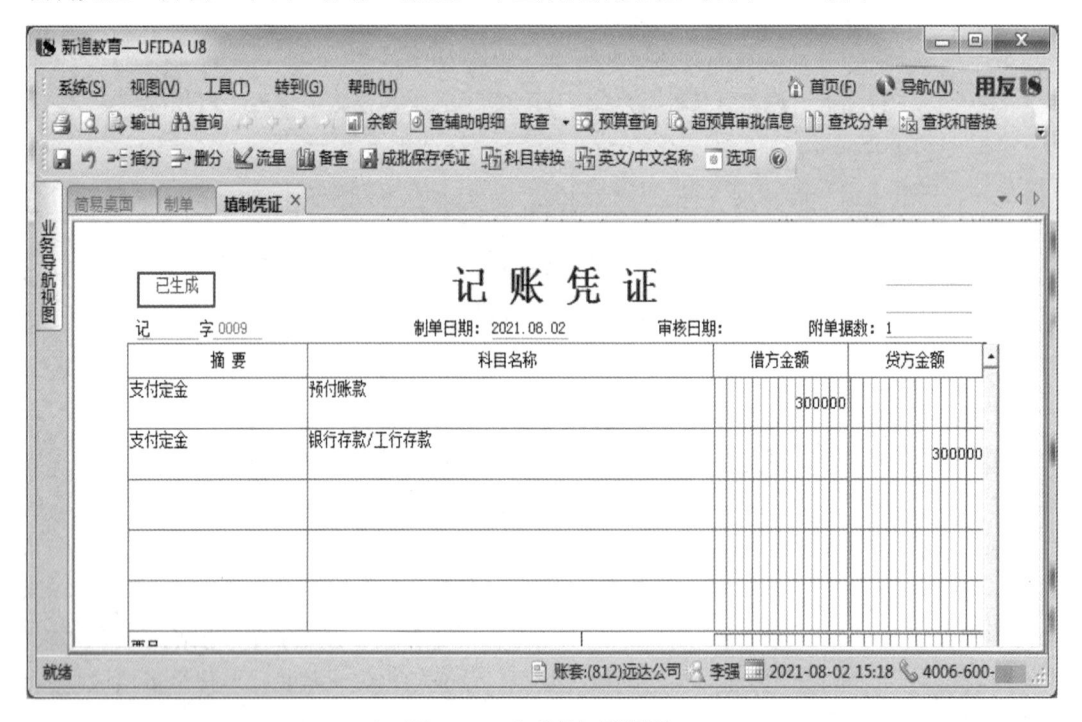

图 4-30 生成的记账凭证

任务七 分批付款的采购业务

任务目标：

完成分批付款的采购业务操作。

【任务资料】

2021年8月4日，采购人员刘东生与聚龙公司签订采购合同（合同编号为CG0403），购买520个男式双肩电脑包，无税单价为150元，增值税税率为13%，价税合计为88 140元。签订合同后取得全额发票（发票号为02137691），并用电汇方式（电汇票号为10356149）支付合同总金额的30%。要求8月12日到货，在验收合格后30日内支付剩余货款。

【任务说明】

此业务是签订采购合同、处理票到货未到的在途业务、现付30%货款的采购业务。要完成此业务，就需要进行采购订单的录入与审核、采购专用发票的录入及现付、应付单据的审核与制单。

【岗位说明】

采购人员刘东生录入采购订单、录入采购发票并现付，账套主管杨帆审核采购订单，财务副总刘方审核应付单据，会计李强制单。

【任务操作路径】

（1）录入并审核采购订单。

① 采购人员刘东生在企业应用平台中，执行"业务工作|供应链|采购管理|采购订货|采购订单"命令，进入"采购订单"界面。

单击"增加"按钮，在表头中设置"订单编号"为"CG0403"、"采购类型"为"批发商供货"、"供应商"为"聚龙公司"、"部门"为"采购部"、"业务员"为"刘东生"；在表体中设置"存货编码"为"00004"、"存货名称"为"男士双肩电脑包"、"数量"为"520.00"、"计划到货日期"为"2021-08-12"，其他信息由系统自动带出，单击"保存"按钮即完成该采购订单的录入。

② 账套主管杨帆在企业应用平台中，执行"业务工作|供应链|采购管理|采购订货|采购订单"命令，进入"采购订单"界面。找到该采购订单，单击"审核"按钮即完成对该采购订单的审核。

（2）录入采购专用发票并进行现付。

采购人员刘东生在企业应用平台中，执行"业务工作|供应链|采购管理|采购发票|专用采购发票"命令，进入"专用发票"界面。

先单击"增加"按钮，再单击"生单|采购订单"按钮，打开"查询条件选择-采购订单列表过滤"对话框。单击"确定"按钮，打开"拷贝并执行"窗口。在"发票拷贝订单表头列表"中双击"订单号"为"CG0403"的"选择"栏，"选择"栏中显示"Y"，如图4-31所示。

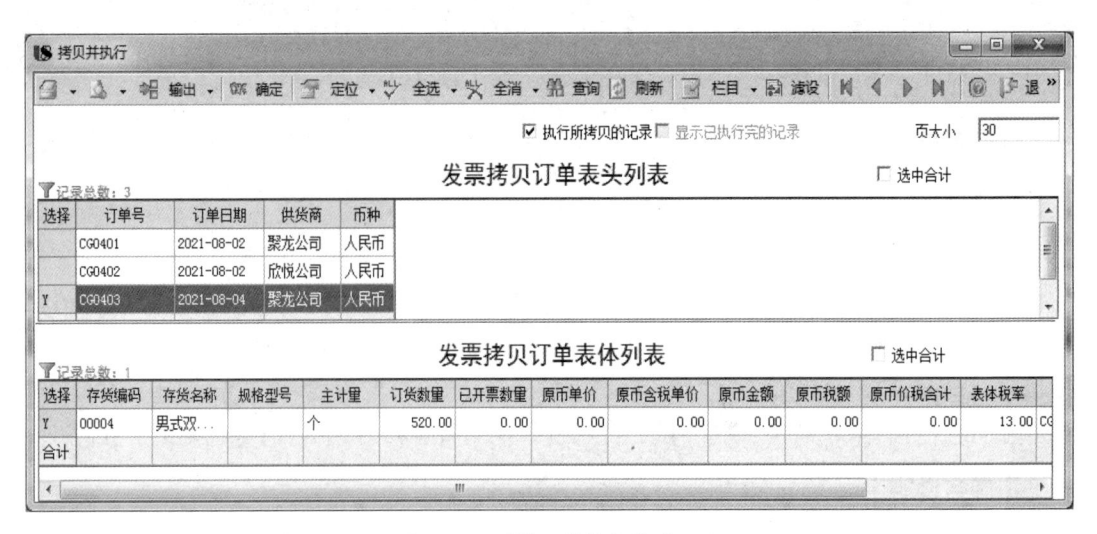

图 4-31 "拷贝并执行"窗口

单击"确定"按钮,系统将采购订单的信息自动带入采购专用发票中,在表头中设置"发票号"为"02137691",单击"保存"按钮即完成采购专用发票的录入,如图 4-32 所示。

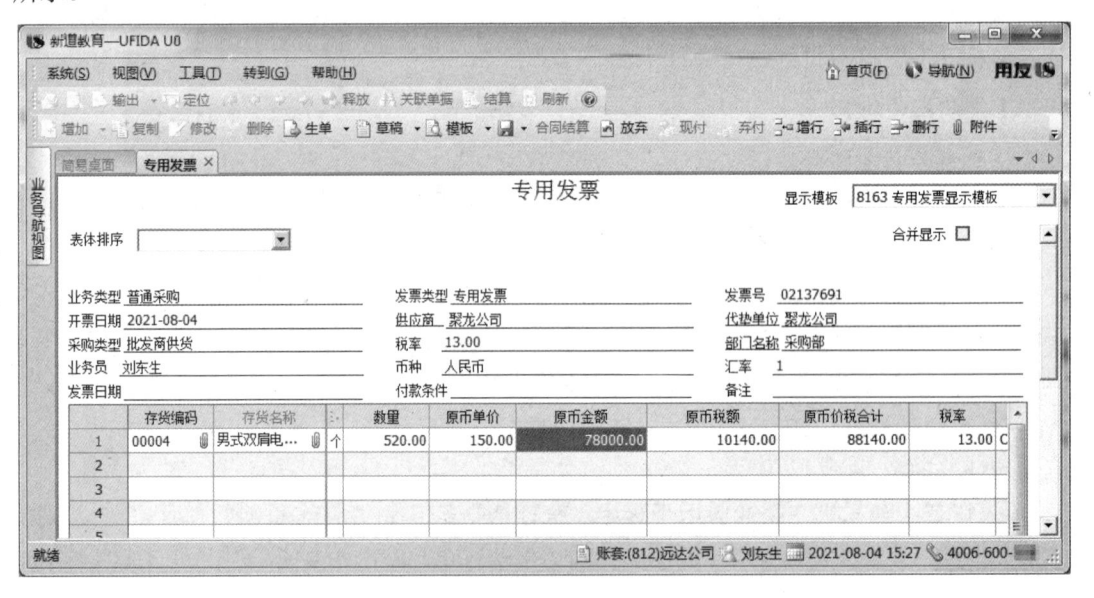

图 4-32 "专用发票"界面

单击"现付"按钮,打开"采购现付"对话框。设置"结算方式"为"5-电汇"、"原币金额"为"26442.00"(合同总金额的 30%)、"票据号"为"10356149"、"项目大类编码"为"00"、"项目大类名称"为"商品项目管理"、"项目编码"为"202"、"项目名称"为"男士双肩电脑包",如图 4-33 所示。

单击"确定"按钮,返回"专用发票"界面,其左上角显示"已现付"字样。

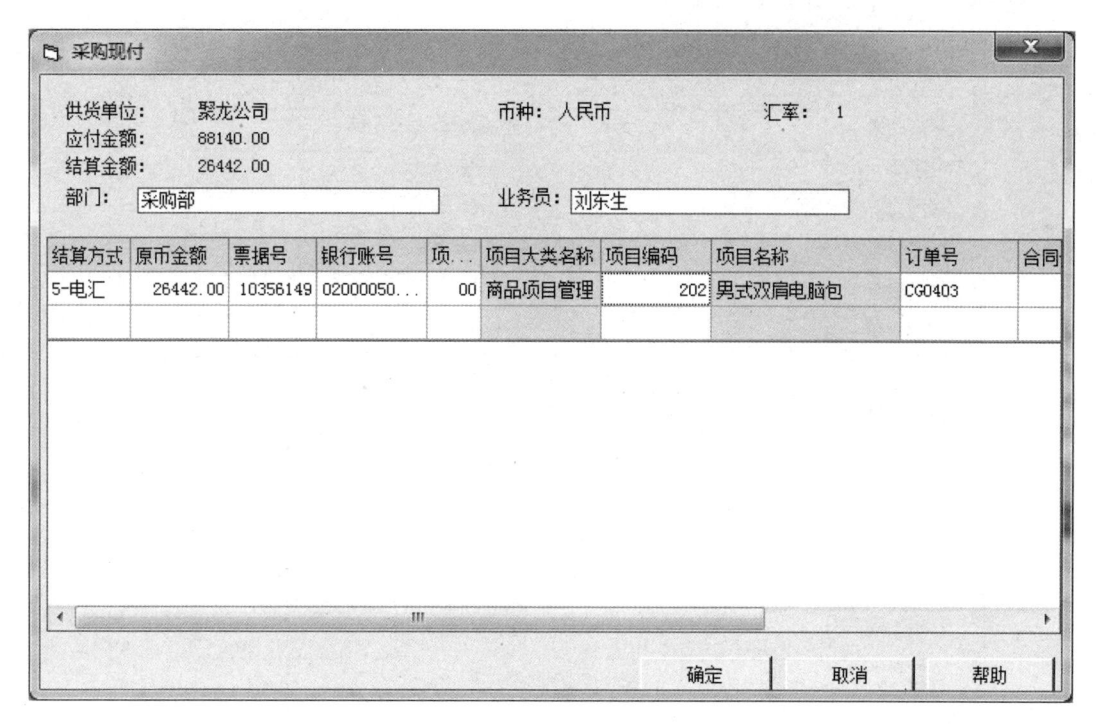

图 4-33 "采购现付"对话框

提示：

- 采购专用发票、普通发票、运费发票的区别如下。

  表头默认税率不同：专用发票的表头税率默认为 13%，普通发票的表头默认税率为 0，运费发票的表头税率默认为 7%，均可修改。

  扣税类别不同：专用发票的扣税类别是应税外加，普通发票和运费发票的扣税类别是应税内含，不可修改。

- 在采购管理系统中录入并保存采购专用发票后，在应付款管理系统中对采购专用发票进行审核，登记应付账，同时回填采购专用发票的审核人。

- 已审核记账的采购专用发票不能进行现付。已现付的采购专用发票在记账后不能取消现付。

（3）审核应付单据与制单。

① 财务副总刘方在企业应用平台中，执行"业务工作|财务会计|应付款管理|应付单据处理|应付单据审核"命令，打开"应付单查询条件"对话框。勾选"包含已现结发票"和"未完全报销"复选框，如图 4-34 所示。单击"确定"按钮，进入"单据处理"界面。

依次单击"全选"和"审核"按钮，系统给出"本次审核成功单据 1 张"的提示信息。单击"确定"按钮，返回"单据处理"界面，在"审核人"栏中显示"刘方"即表示审核完成，如图 4-35 所示。

图 4-34 "应付单查询条件"对话框

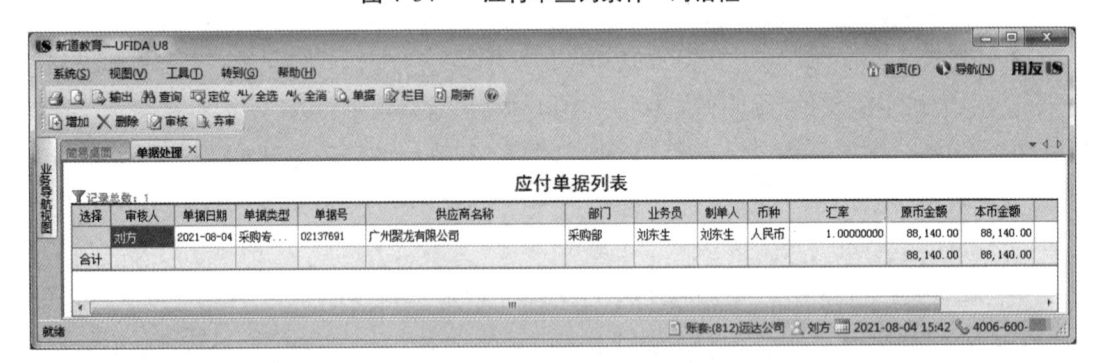

图 4-35 "单据处理"界面

② 会计李强在企业应用平台中,执行"业务工作|财务会计|应付款管理|制单处理"命令,打开"制单查询"对话框。勾选"现结制单"复选框,单击"确定"按钮,进入"制单"界面,如图 4-36 所示。

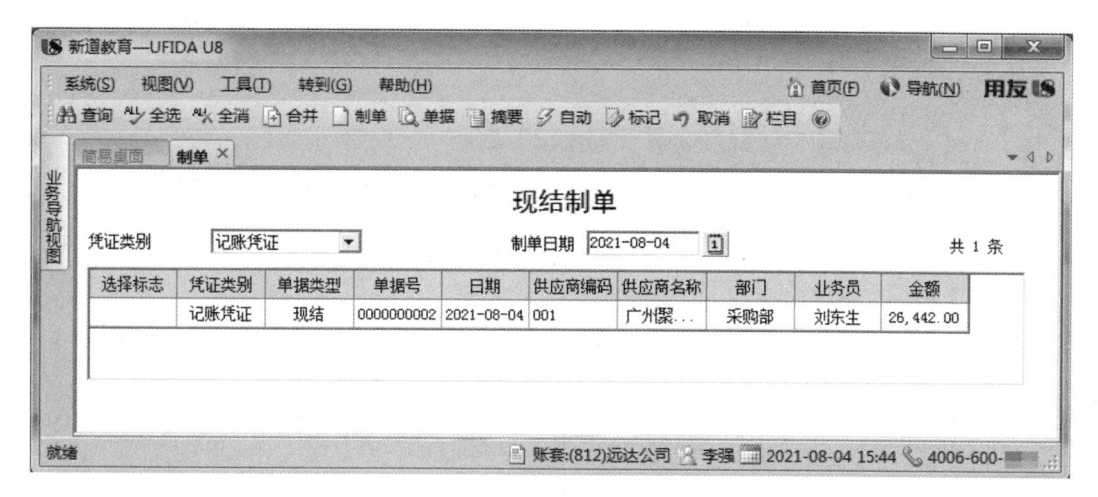

图 4-36 "制单"界面

依次单击"全选"和"制单"按钮,进入"填制凭证"界面。设置"凭证类别"为"记账凭证"、"在途物资"的"项目"辅助项为"男式双肩电脑包"。单击"保存"按钮,生成记账凭证,如图 4-37 所示。

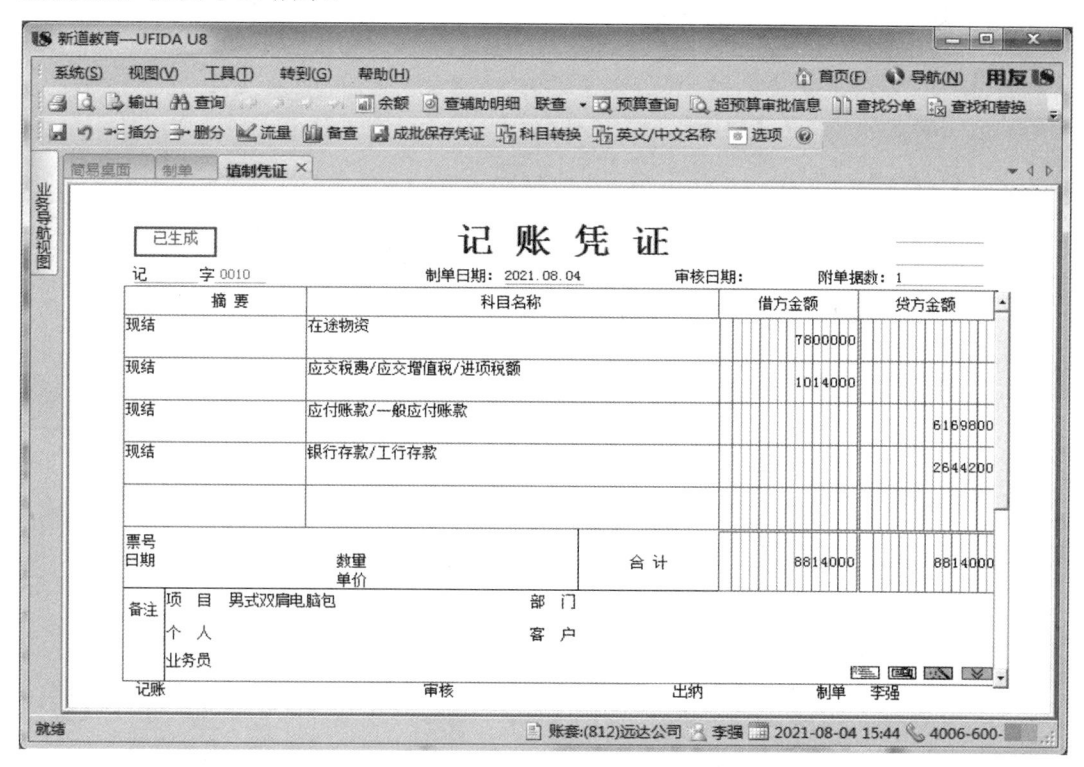

图 4-37 生成的记账凭证

提示:

- 对采购专用发票进行制单时,系统先判断控制科目依据,根据单据上的控制科目依据取"控制科目设置"中对应的科目;然后判断采购科目依据,根据单据上的采购科目依据取"产品科目设置"中对应的科目。若没有设置,则取"基本科目设置"中设置的应付科目和采购科目,若无,则手工输入。

- 选择要进行制单的单据,双击"选择标志"栏,系统会给出一个序号,表明要将该单据制单。可以修改系统给出的序号,如系统给出的序号为1,可以将其改为2。相同序号的记录会被制成一张凭证,即合并制单。
- 合并制单一次可以选择多个制单类型,但必须至少选择一个制单类型,其中发票制单、应付单制单、结算单制单、现结制单可以合并制单。票据处理为单独制单。转账处理、汇兑损益、并账制单可以合并制单。
- 在进行合并分录以后,若出现"本币金额=0"的情况,则有这种分录的凭证无法保存。
- 在进行月结时,那些已经打上隐藏标记但还没有制单的记录,不作为未制单记录处理,也不需要显示在未制单记录列表中。

任务八 招聘新员工

任务目标:

完成招聘新员工的业务操作。

【任务资料】

2021年8月4日,王佳明(人员编码为011,男)被录用为销售人员,8月为试用期,仅发基本工资4 000元和交通补助100元,银行代发工资账号为62220202011。

【任务说明】

此业务是招聘员工入职的业务。要完成此业务,就需要新增人员档案、新增在职人员和录入工资数据。

【岗位说明】

人力资源副总姜伟录入新增的人员档案和在职人员信息,并录入新增人员的工资数据。

【任务操作路径】

(1)新增人员档案。

人力资源副总姜伟在企业应用平台中,执行"基础设置|基础档案|机构人员|人员档案"命令,打开"人员列表"窗口。单击"增加"按钮,打开"人员档案"窗口。

设置"人员编码"为"011"、"人员姓名"为"王佳明"、"性别"为"男"、"行政部门"为"销售部"、"雇佣状态"为"在职"、"人员类别"为"销售人员"、"银行"为"中国工商银行"、"账号"为"62220202011",勾选"是否业务员"复选框,如图4-38所示。

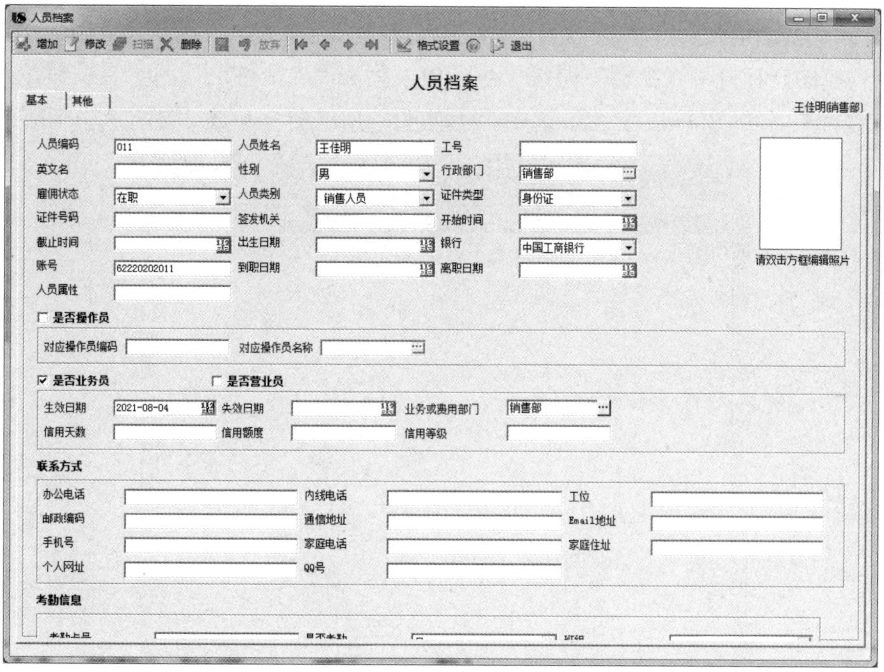

图 4-38 "人员档案"窗口

单击"保存"按钮,保存王佳明的人员档案。

系统自动进入一个新的人员档案录入界面,单击"退出"按钮,系统给出"是否保存对当前单据的编辑"的提示信息,单击"否"按钮,返回"人员列表"窗口。单击"退出"按钮,完成该人员档案的录入工作。

(2)新增在职人员。

人力资源副总姜伟在企业应用平台中,执行"业务工作|人力资源|薪资管理|工资类别|打开工资类别"命令,打开"打开工资类别"对话框,选中"类别编码"为"001"的记录行,单击"确定"按钮,如图 4-39 所示。

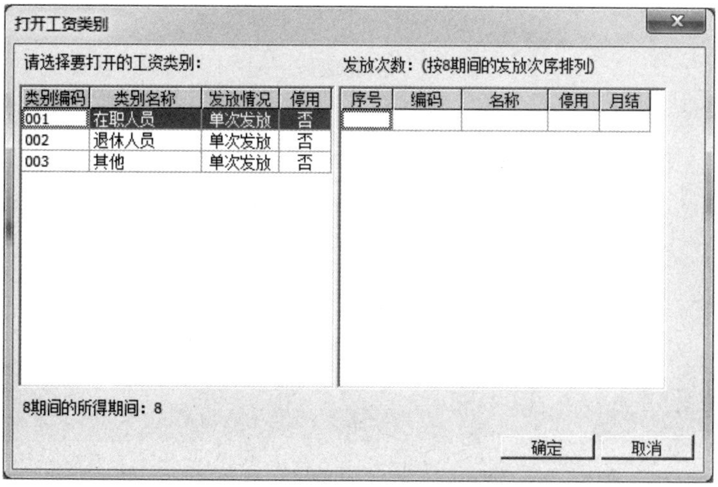

图 4-39 "打开工资类别"对话框

执行"业务工作|人力资源|薪资管理|设置|人员档案"命令,进入"人员档案"界面。单击"增加"按钮,打开"人员档案明细"对话框。单击"人员姓名"的参照按钮,打开"人员选入"对话框,如图4-40所示。选中"王佳明"所在行,单击"确定"按钮。

图4-40 "人员选入"对话框

返回"人员档案明细"对话框,单击"确定"按钮,完成该人工档案的设置工作,系统自动进入下一个人员档案录入界面。单击"取消"按钮,返回"人员档案"界面,如图4-41所示。

图4-41 "人员档案"界面

（3）录入工资数据。

人力资源副总姜伟在"人员档案"界面中双击"王佳明"所在行，打开"人员档案明细"对话框。单击"数据档案"按钮，打开"工资数据录入——页编辑"对话框。在王佳明的基本档案中设置"基本工资"为"4000.00"、"交通补助"为"100.00"，如图 4-42 所示。

图 4-42 "工资数据录入——页编辑"对话框

任务九 暂估入库业务处理

任务目标：

完成暂估入库的业务操作。

【任务资料】

2021 年 8 月 5 日，远达公司收到上月 20 日购买聚龙公司暂估入库的羊皮男式商务包的专用发票（发票号为 02265641）。专用发票上标明羊皮男式商务包 150 个，无税单价为 650 元，价税合计为 110 175 元。同日，财务部以电汇方式支付全部价税款，电汇票号为 10357503。

【任务说明】

此业务是对暂估业务进行处理的业务。要完成此业务，就需要进行采购专用发票的录入与现付、审核应付单据、采购手工结算、结算成本处理、票到回冲等操作。

【岗位说明】

采购人员刘东生录入采购专用发票、进行现付与手工结算，财务副总刘方审核应付单据，会计李强负责制单，库管人员马月进行票到回冲处理。

【任务操作路径】

（1）录入采购专用发票并进行现付。

采购人员刘东生在企业应用平台中，执行"业务工作|供应链|采购管理|采购发票|专用

采购发票"命令，进入"专用发票"界面。

先单击"增加"按钮，再单击"生单|入库单"按钮，打开"查询条件选择-采购入库单列表过滤"对话框。单击"确定"按钮，打开"拷贝并执行"窗口，在"发票拷贝入库单表头列表"中双击"入库日期"为"2021-07-20"的采购入库单，"选择"栏即显示"Y"，如图4-43所示。

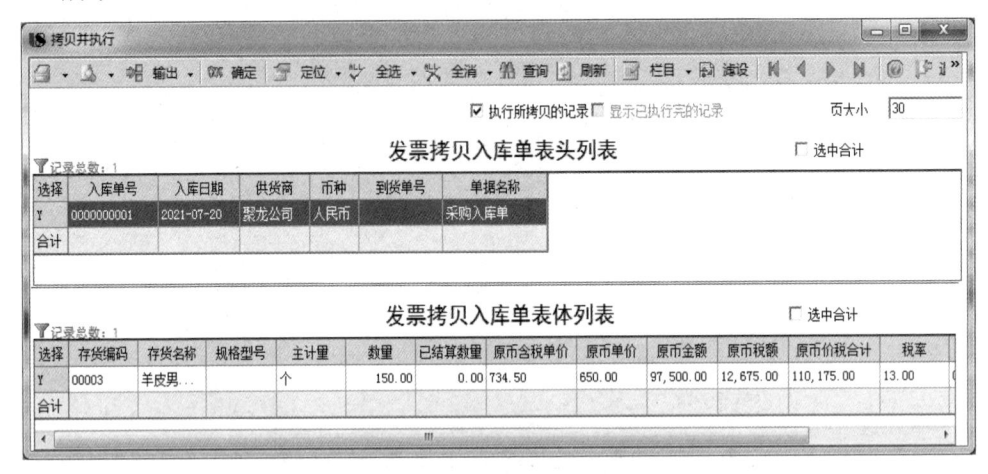

图4-43 "拷贝并执行"窗口

单击"确定"按钮，系统将上月暂估入库的信息自动带入采购专用发票中，在表头中设置"发票号"为"02265641"，单击"保存"按钮，如图4-44所示。

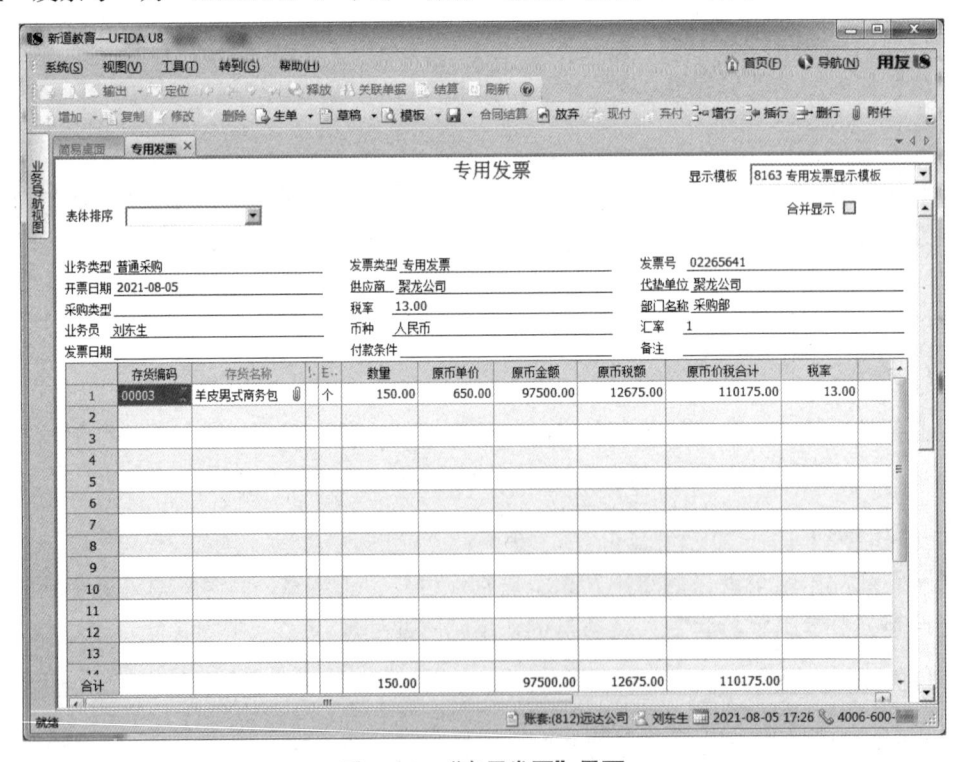

图4-44 "专用发票"界面

单击"现付"按钮，打开"采购现付"对话框。设置"结算方式"为"5-电汇"、"原币金额"为"110175.00"、"票据号"为"10357503"、"项目大类编码"为"00"、"项目大类名称"为"商品项目管理"、"项目编码"为"201"、"项目名称"为"羊皮男士商务包"，如图4-45所示。

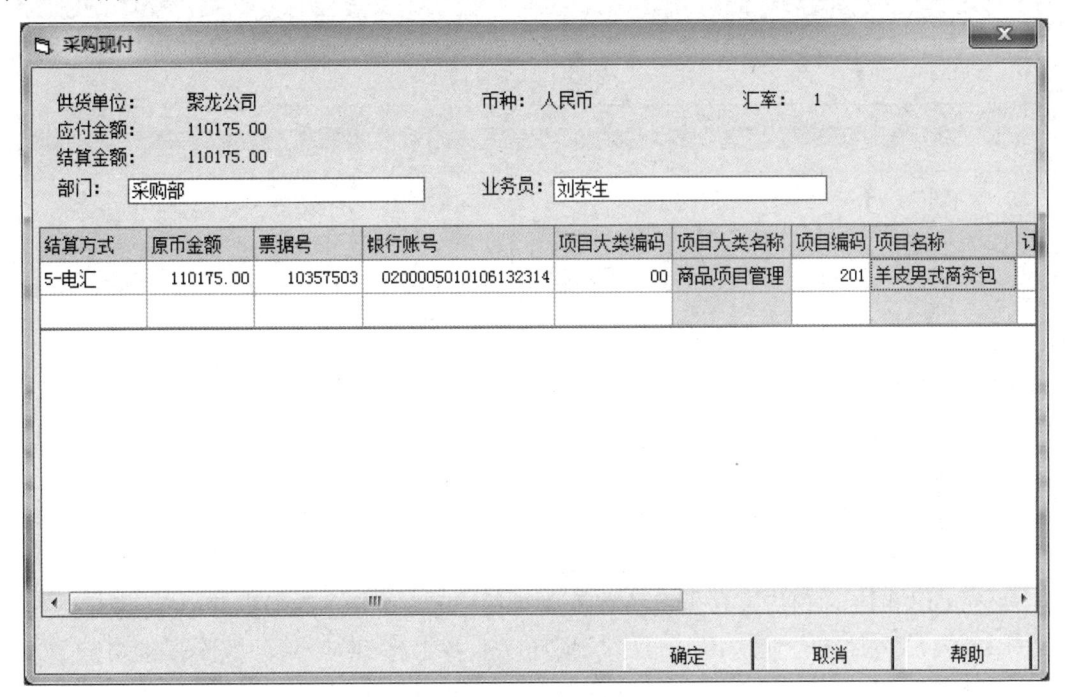

图 4-45　"采购现付"对话框

单击"确定"按钮，返回"专用发票"界面，其左上角显示"已现付"字样。

（2）审核应付单据。

财务副总刘方在企业应用平台中，执行"业务工作|财务会计|应付款管理|应付单据处理|应付单据审核"命令，打开"应付单查询条件"对话框。勾选"包含已现结发票"和"未完全报销"复选框，单击"确定"按钮，进入"单据处理"界面。

依次单击"全选"和"审核"按钮，系统给出"本次审核成功单据1张"的提示信息。单击"确定"按钮，返回"单据处理"界面，审核完毕。

（3）采购手工结算。

采购人员刘东生在企业应用平台中，执行"业务工作|采购管理|采购结算|手工结算"命令，进入"手工结算"界面。单击"选单"按钮，打开"结算选单"窗口。单击"查询"按钮，打开"查询条件选择-采购手工结算"对话框。单击"确定"按钮，在"结算选发票列表"和"结算选入库单列表"下方会显示全部采购专用发票和入库单。双击该发票对应记录行（"羊皮男式商务包"所在行）的"选择"栏，出现"Y"即表示选中该行。单击"匹配"按钮，打开"匹配成功1条件数据"对话框。单击"确定"按钮，在"结算选入库单列表"中即选中对应的入库单，如图4-46所示。

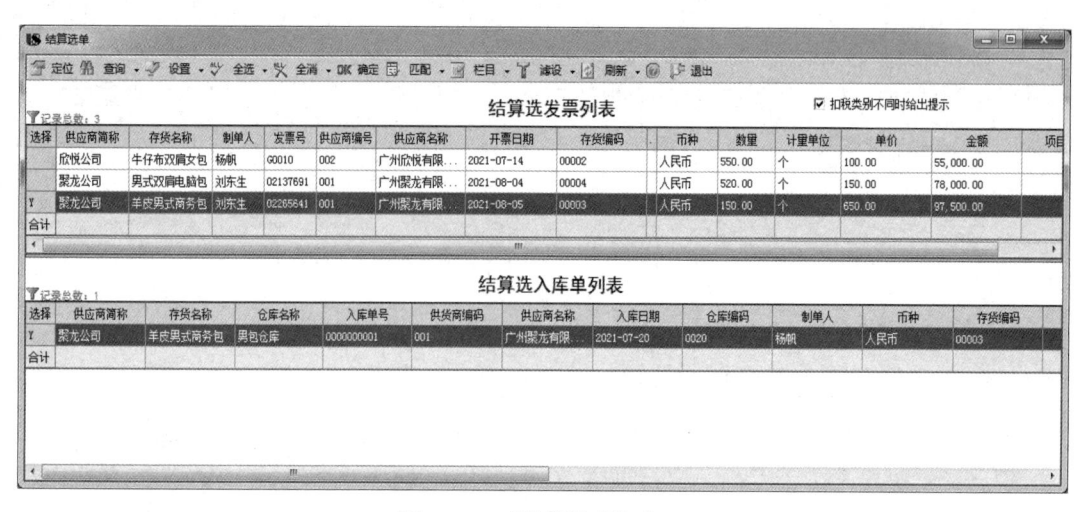

图4-46 "结算选单"窗口

单击"确定"按钮,返回"手工结算"界面。单击"结算"按钮,系统给出"完成结算"的提示信息,单击"确定"按钮,结算完毕。

(4)结算成本处理。

若期初在"业务工作|供应链|存货核算|期初数据|期初余额"中已进行取数记账,则不再需要进行正常单据记账。若期初没有进行记账,则库管人员马月需要登录企业应用平台,在"业务工作|供应链|存货核算|业务核算|正常单据记账"中选中该单据并进行记账。

库管人员马月在企业应用平台中,执行"业务工作|供应链|存货核算|业务核算|结算成本处理"命令,打开"暂估处理查询"对话框,勾选"0020 男包仓库"复选框,如图4-47所示。

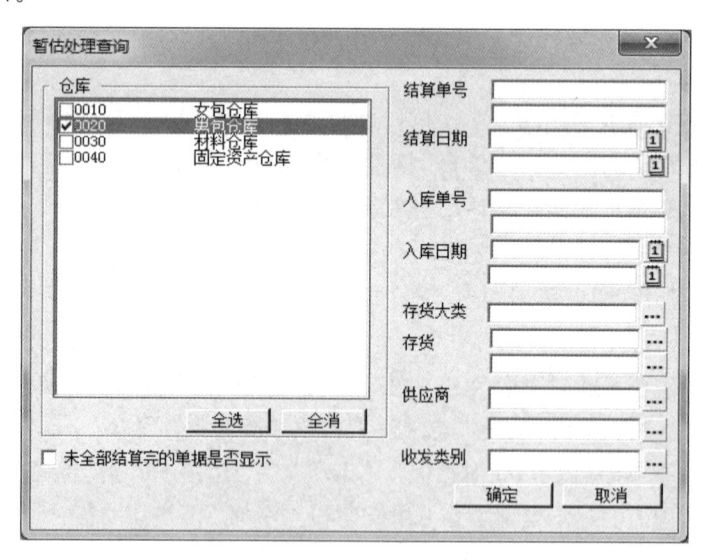

图4-47 "暂估处理查询"对话框

单击"确定"按钮,进入"结算成本处理"界面。在"结算成本处理"列表中选中该单据,单击"暂估"按钮,系统给出"暂估处理完成"的提示信息,单击"确定"按钮,完成结算成本处理，如图 4-48 所示。

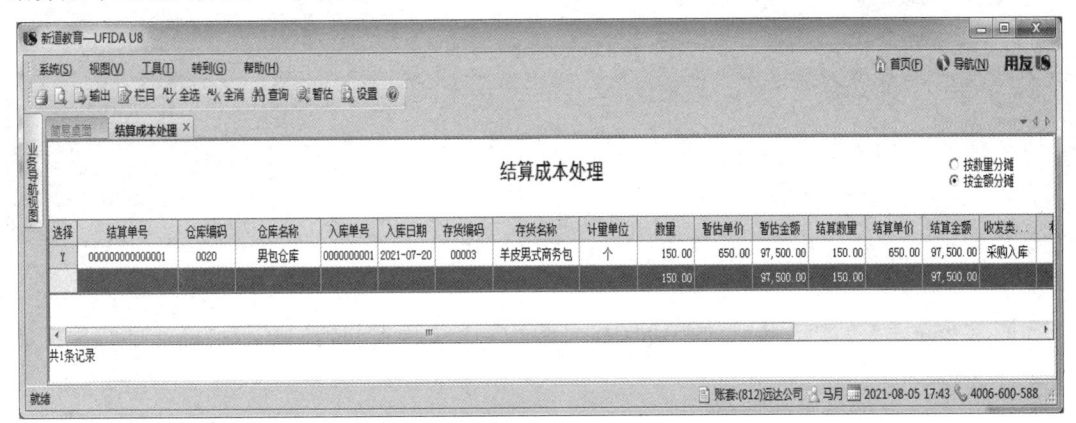

图 4-48 "结算成本处理"界面

（5）蓝字回冲单。

会计李强在企业应用平台中，执行"业务工作|供应链|存货核算|财务核算|生成凭证"命令，进入"生成凭证"界面。单击"选择"按钮，打开"查询条件"对话框。单击"全消"按钮，只勾选"（30）蓝字回冲单（报销）"复选框，如图 4-49 所示。

图 4-49 "查询条件"对话框

单击"确定"按钮，打开"选择单据"窗口。勾选"已结算采购入库单自动选择全部结算单上单据（包括入库单、发票、付款单），非本月采购入库单按蓝字报销单制单"复选框，在"未生成凭证单据一览表"中选中蓝字回冲单，如图 4-50 所示。

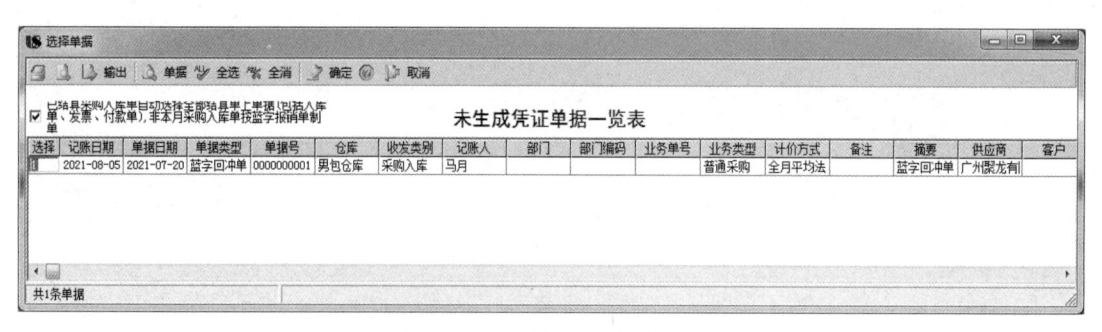

图 4-50 "选择单据"窗口 1

单击"确定"按钮,进入"生成凭证"界面,显示按采购结算单生成的凭证列表,如图 4-51 所示。

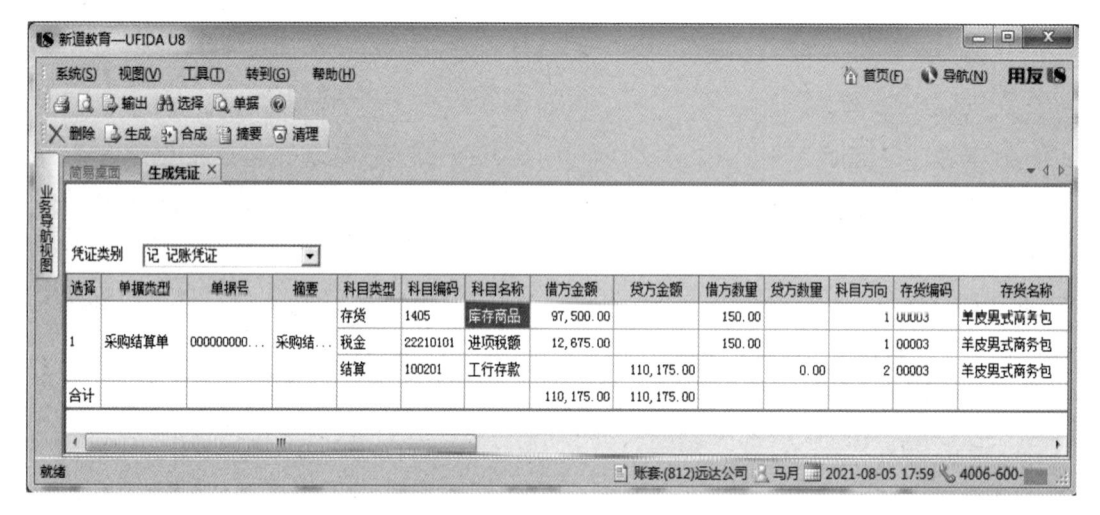

图 4-51 "生成凭证"界面 1

单击"生成"按钮,进入"填制凭证"界面,设置"凭证类别"为"记 记账凭证"。单击"库存商品"科目,将鼠标指针移至"项目"辅助项上,当鼠标指针变成蓝色钢笔形状时双击,打开"辅助项"对话框。设置"项目"辅助项为"羊皮男式商务包"。同理,设置"银行存款/工行存款"科目的辅助项信息:"结算方式"为"5-电汇"、"票号"为"10357503"。

在辅助项信息设置完成后,单击"保存"按钮,生成记账凭证,如图 4-52 所示。

(6)红字回冲单。

库管人员马月在企业应用平台中,执行"业务工作|供应链|存货核算|财务核算|生成凭证"命令,进入"生成凭证"界面。单击"选择"按钮,打开"查询条件"对话框。仅勾选"(24)红字回冲单"复选框,如图 4-53 所示。单击"确定"按钮,打开"选择单据"窗口。

在"未生成凭证单据一览表"中选中红字回冲单,勾选"已结算采购入库单自动选择全部结算单上单据(包括入库单、发票、付款单),非本月采购入库单按蓝字报销单制单"复选框,如图 4-54 所示。

单击"确定"按钮,返回"生成凭证"界面。单击"生成"按钮,设置"凭证类别"为"记 记账凭证",如图 4-55 所示。

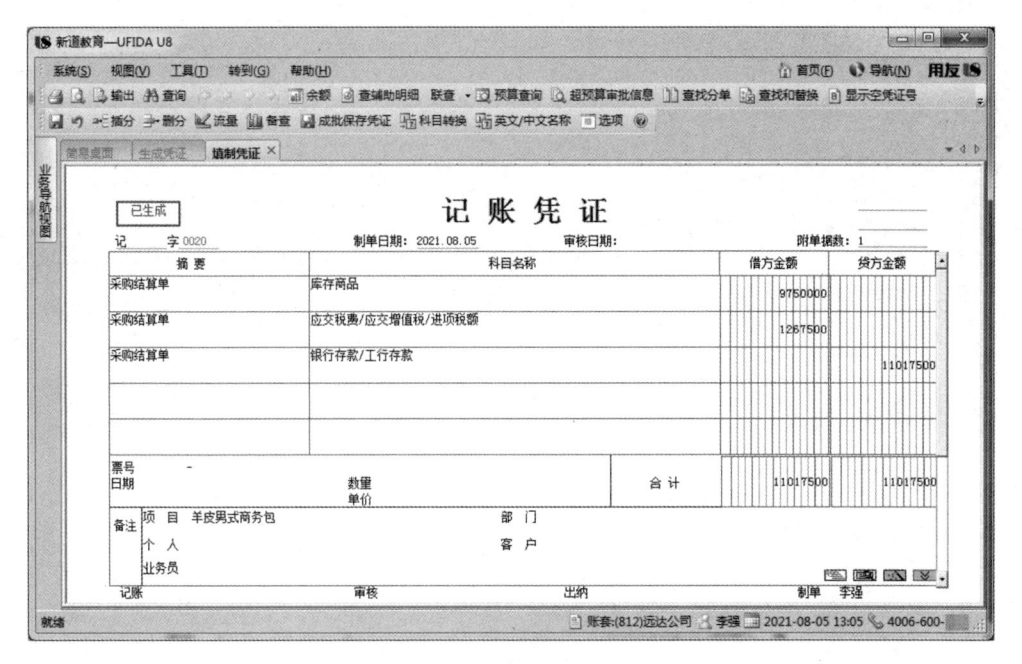

图 4-52 生成的记账凭证 1

图 4-53 "查询条件"对话框

图 4-54 "选择单据"窗口 2

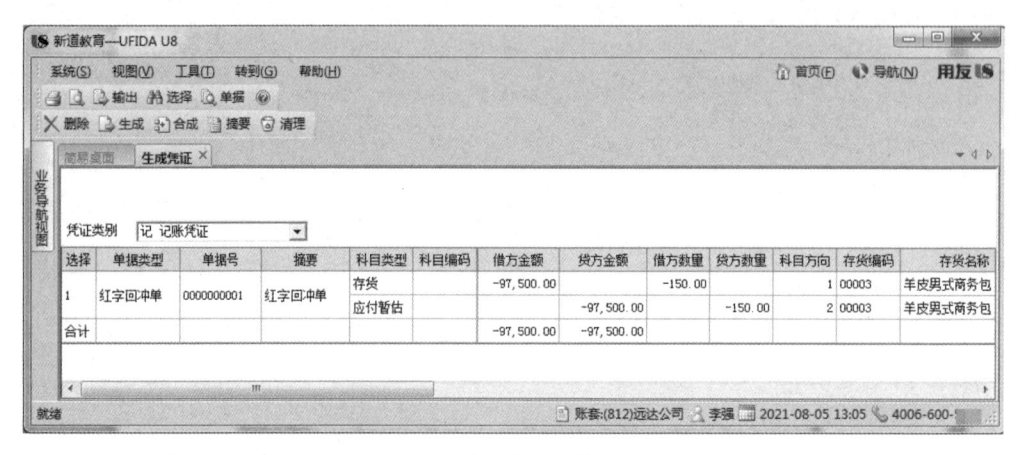

图 4-55 "生成凭证"界面 2

单击"生成"按钮,进入"填制凭证"界面。设置"库存商品"科目的"项目"辅助项为"羊皮男式商务包",单击"保存"按钮,生成记账凭证,如图 4-56 所示。

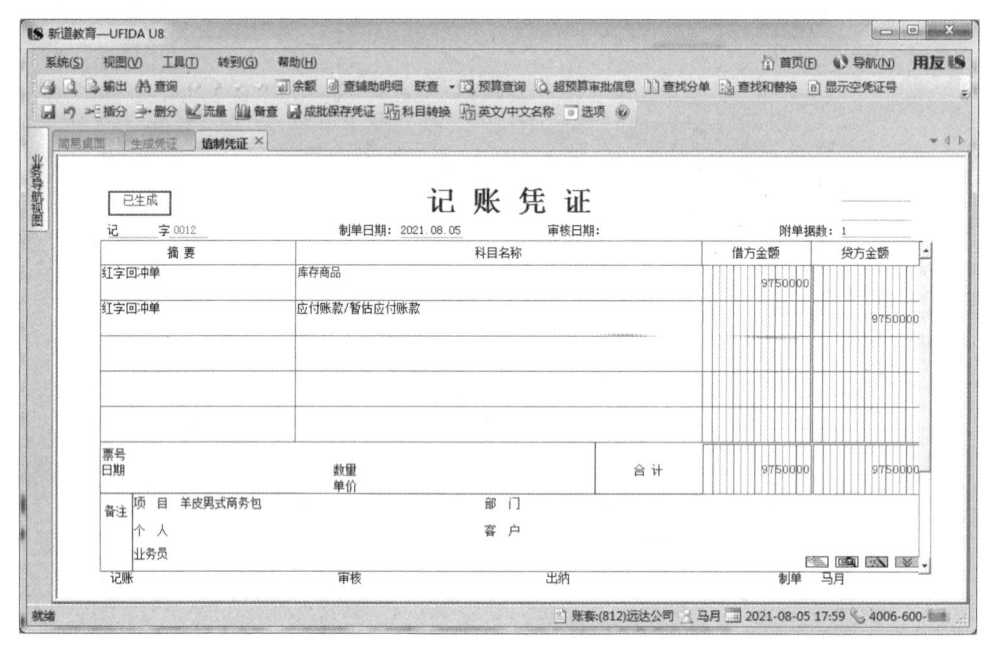

图 4-56 生成的记账凭证 2

提示:

- 若没有在采购管理系统中进行期初记账,则不能进行采购结算。只有进行过期初记账的业务,才能进行采购结算。
- 在进行采购结算时,若入库单未在存货核算系统中记账,则在结算后,入库单上的单价都被自动修改为发票上的存货单价,即发票金额作为入库单的实际成本。若结算时入库单已经在存货核算系统中记账,则在结算后,入库单中原来记账的单价作为暂估单价,发票单价作为结算单价。
- 在进行采购结算时,以下几种情况都可以进行结算。

(a) 蓝字入库单与蓝字发票结算。

(b) 蓝字入库单与红字入库单结算。

(c) 蓝字发票与红字发票结算。

(d) 运费发票与入库单结算，也可直接与存货结算。

(e) 参照入库单生成发票时可以进行结算。

- 若需要修改或删除入库单、采购专用发票等，则必须先取消采购结算，即删除采购结算单，其操作步骤如下。

(a) 采购人员刘东生在企业应用平台中，执行"业务工作|供应链|采购管理|采购结算|结算单列表"命令，打开"查询条件选择-采购结算单"对话框。

(b) 输入查询的过滤条件，单击"确认"按钮，系统显示满足条件的采购结算单列表。

(c) 双击要删除的采购结算单记录，进入采购结算单界面。

(d) 单击"删除"按钮，系统给出"确实要删除该张单据吗"的提示信息。

(e) 单击"是"按钮则删除当前采购结算单，单击"否"按钮则返回采购结算单界面。

(f) 单击"退出"按钮。

- 以下情况不能取消结算。

(a) 已在存货核算系统中记账且已结算的采购入库单。

(b) 先暂估再结算的采购入库单，已在存货核算系统中做暂估处理。

任务十　报销差旅费

任务目标：

完成报销差旅费的业务操作。

【任务资料】

2021年8月5日，销售人员于静报销差旅费1 800元，现金付讫。

【任务说明】

此业务是报销差旅费的业务。要完成此业务，就需要完成填制凭证、出纳签字、主管签字、审核凭证等操作。

【岗位说明】

会计李强填制凭证、查询凭证、输出凭证，出纳王瑞进行出纳签字，财务副总刘方进行主管签字和审核凭证。

【任务操作路径】

（1）填制凭证。

会计李强在企业应用平台中，执行"业务工作|财务会计|总账|凭证|填制凭证"命令，进入"填制凭证"界面。单击"增加"按钮或者按F5键，设置"凭证类别"为"记 记账凭

证"、"摘要"为"报销差旅费",按回车键或单击"科目名称"栏,录入"660103"(或单击参照按钮,选择"660103 销售费用/运杂费"科目)。

按回车键或单击"借方金额"栏,录入"1 800.00"。按回车键,系统自动带出摘要内容。继续按回车键或单击"科目名称"栏,录入"1001"(或单击参照按钮,选择"1001 库存现金"科目)。

按回车键或单击"贷方金额"栏,录入"1 800"(或直接按=键),单击"保存"按钮,生成记账凭证,如图4-57所示。

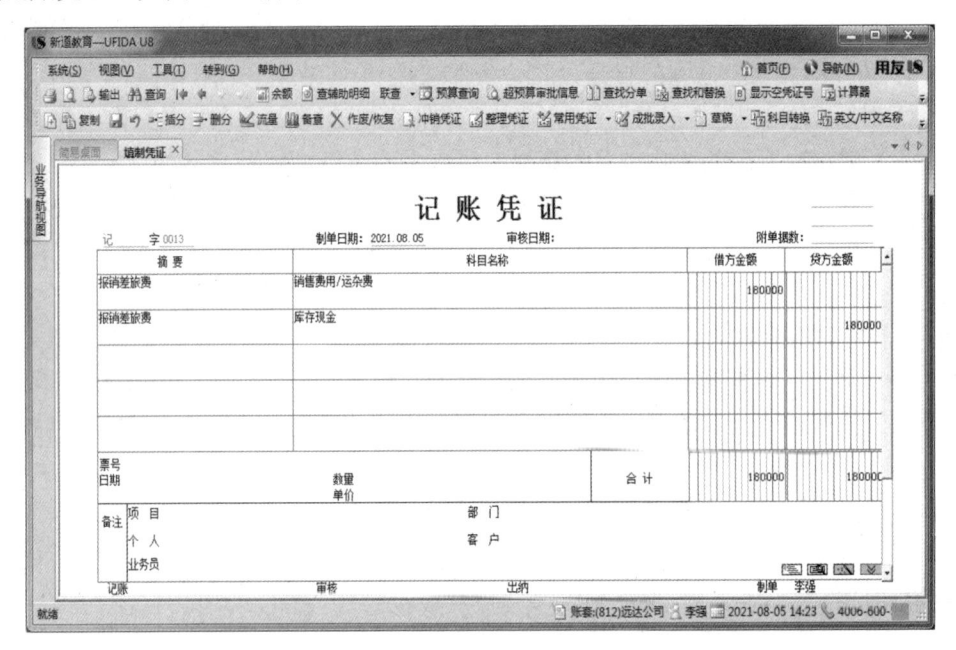

图4-57 生成的记账凭证

(2)出纳签字。

出纳王瑞在企业应用平台中,执行"业务工作|财务会计|总账|凭证|出纳签字"命令,打开"出纳签字"对话框。单击"确定"按钮,进入"出纳签字列表"界面。双击该凭证行,进入"出纳签字"界面。单击"签字"按钮,即在凭证下方的"出纳"处显示王瑞的名字,表示出纳签字完成。

(3)主管签字。

财务副总刘方在企业应用平台中,执行"业务工作|财务会计|总账|凭证|主管签字"命令,打开"主管签字"对话框。单击"确定"按钮,进入"主管签字列表"界面。双击该凭证行,进入"主管签字"界面。单击"签字"按钮,即在凭证的右上方处显示刘方的红字印章,表示主管签字完成。

(4)审核凭证。

财务副总刘方在企业应用平台中,执行"业务工作|财务会计|总账|凭证|审核凭证"命令,打开"凭证审核"对话框。单击"确定"按钮,进入"凭证审核列表"界面。双击该凭证行,进入"审核凭证"界面。单击"审核"按钮即完成凭证审核。

（5）查询凭证。

会计李强在企业应用平台中，执行"业务工作|财务会计|总账|凭证|查询凭证"命令，打开"凭证查询"对话框。设置"凭证类别"为"记 记账凭证"、"月份"为"2021年8月"，如图4-58所示。

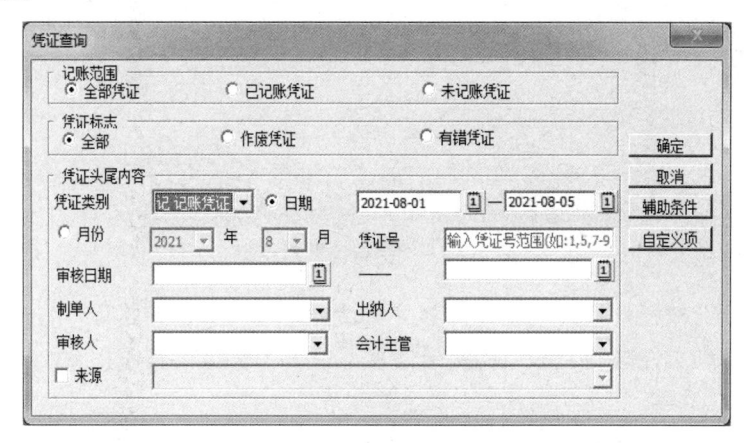

图4-58　"凭证查询"对话框

单击"确定"按钮，进入凭证查询结果列表界面。单击"确定"按钮，进入"查询凭证"界面，进行凭证查询。单击"退出"按钮。

（6）输出凭证。

会计李强在企业应用平台中，执行"业务工作|财务会计|总账|凭证|查询凭证"命令，打开"凭证查询"对话框。设置"凭证类别"为"记 记账凭证"、"月份"为"2021年8月"，单击"确定"按钮，进入凭证查询结果列表界面。

双击需要输出的凭证，单击"输出"按钮，打开"凭证打印"对话框。取消勾选"打印查询结果"复选框，选中"当前凭证"单选按钮，如图4-59所示。

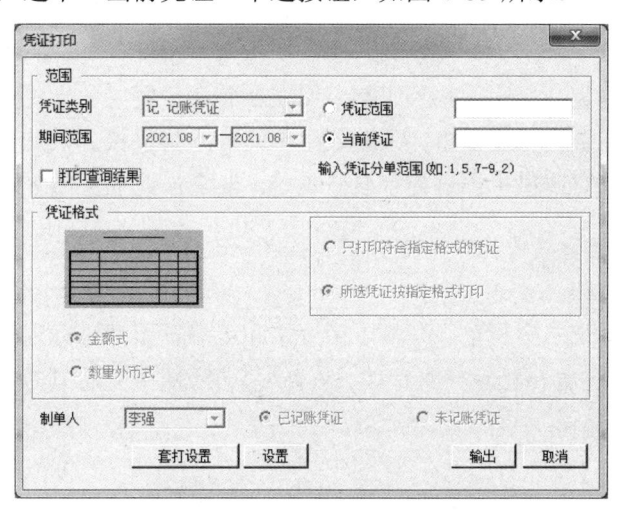

图4-59　"凭证打印"对话框

单击"输出"按钮，打开"另存为"对话框。选择凭证输出的路径，设置"文件名"和

"保存类型",如图 4-60 所示。

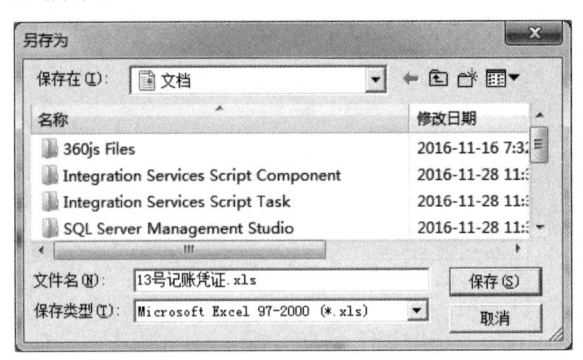

图 4-60 "另存为"对话框

单击"保存"按钮,打开"工作单名"对话框。录入"1-转账",单击"确定"按钮,系统给出"输出到文件顺利完成"的提示信息,单击"确定"按钮。

任务十一 到货付款业务

任务目标:

完成到货付款的业务操作。

【任务资料】

2021 年 8 月 8 日,采购合同 CG0401 订购的羊皮男式商务包全部到货,在验收合格后已入男包仓库。远达公司收到对方开出的增值税发票(发票号为 02137694)和运费发票(发票号为 02586753),以电汇方式(电汇票号为 10357604)支付采购合同 CG0401 的全部货款 203 400 元及运费 800 元。

【任务说明】

此业务是采购到货、入库、收到采购专用发票和运费发票、支付货款和运费的业务。要完成此业务,就需要进行到货单、采购入库单的录入与审核,采购专用发票和运费发票的录入与现付处理,对应付单据进行审核并制单。注意:此业务的采购结算将于月末集中处理。

【岗位说明】

采购人员刘东生录入到货单、采购专用发票和运费发票并进行现付,库管人员马月录入采购入库单,账套主管杨帆审核到货单、采购入库单,财务副总刘方负责审核应付单据,会计李强进行制单。

【任务操作路径】

(1) 录入与审核到货单。

① 采购人员刘东生在企业应用平台中,执行"业务工作|供应链|采购管理|采购到货|到

货单"命令,进入"到货单"界面。

先单击"增加"按钮,再单击"生单|采购订单"按钮,打开"查询条件选择-采购订单列表过滤"对话框。单击"确定"按钮,打开"拷贝并执行"窗口。在"到货单拷贝订单表头列表"中双击"订单号"为"CG0401"的订单所在行的"选择"栏,选中该订单,单击"确定"按钮,系统将相关信息自动带入到货单中,单击"保存"按钮,如图4-61所示。

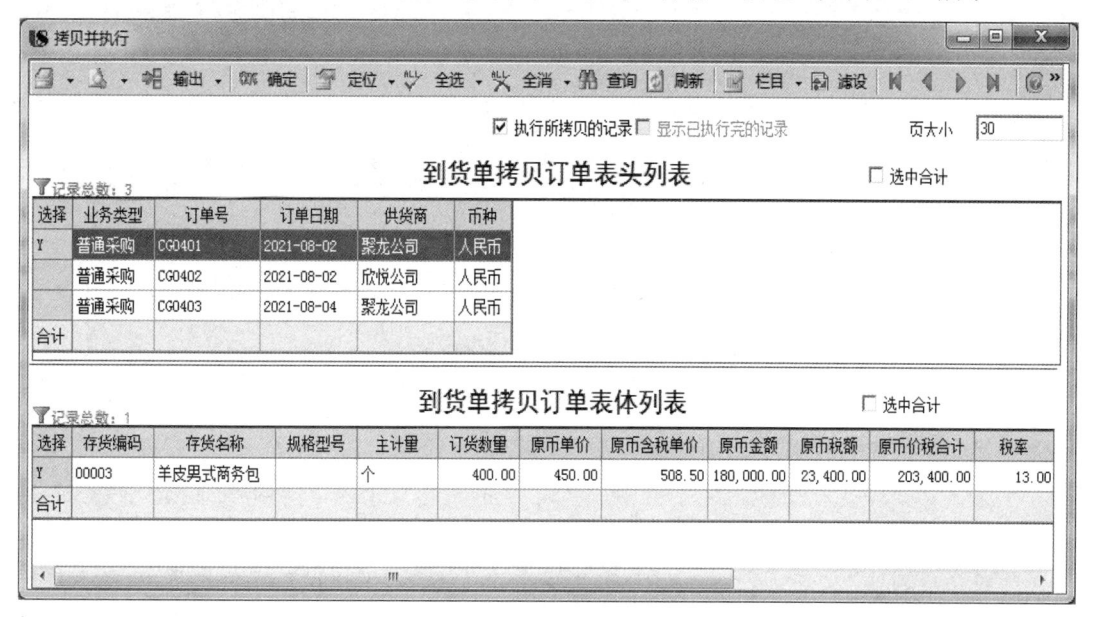

图4-61 "拷贝并执行"窗口

② 账套主管杨帆在企业应用平台中,执行"业务工作|供应链|采购管理|采购到货|到货单"命令,进入"到货单"界面。选中该到货单,单击"审核"按钮,完成对该到货单的审核。

提示:

- 到货单可以只录入数量,不录入单价、金额。
- 到货单可以修改、删除、审核、弃审、打开、关闭。
- 通过审核的到货单可用于参照生成采购退货单、到货拒收单、采购入库单。

（2）录入与审核采购入库单。

① 库管人员马月在企业应用平台中,执行"业务工作|供应链|库存管理|入库业务|采购入库单"命令,进入"采购入库单"界面。

单击"生单|采购到货单（蓝字）"按钮,打开"查询条件选择-采购到货单列表"对话框。单击"确定"按钮,打开"到货单生单列表"窗口,如图4-62所示。选中相应的到货单,单击"确定"按钮,返回"采购入库单"界面,相关信息由系统自动带入采购入库单中,设置"仓库"为"男包仓库",单击"保存"按钮。

② 账套主管杨帆在企业应用平台中,执行"业务工作|供应链|库存管理|入库业务|采购入库单"命令,进入"采购入库单"界面。选中此业务的采购入库单,单击"审核"按钮,完成审核。

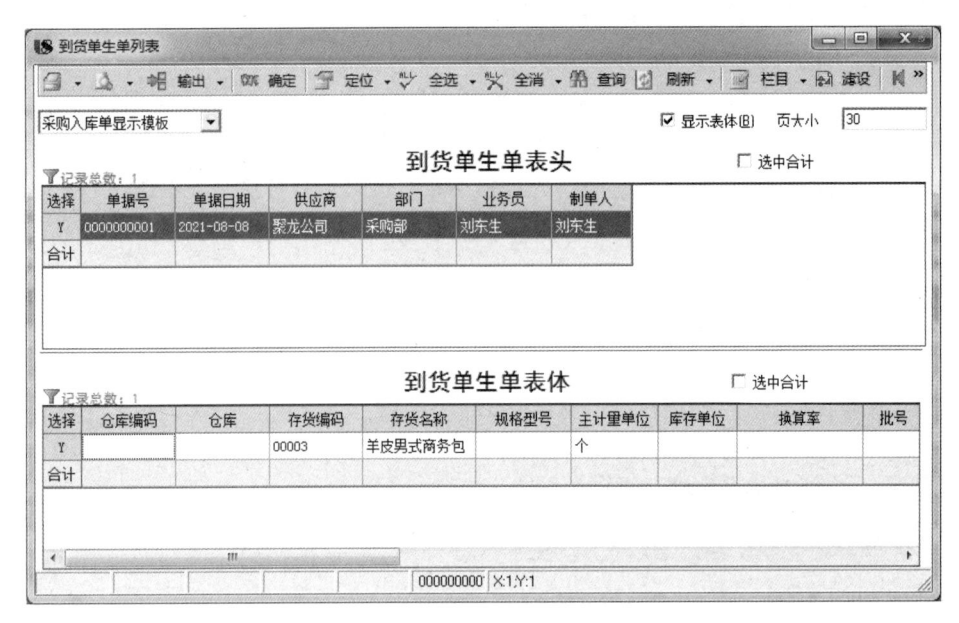

图 4-62 "到货单生单列表"窗口

（3）录入采购专用发票和运费发票并进行现付。

采购人员刘东生在企业应用平台中，执行"业务工作|供应链|采购管理|采购发票|专用采购发票"命令，进入"专用发票"界面。

先单击"增加"按钮，再单击"生单|入库单"按钮，打开"过滤条件选择-采购入库单列表过滤"对话框。单击"确定"按钮，打开"拷贝并执行"窗口。在"发票拷贝入库单表头列表"中双击相应采购入库单的"选择"栏，选中该采购入库单，如图 4-63 所示。

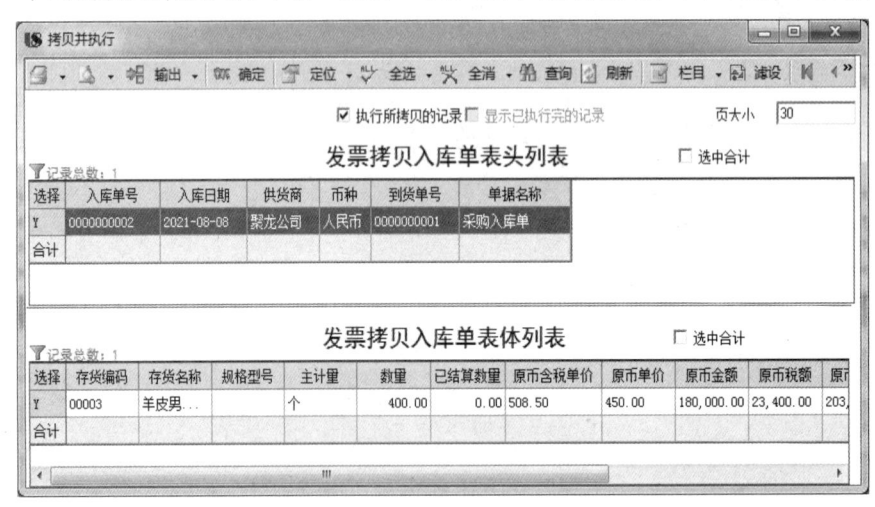

图 4-63 "拷贝并执行"窗口

单击"确定"按钮，系统将采购入库单的信息自动带入采购专用发票中，在表头中设置"发票号"为"02137964"、"开票日期"为"2021-08-08"，单击"保存"按钮，如图 4-64 所示。

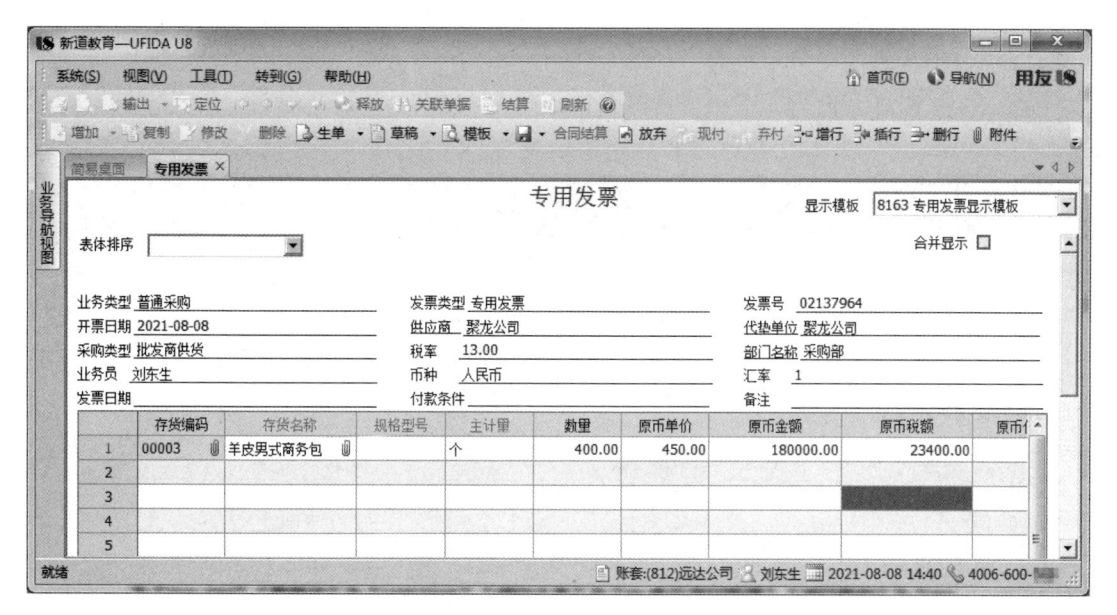

图4-64 "专用发票"界面

单击"现付"按钮,打开"采购现付"对话框。设置"票据号"为"10357604"、"项目大类编码"为"00"、"项目大类名称"为"商品项目管理"、"项目编码"为"201"、"项目名称"为"羊皮男式商务包",如图4-65所示。单击"确定"按钮,返回"专用发票"界面,其左上角显示"已现付"字样。

图4-65 "采购现付"对话框

执行"业务工作|供应链|采购管理|采购发票|运费发票"命令,进入"运费发票"界面。单击"增加"按钮,在表头中设置"发票号"为"02586753"、"供应商"为"聚龙公司"、

"部门名称"为"采购部"、"业务员"为"刘东生"、"发票日期"为"2021-08-08";在表体中设置"存货编码"为"00005"、"存货名称"为"运输费"、"原币金额"为"800.00",其他信息由系统自动带出,单击"保存"按钮,完成该运费发票的录入,如图4-66所示。

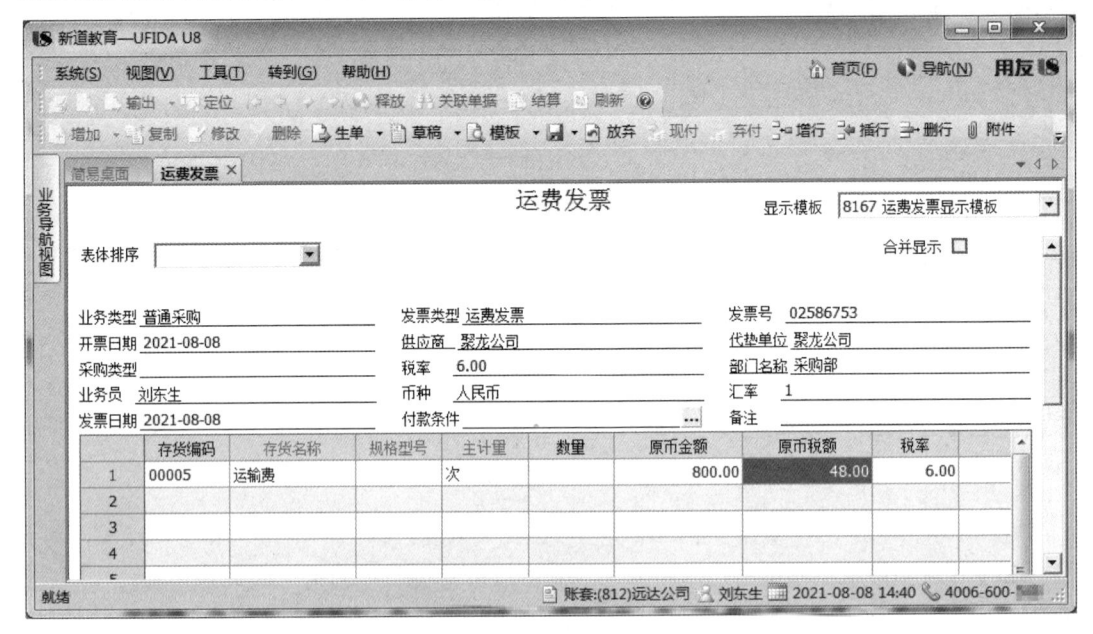

图4-66 "运费发票"界面

单击"现付"按钮,打开"采购现付"对话框。设置"结算方式"为"5-电汇"、"原币金额"为"800.00"、"票据号"为"10357604"、"项目大类编码"为"00"、"项目大类名称"为"商品项目管理"、"项目编码"为"201"、"项目名称"为"羊皮男式商务包"。单击"确定"按钮,返回"运费发票"界面,其左上角显示"已现付"字样。

(4) 审核应付单据与制单。

① 财务副总刘方在企业应用平台中,执行"业务工作|财务会计|应付款管理|应付单据处理|应付单据审核"命令,打开"应付单查询条件"对话框。勾选"包含已现结发票"和"未完全报销"复选框,单击"确定"按钮,进入"单据处理"界面。此时界面中有聚龙公司的采购专用发票和运费发票,依次单击"全选"和"审核"按钮,系统给出"本次审核成功单据2张"的提示信息。单击"确定"按钮,审核完毕。

② 会计李强在企业应用平台中,执行"业务工作|财务会计|应付款管理|制单处理"命令,打开"制单查询"对话框。勾选"现结制单"复选框,单击"确定"按钮,进入"制单"界面,如图4-67所示。

设置"凭证类别"为"记账凭证",先单击"全选"按钮(此时由"选择标志"栏可知,系统将生成2张记账凭证),再单击"制单"按钮,进入"填制凭证"界面。设置"在途物资"科目的"项目"辅助项为"羊皮男式商务包",如图4-68所示。单击"保存"按钮,记账生成凭证。

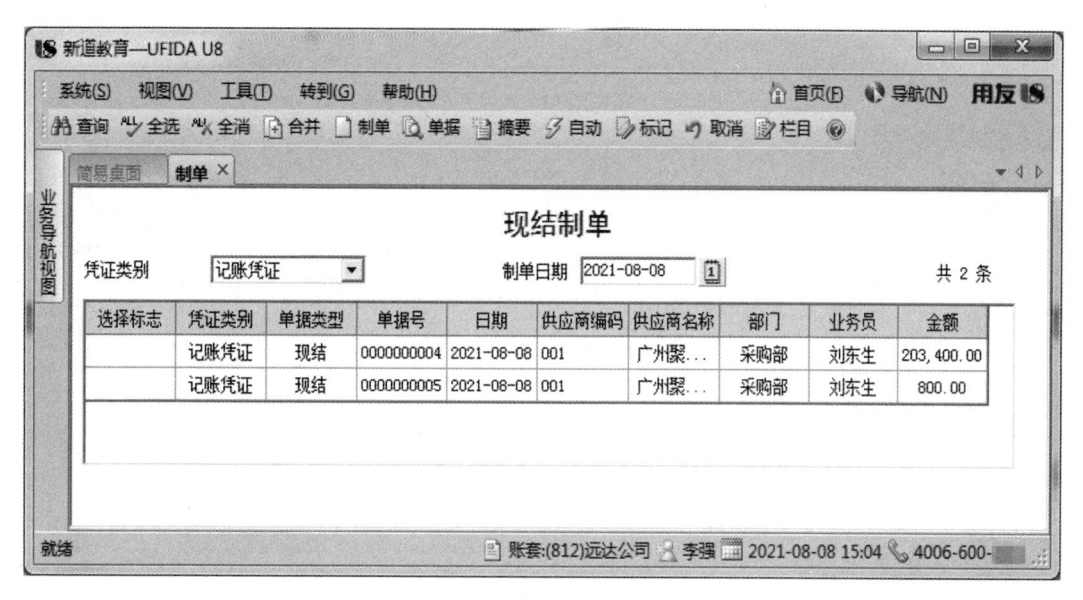

图 4-67 "制单"界面

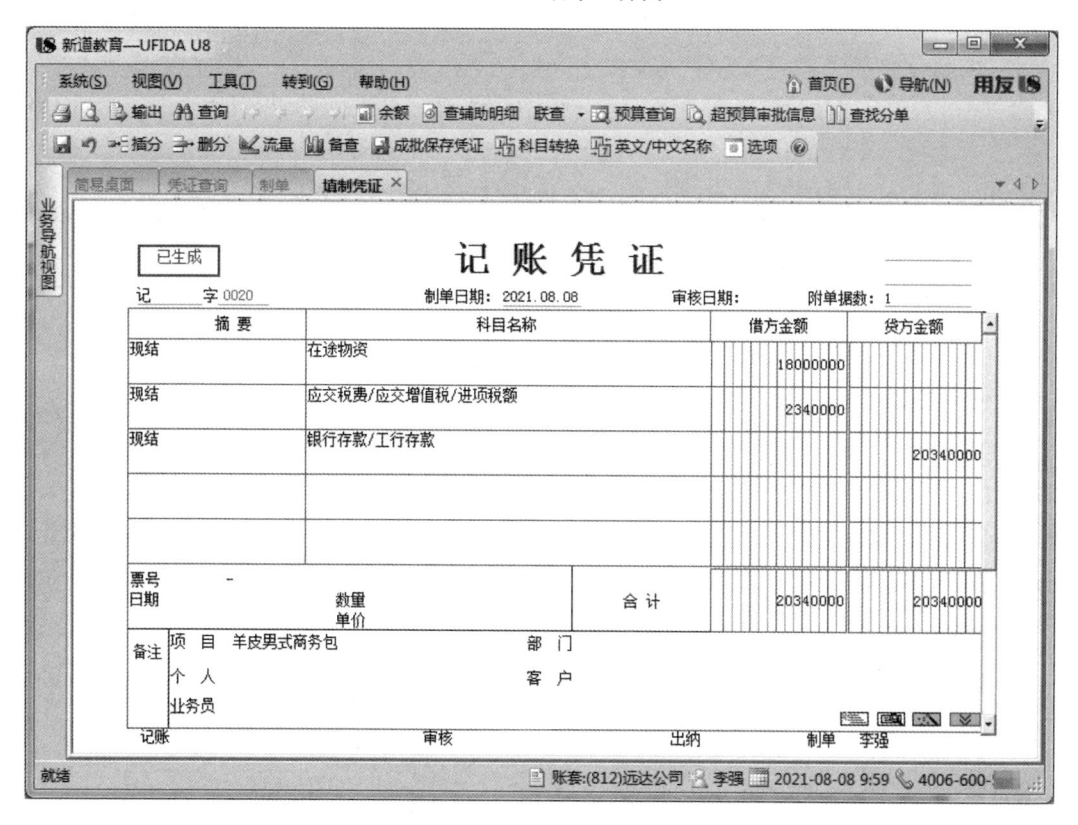

图 4-68 "填制凭证"界面 1

单击"下张"按钮,设置"在途物资"科目的"项目"辅助项为"羊皮男式商务包"、摘要为"运费发票",如图 4-69 所示。单击"保存"按钮,生成记账凭证。

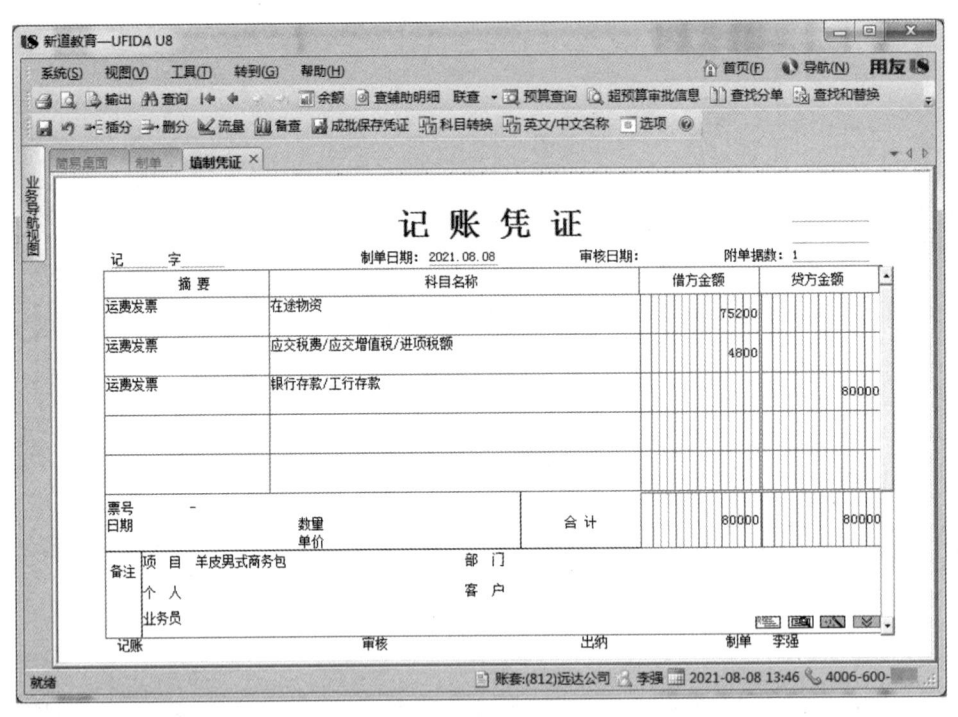

图 4-69 "填制凭证"界面 2

任务十二　采购退货业务

任务目标：

完成采购退货的业务操作。

【任务资料】

2021 年 8 月 9 日，远达公司对 8 月 2 日采购人员刘东生从聚龙公司订购（合同编号为 CG0401）的 400 个羊皮男式商务包进行验收。在检验后发现有 10 个残次品，在与对方协商后决定即日办理退货业务，并收到以电汇方式退还的款项 4 500 元和增值税税额 585 元，同时取得红字发票（发票号为 02137629）。电汇的"业务回单（收款）"票号为 10350725。

【任务说明】

此业务是部分退货和退款业务。要完成此业务，就需要进行采购退回单、红字采购入库单的录入与审核，红字采购专用发票的录入等操作。注意：退款既可以按现付处理，又可以按非现付处理，在此只对现付处理方式给出任务操作路径。

【岗位说明】

采购人员刘东生录入采购退货单、红字采购专用发票，并进行现付；库管人员马月录入红字采购入库单；账套主管杨帆审核采购退货单和红字采购入库单；财务副总刘方审核应付单据；会计李强进行制单。

【任务操作路径】

（1）采购退货单的录入与审核。

① 采购人员刘东生在企业应用平台中，执行"业务工作|供应链|采购管理|采购到货|采购退货单"命令，进入"采购退货单"界面。

先单击"增加"按钮，再单击"生单|到货单"按钮，打开"查询条件选择-采购退货单列表过滤"对话框。单击"确定"按钮，打开"拷贝并执行"窗口。在"到货单拷贝到货单表头列表"中双击"到货日期"为"2021-08-08"的到货单所在行，选中该到货单，如图 4-70 所示。

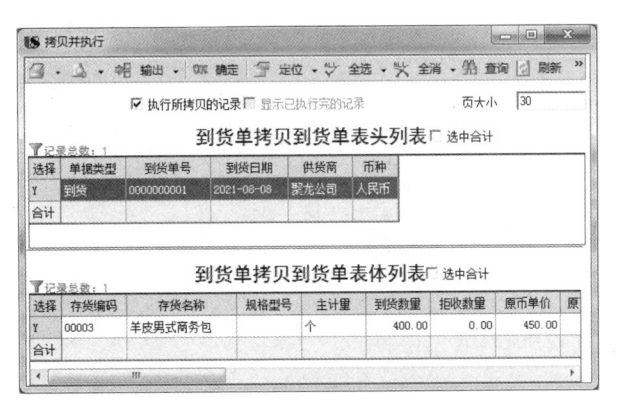

图 4-70 "拷贝并执行"窗口

单击"确定"按钮，返回"采购退货单"界面并自动生成采购退货单，在表体中设置退货"数量"为"-10.00"，单击"保存"按钮，如图 4-71 所示。

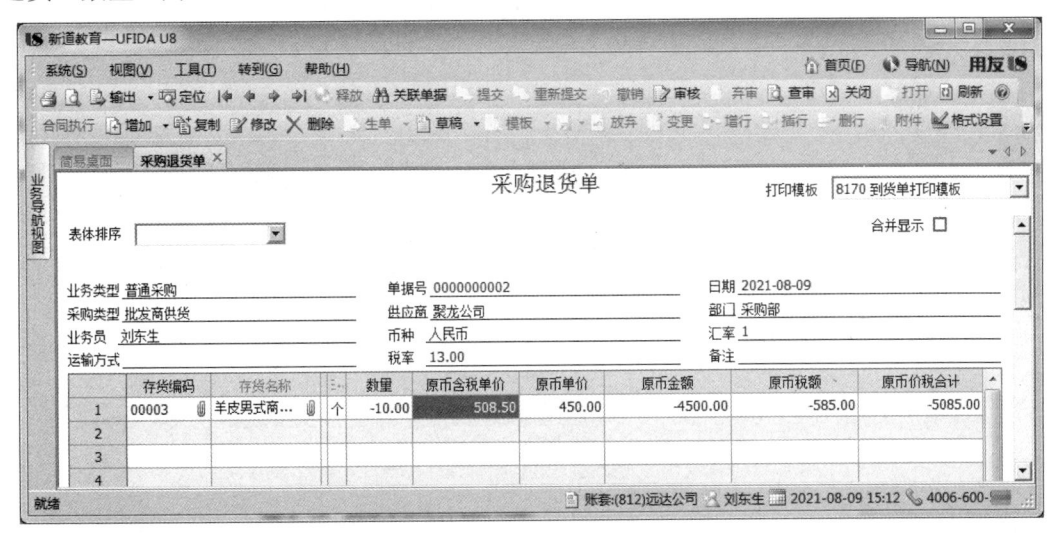

图 4-71 "采购退货单"界面

② 账套主管杨帆在企业应用平台中，执行"业务工作|供应链|采购管理|采购到货|采购退货单"命令，进入"采购退货单"界面。选中相应的采购退货单，单击"审核"按钮，完成审核。

提示：
- 采购退货单可以手工新增，也可以参照订单（采购订单、原到货单）生成。若参照订单生成，则只能参照未被入库单参照的订单记录。
- 采购退货单可以修改、删除、审核、弃审、打开、关闭。
- 已审核的采购退货单可用于参照生成红字（负数）入库单。

（2）红字采购入库单的录入与审核。

① 库管人员马月在企业应用平台中，执行"业务工作|供应链|库存管理|入库业务|采购入库单"命令，进入"采购入库单"界面。

单击"生单|采购到货单（红字）"按钮，打开"查询条件选择-采购到货单列表"对话框。单击"确定"按钮，打开"到货单生单列表"窗口。在"到货单生单表头"中选择"单据日期"为"2021-08-09"的红字到货单，单击"确定"按钮，返回"采购入库单"界面并自动生成红字采购入库单。在表头中设置"仓库"为"男包仓库"、"入库类别"为"采购退货"，单击"保存"按钮，保存该单据。

② 账套主管杨帆在企业应用平台中，执行"业务工作|供应链|库存管理|入库业务|采购入库单"命令，进入"采购入库单"界面，如图4-72所示。选中此业务的红字采购入库单，单击"审核"按钮，完成审核。

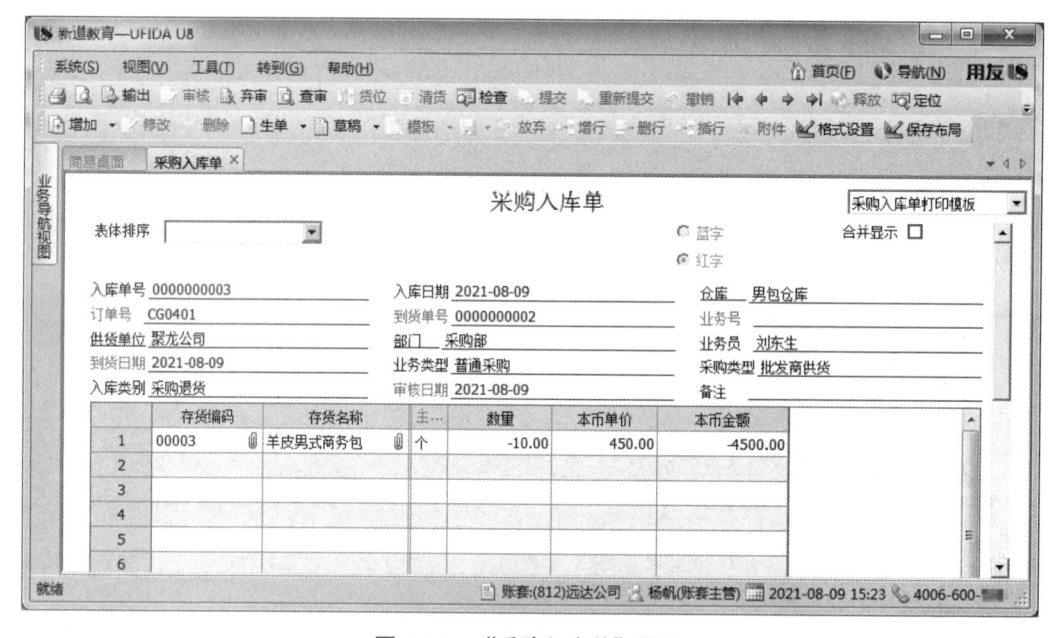

图4-72 "采购入库单"界面

提示：
- 红字（负数）入库单是采购入库单的逆向单据。在采购业务活动中，若发现已入库的货物因质量等问题要退货，则对普通采购业务进行退货处理。
- 若发现已审核的入库单数据有误（如多填数量等），则可以原数冲回，即将原错误的入库单，以相等的负数量填制红字入库单，冲抵原入库单数据。

（3）红字采购专用发票的录入。

采购人员刘东生在企业应用平台中，执行"业务工作|供应链|采购管理|采购发票|红字专用采购发票"命令，进入"专用发票"界面。

先单击"增加"按钮，再单击"生单|入库单"命令，打开"查询条件选择-采购入库单列表过滤"对话框。单击"确定"按钮，打开"拷贝并执行"窗口。在"发票拷贝入库单表头列表"中选中"供货商"为"聚龙公司"、"入库日期"为"2021-08-09"的采购入库单，单击"确定"按钮，系统将红字采购入库单的信息自动传递给采购专用发票。

在"专用发票"界面中，设置"发票号"为"02137629"，单击"保存"按钮，保存该采购专用发票，如图4-73所示。

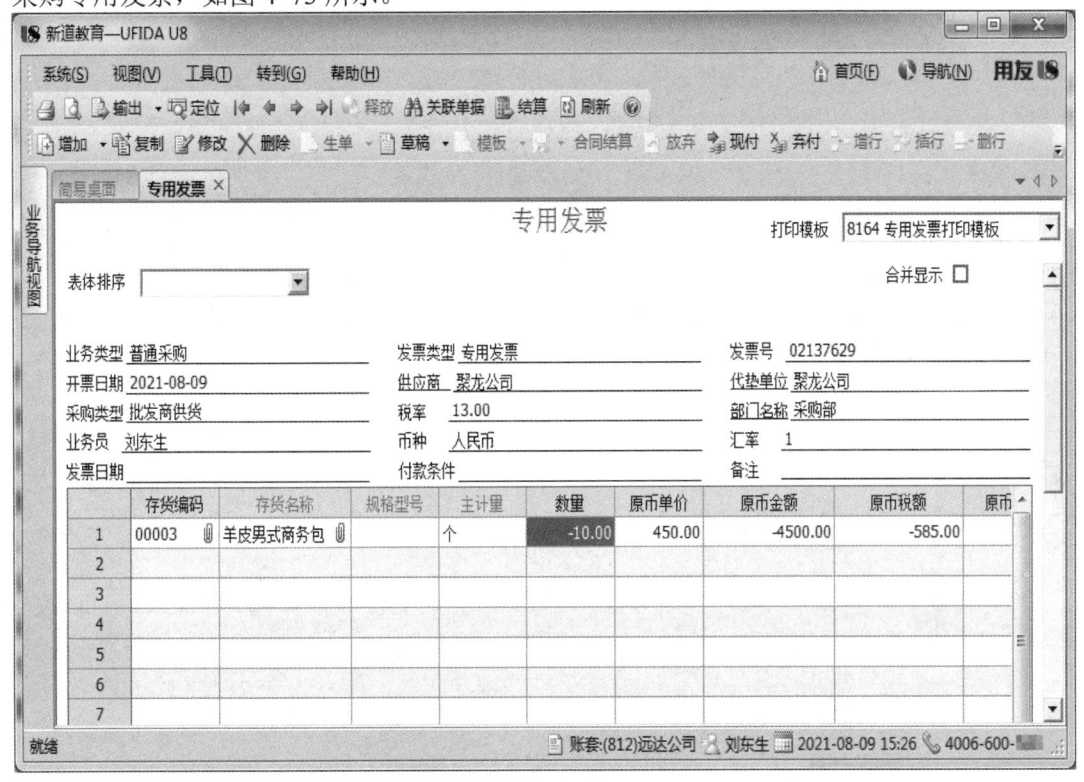

图4-73 "专用发票"界面

提示：

- 红字（负数）专用采购发票即红字增值税专用发票，是专用采购发票的逆向单据。
- 红字专用采购发票可手工新增，也可参照订单、红字入库单生成。

（4）进行现付。

采购人员刘东生在企业应用平台中，执行"业务工作|供应链|采购管理|采购发票|红字专用采购发票"命令，进入"专用发票"界面。选中此业务的红字采购发票，单击"现付"按钮，打开"采购现付"对话框。设置"结算方式"为"5-电汇"、"原币金额"为"-5 085.00"、"票据号"为"10350725"，如图4-74所示。

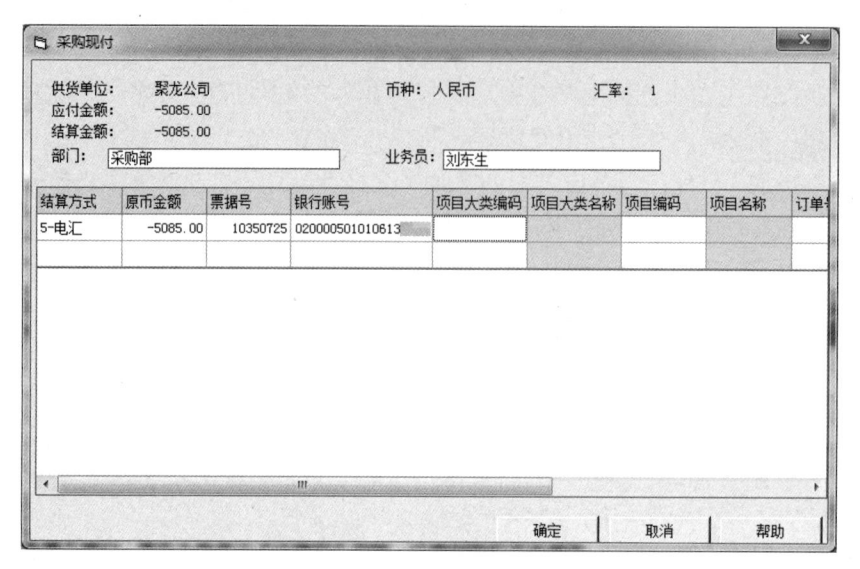

图 4-74 "采购现付"对话框

单击"确定"按钮,返回"专用发票"界面,其左上角显示"已现付"字样,如图 4-75 所示。

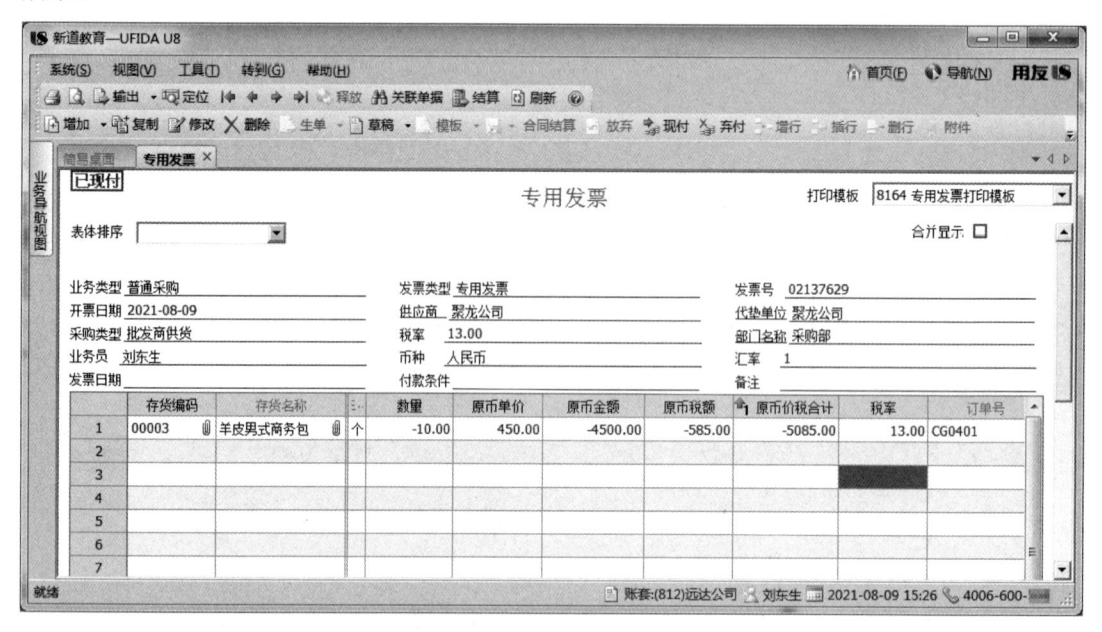

图 4-75 "专用发票"界面

(5) 现付方式的应付单据审核与制单。

① 财务副总刘方在企业应用平台中,执行"业务工作|财务会计|应付款管理|应付单据处理|应付单据审核"命令,打开"应付单查询条件"对话框。勾选"包含已现结发票"和"未完全报销"复选框,单击"确定"按钮,进入"单据处理"界面。依次单击"全选"和"审核"按钮,系统给出"本次审核成功单据 1 张"的提示信息。单击"确定"按钮,返回"单据处理"界面。

② 会计李强在企业应用平台中，执行"业务工作|财务会计|应付款管理|制单处理"命令，打开"制单查询"对话框。勾选"现结制单"复选框，单击"确定"按钮，进入"制单"界面。设置"凭证类别"为"记账凭证"，依次单击"全选"和"制单"按钮，进入"填制凭证"界面。设置"在途物资"科目的"项目"辅助项为"羊皮男式商务包"，单击"保存"按钮，生成记账凭证，如图 4-76 所示。

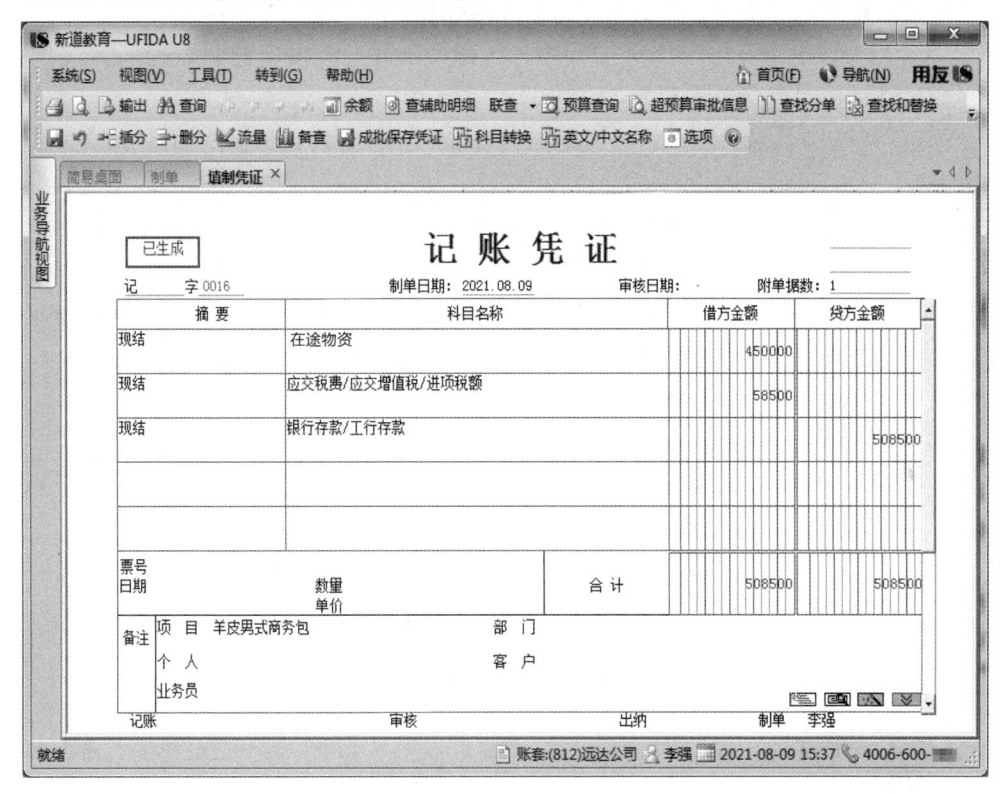

图 4-76　生成的记账凭证

任务十三　到货入库及开票业务

任务目标：

完成到货入库及开票的业务操作。

【任务资料】

2021 年 8 月 11 日，合同编号为 CG0402 的采购合同订购的 500 个牛皮单肩女包到货，在验收合格后入女包仓库，并取得采购专用发票（发票号为 02136465）。

【任务说明】

此业务是采购到货、入库和收到采购专用发票的业务。要完成此业务，就需要进行到货单、采购入库单的录入与审核、采购专用发票的录入、应付单据的审核与制单。注意：此业务的采购核算将于月末集中处理。

【岗位说明】

采购人员刘东生录入到货单和采购专用发票，库管人员马月录入采购入库单，账套主管杨帆审核到货单、采购入库单，财务副总刘方审核应付单据，会计李强进行制单。

【任务操作路径】

（1）到货单的录入与审核。

① 采购人员刘东生在企业应用平台中，执行"业务工作|供应链|采购管理|采购到货|到货单"命令，进入"到货单"界面。

先单击"增加"按钮，再单击"生单|采购订单"按钮，打开"查询条件选择-采购订单列表过滤"对话框。单击"确定"按钮，打开"拷贝并执行"窗口。双击"订单号"为"CG0402"的订单所在行的"选择"栏，选中该订单，单击"确定"按钮，返回"到货单"界面并自动生成到货单。单击"保存"按钮，保存该到货单。

② 账套主管杨帆在企业应用平台中，执行"业务工作|供应链|采购管理|采购到货|到货单"命令，进入"到货单"界面。选中该到货单，单击"审核"按钮，完成审核。

（2）采购入库单的录入与审核。

① 库管人员马月在企业应用平台中，执行"业务工作|供应链|库存管理|入库业务|采购入库单"命令，进入"采购入库单"界面。

单击"生单|采购到货单（蓝字）"按钮，打开"查询条件选择 采购到货单列表"对话框。单击"确定"按钮，打开"到货单生单列表"窗口。在"到货单生单表头"中选择相应的到货单，单击"确定"按钮，返回"采购入库单"界面，系统自动生成采购入库单。在表头中设置"仓库"为"女包仓库"，单击"保存"按钮。

② 账套主管杨帆在企业应用平台中，执行"业务工作|供应链|库存管理|入库业务|采购入库单"命令，进入"采购入库单"界面。选中此业务的采购入库单，单击"审核"按钮，完成审核，如图 4-77 所示。

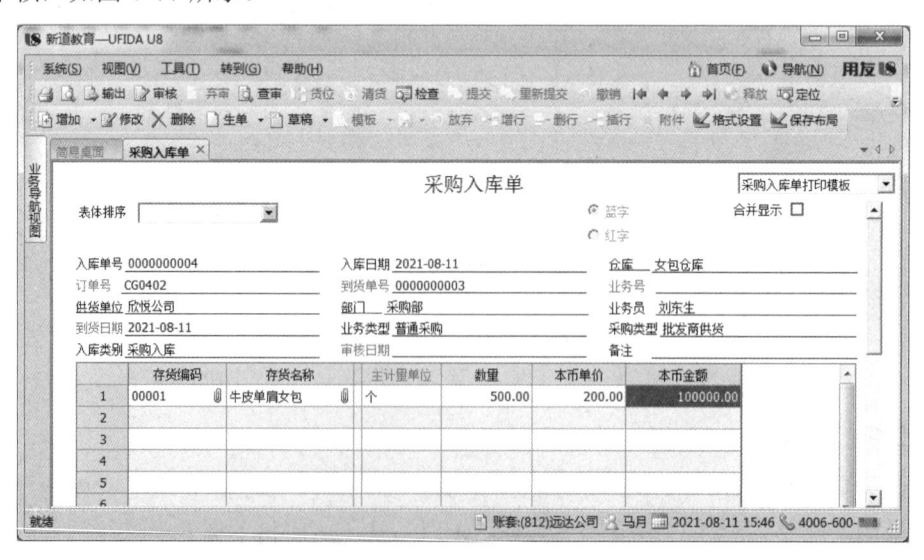

图 4-77 "采购入库单"界面

(3)采购专用发票的录入。

采购人员刘东生在企业应用平台中,执行"业务工作|供应链|采购管理|采购发票|专用采购发票"命令,进入"专用发票"界面。

先单击"增加"按钮,再单击"生单|入库单"按钮,打开"查询条件选择-采购入库单列表过滤"对话框。单击"确定"按钮,打开"拷贝并执行"窗口。在"发票拷贝订单表头列表"中双击相应采购入库单的"选择"栏,选中该采购入库单,单击"确定"按钮,系统将采购入库单的信息自动传递给采购专用发票。设置"发票号"为"02136465"、"开票日期"为"2021-08-11",单击"保存"按钮,保存该发票,如图4-78所示。

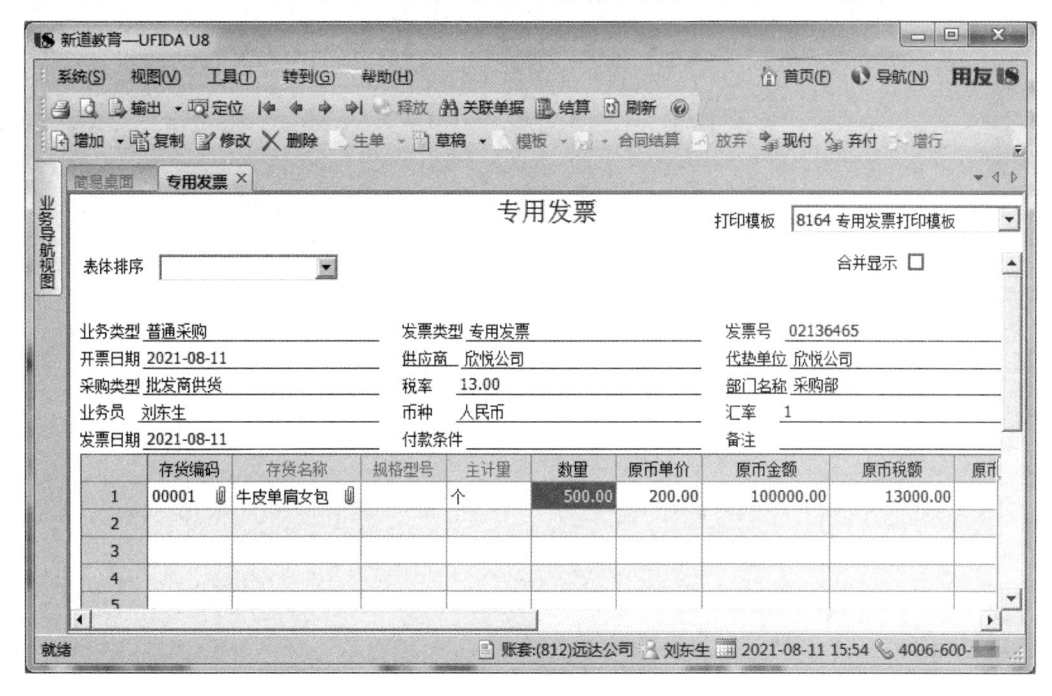

图4-78 "专用发票"界面

(4)应付单据的审核与制单。

① 财务副总刘方在企业应用平台中,执行"业务工作|财务会计|应付款管理|应付单据处理|应付单据审核"命令,打开"应付单查询条件"对话框。勾选"未完全报销"复选框,单击"确定"按钮,进入"单据处理"界面。依次单击"全选"和"审核"按钮,系统给出"本次审核成功单据1张"的提示信息。单击"确定"按钮,返回"单据处理"界面,完成审核,如图4-79所示。

② 会计李强在企业应用平台中,执行"业务工作|财务会计|应付款管理|制单处理"命令,打开"制单查询"对话框。默认勾选"发票制单"复选框,单击"确定"按钮,进入"制单"界面。依次单击"全选"和"制单"按钮,进入"填制凭证"界面。设置"凭证类别"为"记账凭证"、"在途物资"科目的"项目"辅助项为"牛皮单肩女包"。同理,填写"应付账款/一般应付账款"科目的辅助项信息:"票号"为"02136465"、"日期"为"2021.08.11",单击"保存"按钮,生成记账凭证,如图4-80所示。

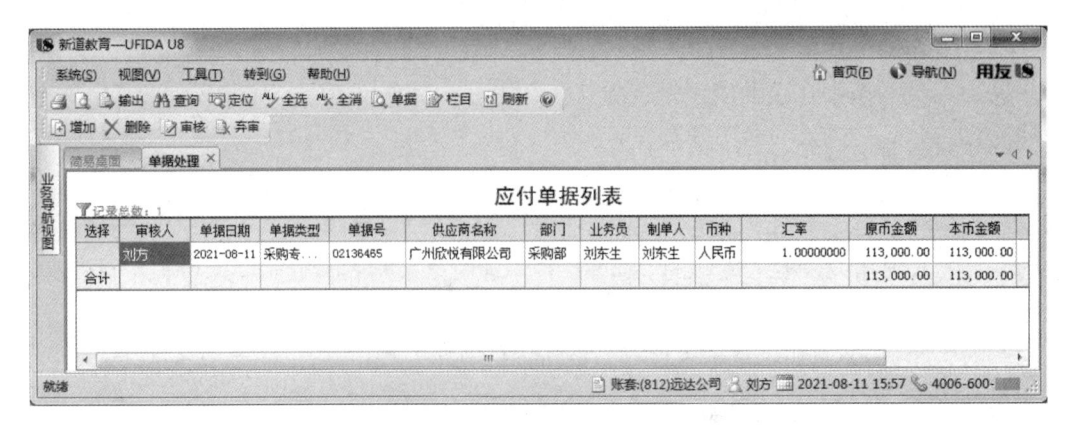

图 4-79 "单据处理"界面

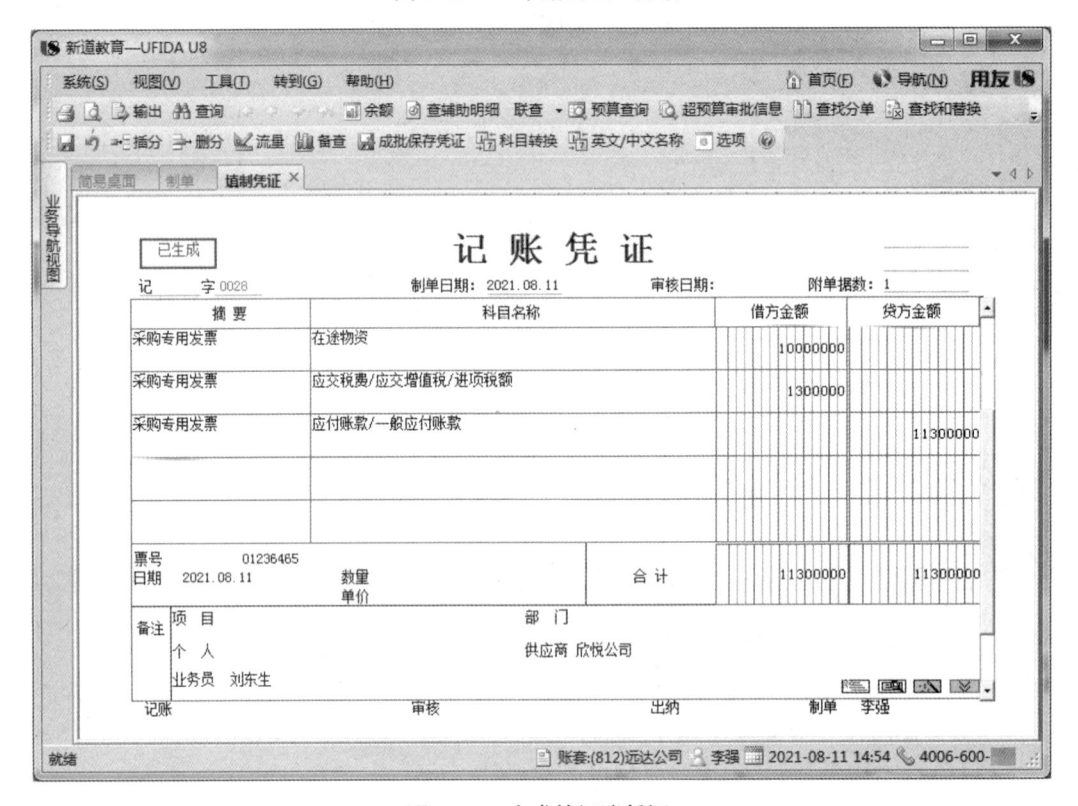

图 4-80 生成的记账凭证

任务十四 处理上月销售货物的到款业务

任务目标：

完成上月销售货物的到款业务操作。

【任务资料】

2021 年 8 月 11 日，远达公司收到 7 月 21 日向会友商场出售 100 个男式双肩电脑包的全部价款 20 340 元，收到转账支票（票号为 13200752），开具销售专用发票（发票号为 00205633）。

【任务说明】

此业务是收到货款、开具销售专用发票的业务。要完成此业务，就需要录入与审核销售专用发票、进行现结、审核应收单据并进行现结制单。

【岗位说明】

会计李强录入销售专用发票、进行现结和现结制单，财务副总刘方进行销售专用发票和应收单据的审核。

【任务操作路径】

（1）会计李强在企业应用平台中，执行"业务工作|供应链|销售管理|销售开票|销售专用发票"命令，进入"销售专用发票"界面。单击"增加"按钮，打开"查询条件选择-发票参照发货单"对话框。单击"确定"按钮，打开"参照生单"窗口，选中发货日期为 2021 年 7 月 21 日的发货单，单击"确定"按钮，返回"销售专用发票"界面。设置"发票号"为"00205633"，单击"保存"按钮，完成销售专用发票的录入，如图 4-81 所示。

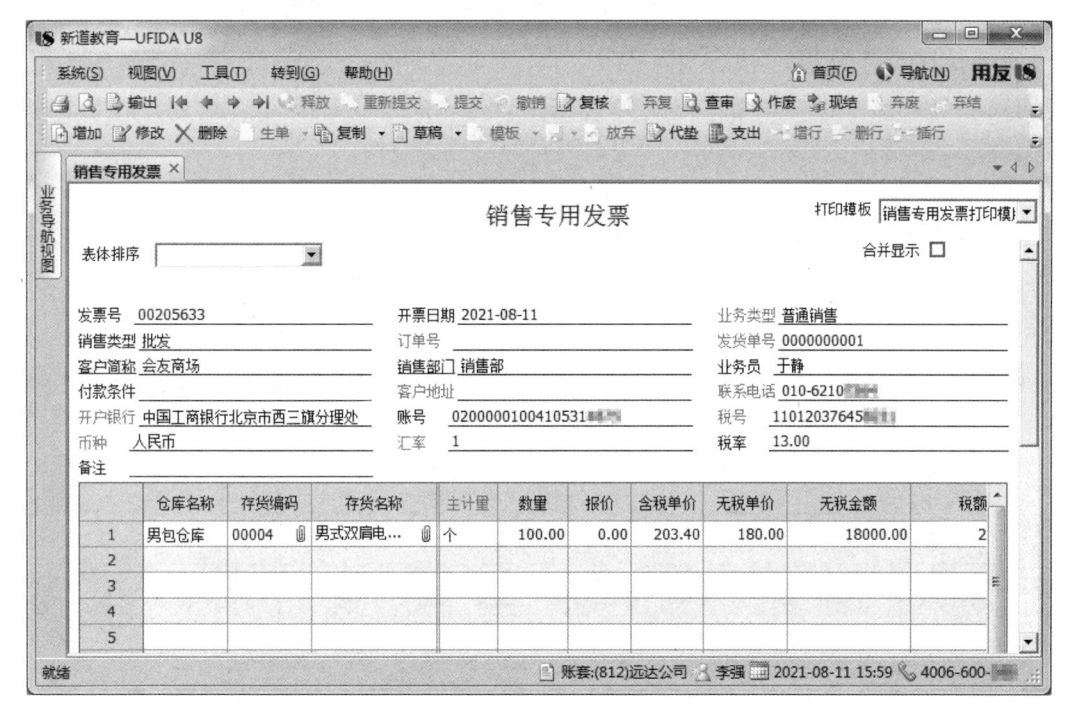

图 4-81 "销售专用发票"界面

单击"现结"按钮，打开"现结"对话框。设置"结算方式"为"202-转账支票"、"原币金额"为"20 340.00"、"票据号"为"13200752"、"项目大类编码"为"00"、"项目大类名称"为"商品项目管理"、"项目编码"为"202"、"项目名称"为"男士双肩电脑包"，单击"确定"按钮，完成现结，如图 4-82 所示。

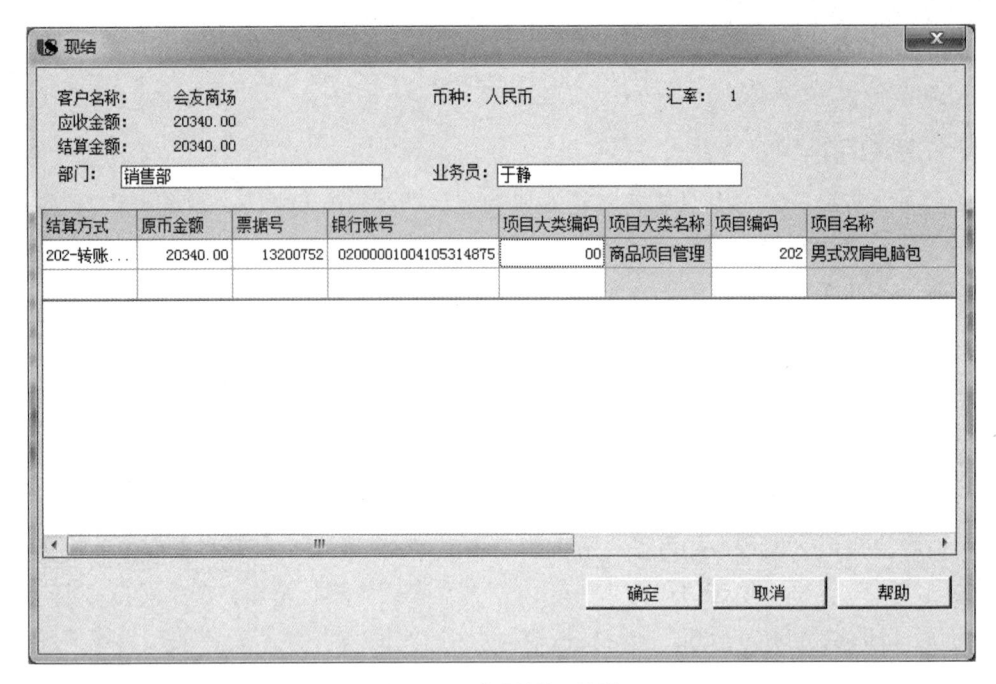

图 4-82 "现结"对话框

（2）财务副总刘方在企业应用平台中，执行"业务工作|供应链|销售管理|销售开票|销售专用发票"命令，进入"销售专用发票"界面。单击"上张"按钮，找到此业务的现结销售专用发票，在确认信息无误后单击"复核"按钮，完成复核。

（3）财务副总刘方在企业应用平台中，执行"业务工作|财务会计|应收款管理|应收单据处理|应收单据审核"命令，打开"应收单过滤条件"对话框。勾选"包含已现结发票"复选框，单击"确定"按钮，进入"单据处理"界面。选中此业务的应收单据，单击"审核"按钮，在打开的提示对话框中单击"确定"按钮，完成审核，如图 4-83 所示。

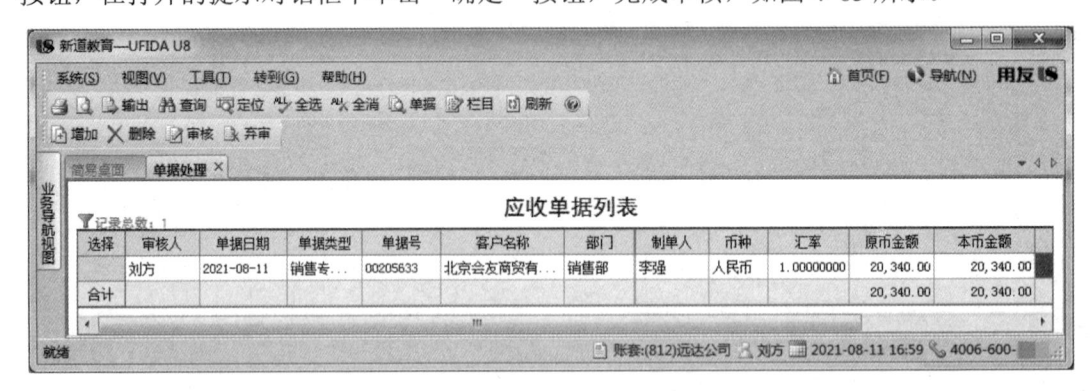

图 4-83 "单据处理"界面

（4）会计李强在企业应用平台中，执行"业务工作|财务会计|应收款管理|制单处理"命令，打开"制单查询"对话框。勾选"现结制单"复选框，单击"确定"按钮，进入"制单"界面。设置"凭证类别"为"记账凭证"，依次单击"全选"和"制单"按钮，进入"填制凭证"界面。设置"主营业务收入"科目的"项目"辅助项为"男式双肩电脑包"，单击"确定"

按钮,返回"填制凭证"界面,单击"保存"按钮,生成记账凭证,如图4-84所示。

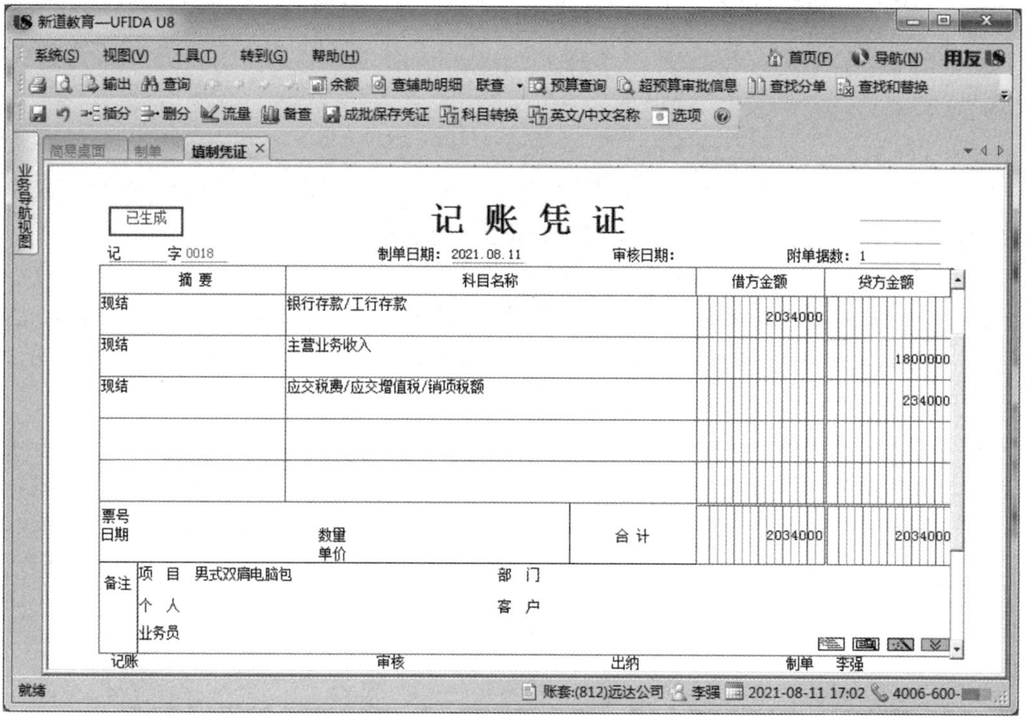

图4-84 生成的记账凭证

提示:先发货后开票,销售发货单可以手工增加,也可以参照销售订单生成。在必有订单业务模式下,销售发货单不可以手工增加,只能参照销售订单生成。

任务十五 到货入库业务

任务目标:

完成到货入库的业务操作。

【任务资料】

2021年8月12日,合同编号为CG0403的采购合同订购的400个男式双肩电脑包到货,在验收合格后入男包仓库。

【任务说明】

此业务是采购货物的到货、入库业务。要完成此业务,就需要进行到货单、采购入库单的录入与审核。

【岗位说明】

采购人员刘东生录入到货单,库管人员马月录入采购入库单,账套主管杨帆审核到货单和采购入库单。

【任务操作路径】

（1）录入与审核到货单。

① 采购人员刘东生在企业应用平台中，执行"业务工作|供应链|采购管理|采购到货|到货单"命令，进入"到货单"界面。

先单击"增加"按钮，再单击"生单|采购订单"按钮，打开"查询条件选择-采购订单列表过滤"对话框。单击"确定"按钮，打开"拷贝并执行"窗口。双击"订单号"为"CG0403"的订单所在行的"选择"栏，选中该订单，单击"确定"按钮，返回"到货单"界面并自动生成到货单。单击"保存"按钮，保存该到货单。

② 账套主管杨帆在企业应用平台中，执行"业务工作|供应链|采购管理|采购到货|到货单"命令，进入"到货单"界面。选中该到货单，单击"审核"按钮，完成审核，如图4-85所示。

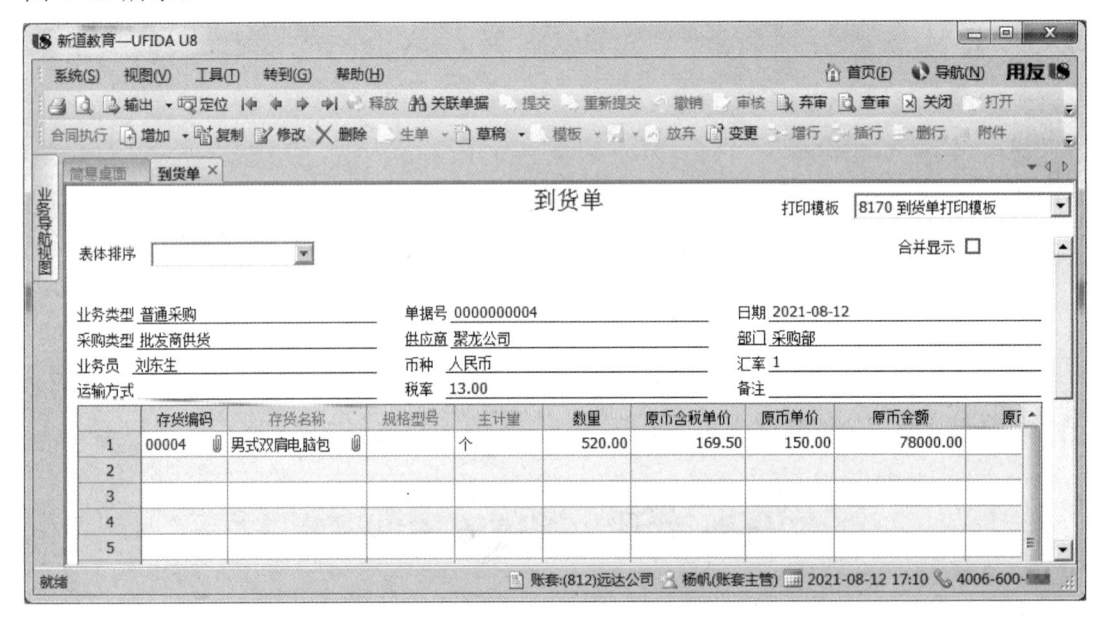

图4-85 "到货单"界面

（2）录入与审核采购入库单。

① 库管人员马月在企业应用平台中，执行"业务工作|供应链|库存管理|入库业务|采购入库单"命令，进入"采购入库单"界面。

单击"生单|采购到货单（蓝字）"按钮，打开"查询条件选择-采购到货单列表"对话框。单击"确定"按钮，打开"到货单生单列表"窗口。在"到货单生单表头"中选中相应的到货单，单击"确定"按钮，返回"采购入库单"界面，系统自动生成采购入库单。在表头中设置"仓库"为"男包仓库"，单击"保存"按钮，完成采购入库单的录入。

② 账套主管杨帆在企业应用平台中，执行"业务工作|供应链|库存管理|入库业务|采购入库单"命令，进入"采购入库单"界面。选中相应的采购入库单，单击"审核"按钮，完成审核。

任务十六　赊销业务

任务目标：

完成赊销的业务操作。

【任务资料】

2021 年 8 月 12 日，销售人员于静与会友商场签订销售合同（合同编号为 XS0403），向会友商场赊销 450 个牛皮单肩女包，无税单价为 250 元，增值税税率为 13%，付款条件为 "2/10，n/30"，现金折扣按货物的价税合计计算。8 月 12 日货物已经发出，并开具销售专用发票（发票号为 00205634）。

【任务说明】

此业务是签订有折扣优惠的销售订单、开具销售专用发票、进行发货和出库的业务。要完成此业务，就需要进行销售订单和销售专用发票的录入与审核、销售出库单的审核、应收单据的审核与制单。

【岗位说明】

销售人员于静录入销售订单，账套主管杨帆审核销售订单，会计李强录入销售专用发票和制单，库管人员马月审核销售出库单，财务副总刘方审核销售专用发票和应收单据。

【任务操作路径】

(1) 销售人员于静在企业应用平台中，执行"业务工作|供应链|销售管理|销售订货|销售订单"命令，进入"销售订单"界面。

单击"增加"按钮，在表头中设置"订单号"为"XS0403"、"销售类型"为"零售"、"客户简称"为"会友商场"、"付款条件"为"2/10，n/30"、"销售部门"为"销售部"、"业务员"为"于静"；在表体中设置"存货名称"为"牛皮单肩女包"、"数量"为"450.00"，其他信息由系统自动带出。单击"保存"按钮，完成该销售订单的录入。

(2) 账套主管杨帆在企业应用平台中，执行"业务工作|供应链|销售管理|销售订货|销售订单"命令，进入"销售订单"界面。找到该销售订单，单击"审核"按钮，完成审核，如图 4-86 所示。

(3) 会计李强在企业应用平台中，执行"业务工作|供应链|销售管理|销售开票|销售专用发票"命令，进入"销售专用发票"界面。单击"增加"按钮，关闭打开的"查询条件选择-发票参照发货单"对话框。单击"生单|参照生单"按钮，选择该销售订单，单击"确定"按钮，返回"销售专用发票"界面，相关资料被自动带出，修改"发票号"为"00205634"，在表体中设置"仓库名称"为"女包仓库"，单击"保存"按钮，完成销售专用发票的录入，如图 4-87 所示。

(4) 财务副总刘方在企业应用平台中，执行"业务工作|供应链|销售管理|销售开票|销售专用发票"命令，进入"销售专用发票"界面，对该销售专用发票进行审核。单击"复核"按钮即可完成审核。此时销售发货单和销售出库单自动生成，其中销售出库单等待审核。

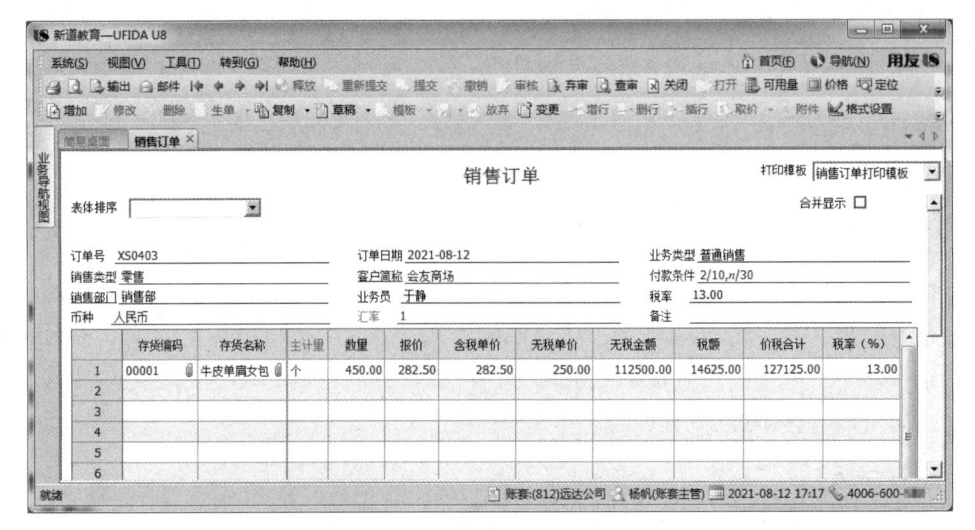

图 4-86 "销售订单"界面

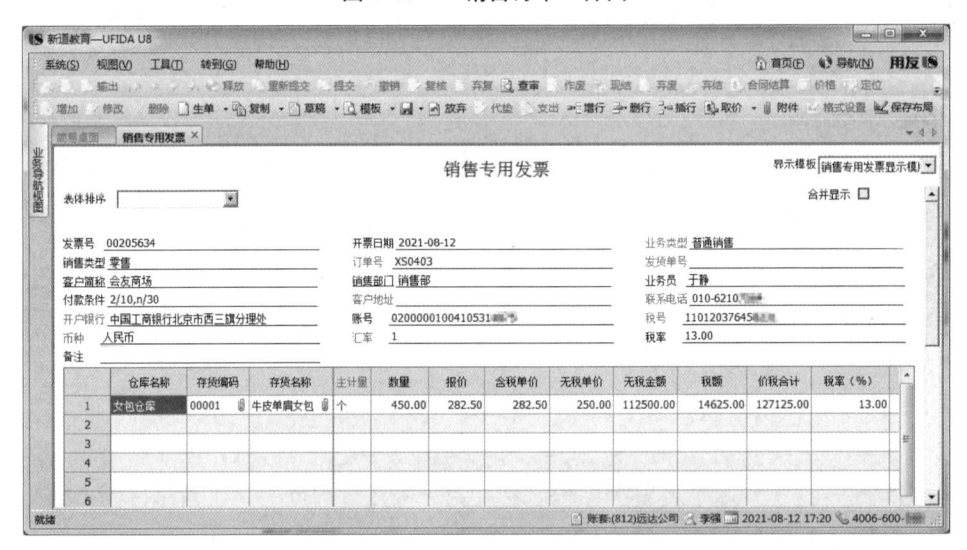

图 4-87 "销售专用发票"界面

（5）库管人员马月在企业应用平台中，执行"业务工作|供应链|库存管理|出库业务|销售出库单"命令，进入"销售出库单"界面。找到此业务的销售出库单，单击"审核"按钮即可完成审核，如图 4-88 所示。

（6）财务副总刘方在企业应用平台中，执行"业务工作|财务会计|应收款管理|应收单据处理|应收单据审核"命令，打开"应收单查询条件"对话框。单击"确定"按钮，进入"单据处理"界面。在"应收单据列表"中选择对应的销售专用发票，单击"审核"按钮，系统会给出审核结果的提示信息，以显示单据是否被审核成功。只有单据被审核成功才可以制单。

（7）会计李强在企业应用平台中，执行"业务工作|财务会计|应收款管理|制单处理"命令，打开"制单查询"对话框。按照"发票制单"条件制单，单击"确定"按钮，进入"制单"界面。设置"凭证类别"为"记账凭证"，双击该发票所在行，在"选择标志"栏中会显示数字标志，单击"制单"按钮，进入"填制凭证"界面。

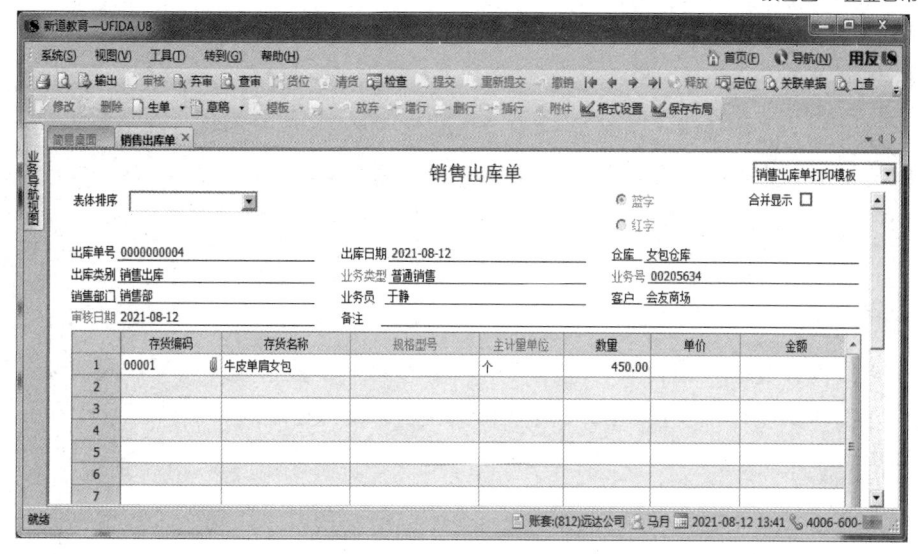

图 4-88 "销售出库单"界面

单击"主营业务收入"所在行，将鼠标指针移至"项目"辅助项上，当鼠标指针变成蓝色钢笔形状时双击，打开"辅助项"对话框。设置"项目"辅助项为"牛皮单肩女包"，单击"确定"按钮，完成辅助项的设置。同理，设置"应收账款"科目的辅助项信息："票号"为"00205634"、"日期"为"2021.08.12"，单击"保存"按钮，生成记账凭证，如图 4-89 所示。

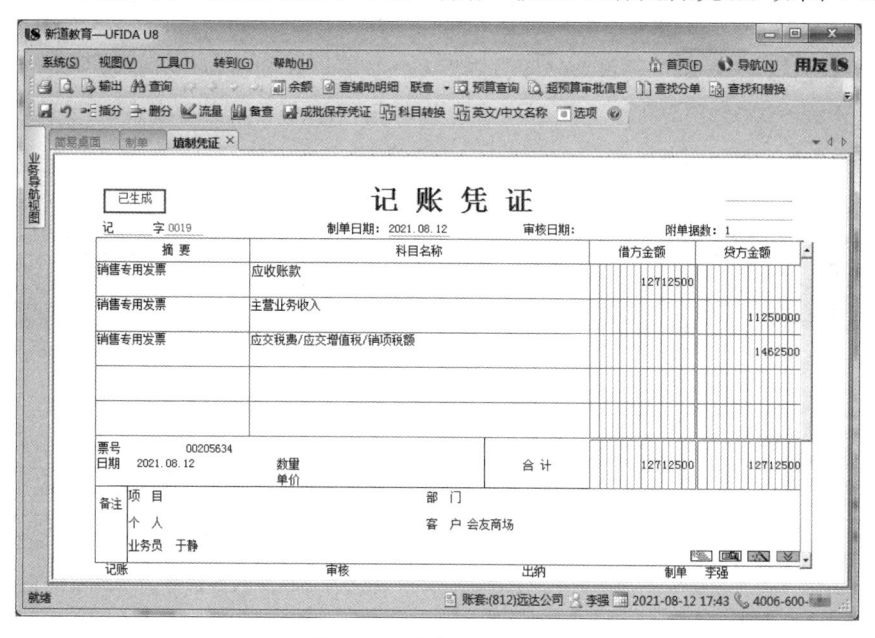

图 4-89 生成的记账凭证

任务十七 委托代销业务

任务目标：

完成委托代销的业务操作。

【任务资料】

2021年8月15日，销售人员于静与会友商场签订委托代销合同（合同编号为WT0401），采用视同买断的方式委托会友商场代销400个羊皮男式商务包，无税单价为900元，增值税税率为13%。400个羊皮男式商务包即日已发给会友商场。每月月底结算一次并开具增值税发票。

【任务说明】

此业务是签订委托代销合同、委托代销发货的业务。要完成此业务，就需要进行委托代销销售订单和委托代销发货单的录入与审核，并审核销售出库单。

【岗位说明】

销售人员于静录入委托代销销售订单和委托代销发货单，账套主管杨帆审核委托代销销售订单和委托代销发货单，库管人员马月审核销售出库单。

【任务操作路径】

（1）销售人员于静在企业应用平台中，执行"业务工作|供应链|销售管理|销售订货|销售订单"命令，进入"销售订单"界面。

单击"增加"按钮，在表头中设置"订单号"为"WT0401"、"业务类型"为"委托代销"、"销售类型"为"零售"、"客户简称"为"会友商场"、"销售部门"为"销售部"、"业务员"为"于静"；在表体中设置"存货名称"为"羊皮男式商务包"、"数量"为"400.00"、"无税单价"为"900.00"，其他信息由系统自动带出，单击"保存"按钮，完成该委托代销销售订单的录入，如图4-90所示。

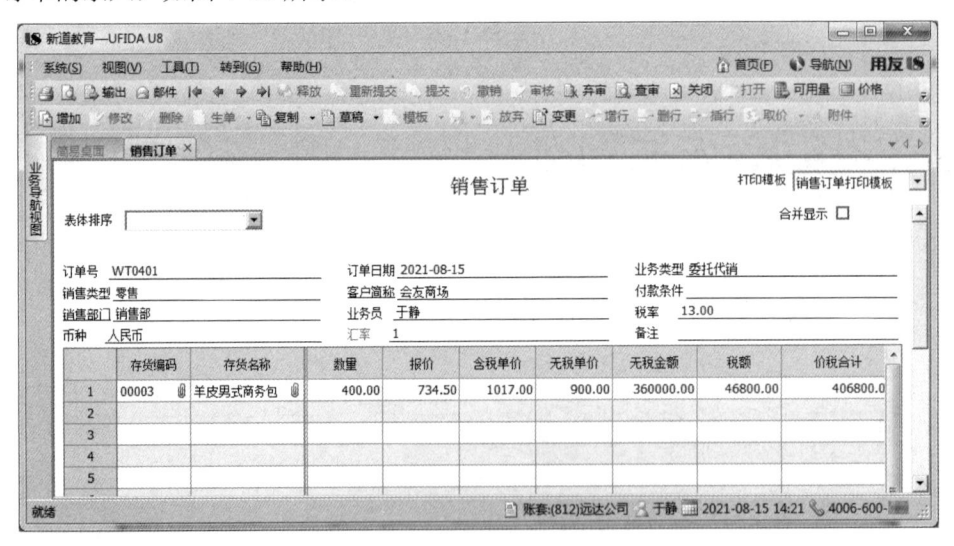

图4-90 "销售订单"界面

（2）账套主管杨帆在企业应用平台中，执行"业务工作|供应链|销售管理|销售订货|销售订单"命令，进入"销售订单"界面，对该委托代销销售订单进行审核。单击"审核"按钮即可完成审核。

（3）销售人员于静在企业应用平台中，执行"业务工作|供应链|销售管理|委托代销|委托代销发货单"命令，进入"委托代销发货单"界面。单击"增加"按钮，打开"查询条件选择—参照订单"对话框。单击"确定"按钮，打开"参照生单"窗口。选中"订单号"为"WT0401"的订单，单击"确定"按钮，返回"委托代销发货单"界面，相关信息由系统自动带出，设置"发运方式"为"发货"、"仓库"为"男包仓库"，单击"保存"按钮，完成该委托代销发货单的录入。

（4）账套主管杨帆在企业应用平台中，执行"业务工作|供应链|销售管理|委托代销|委托代销发货单"命令，进入"委托代销发货单"界面，对该委托代销发货单进行审核。找到该委托代销发货单，单击"审核"按钮即可完成审核，如图 4-91 所示。

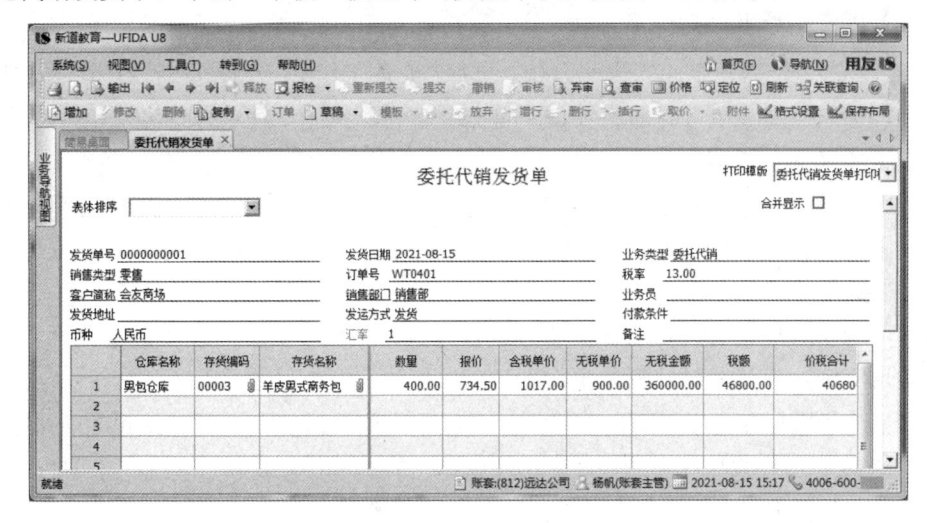

图 4-91　"委托代销发货单"界面

（5）库管人员马月在企业应用平台中，执行"业务工作|供应链|库存管理|出库业务|销售出库单"命令，进入"销售出库单"界面。找到此业务的销售出库单，单击"修改"按钮，设置"单价"为"900.00"，先单击"保存"按钮，再单击"审核"按钮，完成对该销售出库单的处理。

任务十八　销售发货业务

任务目标：

完成销售发货的业务操作。

【任务资料】

2021 年 8 月 15 日，远达公司按照 8 月 1 日的合同（合同编号为 XS0401）约定向会友商场送货（450 个男式双肩电脑包），以现金代垫运输费用 600 元，收到会友商场开出的为期 2 个月的商业承兑汇票（汇票号为 00107634，用于支付用预收款冲抵后的剩余货款）。

微课 4-4　销售发货业务处理

【任务说明】

此业务是签订销售合同、查询发货并销售出库送货、垫付费用、收款及预收冲抵的业务。要完成此业务，就需要进行发货单的查询和销售出库单的审核，收款单和代垫费用单的录入、审核及制单，以及预收冲应收制单。

【岗位说明】

销售人员于静查询发货单和录入代垫费用单，库管人员马月审核销售出库单，财务副总刘方审核收款单据和应收单据，出纳王瑞录入收款单，账套主管杨帆修改收款单单据格式、审核代垫费用单，会计李强完成预收冲应收处理及凭证制作。

【任务操作路径】

（1）销售人员于静在企业应用平台中，执行"业务工作|供应链|销售管理|销售发货|发货单"命令，进入"发货单"界面。单击"首张"按钮，找到"订单号"为"XS0401"的发货单，查询并确认发货信息。

（2）库管人员马月在企业应用平台中，执行"业务工作|供应链|库存管理|出库业务|销售出库单"命令，进入"销售出库单"界面。找到该销售出库单，单击"审核"按钮即可完成审核。

（3）账套主管杨帆对收款单单据格式进行修改。添加收款单的表头数据项"到期日"，以便完整填写商业承兑汇票的收款单。

账套主管杨帆在企业应用平台中，执行"基础设置|单据设置|单据格式设置|应收款管理|应收收款单|显示|应收收款单"命令，显示收款单。单击"表头项目"按钮，打开"表头"对话框。设置"数据类型"为"日期/时间"、"显示名称"为"到期日"，如图4-92所示。

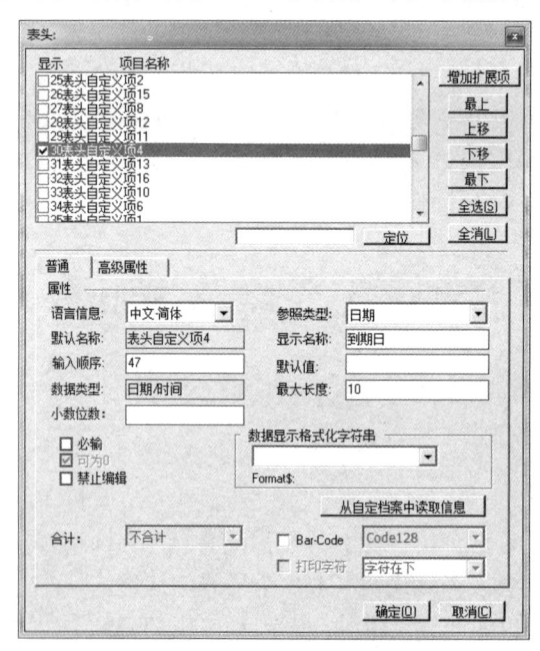

图4-92 "表头"对话框

将"到期日"项目的位置调整好,单击"保存"按钮,即在收款单中成功添加"到期日"项目,如图 4-93 所示。

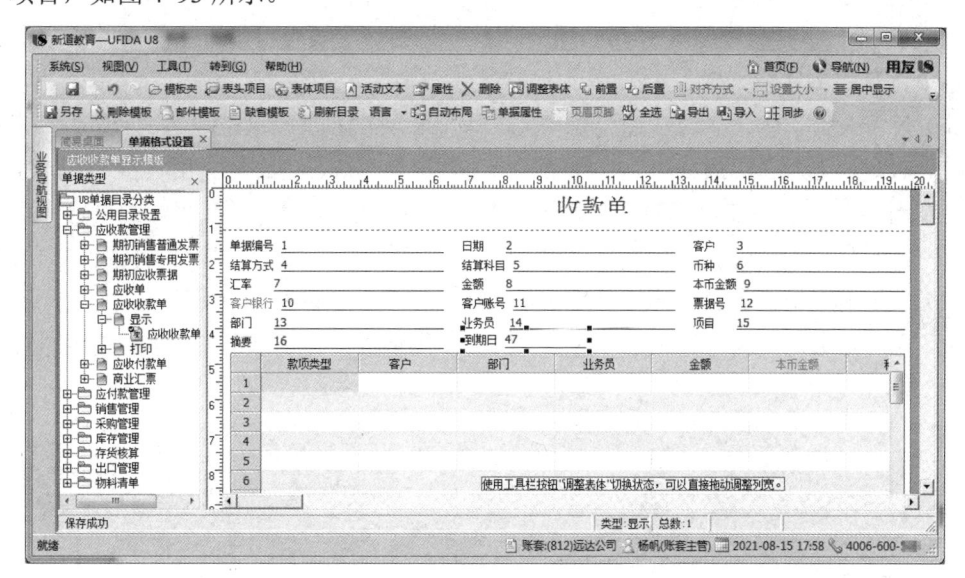

图 4-93 "到期日"项目添加完成

(4)出纳王瑞在企业应用平台中,执行"业务工作|财务会计|应收款管理|收款单据处理|收款单据录入"命令,进入"收付款单录入"界面。单击"增加"按钮,在表头中设置"客户"为"会友商场"、"结算方式"为"商业承兑汇票"、"金额"为"71 530.00"、"票据号"为"00107634"、"部门"为"财务部"、"业务员"为"王瑞"、"摘要"为"收取尾款"、"到期日"为"2021-10-15";单击表体中的任意一行,系统将自动带出相关信息,单击"保存"按钮即完成收款单的录入,如图 4-94 所示。

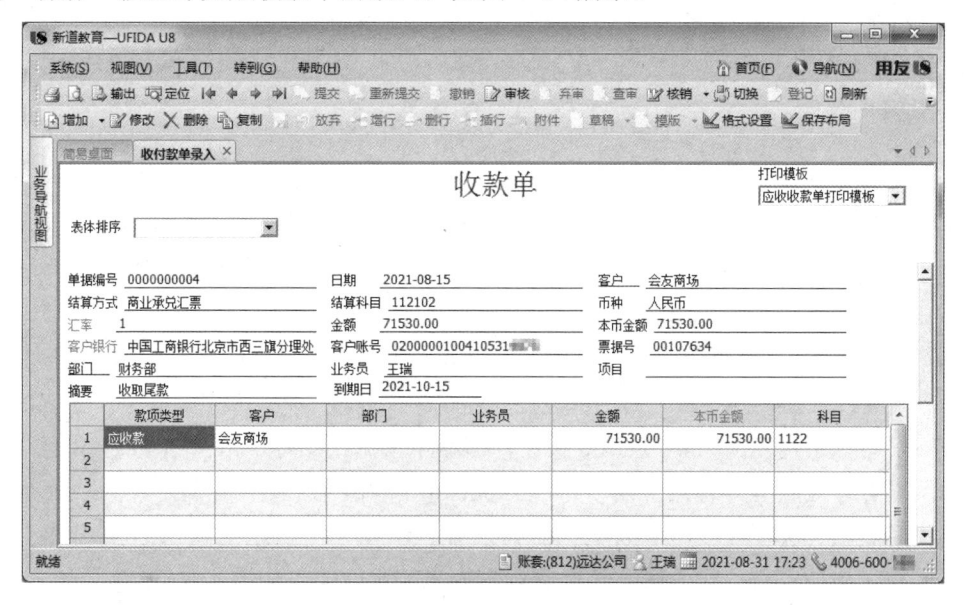

图 4-94 录入完成的收款单

(5)财务副总刘方在企业应用平台中,执行"业务工作|财务会计|应收款管理|收款单据处理|收款单据审核"命令,打开"收款单查询条件"对话框。单击"确定"按钮,进入"收付款单列表"界面。依次单击"全选"和"审核"按钮,系统会给出审核结果的提示信息,以显示单据是否被审核成功。

(6)销售人员于静在企业应用平台中,执行"业务工作|供应链|销售管理|代垫费用|代垫费用单"命令,进入"代垫费用单"界面。单击"增加"按钮,在表头中设置"客户简称"为"会友商场"、"销售部门"为"销售部"、"业务员"为"于静";在表体中设置"费用项目"为"运杂费"、"代垫金额"为"600.00",单击"保存"按钮,完成代垫费用单的录入。

(7)账套主管杨帆在企业应用平台中,执行"业务工作|供应链|销售管理|代垫费用|代垫费用单"命令,进入"代垫费用单"界面。找到该代垫费用单,单击"审核"按钮即可完成审核,如图 4-95 所示。

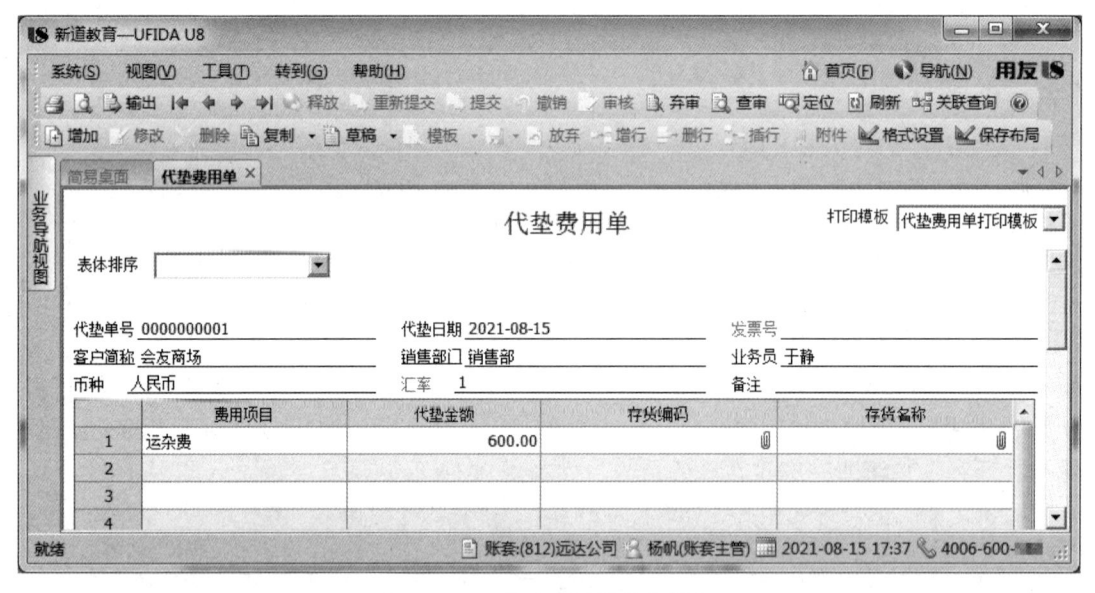

图 4-95 审核完成的代垫费用单

(8)财务副总刘方在企业应用平台中,执行"业务工作|财务会计|应收款管理|应收单据处理|应收单据审核"命令,打开"应收单查询条件"对话框。单击"确定"按钮,进入"单据处理"界面。在"应收单据列表"中选择相应的应收单据,即"其他应收单",单击"审核"按钮,系统会给出审核结果的提示信息,以显示单据是否被审核成功。

(9)会计李强在企业应用平台中,执行"业务工作|财务会计|应收款管理|转账|预收冲应收"命令,打开"预收冲应收"对话框。在"预收款"选项卡中,设置"客户"为"001-北京会友商贸有限公司",单击"过滤"按钮,即显示单据记录行。单击 2021 年 8 月 1 日的收款单所在行,设置其"转账金额"为"20 000.00",如图 4-96 所示。

在"应收款"选项卡中,单击"过滤"按钮,显示单据记录行。单击 2021 年 8 月 1 日的销售专用发票所在行,设置其"转账金额"为"20 000.00"如图 4-97 所示。

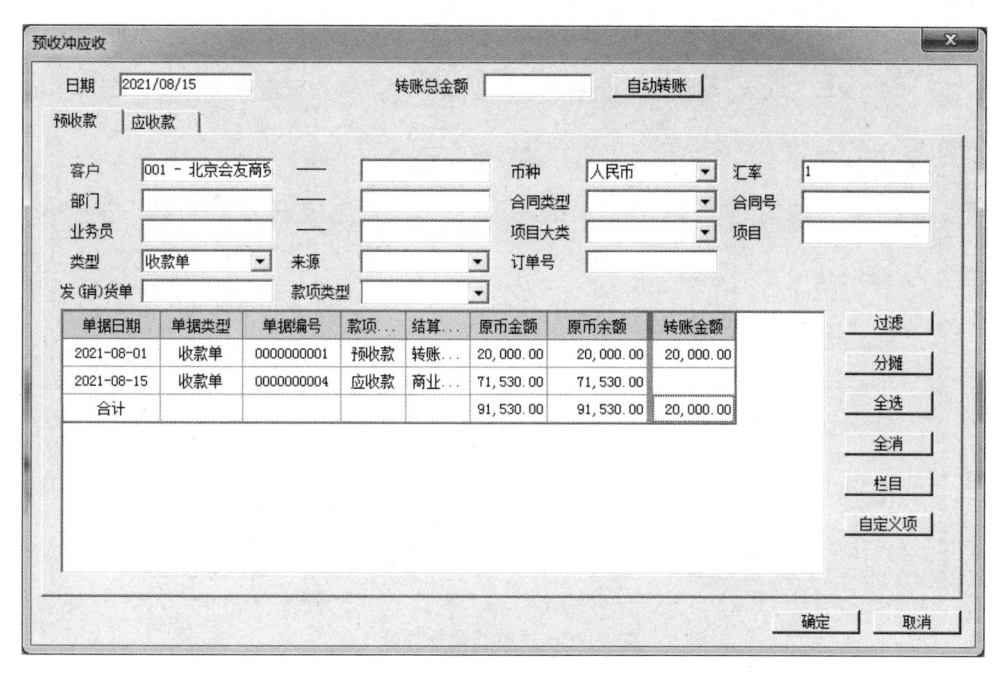

图 4-96 "预收款"选项卡

图 4-97 "应收款"选项卡

单击"确定"按钮,系统给出"是否立即制单"的提示信息,单击"是"按钮,打开"填制凭证"对话框。此时,"预收账款"科目的分录金额显示红字,将鼠标指针移至红字贷方金额"20 000.00"处,按空格键将红字贷方金额移至借方金额处,红字即变为黑字,设置"凭证类别"为"记账凭证",在确认无误之后,单击"保存"按钮,生成记账凭证,如图 4-98 所示。

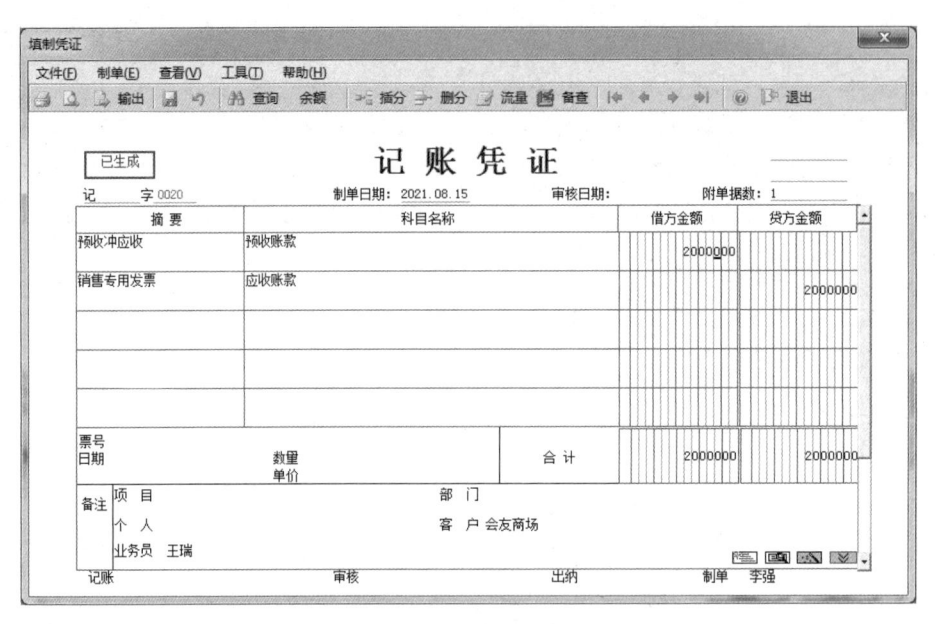

图 4-98 生成的记账凭证 1

执行"业务工作|财务会计|应收款管理|制单处理"命令,打开"制单查询"对话框。勾选"应收单制单"和"收付款单制单"复选框,单击"确定"按钮,进入"制单"界面。依次单击"全选"和"制单"按钮,进入"填制凭证"界面。设置"其他应收单"的"凭证类别"为"记账凭证",单击"保存"按钮,生成记账凭证,如图 4-99 所示。

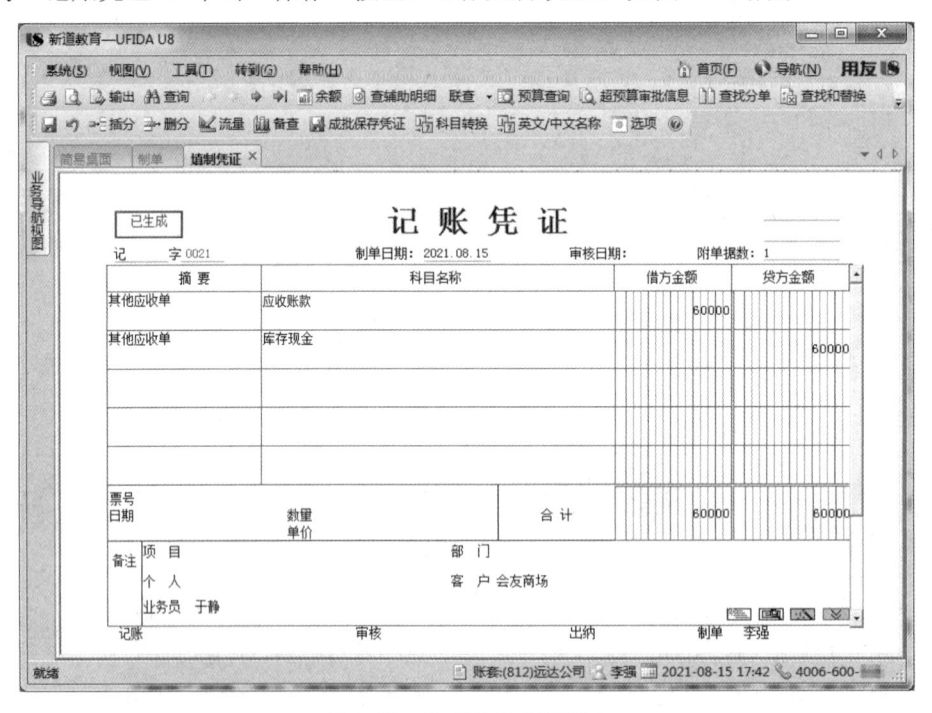

图 4-99 生成的记账凭证 2

单击"下张"按钮,设置该收款单的"凭证类别"为"记账凭证"。在确认信息无误后,单击"保存"按钮，生成记账凭证，结果如图 4-100 所示。

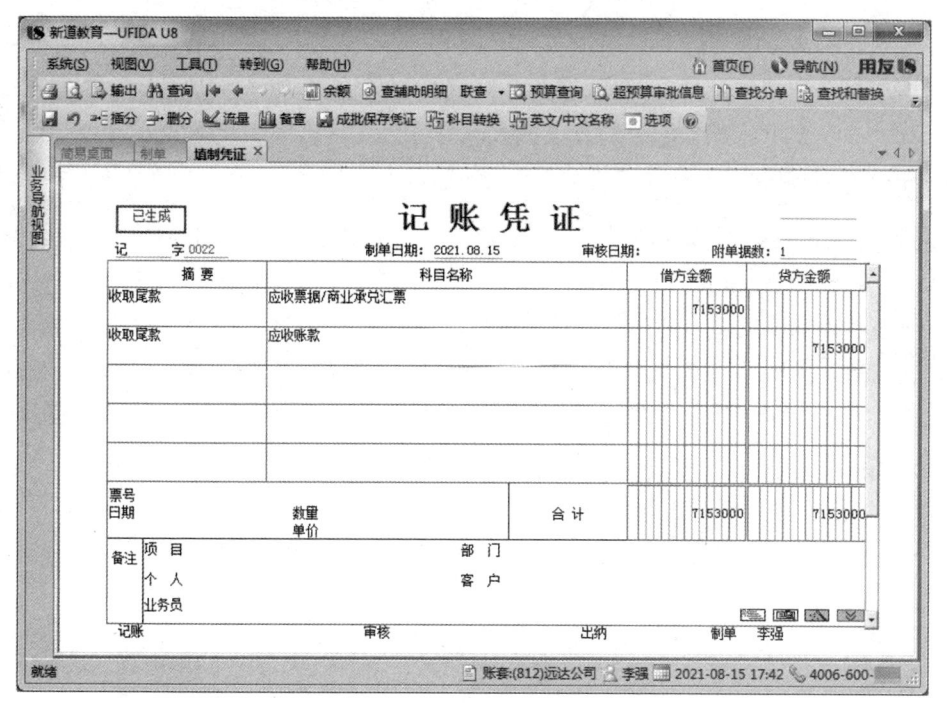

图 4-100 生成的记账凭证 3

提示：

- 本业务不采用票据管理。
- 代垫费用单在通过审核后，即可自动生成其他应收单。若单击"弃审"按钮，则自动删除所生成的其他应收单。
- 预收冲应收制单功能受应付款管理系统"选项/凭证"选项卡中的"预收冲应收生成凭证"选项的控制。

任务十九 分批发货业务

任务目标：

完成分批发货的业务操作。

【任务资料】

2021 年 8 月 17 日，远达公司按 8 月 1 日的合同（合同编号为 XS0402）对嘉美公司进行第二批发货（1 600 个牛仔布双肩女包），对方用转账支票（票号为 12203674）支付剩余 60%的合同货款。

【任务说明】

此业务是销售发货、销售出库、收款的业务。要完成此业务，就需要进行发货单、收款单的录入与审核，销售出库单的审核，并进行制单。

【岗位说明】

销售人员于静录入发货单，账套主管杨帆审核发货单，库管人员马月审核销售出库单，出纳王瑞录入收款单，财务副总刘方审核收款单，会计李强填制记账凭证。

【任务操作路径】

（1）销售人员于静在企业应用平台中，执行"业务工作|供应链|销售管理|销售发货|发货单"命令，进入"发货单"界面。单击"增加"按钮，打开"查询条件选择—参照订单"对话框。单击"确定"按钮，打开"参照生单"窗口。选择2021年8月1日未对嘉美公司发货的销售订单，单击"确定"按钮，返回"发货单"界面，相关信息被自动带出。在表头中设置"发运方式"为"发货"，在表体中设置"仓库"为"女包仓库"，单击"保存"按钮即完成发货单的录入。

（2）账套主管杨帆在企业应用平台中，执行"业务工作|供应链|销售管理|销售发货|发货单"命令，进入"发货单"界面。找到该发货单，在确认信息无误后单击"审核"按钮，完成对该发货单的审核，如图4-101所示。

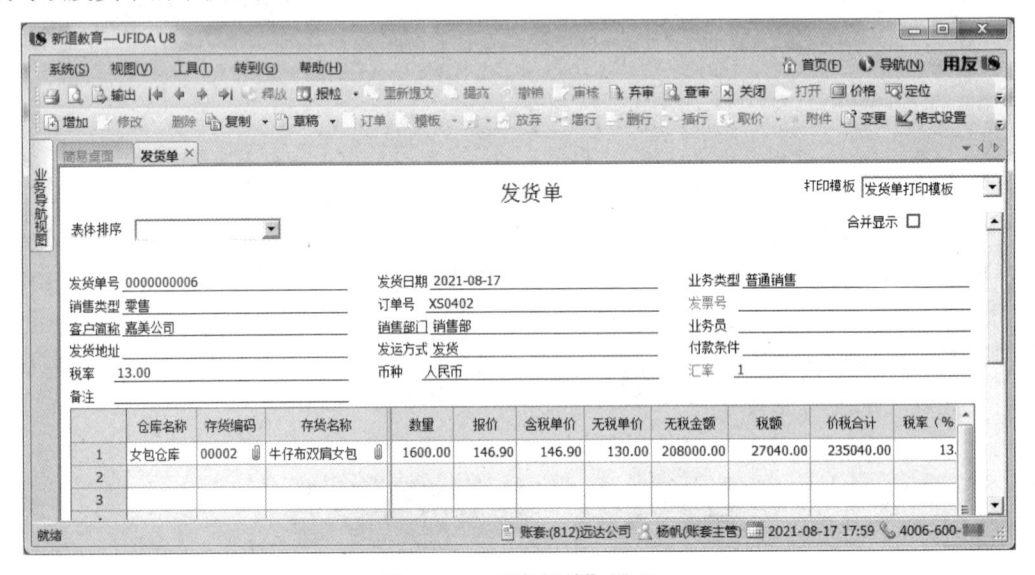

图4-101　"发货单"界面

（3）库管人员马月在企业应用平台中，执行"业务工作|供应链|库存管理|出库业务|销售出库单"命令，进入"销售出库单"界面。找到此业务的销售出库单，在确认信息无误后单击"审核"按钮，完成对该销售发货单的审核。

（4）出纳王瑞在企业应用平台中，执行"业务工作|财务会计|应收款管理|收款单据处理|收款单据录入"命令，进入"收款单"界面。单击"增加"按钮，在表头中设置"客户"为"嘉美公司"、"结算方式"为"转账支票"、"金额"为"185 094.00"、"票据号"为"12203674"、"部门"为"财务部"、"业务员"为"王瑞"、"摘要"为"收取尾款"；单击表体的任意一行，相关信息被自动带出，单击"保存"即完成收款单的录入，如图4-102所示。

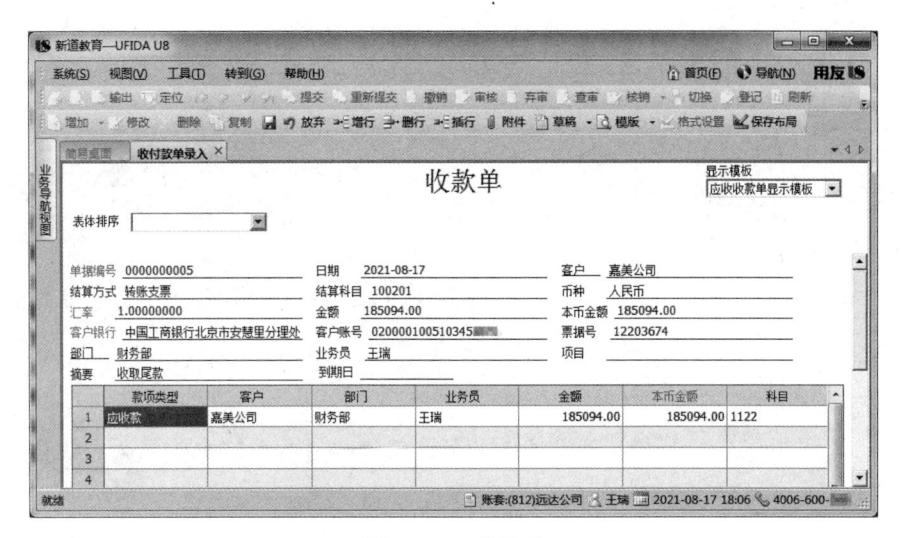

图 4-102　收款单

（5）财务副总刘方在企业应用平台中，执行"业务工作|财务会计|应收款管理|收款单据处理|收款单据审核"命令，打开"收款单查询条件"对话框。单击"确定"按钮，进入"收付款单列表"界面。选择该收款单，单击"审核"按钮，在打开的提示对话框中单击"确定"按钮，完成对该收款单的审核。

（6）会计李强在企业应用平台中，执行"业务工作|财务会计|应收款管理|制单处理"命令，打开"制单查询"对话框。勾选"收付款单制单"复选框，单击"确定"按钮，进入"制单"界面。选择需要制单的凭证，设置"凭证类别"为"记账凭证"，单击"制单"按钮，进入"填制凭证"界面，在确认信息无误后，单击"保存"按钮即生成记账凭证，如图 4-103 所示。

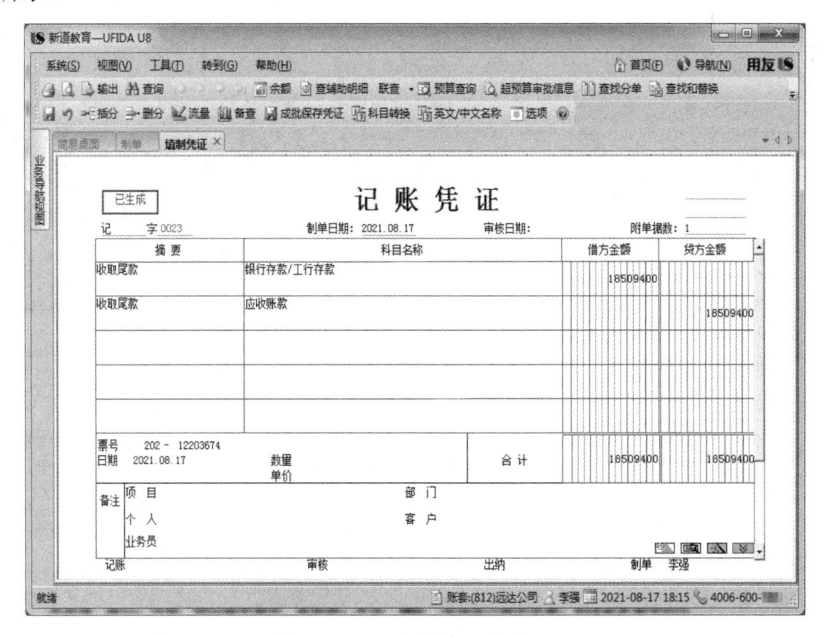

图 4-103　生成的记账凭证

任务二十　支付采购尾款业务

任务目标：

完成支付采购尾款的业务操作。

【任务资料】

2021年8月17日，远达公司支付合同编号为CG0402的采购合同订购的500个牛皮单肩女包的剩余尾款。电汇票号为10357607。

【任务说明】

此业务是支付尾款的业务。要完成此业务，就需要进行付款单的录入、审核与制单，以及进行预付冲应付转账处理。

【岗位说明】

出纳王瑞录入付款单，财务副总刘方审核付款单，会计李强制单、进行预付冲应付转账处理。

【任务操作路径】

（1）录入付款单并进行账务处理。

① 出纳王瑞在企业应用平台中，执行"业务工作|财务会计|应付款管理|付款单据处理|付款单据录入"命令，进入"收付款单录入"界面。单击"增加"按钮，在表头中设置"供应商"为"欣悦公司"、"结算方式"为"电汇"、"金额"为"110 000.00"、"票据号"为"10357607"、"部门"为"财务部"、"业务员"为"王瑞"、"摘要"为"支付尾款"；在表体中单击任意单元格，系统将自动生成一条记录，单击"保存"按钮，如图4-104所示。

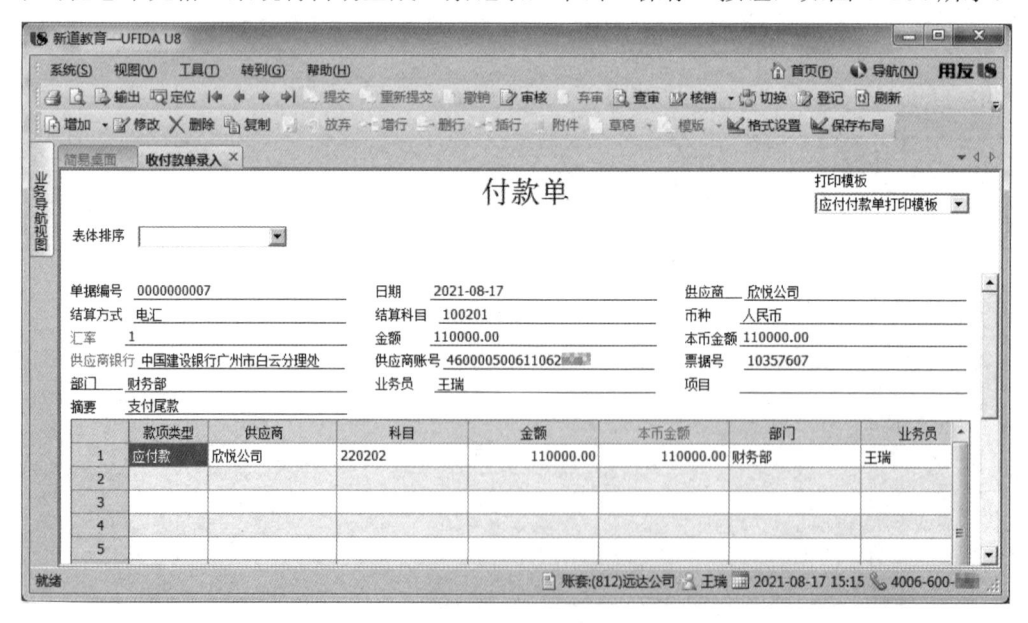

图4-104　付款单

② 财务副总刘方在企业应用平台中，执行"业务工作|财务会计|应付款管理|付款单据处理|付款单据审核"命令，打开"付款单过滤条件"对话框。单击"确定"按钮，进入"收付款单列表"界面。选择该付款单，单击"审核"按钮，系统会给出审核结果的提示信息，以显示单据是否被审核成功。单击"确定"按钮，"审核人"一栏显示"刘方"即表示审核成功。

③ 会计李强在企业应用平台中，执行"业务工作|财务会计|应付款管理|制单处理"命令，打开"制单查询"对话框。勾选"收付款单制单"复选框，单击"确定"按钮，进入"制单"界面。单击"全选"按钮，该付款单被选中，设置"凭证类别"为"记账凭证"，单击"制单"按钮，进入"填制凭证"界面。设置"银行存款/工行存款"科目的辅助项信息："票号"为"5-10357607"、"日期"为"2021.08.17"，单击"保存"按钮，生成记账凭证，如图4-105所示。

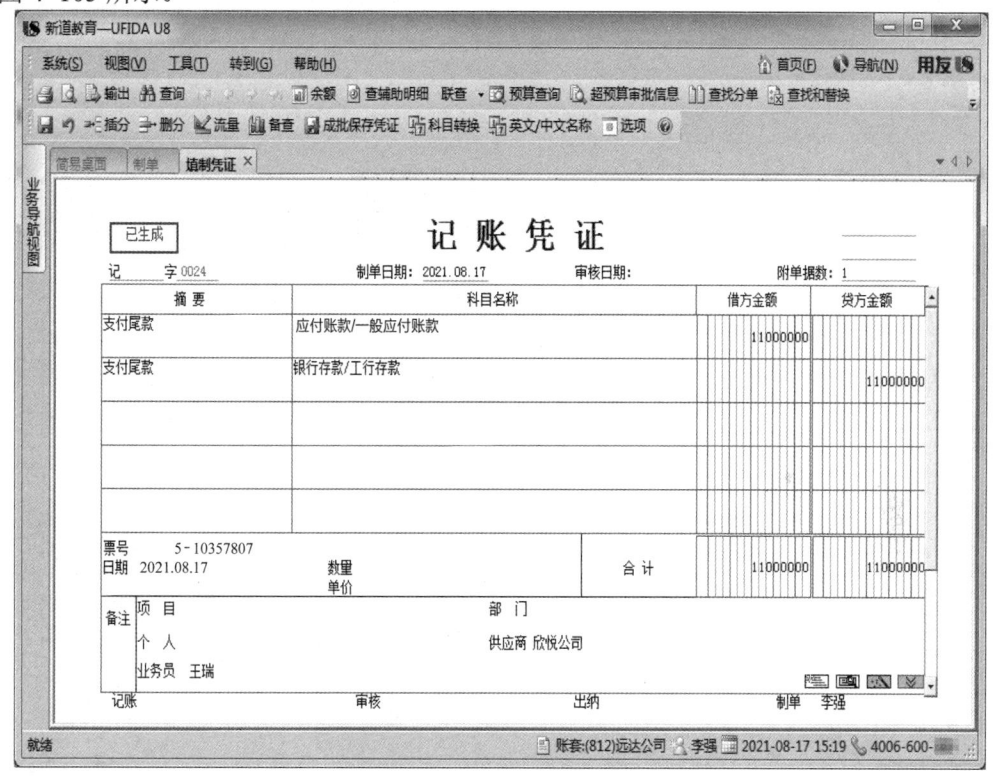

图4-105　生成的记账凭证

（2）进行预付冲应付转账处理并制单。

会计李强在企业应用平台中，执行"业务工作|财务会计|应付款管理|转账|预付冲应付"命令，打开"预付冲应付"对话框。在"预付款"选项卡中，设置"供应商"为"002-广州欣悦有限公司"，单击"过滤"按钮，并设置"单据日期"为"2021-08-02"的"付款单"的"转账金额"为"3 000.00"，如图4-106所示。

在"应付款"选项卡中，单击"过滤"按钮，并设置"单据日期"为"2021-08-11"的"采购专用发票"的"转账金额"为"3 000.00"，如图4-107所示。

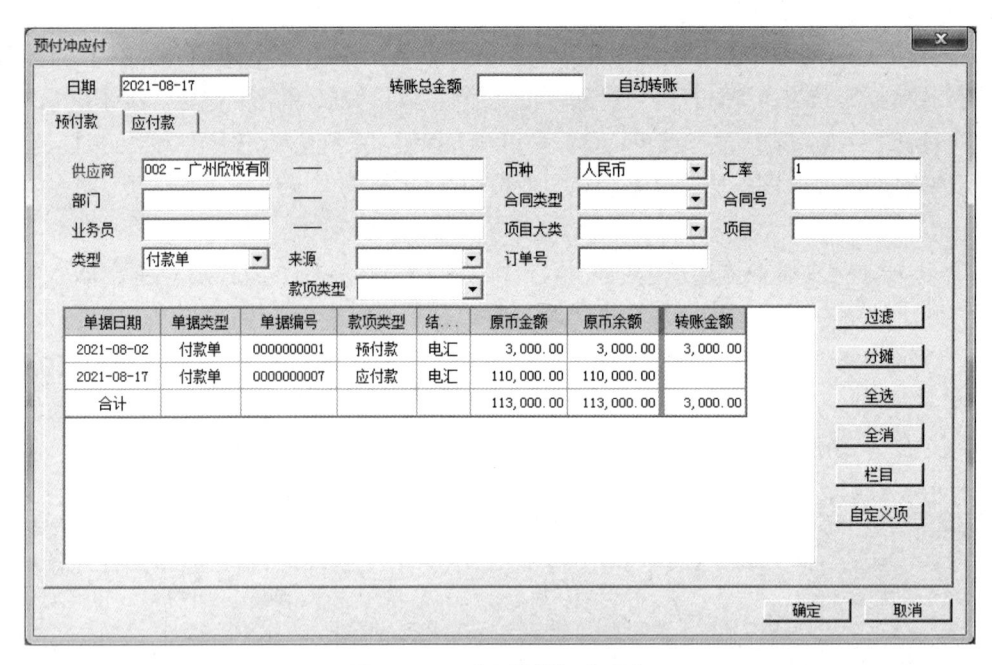

图 4-106 "预付款"选项卡

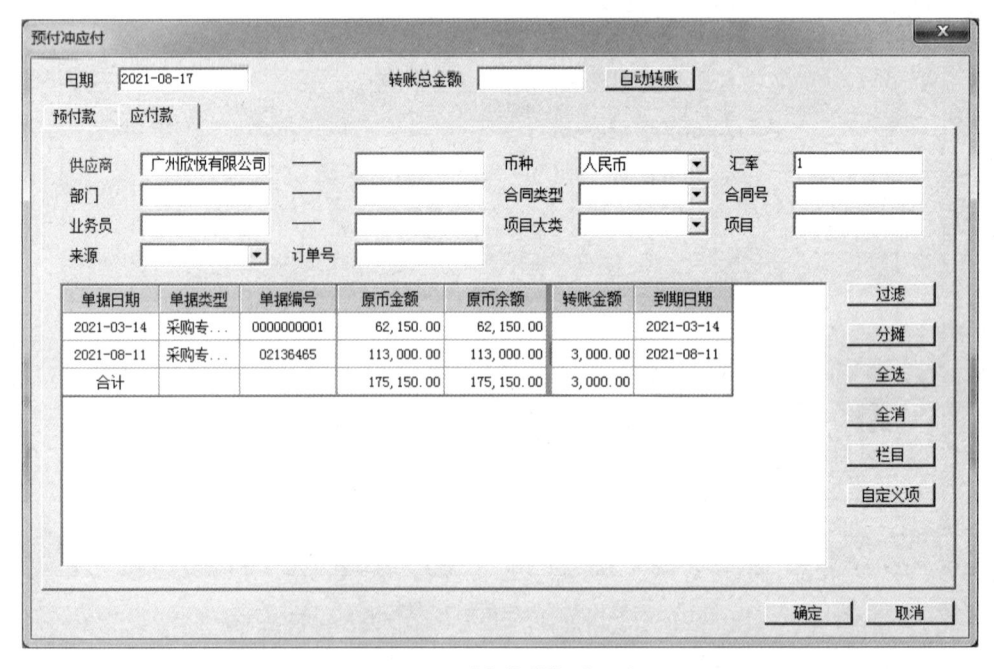

图 4-107 "应收款"选项卡

单击"确定"按钮,系统给出"是否立即制单"的提示信息。单击"是"按钮,打开"填制凭证"对话框。此时"预付账款"科目的分录金额显示红字,将鼠标指针移至红字借方金额"3 000.00"处,按空格键将红字借方金额移至贷方金额处,红字变为黑字,设置"凭证类别"为"记账凭证"。在确认信息无误之后,单击"保存"按钮,生成记账凭证,如图 4-108 所示。

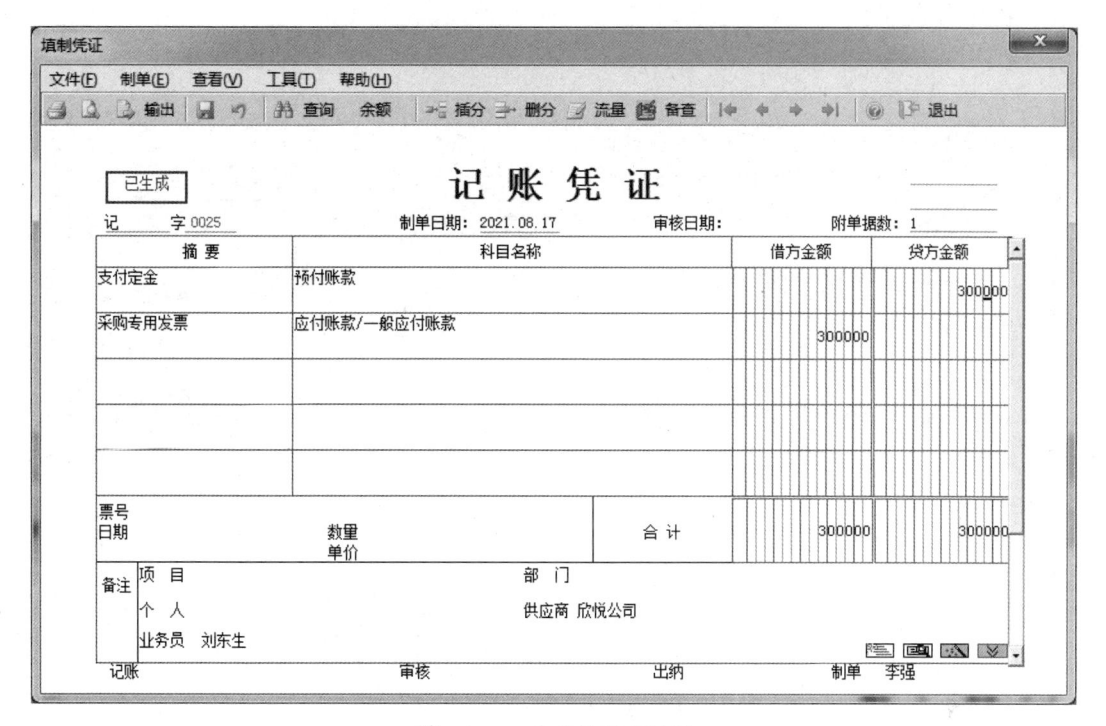

图 4-108　生成的记账凭证

任务二十一　现金折扣处理

任务目标：

完成现金折扣的业务操作。

【任务资料】

2021 年 8 月 19 日，会友商场以转账支票（票号为 13200756）向远达公司支付 400 个牛皮单肩女包的货款，远达公司给予会友商城 2% 的现金折扣。销售合同编号为 XS0403。

【任务说明】

此业务是有现金折扣的收款业务。要完成此业务，就需要完成收款单的录入及制单操作。

【岗位说明】

出纳王瑞录入收款单，会计李强制单。

【任务操作路径】

（1）出纳王瑞在企业应用平台中，执行"业务工作|财务会计|应收款管理|选择收款"命令，打开"选择收款——条件"对话框。设置"客户"为"001 会友商场"，勾选"可享受折扣"复选框，如图 4-109 所示。单击"确定"按钮，进入"选择收款列表"界面。

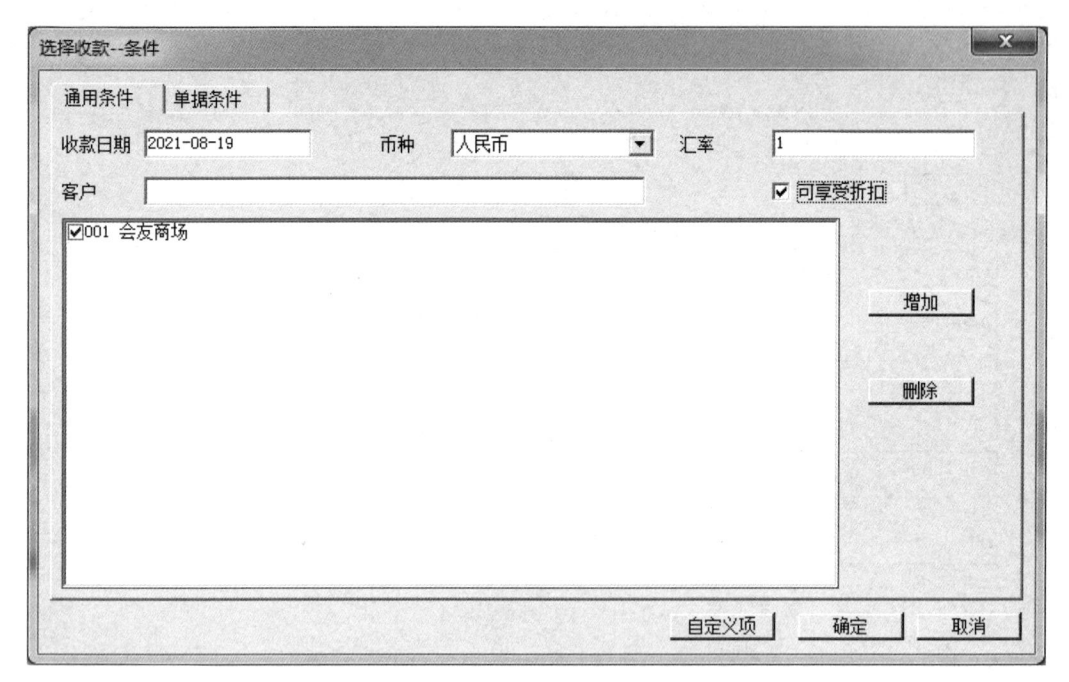

图 4-109 "选择收款——条件"对话框

选中此业务的应收单据，单击"确认"按钮，打开"选择收款——收款单"对话框。设置"结算方式"为"202 转账支票"、"票据号"为"13200756"，单击"确定"按钮，完成收款单选择，如图 4-110 所示。

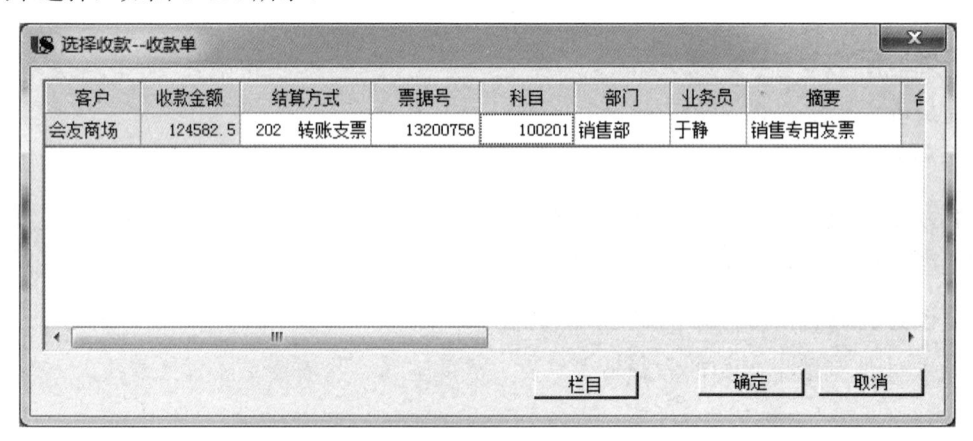

图 4-110 "选择收款——收款单"对话框

（2）会计李强在企业应用平台中，执行"业务工作|财务会计|应收款管理|制单处理"命令，打开"制单查询"对话框。勾选"收付款单制单"和"核销制单"复选框，单击"确定"按钮，进入"制单"界面。选择需要制单的凭证，单击"制单"按钮，进入"填制凭证"界面。设置"凭证类别"为"记账凭证"，此时核销分录金额显示红字，将鼠标指针移至红字贷方金额"124 582.50"处，按空格键将红字贷方金额移至借方金额处，红字即变为黑字。在确认信息无误之后，单击"保存"按钮，生成记账凭证，如图 4-111 所示。

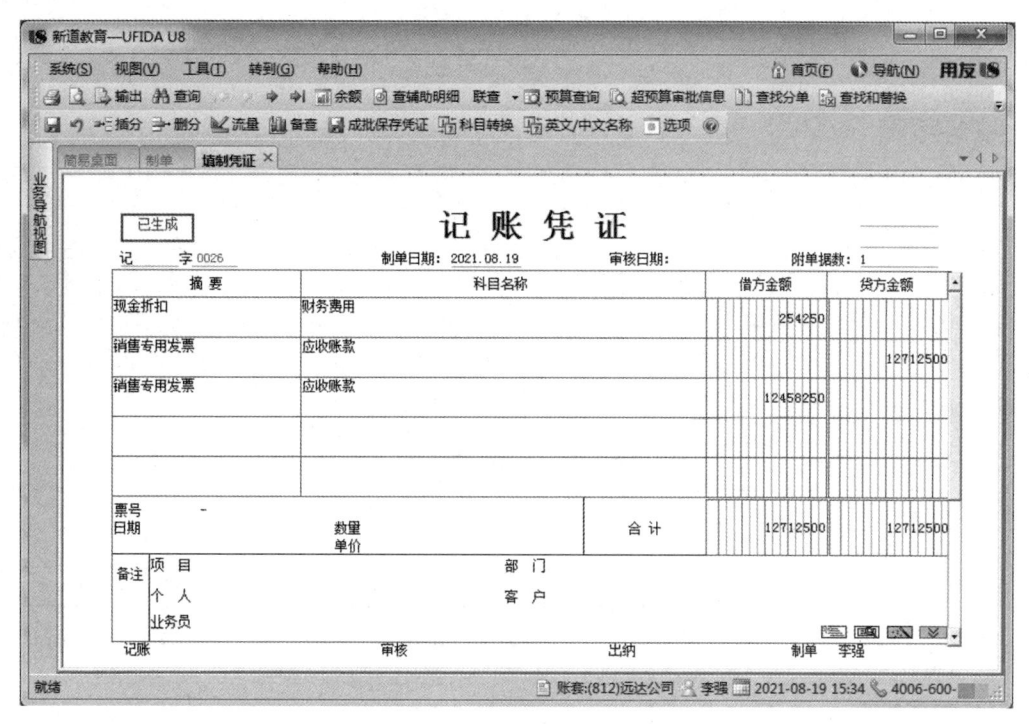

图 4-111　生成的记账凭证 1

单击"下张"按钮,设置"凭证类别"为"记账凭证",设置"应收账款"科目的"票号"辅助项为"202-13200756"、"日期"辅助项为"2021.08.19"。在确认信息无误后,单击"保存"按钮,生成记账凭证,如图 4-112 所示。

图 4-112　生成的记账凭证 2

任务二十二　购置固定资产业务

任务目标：

完成购置固定资产的业务操作。

【任务资料】

2021年8月24日，采购部向越阳汽车公司购置的一辆东风厢式货车到货，购车价为70 000元，收到增值税专用发票（发票号为00758731），增值税税率为13%，价税合计为79 100元。采购部以转账支票（票号为13200760）支付货款。新增固定资产的资料如表4-1所示。

表4-1　新增固定资产

卡片编号	0006
固定资产名称	东风厢式货车
类别编号	03
类别名称	运输工具
使用部门	销售部
增加方式	直接购入
使用状况	在用
使用年限/月	120
折旧方法	平均年限法（一）
开始使用日期	2021年8月24日
币种	人民币
原值/元	70 000
净残值率/%	5
净残值/元	3 500
对应折旧科目	销售费用——折旧费

【任务说明】

此业务是购置固定资产的业务。要完成此业务，就需要进行固定资产的采购、到货、入库处理，录入采购专用发票，审核应付单据，生成固定资产卡片，以及进行新增固定资产制单处理。

【岗位说明】

采购人员刘东生进行固定资产的采购、到货处理及录入采购专用发票，库管人员马月进行固定资产入库处理，账套主管杨帆对采购订单、到货单、采购入库单进行审核，财务副总刘方对应付单据进行审核，会计李强进行新增固定资产的制单。

微课4-5　购置固定资产业务

【任务操作路径】

(1) 固定资产采购处理。

① 采购人员刘东生在企业应用平台中，执行"业务工作|供应链|采购管理|采购订货|采

购订单"命令,进入"采购订单"界面。

单击"增加"按钮,在表头中设置"业务类型"为"固定资产"、"采购类型"为"厂家供货"、"供应商"为"越阳汽车公司"、"部门"为"采购部"、"业务员"为"刘东生";在表体中设置"存货编码"为"00006"、"存货名称"为"汽车"、"数量"为"1.00"、"原币单价"为"70 000.00"、"计划到货日期"为"2021-08-24",其他信息由系统自动带出,单击"保存"按钮即完成采购订单的录入。

② 账套主管杨帆在企业应用平台中,执行"业务工作|供应链|采购管理|采购订货|采购订单"命令,进入"采购订单"界面。单击"审核"按钮,完成该采购订单的审核,如图 4-113 所示。

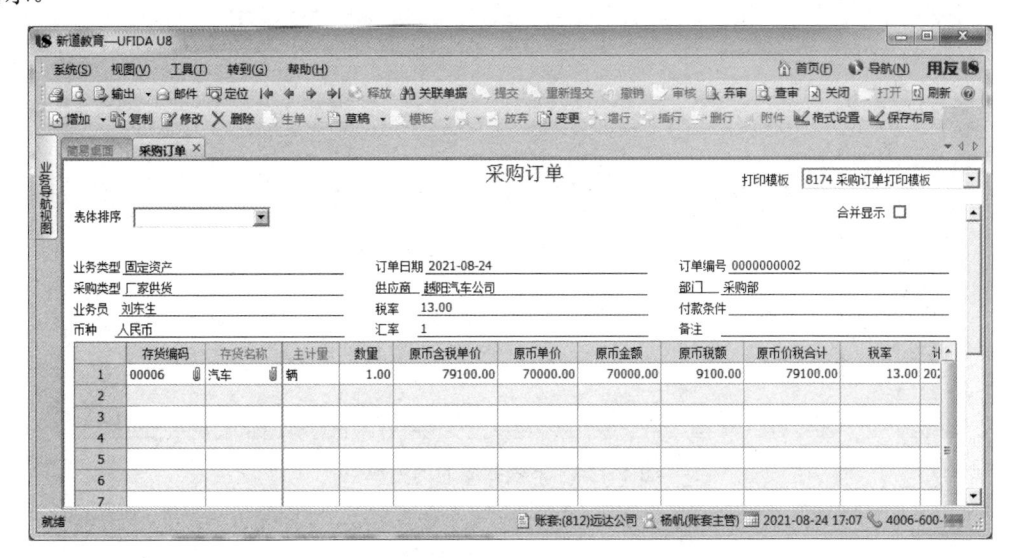

图 4-113　审核完成的采购订单

(2) 固定资产到货处理。

① 采购人员刘东生在企业应用平台中,执行"业务工作|供应链|采购管理|采购到货|到货单"命令,进入"到货单"界面。单击"增加"按钮,在表头中设置"业务类型"为"固定资产"。单击"生单|采购订单"按钮,打开"查询条件选择-采购订单列表过滤"对话框。单击"确定"按钮,打开"拷贝并执行"窗口。选中该采购订单,单击"确定"按钮,系统将返回"到货单"界面并自动生成到货单。单击"保存"按钮,保存该到货单。

② 账套主管杨帆在企业应用平台中,执行"业务工作|供应链|采购管理|采购到货|到货单"命令,进入"到货单"界面。找到该到货单,单击"审核"按钮,完成审核,如图 4-114 所示。

(3) 固定资产入库处理。

① 库管人员马月在企业应用平台中,执行"业务工作|供应链|库存管理|入库业务|采购入库单"命令,进入"采购入库单"界面。单击"生单|采购到货单(蓝字)"按钮,打开"查询条件选择-采购到货单列表"对话框。单击"确定"按钮,打开"到货单生单列表"窗口。在"到货单生单表头"中选择该到货单,单击"确定"按钮,返回"采购入库单"界面,系

统自动生成采购入库单。在表头中设置"仓库"为"固定资产仓库"、"入库类别"为"采购入库",单击"保存"按钮,完成该采购入库单的录入。

② 账套主管杨帆在企业应用平台中,执行"业务工作|供应链|库存管理|入库业务|采购入库单"命令,进入"采购入库单"界面。找到该采购入库单,单击"审核"按钮,完成审核,如图4-115所示。

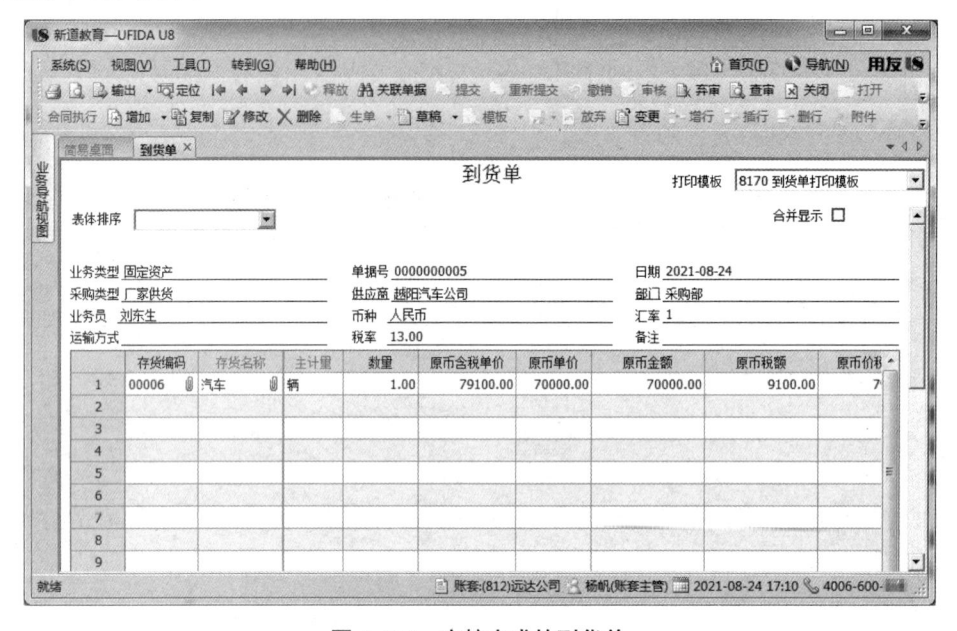

图4-114 审核完成的到货单

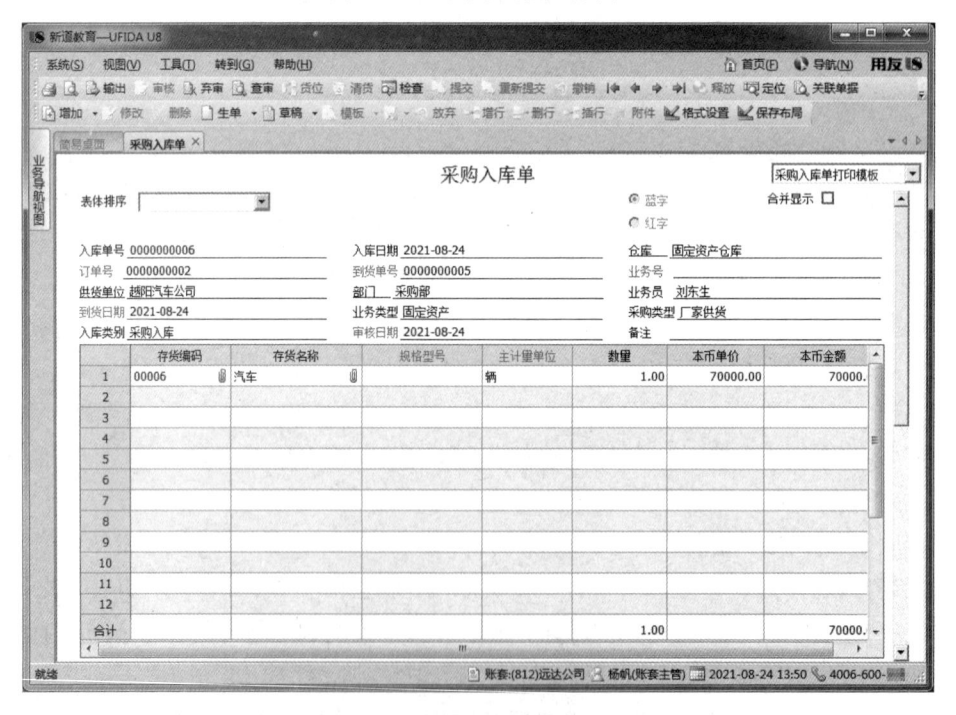

图4-115 审核完成的采购入库单

（4）录入采购专用发票。

采购人员刘东生在企业应用平台中，执行"业务工作|供应链|采购管理|采购发票|专用采购发票"命令，进入"专用发票"界面。单击"增加"按钮，在表头中设置"业务类型"为"固定资产"。单击"生单|入库单"按钮，打开"查询条件选择-采购入库单列表过滤"对话框。单击"确定"按钮，打开"拷贝并执行"窗口。在"发票拷贝订单表头列表"中双击该采购入库单的"选择"栏，选中该采购入库单，单击"确定"按钮，系统将采购入库单的信息自动传递给采购专用发票。设置"发票号"为"02137895"，单击"保存"按钮，保存该发票。

单击"现付"按钮，打开"采购现付"对话框。设置"结算方式"为"202-转账支票"、"原币金额"为"79 100.00"、"票据号"为"13200760"。单击"确定"按钮，完成该发票的现付处理。

单击"结算"按钮，完成该发票的结算，如图4-116所示。

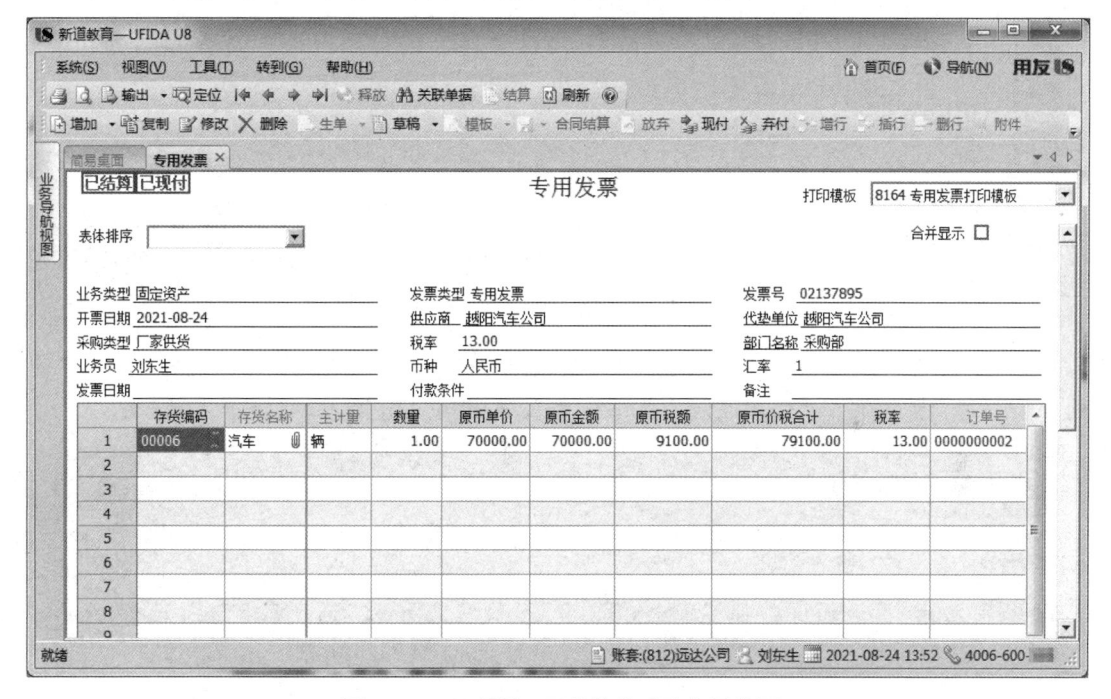

图 4-116　已现付、已结算的采购专用发票

（5）审核应付单据。

财务副总刘方在企业应用平台中，执行"业务工作|财务会计|应付款管理|应付单据处理|应付单据审核"命令，打开"应付单查询条件"对话框。勾选"未完全报销"和"包含已现结发票"复选框，单击"确定"按钮，进入"单据处理"界面。依次单击"全选"和"审核"按钮，系统给出"本次审核成功单据1张"的提示信息。单击"确定"按钮，返回"单据处理"界面，完成审核。

（6）生成固定资产卡片。

会计李强在企业应用平台中，执行"业务工作|财务会计|固定资产|卡片|采购资产"命

令，进入"采购资产"界面，查看未转采购资产订单列表。双击选中该订单，"选择"栏出现"Y"即表示被选中，如图4-117所示。

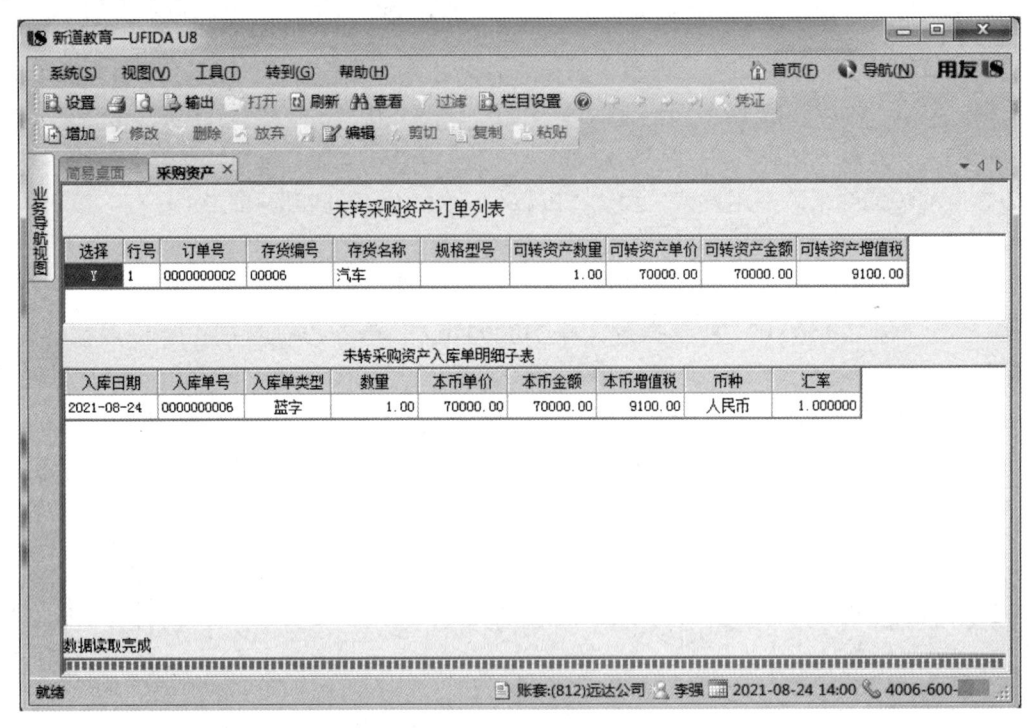

图4-117 "采购资产"界面

单击"增加"按钮，打开"采购资产分配设置"窗口。设置"类别编号"为"03"、"使用部门"为"销售部"、"使用状况"为"在用"，如图4-118所示。

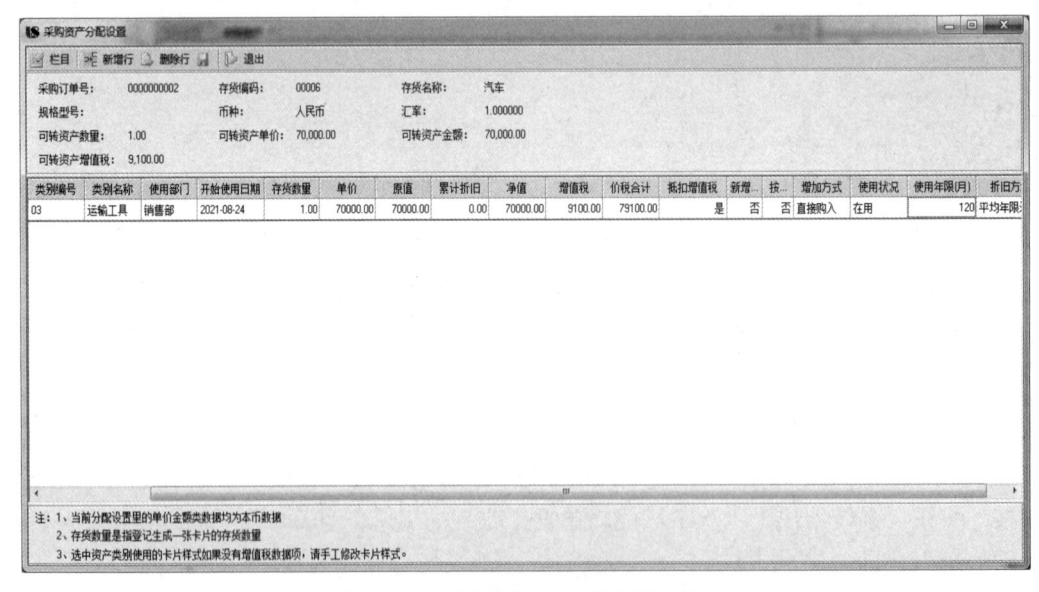

图4-118 "采购资产分配设置"窗口

单击"保存"按钮,进入"固定资产卡片"界面。设置"固定资产名称"为"东风厢式货车(见图4-119)",单击"保存"按钮,打开"固定资产"对话框。单击"确定"按钮,完成新增固定资产的业务处理。

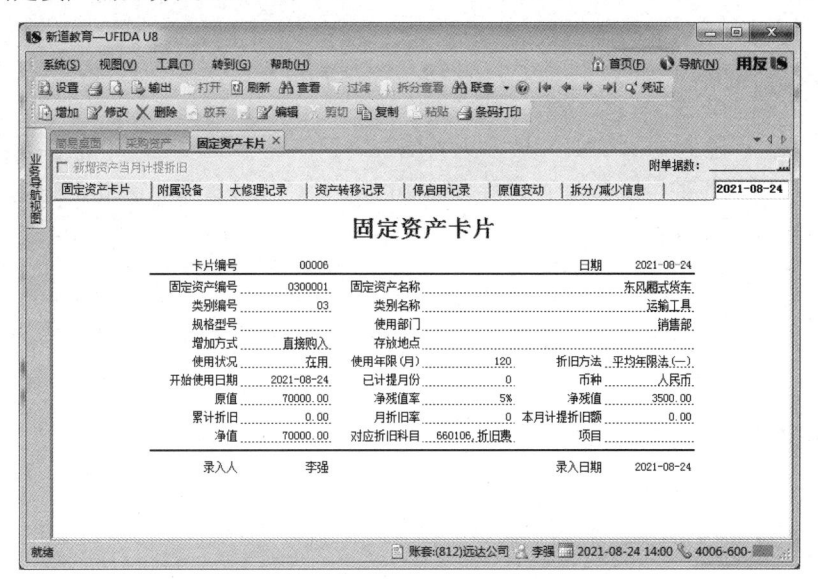

图4-119 "固定资产卡片"界面

(7)新增固定资产制单处理。

会计李强在企业应用平台中,执行"业务工作|财务会计|应付款管理|制单处理"命令,打开"制单查询"对话框。勾选"现结制单"复选框,单击"确定"按钮,进入"制单"界面。设置"凭证类别"为"记账凭证",依次单击"全选"和"制单"按钮,进入"填制凭证"界面,单击"保存"按钮,生成记账凭证,如图4-120所示。

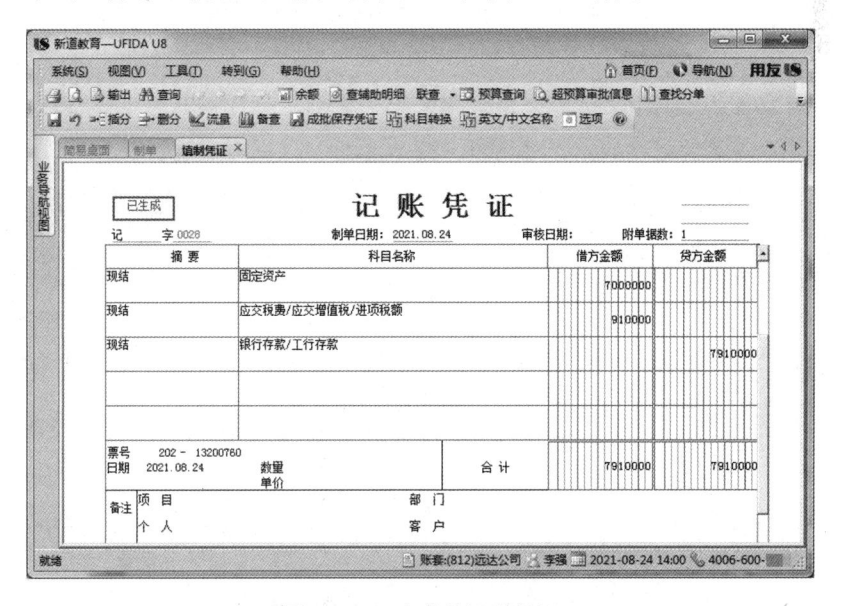

图4-120 生成的记账凭证

任务二十三　坏账处理

任务目标:

完成坏账处理的业务操作。

【任务资料】

2021年8月26日，有确切消息表明飞扬公司的经营出现问题，2020年发货给飞扬公司的男士双肩电脑包的全部货款和运费合计24 908元已无法收回。因此，远达公司对该笔应收账款进行了坏账注销。

【任务说明】

此业务是对坏账进行处理的业务。要完成此业务，就需要录入坏账发生的数据并生成记账凭证。

【岗位说明】

会计李强录入坏账发生的数据并生成记账凭证。

【任务操作路径】

(1) 会计李强在企业应用平台中，执行"业务工作|财务会计|应收款管理|坏账处理|坏账发生"命令，打开"坏账发生"对话框，设置"客户"为"003"，如图4-121所示。

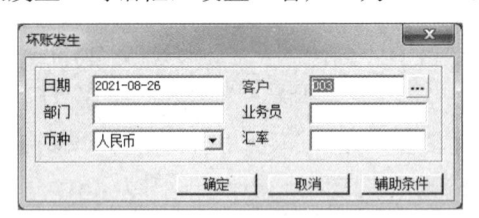

图4-121　"坏账发生"对话框

(2) 单击"确定"按钮，进入"发生坏账损失"界面。单击"全选"按钮，"本次发生坏账金额"中的数据会自动显示，如图4-122所示。

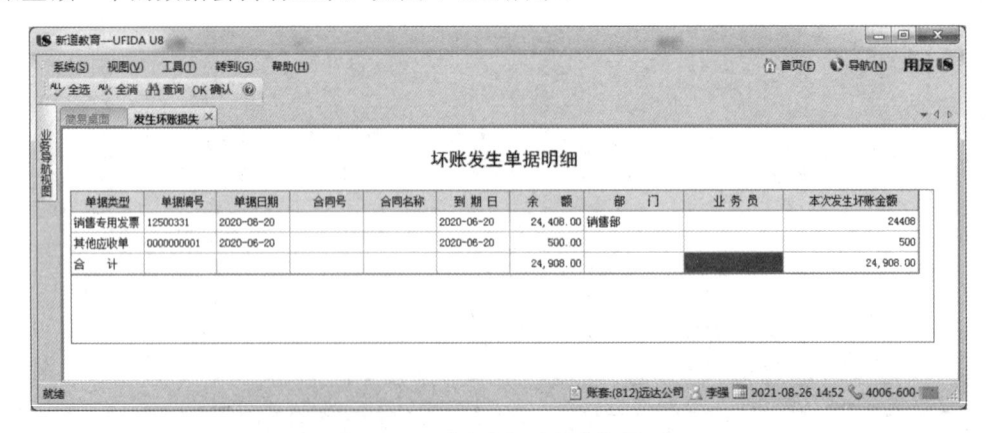

图4-122　"发生坏账损失"界面

（3）单击"OK 确认"按钮，打开"是否立即制单"对话框。单击"是"按钮，进入"填制凭证"界面。设置"凭证类别"为"记账凭证"，在确认信息无误后单击"保存"按钮，生成记账凭证，如图 4-123 所示。

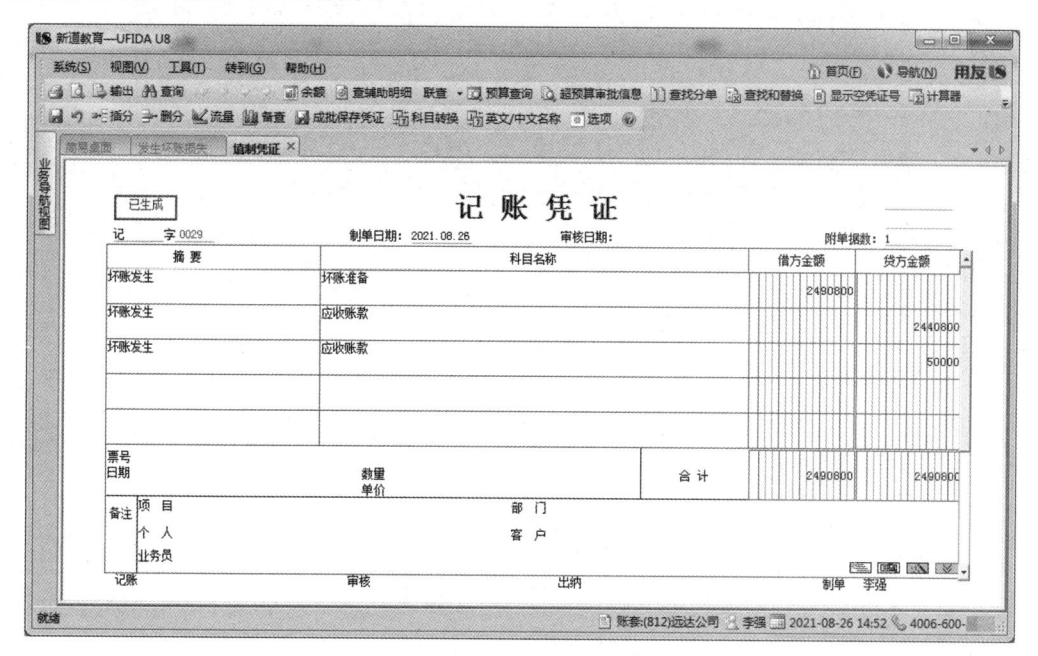

图 4-123　生成的记账凭证

任务二十四　固定资产调配业务

任务目标：

完成固定资产调配的业务操作。

【任务资料】

2021 年 8 月 26 日，远达公司的领导杨帆批复，将销售部的现代小汽车转给总经理办公室使用，变动原因是公司统一调配资源。

【任务说明】

此业务是公司固定资产变动业务。要完成此业务，就需要录入部门转移的固定资产变动单。

【岗位说明】

会计李强录入部门转移的固定资产变动单。

【任务操作路径】

（1）会计李强在企业应用平台中，执行"业务工作|财务会计|固定资产|卡片|变动单|部门转移"命令，打开"固定资产卡片档案"窗口。

（2）在"卡片编号"列中选中"00005"选项，如图4-124所示。

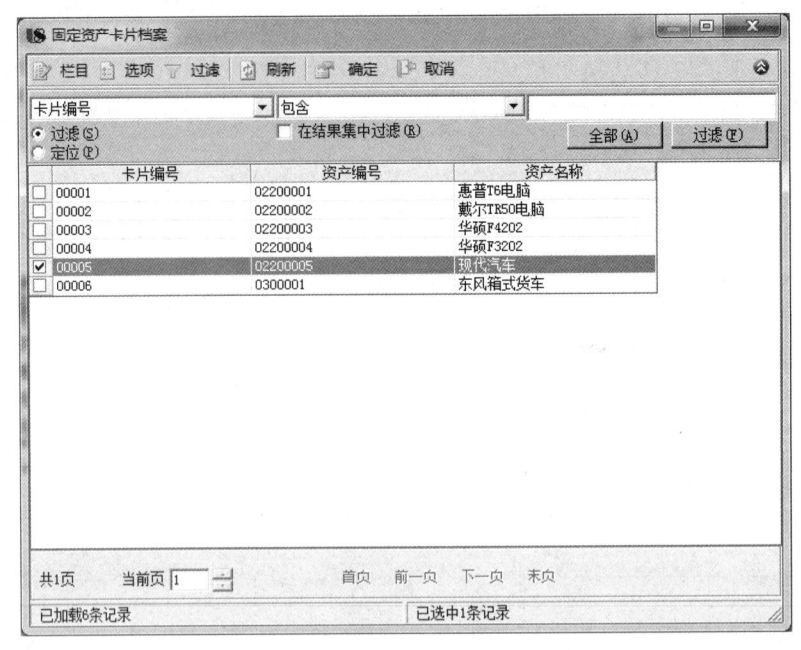

图4-124 "固定资产卡片档案"窗口

（3）单击"确定"按钮，单击"变动后部门"按钮，打开"固定资产-本资产部门使用方式"对话框。选中"单部门使用"单选按钮，单击"确定"按钮，即确认该固定资产只供一个部门使用。

（4）在系统打开的"部门基本参照"窗口中，双击"总经理办公室"所在行，返回"固定资产变动单"界面。设置"变动原因"为"公司统一调配资源"，如图4-125所示。

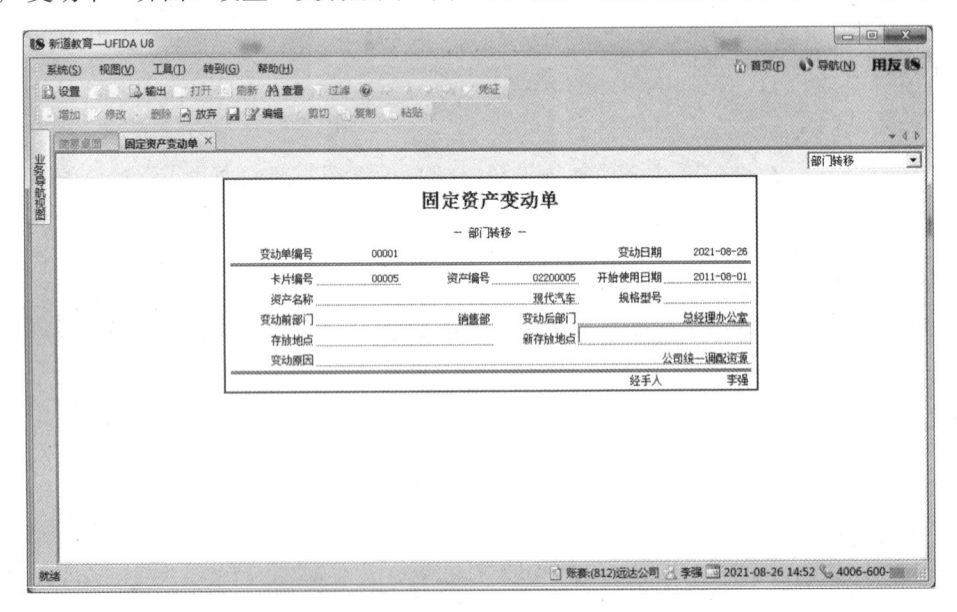

图4-125 "固定资产变动单"界面

(5)单击"保存"按钮,系统给出"数据成功保存!部门已改变,请检查资产对应折旧科目是否正确"的提示信息,单击"确定"按钮。

提示:
- 对于进行部门转移变动的资产,在变动当月就按变动后的部门计提折旧。
- 不允许对当月原始录入或新增的资产做此种变动业务。
- 变动单不能修改,只有在当月才可删除重做。

任务二十五 采购成本结算和运费分摊

任务目标:
完成采购成本结算和运费分摊的业务操作。

【任务资料】
2021年8月30日,检查本期是否已进行采购成本结算和运费分摊。

【任务说明】
此业务是对采购入库单与采购发票进行结算和运费分摊的业务。要完成此业务,就需要通过手工或者自动方式对采购入库单、运费与发票进行匹配处理。

【岗位说明】
采购人员刘东生结算采购成本并进行运费分摊。

【任务操作路径】
(1)采购人员刘东生在企业应用平台中,执行"业务工作|供应链|采购管理|采购结算|手工结算"命令,进入"手工结算"界面。单击"选单"按钮,打开"结算选单"窗口。单击"查询"按钮,系统输出"结算选发票列表"和"结算选入库单列表",如图4-126所示。

(2)在"结算选发票列表"中,选中"男士双肩电脑包"记录行,单击"匹配"按钮,打开"匹配成功1条件数据"对话框。单击"确定"按钮,系统会在"结算选入库单列表"中自动选择与其对应的入库单,如图4-127所示。

(3)单击"确定"按钮,返回"手工结算"界面。单击"结算"按钮,系统会给出"结算完成"的提示信息,单击"确定"按钮即完成结算。

(4)同理,可以对8月9日发生的退羊皮男式商务包业务和8月11日发生的采购牛皮单肩女包到货入库业务进行手工结算。

(5)对有运费发生的采购400个羊皮男式商务包的业务进行采购核算,可以在"结算选发票列表"中选中"开票日期"为"2021-08-08"的两行记录("羊皮男式商务包"和"运输费"),在"结算选入库单列表"中选中对应的入库单,单击"确定"按钮,系统给出"所选单据扣税类别不同,是否继续"的提示信息。单击"确定"按钮,结果如图4-128所示。

图 4-126 "结算选单"窗口 1

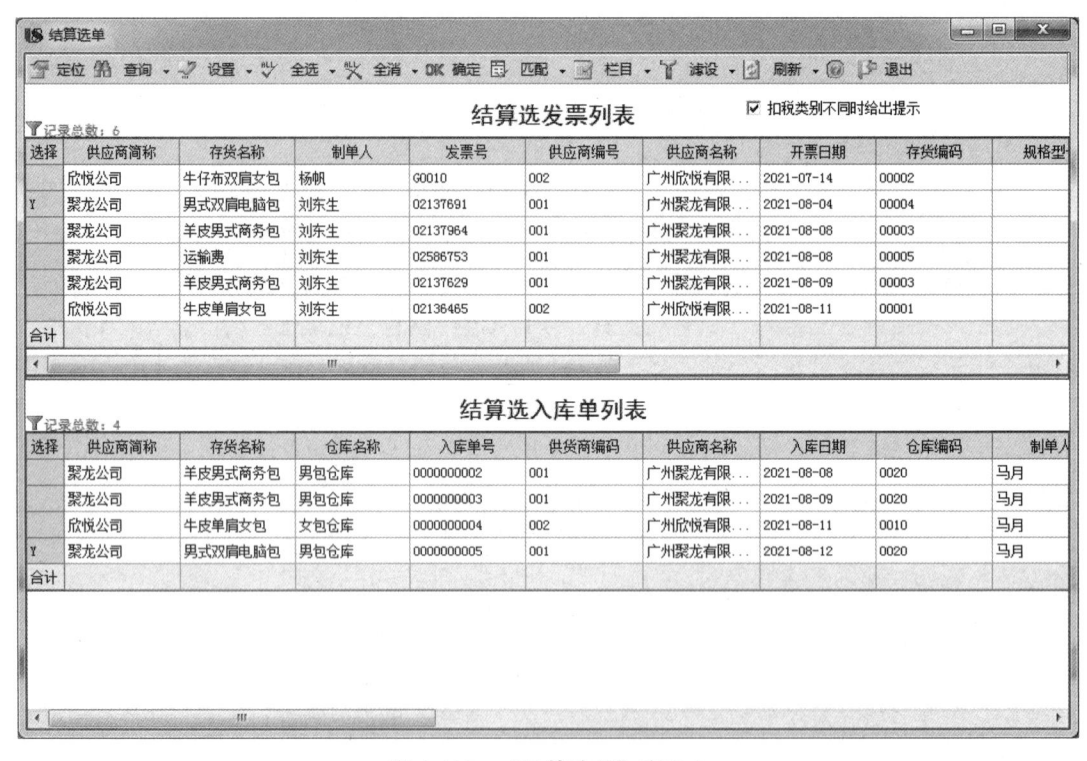

图 4-127 "结算选单"窗口 2

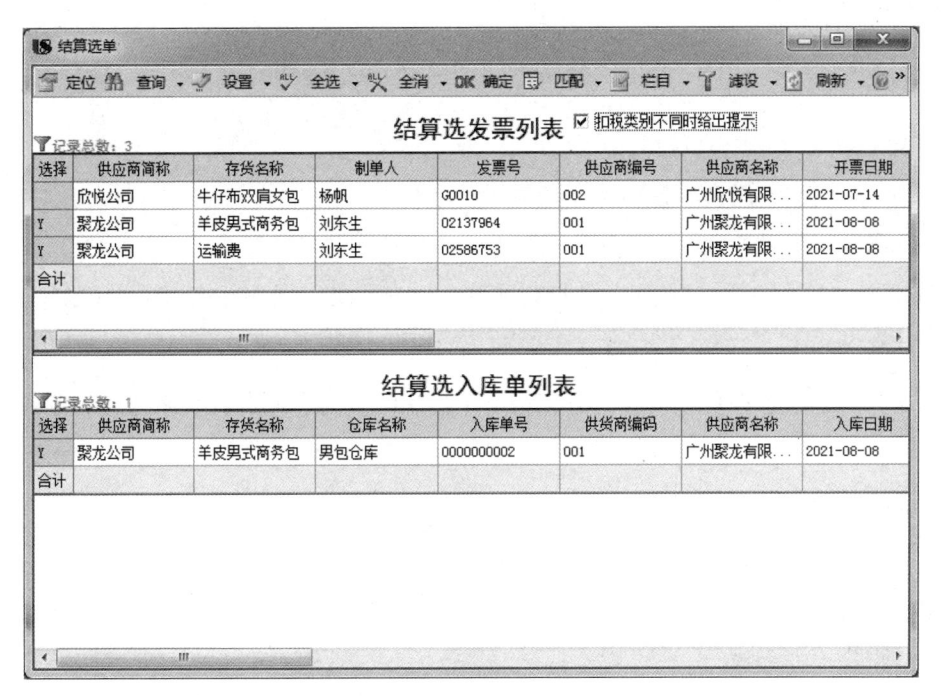

图4-128 "结算选单"窗口3

（6）返回"手工结算"界面。单击"分摊"按钮，系统给出"选择按金额分摊，是否开始计算"的提示信息。单击"是"按钮，系统给出"费用分摊（按金额）完毕，请检查"的提示信息。单击"确定"按钮，单击"结算"按钮，系统给出"结算：费用列表中有折扣或费用属性的存货信息，在结算前请确认是否进行了分摊。是否继续"的提示信息。单击"确定"按钮，完成结算，如图4-129所示。

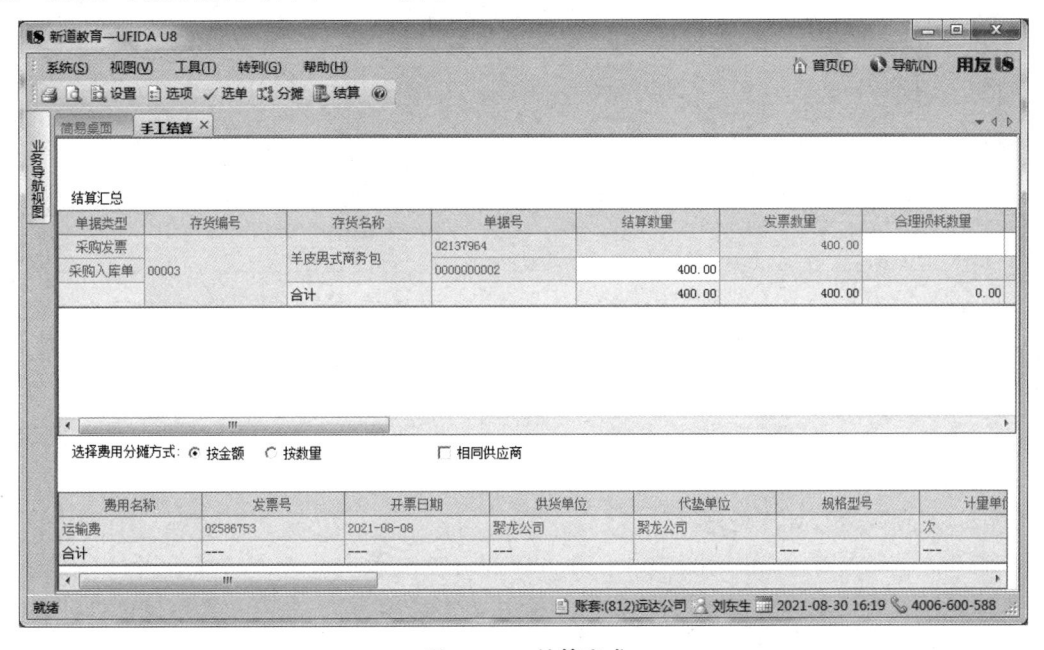

图4-129 结算完成

任务二十六　存货的正常单据记账及期末处理

任务目标:

完成存货的正常单据记账及期末处理的业务操作。

【任务资料】

2021年8月30日,进行正常单据记账,并对仓库进行期末处理。

【任务说明】

此业务是在进行存货核算时,进行正常单据记账及对仓库进行期末处理的业务。要完成此业务,就需要进行正常单据的记账处理及对仓库进行期末处理。

【岗位说明】

库管人员马月完成正常单据记账及对仓库进行期末处理。

【任务操作路径】

(1)正常单据记账。

库管人员马月在企业应用平台中,执行"业务工作|供应链|存货核算|业务核算|正常单据记账"命令,打开"查询条件选择"对话框。单击"确定"按钮,进入"未记账单据一览表"界面,如图4-130所示。

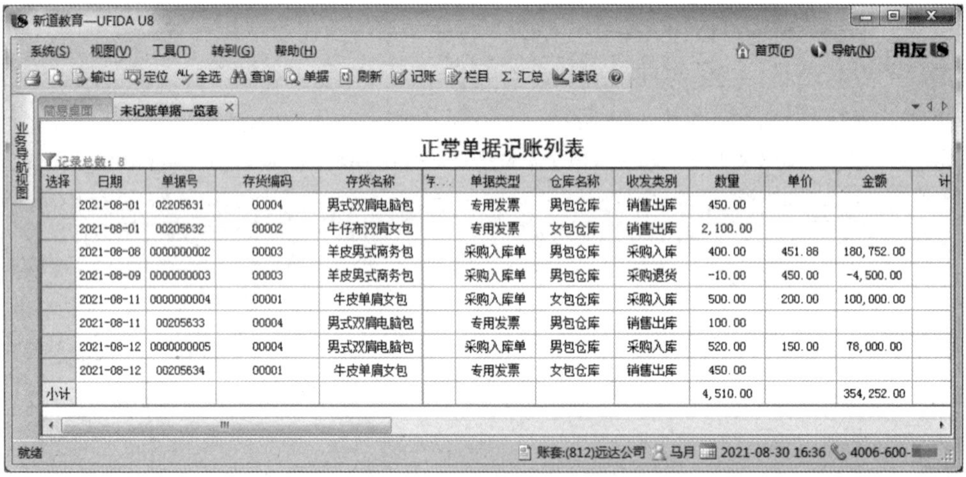

日期	单据号	存货编码	存货名称	单据类型	仓库名称	收发类别	数量	单价	金额
2021-08-01	02205631	00004	男式双肩电脑包	专用发票	男包仓库	销售出库	450.00		
2021-08-01	00205632	00002	牛仔布双肩女包	专用发票	女包仓库	销售出库	2,100.00		
2021-08-08	0000000002	00003	羊皮男式商务包	采购入库单	男包仓库	采购入库	400.00	451.88	180,752.00
2021-08-09	0000000003	00003	羊皮男式商务包	采购入库单	男包仓库	采购退货	-10.00	450.00	-4,500.00
2021-08-11	0000000004	00001	牛皮单肩女包	采购入库单	女包仓库	采购入库	500.00	200.00	100,000.00
2021-08-11	00205633	00004	男式双肩电脑包	专用发票	男包仓库	销售出库	100.00		
2021-08-12	0000000005	00004	男式双肩电脑包	采购入库单	男包仓库	采购入库	520.00	150.00	78,000.00
2021-08-12	00205634	00001	牛皮单肩女包	专用发票	女包仓库	销售出库	450.00		
小计							4,510.00		354,252.00

图4-130　"未记账单据一览表"界面

依次单击"全选"和"记账"按钮,系统给出"记账成功"的提示信息,单击"确定"按钮即记账成功。

(2)对仓库进行期末处理。

库管人员马月在企业应用平台中,执行"业务工作|供应链|存货核算|业务核算|期末处理"命令,打开"期末处理-8月"窗口。单击"处理"按钮,打开"月平均单价计算表"窗口,如图4-131所示。

图 4-131 "月平均单价计算表"窗口

单击"确定"按钮,返回"期末处理-8月"窗口,系统给出"期末处理完毕"的提示信息,如图 4-132 所示。

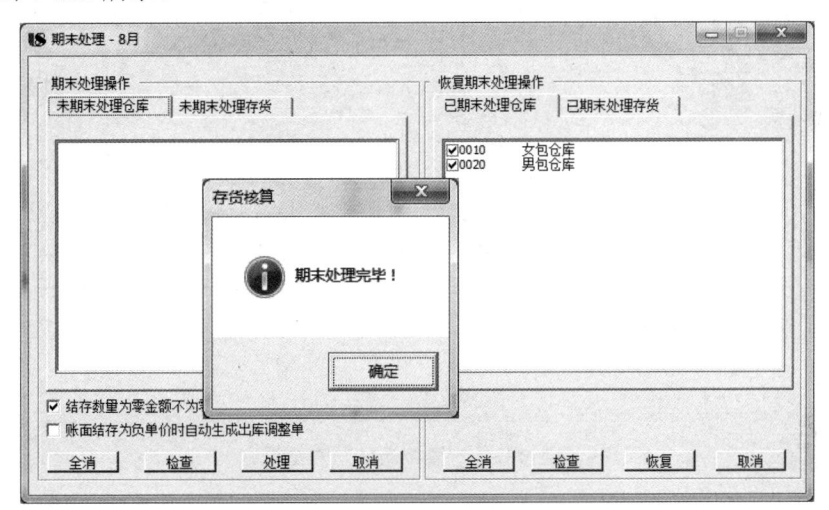

图 4-132 "期末处理完毕"的提示信息

单击"确定"按钮,完成存货核算业务的期末处理。

提示:

- 本书案例存货发出的计价方法采用的是全月一次加权平均法,所以在完成正常单据记账后,必须对存货仓库进行期末处理,以计算全月平均单价及本月出库成本。
- 若存货发出的计价方法采用的是先进先出法,则此处可不进行期末处理。

任务二十七　存货核算的制单业务

任务目标:

完成存货核算制单的业务操作。

【任务资料】

2021年8月30日，对存货核算结果进行制单。

【任务说明】

此业务是在进行存货核算时的制单处理业务。要完成此业务，就需要生成凭证。

【岗位说明】

库管人员马月生成凭证。

【任务操作路径】

（1）库管人员马月在企业应用平台中，执行"业务工作|供应链|存货核算|财务核算|生成凭证"命令，进入"生成凭证"界面。单击"选择"按钮，打开"查询条件"对话框，如图4-133所示。

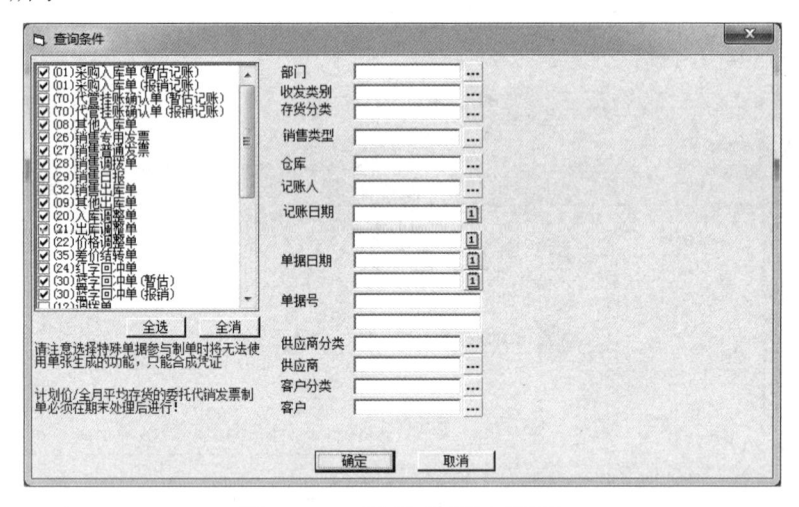

图4-133 "查询条件"对话框

（2）单击"确定"按钮，打开"选择单据"窗口，单击"全选"按钮，如图4-134所示。

图4-134 "选择单据"窗口

（3）单击"确定"按钮，返回"生成凭证"界面。设置"单据号"为"0000000003"的"采购入库单"的贷方科目为"1402 在途物资"、"凭证类别"为"记 记账凭证"，如图 4-135 所示。

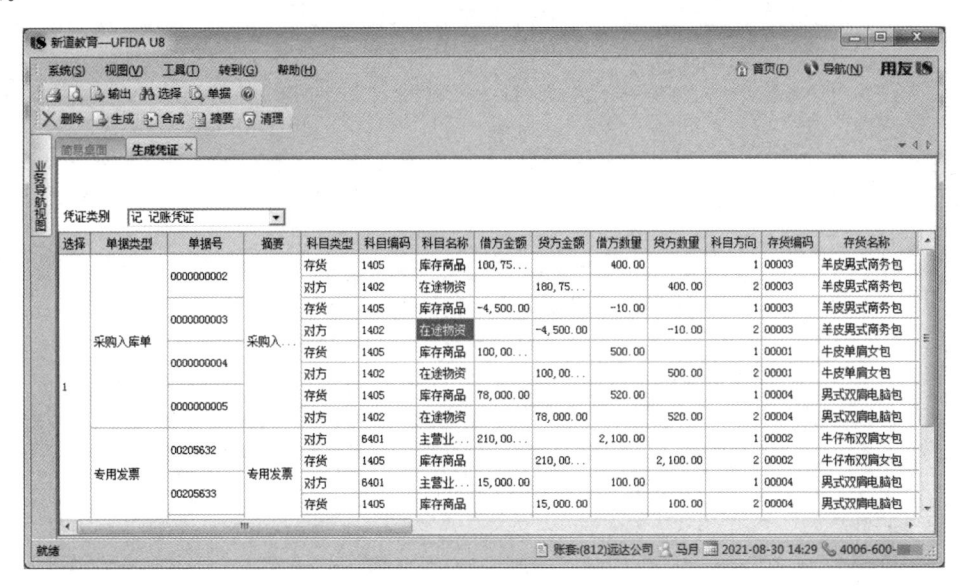

图 4-135　"生成凭证"界面

（4）单击"生成"按钮，即可生成所有记账凭证。在"填制凭证"界面中，将辅助项信息补充完整，单击"保存"按钮即完成所有记账凭证的填制。

① 对金额为"180 752.00"的采购入库单生成的记账凭证，补充其"库存商品"和"在途物资"科目的"项目"辅助项信息为"羊皮男士商务包"，单击"保存"按钮，结果如图 4-136 所示。

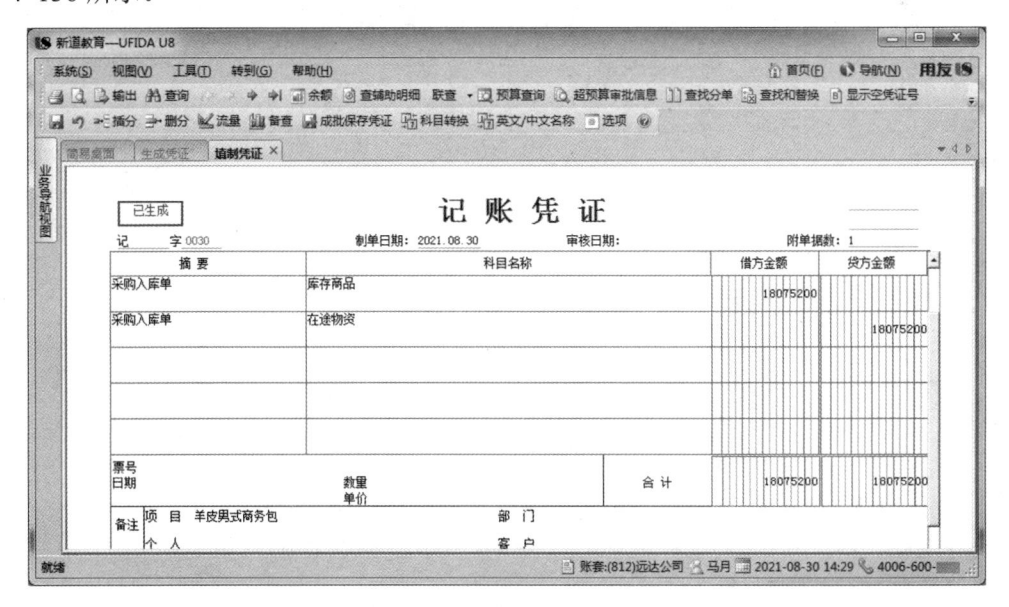

图 4-136　生成的记账凭证 1

② 对金额为"4 500.00"的红字采购入库单生成的记账凭证,补充其"库存商品"和"在途物资"科目的"项目"辅助项信息为"羊皮男式商务包",单击"保存"按钮,结果如图 4-137 所示。

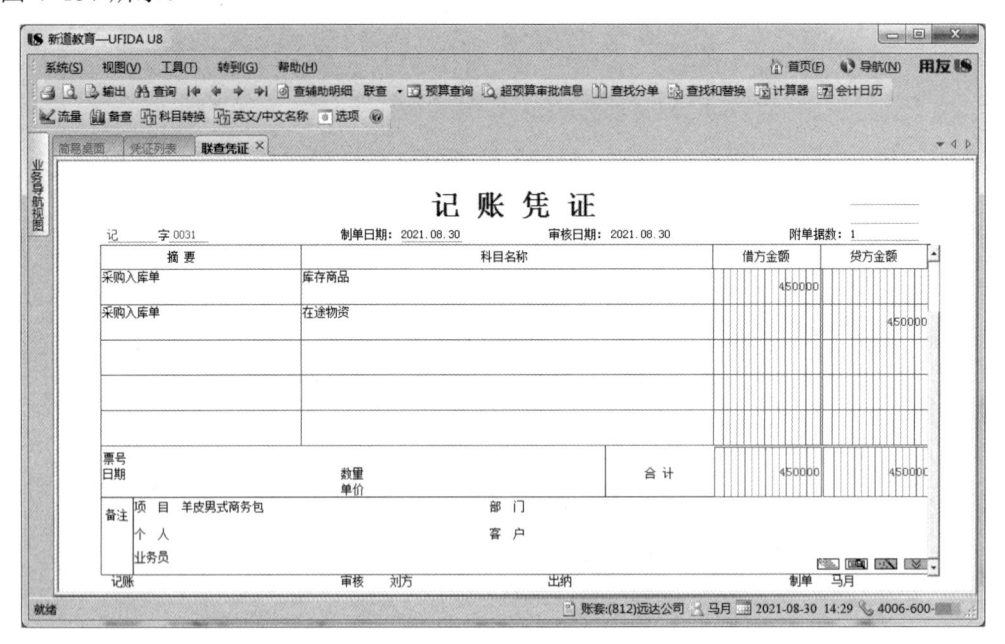

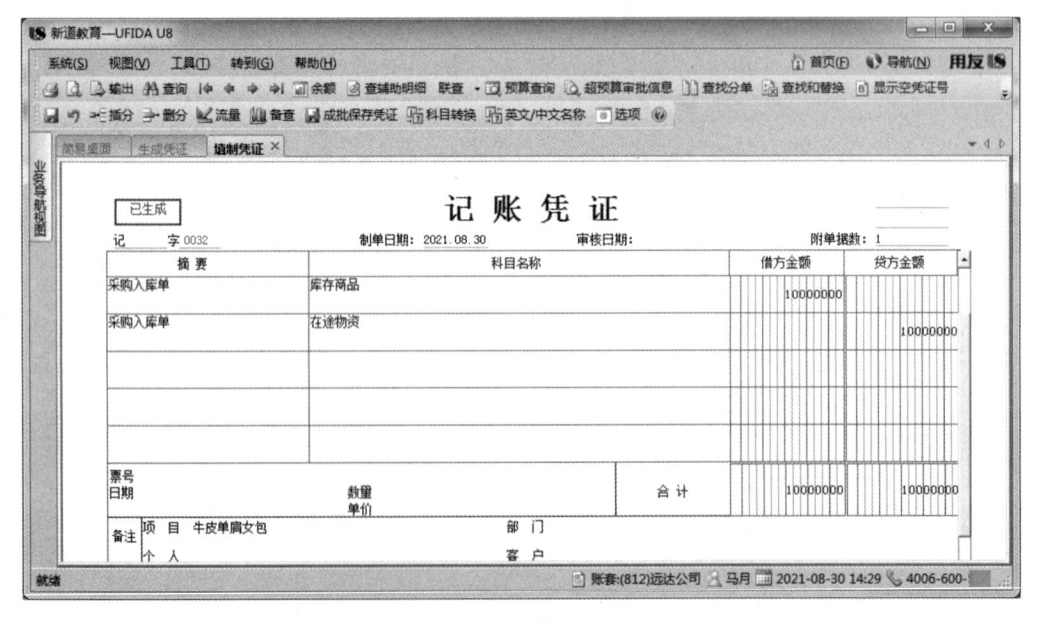

图 4-137　生成的记账凭证 2

③ 对金额为"100 000.00"的采购入库单生成的记账凭证,补充其"库存商品"和"在途物资"科目的"项目"辅助项信息为"牛皮单肩女包",单击"保存"按钮,结果如图 4-138 所示。

图 4-138　生成的记账凭证 3

④ 对金额为"78 000.00"的采购入库单生成的记账凭证，补充其"库存商品"和"在途物资"科目的"项目"辅助项信息为"男士双肩电脑包"，单击"保存"按钮，结果如图 4-139 所示。

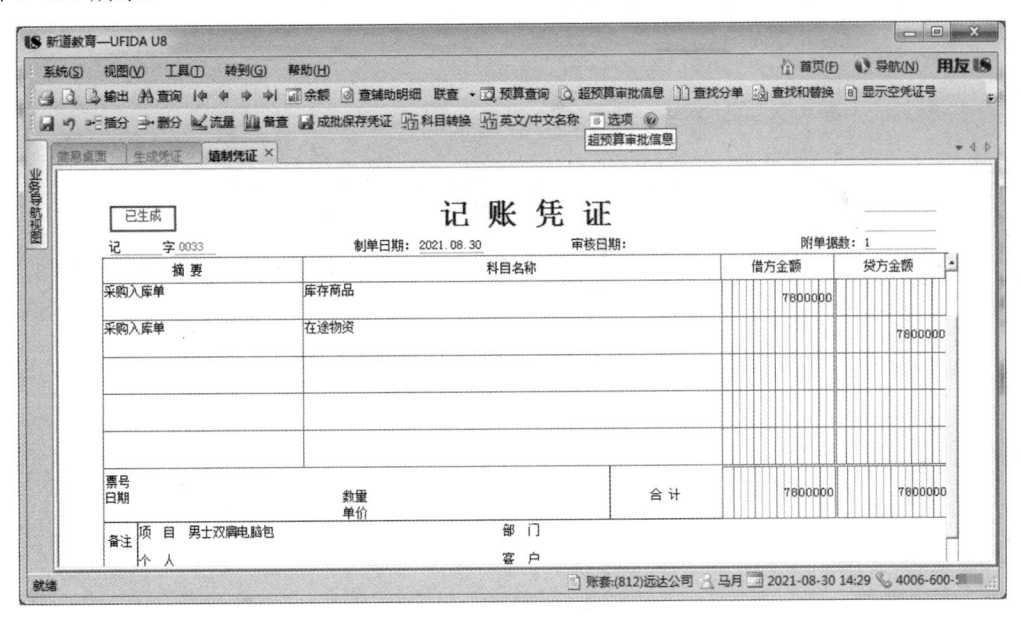

图 4-139　生成的记账凭证 4

⑤ 同理，补充金额为"210 000.00"的专用发票生成的记账凭证的"主营业务成本"和"库存商品"科目的"项目"辅助项信息为"牛仔布双肩女包"，单击"保存"按钮，结果如图 4-140 所示。

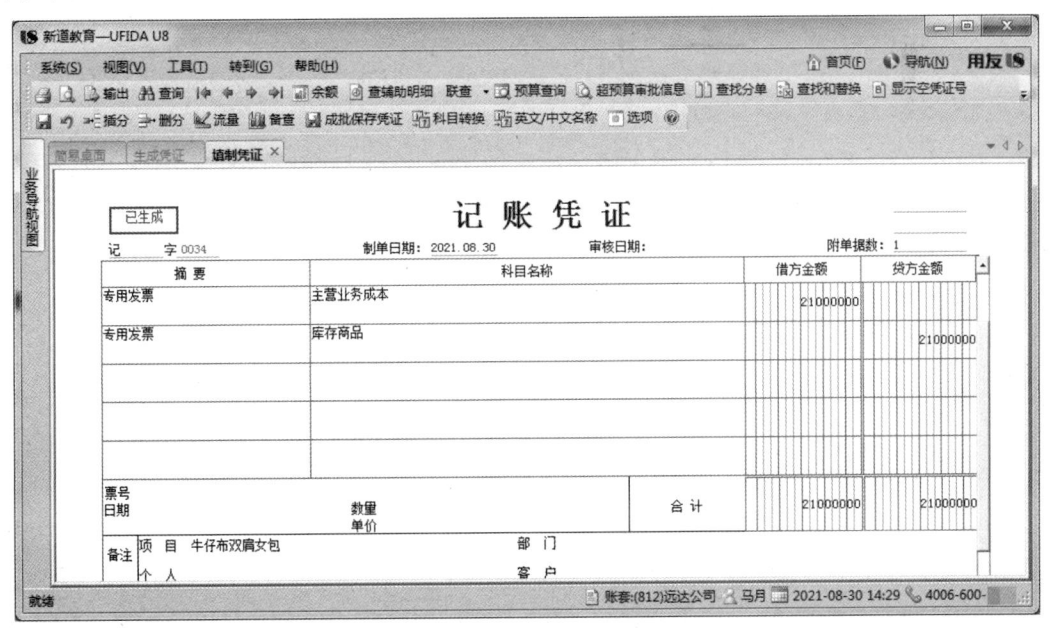

图 4-140　生成的记账凭证 5

⑥ 单击"下张"按钮，补充金额为"15 000.00"的专用发票生成的记账凭证的"主营业务成本"和"库存商品"科目的"项目"辅助项信息为"男士双肩电脑包"，单击"保存"按钮，结果如图 4-141 所示。

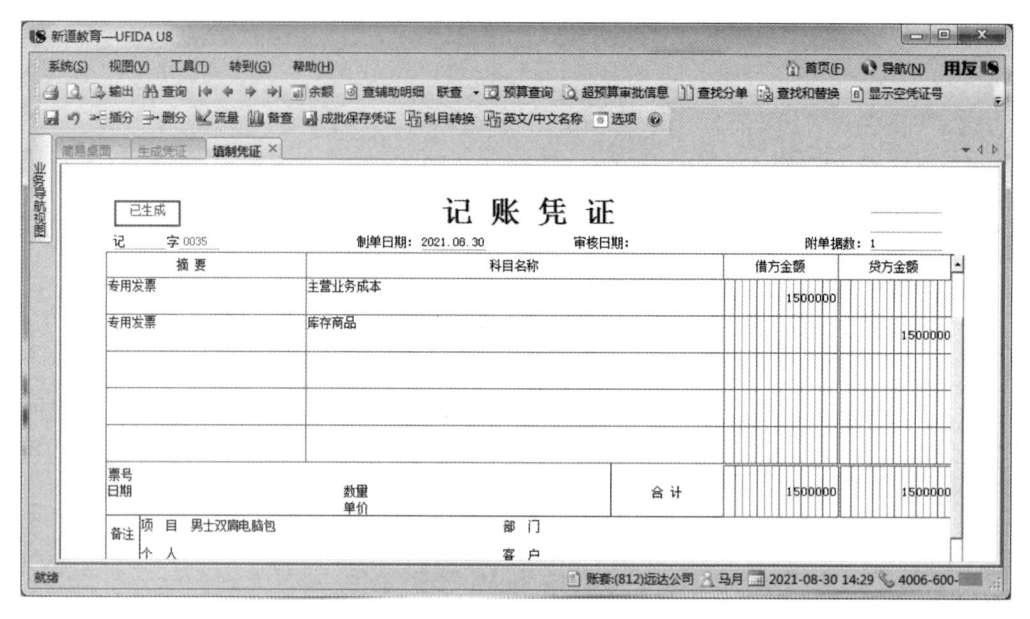

图 4-141　生成的记账凭证 6

⑦ 单击"下张"按钮，补充金额为"90 000.00"的专用发票生成的记账凭证的"主营业务成本"和"库存商品"科目的"项目"辅助项信息为"牛皮单肩女包"，单击"保存"按钮，结果如图 4-142 所示。

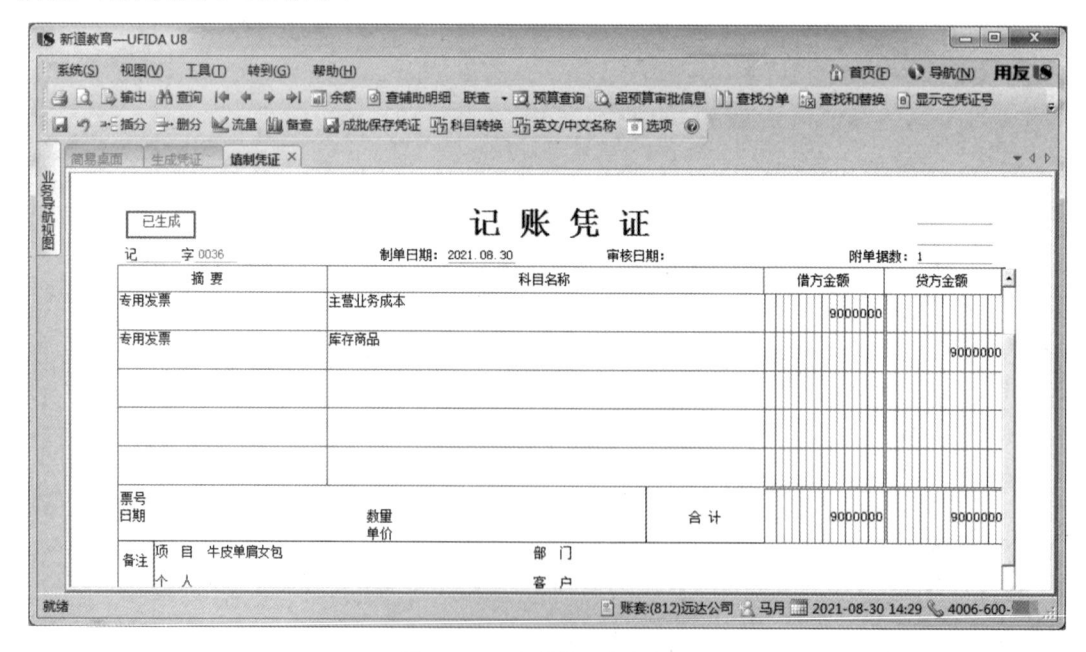

图 4-142　生成的记账凭证 7

⑧ 单击"下张"按钮，补充金额为"67 500.00"的专用发票生成的记账凭证的"主营业务成本"和"库存商品"科目的"项目"辅助项信息为"男士双肩电脑包"，单击"保存"按钮，结果如图 4-143 所示。

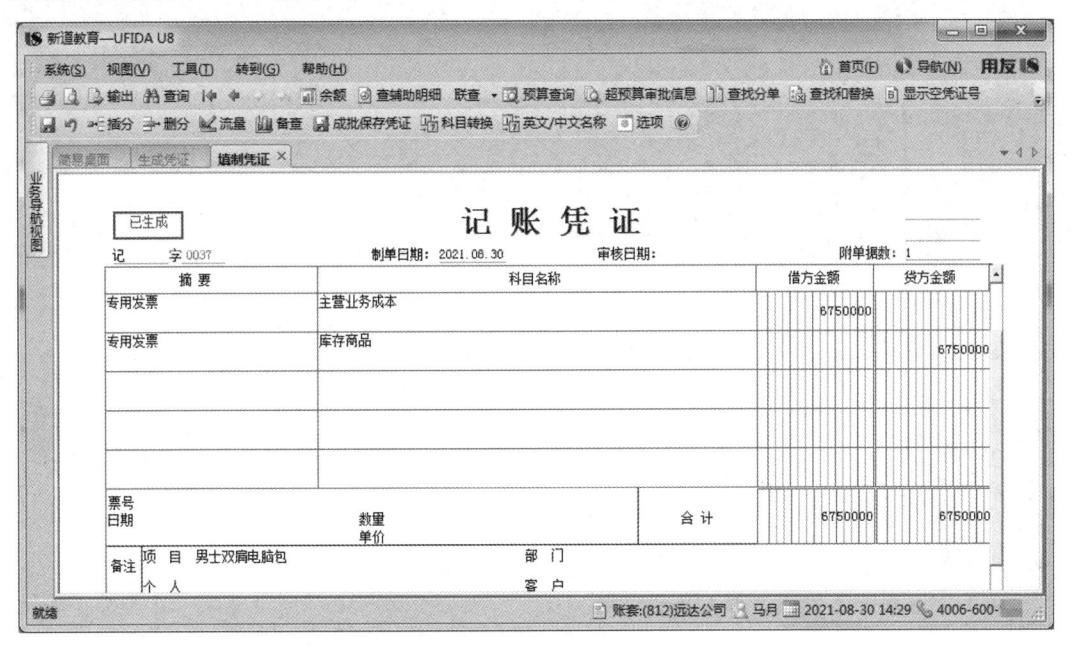

图 4-143　生成的记账凭证 8

任务二十八　计提本月固定资产折旧

任务目标：

完成计提本月固定资产折旧的业务操作。

【任务资料】

2021 年 8 月 30 日，对各部门的固定资产计提折旧。

【任务说明】

该业务是当月计提固定资产折旧的业务。要完成此业务，就需要计提本月固定资产折旧。

【岗位说明】

会计李强计提本月固定资产折旧。

【任务操作路径】

（1）会计李强在企业应用平台中，执行"业务工作|财务会计|固定资产|处理|计提本月折旧"命令，系统给出"是否要查看折旧清单"的提示信息。单击"是"按钮，系统给出"本

操作将计提本月折旧，并花费一定时间，是否继续"的提示信息。单击"是"按钮，打开"折旧清单"窗口，显示所有固定资产的信息，如图4-144所示。

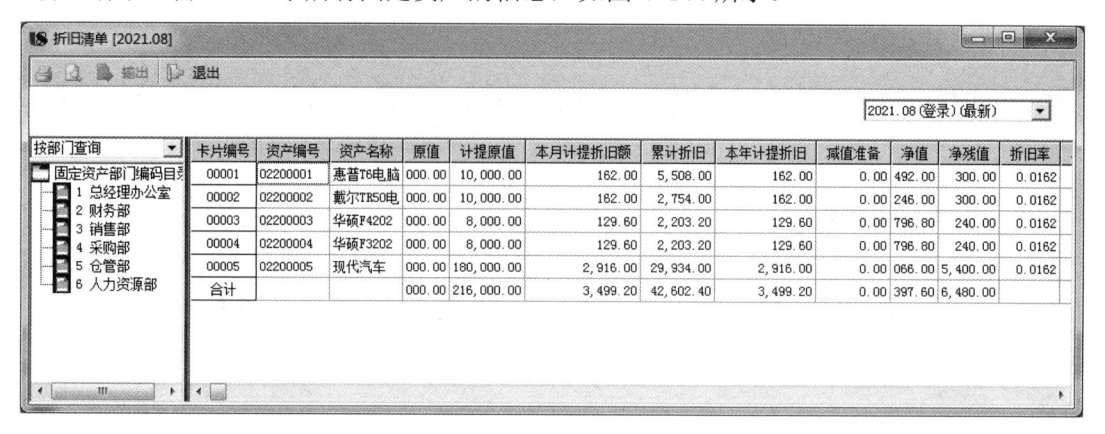

图 4-144　"折旧清单"窗口

（2）单击"退出"按钮，系统给出固定资产折旧完成的提示信息。单击"确定"按钮，进入"折旧分配表"界面，如图4-145所示。

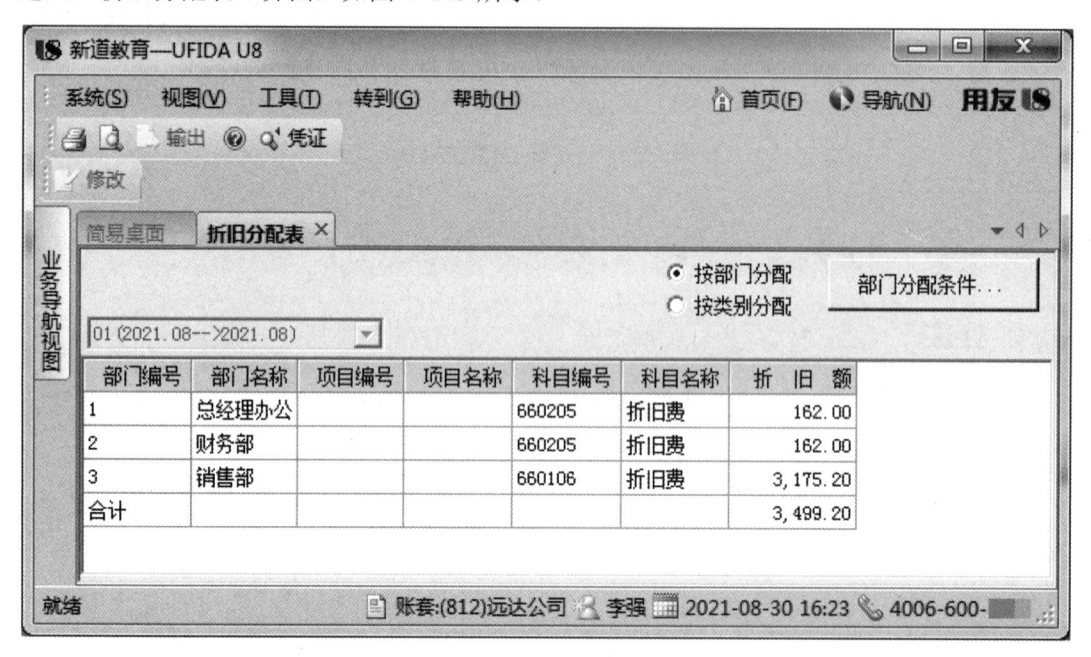

图 4-145　"折旧分配表"界面

（3）单击"凭证"按钮，进入"填制凭证"界面，显示会计分录。设置"凭证类别"为"记账凭证"，单击"保存"按钮，即可生成记账凭证，完成本月的折旧计提工作，如图4-146所示。

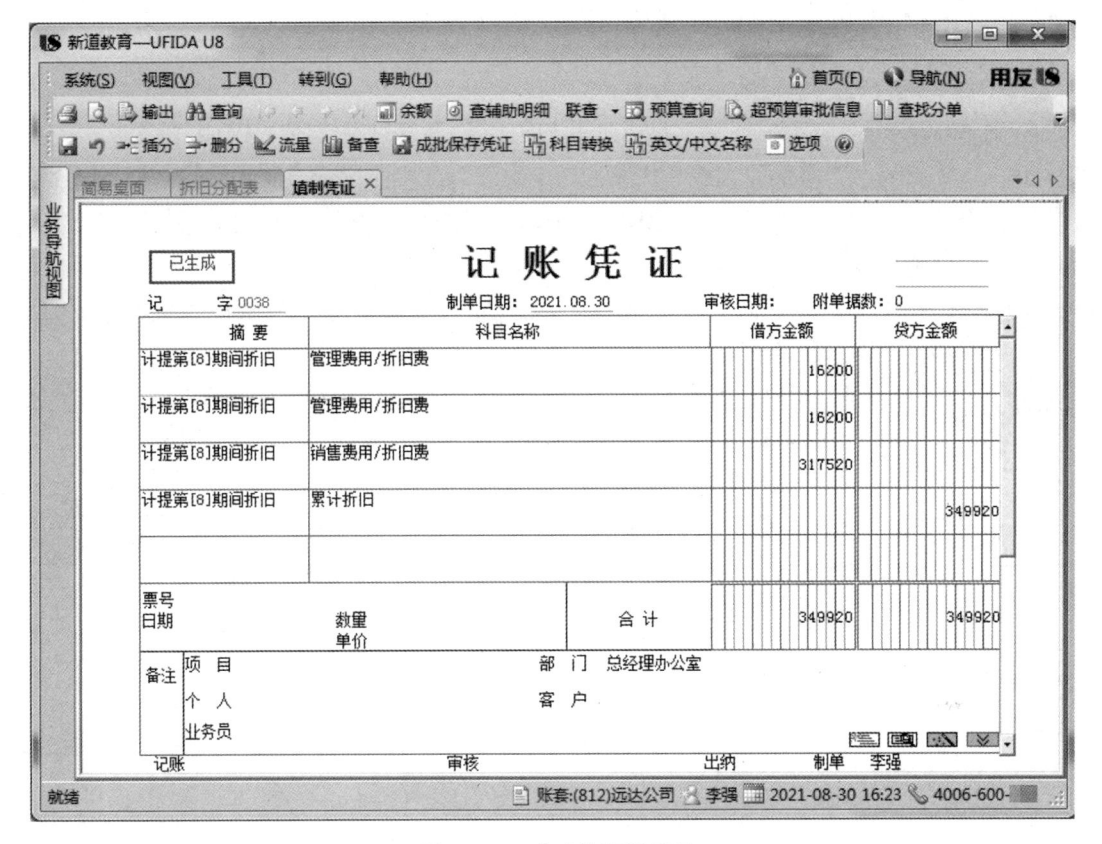

图 4-146　生成的记账凭证

任务二十九　固定资产报废处理

任务目标：

完成固定资产报废的业务操作。

【任务资料】

2021 年 8 月 30 日，远达公司对固定资产进行清理，账实相符。总经理办公室的一台惠普 T6 电脑申请报废，主管领导杨帆已审批同意报废。

【任务说明】

此业务是公司固定资产减少业务。要完成此业务，就需要进行固定资产减少单据的录入、固定资产清理，并进行制单。

【岗位说明】

会计李强录入固定资产减少单据并制单、记账，进行自定义转账，将固定资产清理转入营业外支出；财务副总刘方完成主管签字和审核凭证。

【任务操作路径】

（1）固定资产减少单据的录入与制单。

会计李强在企业应用平台中，执行"业务工作|财务会计|固定资产|卡片|资产减少"命令，进入"资产减少"界面。在"卡片编号"栏中录入或参照生成"00001"，单击"增加"按钮，即在表体中增加一条记录，设置其"减少方式"为"报废"、"清理原因"为"报废"，如图4-147所示。

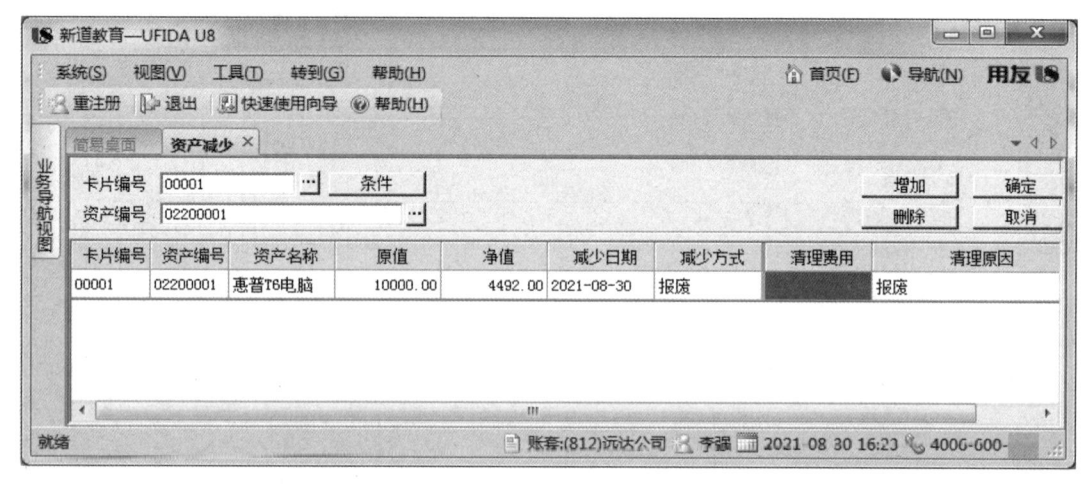

图 4-147 "资产减少"界面

单击"确定"按钮，系统给出"所选卡片已经减少成功"的提示信息，单击"确定"按钮。

执行"业务工作|财务会计|固定资产|处理|批量制单"命令，打开"查询条件选择——批量制单"对话框。单击"确定"按钮，进入"批量制单"界面。在"制单选择"选项卡中单击"全选"按钮。选择"制单设置"选项卡，如图4-148所示。

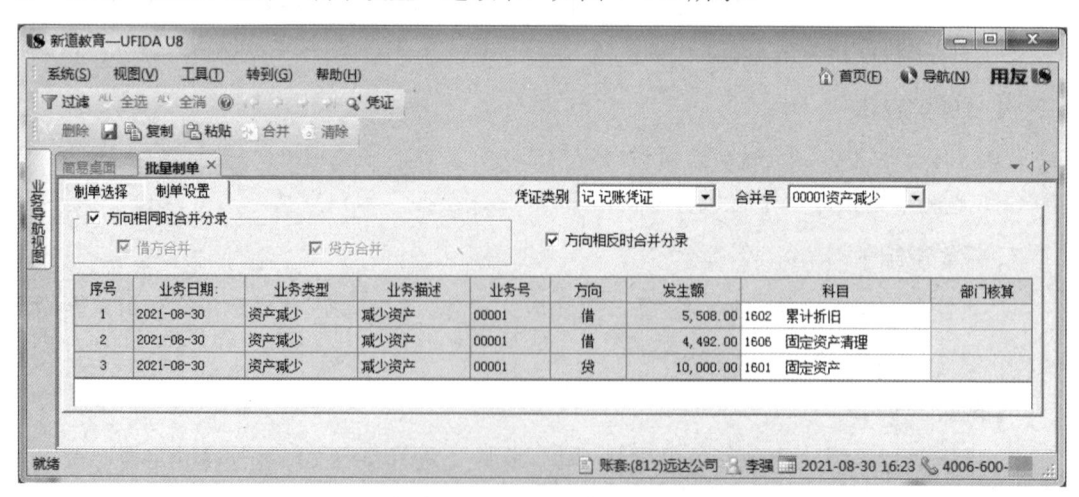

图 4-148 "制单设置"选项卡

单击"凭证"按钮，进入"填制凭证"界面。设置"凭证类别"为"记账凭证"，单击

"保存"按钮,即可生成记账凭证,完成固定资产减少业务的处理,如图 4-149 所示。

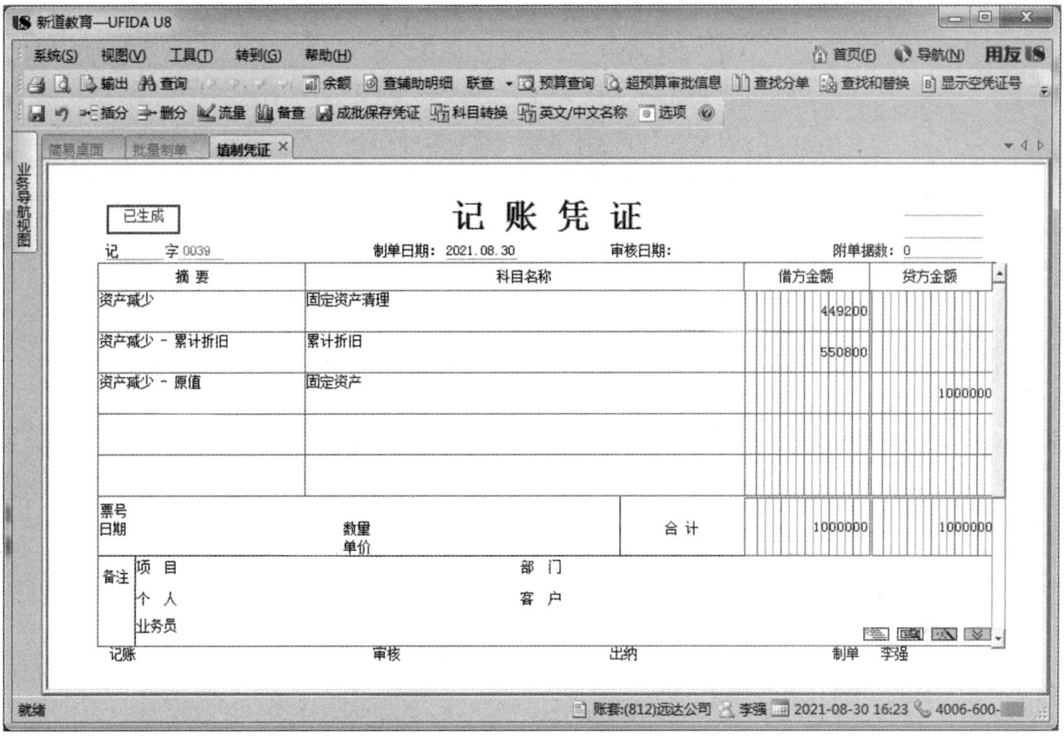

图 4-149 生成的记账凭证

(2)凭证的签字、审核与记账。

① 财务副总刘方在企业应用平台中,执行"业务工作|财务会计|总账|凭证|主管签字"命令,打开"主管签字"对话框。单击"确定"按钮,进入"主管签字列表"界面。双击"摘要"为"资产减少"的凭证,打开该凭证,单击"签字"按钮,即完成该凭证的主管签字工作。

执行"业务工作|财务会计|总账|凭证|审核凭证"命令,打开"凭证审核"对话框。单击"确定"按钮,进入"凭证审核列表"界面。双击"摘要"为"资产减少"的凭证,打开该凭证,单击"审核"按钮,完成对该凭证的审核,如图 4-150 所示。

② 会计李强在企业应用平台中,执行"业务工作|财务会计|总账|凭证|记账"命令,打开"记账"对话框。单击"记账"按钮,打开"期初试算平衡表",表明试算平衡。单击"确定"按钮,系统自动完成记账工作,并给出提示信息和记账报告,如图 4-151 所示。

(3)自定义转账。

会计李强在企业应用平台中,执行"业务工作|财务会计|总账|期末|转账定义|自定义转账"命令,打开"自定义转账设置"窗口。单击"增加"按钮,打开"转账目录"对话框。设置"转账序号"为"0005"、"转账说明"为"固定资产清理转营业外支出"、"凭证类别"为"记 记账凭证",单击"确定"按钮,返回"自定义转账设置"窗口。

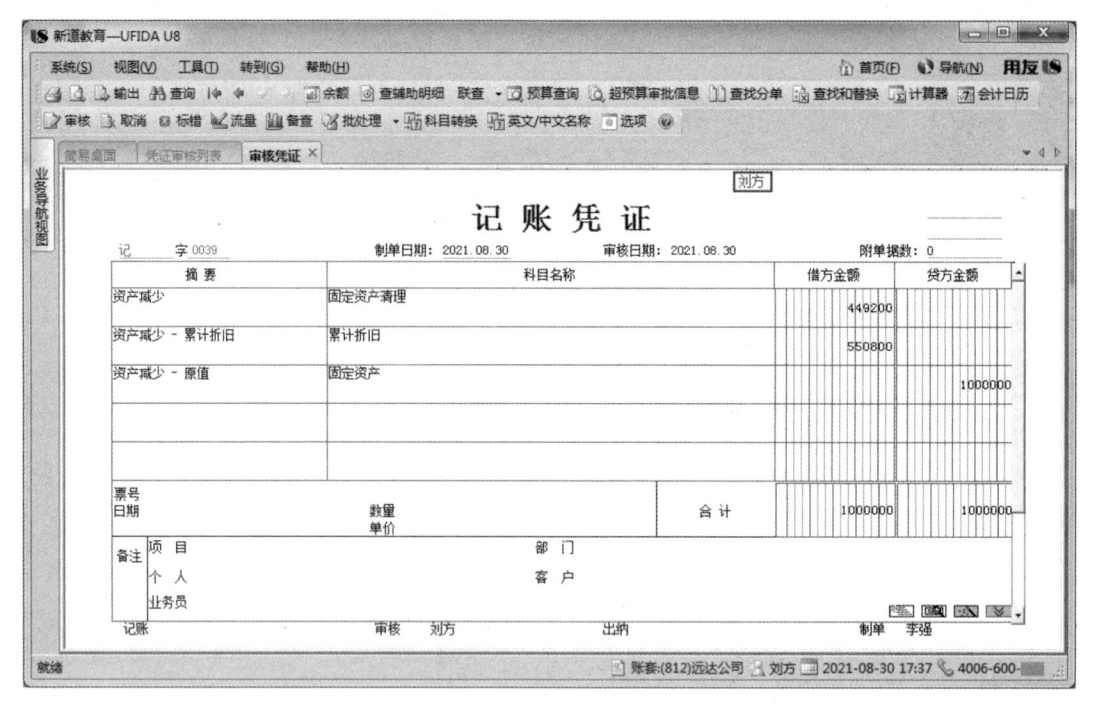

图 4-150 凭证审核完成

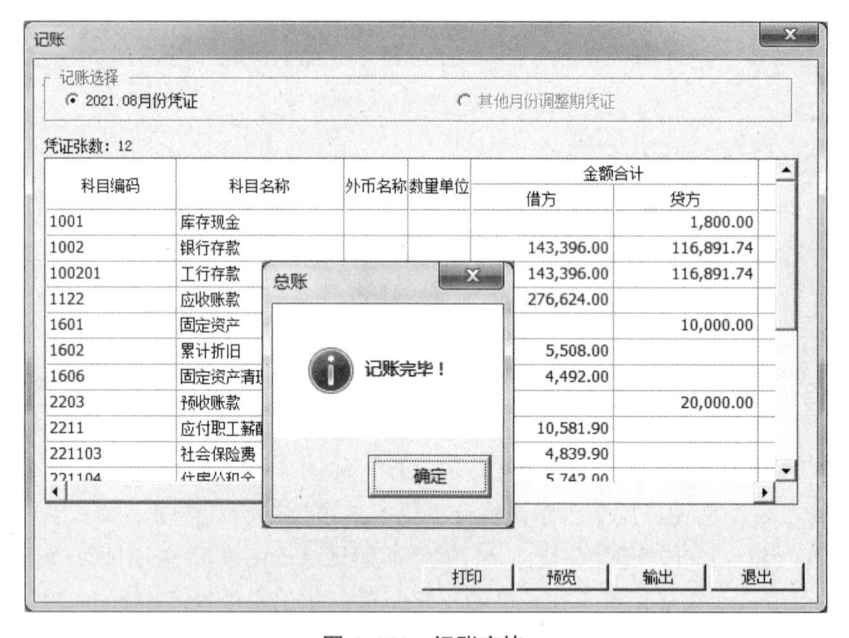

图 4-151 记账完毕

单击"增行"按钮,设置"科目编码"为"6711"(营业外支出)、"方向"为"借"、"金额公式"为"JG(1606)";单击"增行"按钮,设置"科目编码"为"1606"(固定资产清理)、"方向"为"贷"、"金额公式"为"QM(1606,月),单击"保存"按钮即完成固定资产报废的自定义转账设置,如图 4-152 所示。

图 4-152 自定义转账设置

执行"业务工作|财务会计|总账|期末|转账生成"命令,打开"转账生成"对话框。双击"0005"所在行的"是否结转"栏,选中该行,单击"确定"按钮,系统给出"2021.08 月之前有未记账凭证,是否继续结转"的提示信息。单击"是"按钮,打开"转账"对话框。单击"保存"按钮,保存该凭证,如图 4-153 所示。

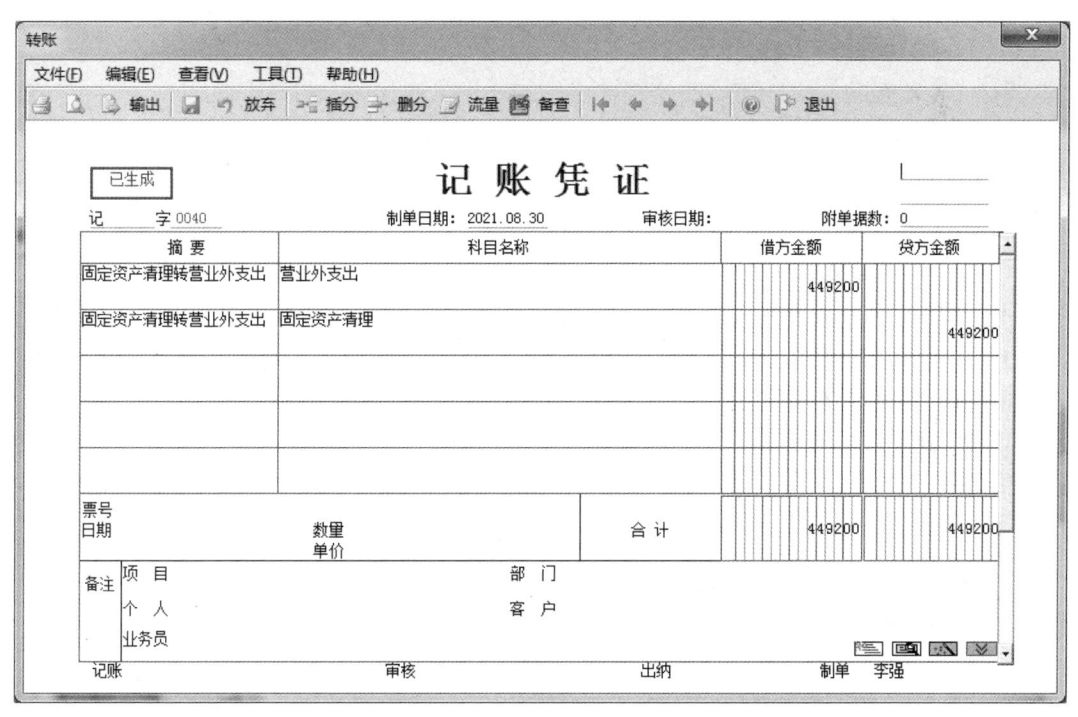

图 4-153 "转账"对话框

任务三十　工资数据变动处理

任务目标:

完成工资数据变动处理的业务操作。

【任务资料】

2021年8月30日，计算本月职工工资。经过人力资源部的绩效考核，总经理杨帆已批准，8月为销售部的职工每人增加绩效工资500元。其他人按上月标准发放。自8月开始给每位职工发放交通补助，交通补助标准如下：企管人员补助500元/月，销售人员补助100元/月，其他人员补助50元/月。

微课4-6　工资数据变动处理

【任务说明】

此业务是计算本月职工工资的业务。要完成此业务，就需要进行工资项目的公式设置和录入工资变动数据。

【岗位说明】

人力资源副总姜伟完成"交通补助"工资项目的公式设置和本月工资变动数据的录入，并重新计算和汇总。

【任务操作路径】

（1）"交通补助"工资项目的公式设置。

人力资源副总姜伟在企业应用平台中，执行"业务工作|人力资源|薪资管理|工资类别|打开工资类别"命令，打开"打开工资类别"对话框。选中"在职人员"所在行，单击"确定"按钮。

执行"业务工作|人力资源|薪资管理|设置|工资项目设置"命令，打开"工资项目设置"对话框。选择"公式设置"选项卡，单击"增加"按钮，并从左上角的"工资项目"列表框中选择"交通补助"选项。单击"函数公式向导输入"按钮，打开"函数向导——步骤之1"对话框，在"函数名"列表框中选择"iff"选项，如图4-154所示。

单击"下一步"按钮，打开"函数向导——步骤之2"对话框。单击"逻辑表达式"栏的参照按钮，打开"参照"对话框。单击"参照列表"栏的下拉按钮，在弹出的下拉列表中选择"人员类别"选项，如图4-155所示。

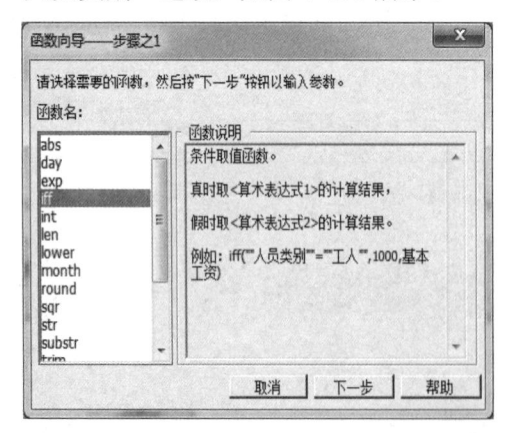

图4-154　"函数向导——步骤之1"对话框　　　图4-155　"参照"对话框

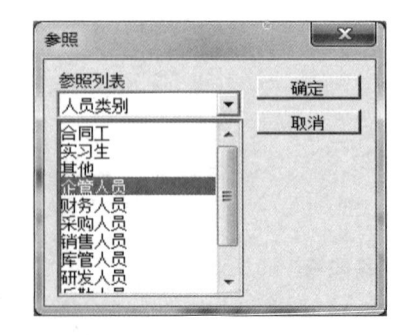

在"人员类别"中选择"企管人员"选项,单击"确定"按钮,返回"函数向导——步骤之 2"对话框。在"算术表达式 1"栏中录入"500",如图 4-156 所示。单击"完成"按钮,返回"工资项目设置"对话框,将光标置于"交通补助公式定义"中的"500"之后,单击"函数公式向导输入"按钮,打开"函数向导——步骤之 1"对话框。

在"函数名"列表框中选择"iff"选项,单击"下一步"按钮,打开"函数向导——步骤之 2"对话框。单击"逻辑表达式"栏的参照按钮,打开"参照"对话框。单击"参照列表"栏的下拉按钮,在弹出的下拉列表中选择"人员类别"选项,在"人员类别"中选择"销售人员"选项,单击"确定"按钮,返回"函数向导——步骤之 2"对话框。在"算术表达式 1"栏中录入"100",在"算术表达式 2"栏中录入"50",如图 4-157 所示。

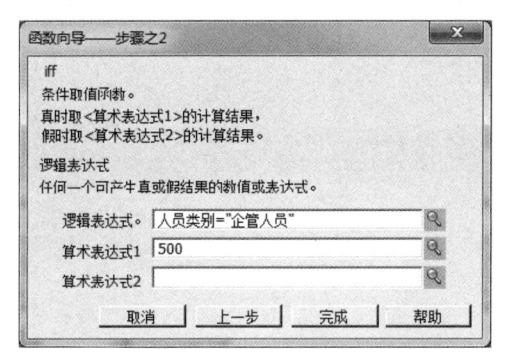

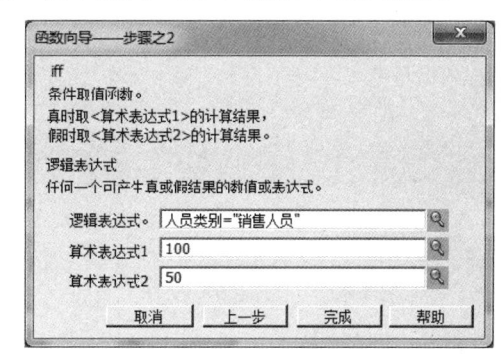

图 4-156 "函数向导——步骤之 2"对话框 1　　图 4-157 "函数向导——步骤之 2"对话框 2

单击"完成"按钮,返回"工资项目设置"对话框。此时"交通补助公式定义"中的内容为"iff(人员类别="企管人员",500,iff(人员类别="销售人员",100 50))",单击"公式确认"按钮,完成"交通补助"工资项目的公式定义。

单击"确定"按钮,关闭"工资项目设置"对话框。

(2)工资变动处理。

人力资源副总姜伟在企业应用平台中,执行"业务工作|人力资源|薪资管理|业务处理|工资变动"命令,打开"在职人员"工资类别,进入"工资变动"界面。

单击"全选"按钮,选择所有人员。单击"替换"按钮,打开"工资项数据替换"对话框。

设置"将工资项目"为"绩效工资"、"替换成"为"绩效工资+500"、"替换条件"为"部门""=""销售部",如图 4-158 所示。

单击"确定"按钮,系统给出"数据替换后将不可恢复,是否继续"的提示信息。单击"是"按钮,系统给出"2 条件记录被替换,是否重新计算"提示信息。单击"是"按钮返回。

依次单击"计算"和"汇总"按钮,完成全部工资项目内容的计算。

提示:

- 如果只需对某些项目或符合条件的人员的数据进行编辑,那么可单击"筛选"按钮,选择某些项目或符合条件的人员。

- 如果需录入某个指定部门或人员的数据,那么可先单击"定位"按钮,让系统自动定位到该部门或人员上,再录入数据。

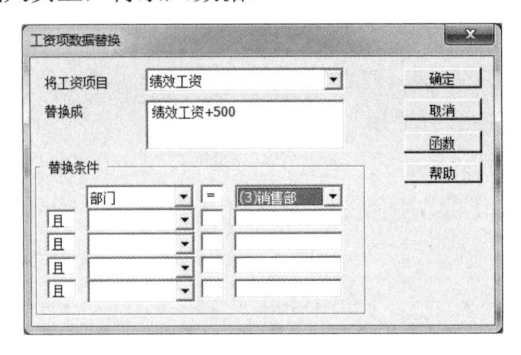

图 4-158　"工资项数据替换"对话框

任务三十一　分配职工工资

任务目标:

完成分配职工工资的业务操作。

【任务资料】

2021 年 8 月 30 日,分配本月职工工资。工资分摊设置如表 4-2 所示。

表 4-2　工资分摊设置

部门名称	人员类别	工资项目	借方科目	贷方科目
总经理办公室	企管人员	实发合计	660201 管理费用——职工薪酬	221101 应付职工薪酬——工资
财务部	财务人员		660201 管理费用——职工薪酬	
销售部	销售人员		660104 销售费用——职工薪酬	
采购部	采购人员		660201 管理费用——职工薪酬	
仓管部	库管人员		660201 管理费用——职工薪酬	
人力资源部	企管人员		660201 管理费用——职工薪酬	
总经理办公室	企管人员	养老保险	660201 管理费用——职工薪酬	221101 应付职工薪酬——工资
财务部	财务人员		660201 管理费用——职工薪酬	
销售部	销售人员		660104 销售费用——职工薪酬	
采购部	采购人员		660201 管理费用——职工薪酬	
仓管部	库管人员		660201 管理费用——职工薪酬	
人力资源部	企管人员		660201 管理费用——职工薪酬	
总经理办公室	企管人员	医疗保险	660201 管理费用——职工薪酬	221101 应付职工薪酬——工资
财务部	财务人员		660201 管理费用——职工薪酬	
销售部	销售人员		660104 销售费用——职工薪酬	
采购部	采购人员		660201 管理费用——职工薪酬	
仓管部	库管人员		660201 管理费用——职工薪酬	
人力资源部	企管人员		660201 管理费用——职工薪酬	

续表

部门名称	人员类别	工资项目	借方科目	贷方科目
总经理办公室	企管人员	失业保险	660201 管理费用——职工薪酬	221101 应付职工薪酬——工资
财务部	财务人员		660201 管理费用——职工薪酬	
销售部	销售人员		660104 销售费用——职工薪酬	
采购部	采购人员		660201 管理费用——职工薪酬	
仓管部	库管人员		660201 管理费用——职工薪酬	
人力资源部	企管人员		660201 管理费用——职工薪酬	
总经理办公室	企管人员	住房公积金	660201 管理费用——职工薪酬	221101 应付职工薪酬——工资
财务部	财务人员		660201 管理费用——职工薪酬	
销售部	销售人员		660104 销售费用——职工薪酬	
采购部	采购人员		660201 管理费用——职工薪酬	
仓管部	库管人员		660201 管理费用——职工薪酬	
人力资源部	企管人员		660201 管理费用——职工薪酬	

【任务说明】

此业务是对公司月末职工实发工资与个人承担的三险一金（养老保险、医疗保险、失业保险、住房公积金）进行归集与制单的业务。要完成此业务，就需要进行职工工资的分摊设置、分摊与制单。

【岗位说明】

会计李强完成职工工资的分摊设置、分摊与制单。

【任务操作路径】

（1）职工工资的分摊设置。

会计李强在企业应用平台中，执行"业务工作|人力资源|薪资管理|工资类别|打开工资类别"命令，打开"打开工资类别"对话框。选中"在职人员"所在行，单击"确定"按钮。

执行"业务工作|人力资源|薪资管理|业务处理|工资分摊"命令，打开"工资分摊"对话框，选中所有核算部门，如图4-159所示。

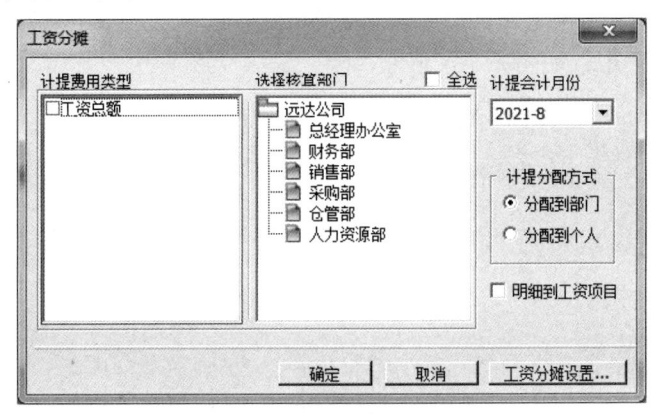

图4-159 "工资分摊"对话框1

单击"工资分摊设置"按钮,打开"分摊类型设置"对话框。单击"增加"按钮,打开"分摊计提比例设置"对话框。设置"计提类型名称"为"工资总额"、"分摊计提比例"为"100%",如图 4-160 所示。

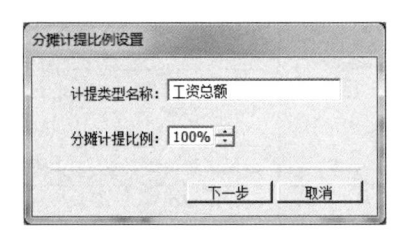

图 4-160　"分摊计提比例设置"对话框

单击"下一步"按钮,打开"分摊构成设置"对话框。根据表 4-2 设置"部门名称""人员类别""工资项目""借方科目""贷方科目",如图 4-161 所示。单击"完成"按钮,返回"分摊类型设置"对话框。

图 4-161　"分摊构成设置"对话框

（2）职工工资的分摊与制单。

会计李强在企业应用平台中,执行"业务工作|人力资源|薪资管理|业务处理|工资分摊"命令,打开"工资分摊"对话框。勾选"工资总额"复选框,选中所有核算部门,勾选"明细到工资项目"复选框,如图 4-162 所示。

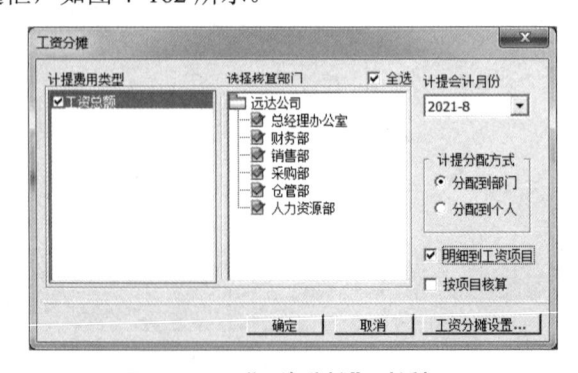

图 4-162　"工资分摊"对话框 2

单击"确定"按钮，完成本月职工工资的分配归集工作，进入"工资分摊明细"界面，如图 4-163 所示。

图 4-163 "工资分摊明细"界面

勾选"合并科目相同、辅助项相同的分录"复选框，单击"制单"按钮，进入"填制凭证"界面。设置"凭证类别"为"记账凭证"，单击"保存"按钮，生成记账凭证，如图 4-164 所示。

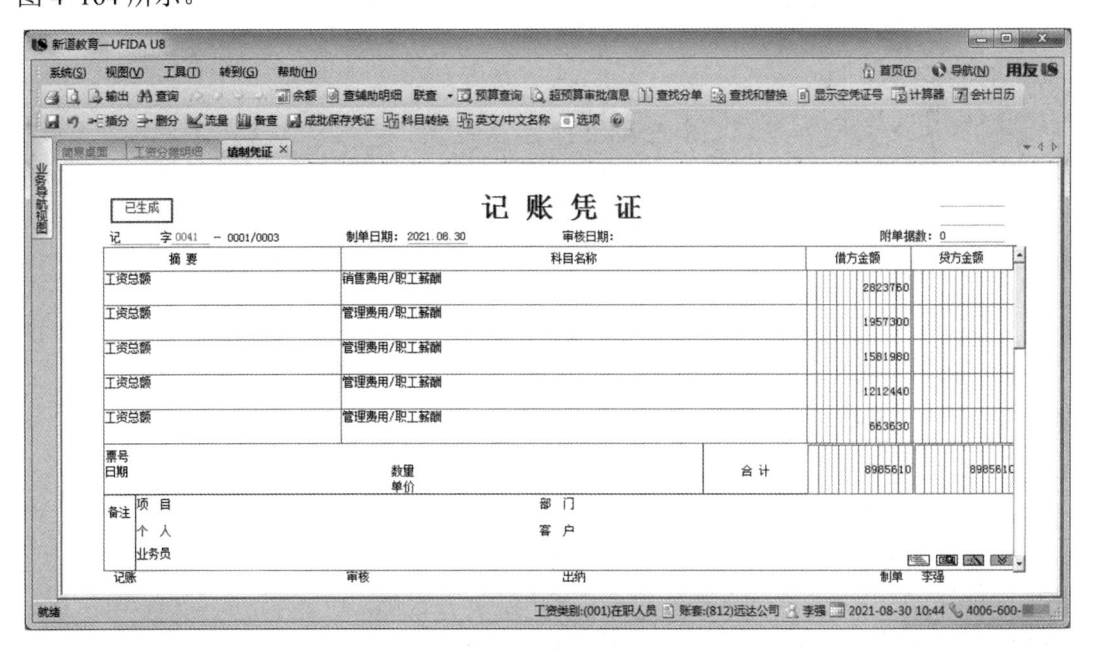

图 4-164 生成的记账凭证

任务三十二 结转代扣个人三险一金及个人所得税并委托银行代发工资

【任务目标】：

完成结转代扣个人三险一金及个人所得税并委托银行代发工资的业务操作。

【任务资料】

2021年8月30日，结转代扣的职工个人承担的社会保险费、住房公积金和个人所得税，开出转账支票（票号为13200762），委托银行代发工资。职工个人承担社会保险费和住房公积金的分摊科目如表4-3所示。

表4-3 职工个人承担社会保险费和住房公积金的分摊科目

部门名称	人员类别	个人承担社会保险费（10.4%）（养老保险8%，医疗保险2%，失业保险0.4%）		个人承担住房公积金（12%）	
		借方科目	贷方科目	借方科目	贷方科目
总经理办公室	企管人员	221101 应付职工薪酬——工资	224101 其他应付款——应付社会保险费	221101 应付职工薪酬——工资	224102 其他应付款——应付住房公积金
财务部	财务人员				
销售部	销售人员				
采购部	采购人员				
仓管部	库管人员				
人力资源部	企管人员				

【任务说明】

此业务是公司月末结转代扣个人承担的社会保险费和住房公积金、个人所得税，委托银行代发工资的业务。要完成此业务，就需要进行个人承担的社会保险费和住房公积金分摊、代扣个人所得税与制单，凭证的主管签字、审核与记账，委托银行代发工资的制单等操作。

【岗位说明】

会计李强进行职工个人承担的社会保险费和住房公积金分摊、个人所得税的制单、凭证记账、委托银行代发工资的制单，人力资源副总姜伟代扣个人所得税、办理委托银行代发工资业务，财务副总刘方进行凭证的主管签字与审核。

【任务操作路径】

（1）个人承担的社会保险费和住房公积金分摊。

会计李强在企业应用平台中，执行"业务工作|人力资源|薪资管理|工资类别|打开工资类别"命令，打开"打开工资类别"对话框。选中"在职人员"所在行，单击"确定"按钮。

执行"业务工作|人力资源|薪资管理|业务处理|工资分摊"命令，打开"工资分摊"对话

框。单击"工资分摊设置"按钮,打开"分摊类型设置"对话框。单击"增加"按钮,打开"分摊计提比例设置"对话框。设置"计提类型名称"为"个人承担社会保险费"、"分摊计提比例"为"10.4%",如图 4-165 所示。

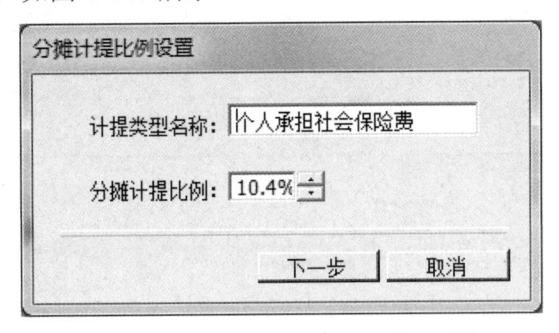

图 4-165 "分摊计提比例设置"对话框

单击"下一步"按钮,打开"分摊构成设置"对话框。根据表 4-3 设置"部门名称""人员类别""工资项目""借方科目""贷方科目",如图 4-166 所示。单击"完成"按钮,返回"分摊类型设置"对话框。

图 4-166 "分摊构成设置"对话框 1

单击"增加"按钮,打开"分摊计提比例设置"对话框。设置"计提类型名称"为"个人承担住房公积金"、"分摊计提比例"为"12%"。单击"下一步"按钮,打开"分摊构成设置"对话框。根据表 4-3 设置"部门名称""人员类别""工资项目""借方科目""贷方科目",如图 4-167 所示。单击"完成"按钮,返回"分摊类型设置"对话框。

单击"返回"按钮,返回"工资分摊"对话框。勾选"个人承担社会保险费"和"个人承担住房公积金"复选框,并取消勾选"工资总额"复选框,选中所有核算部门,确认勾选"明细到工资项目"复选框,单击"确定"按钮,进入"工资分摊明细"界面,如图 4-168 所示。

图 4-167 "分摊构成设置"对话框 2

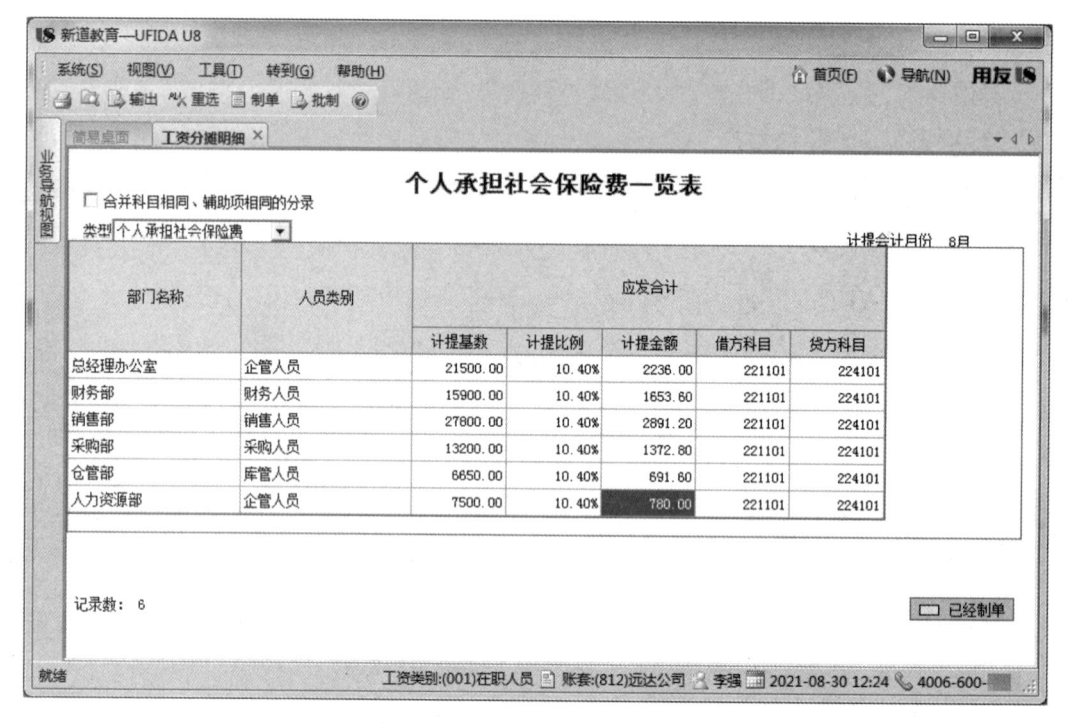

图 4-168 "工资分摊明细"界面

勾选"合并科目相同、辅助项相同的分录"复选框,单击"制单"按钮,进入"填制凭证"界面。设置"凭证类别"为"记账凭证",单击"保存"按钮,生成个人承担社会保险费的记账凭证,如图 4-169 所示。

退出"填制凭证"界面,返回"工资分摊明细"界面。单击"类型"栏的下拉按钮,在弹出的下拉列表中选择"个人承担住房公积金"选项,勾选"合并科目相同、辅助项相同的分录"选项,单击"制单"按钮,进入"填制凭证"界面。设置"凭证类型"为"记账凭证",单击"保存"按钮,生成个人承担住房公积金的记账凭证,如图 4-170 所示。

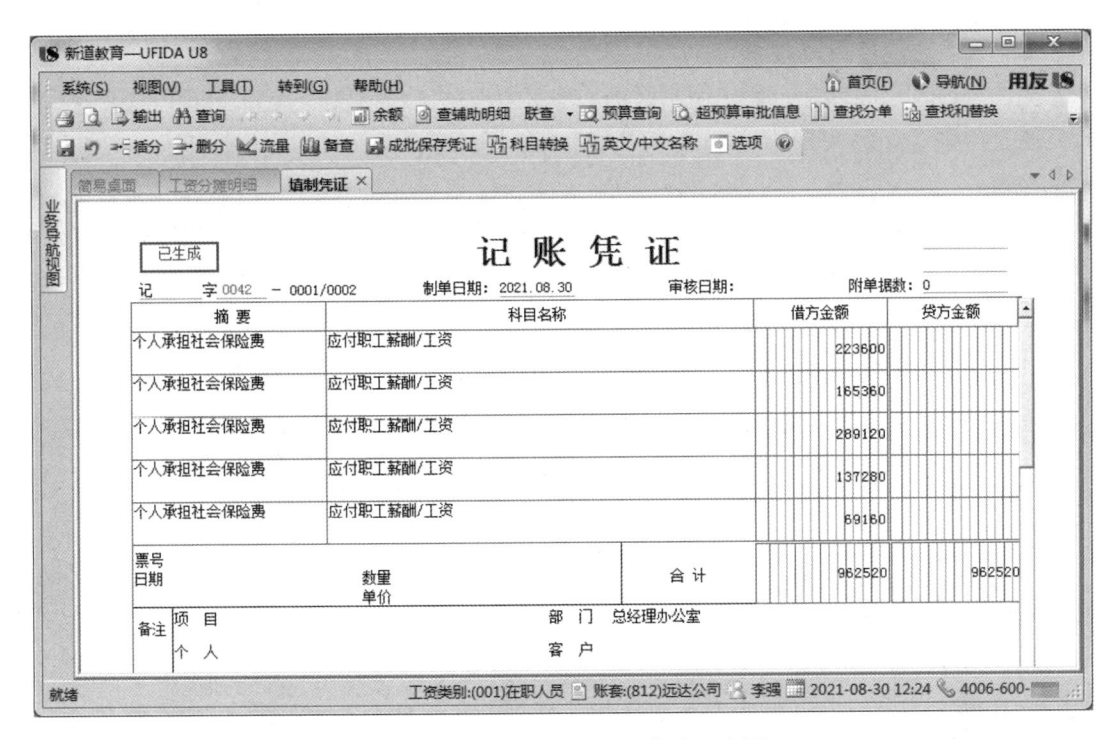

图 4-169　个人承担社会保险费的记账凭证

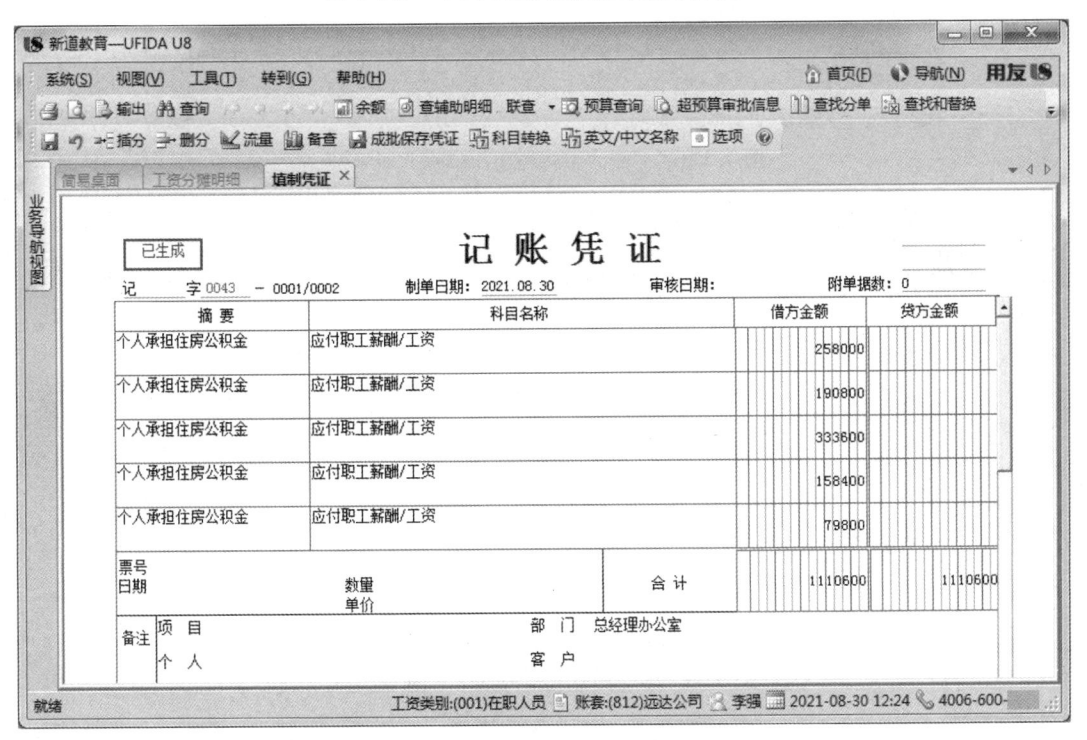

图 4-170　个人承担住房公积金的记账凭证

退出"填制凭证"界面,返回"工资分摊明细"界面,退出"工资分摊明细"界面。

(2) 代扣个人所得税。

人力资源副总姜伟在企业应用平台中，执行"业务工作|人力资源|薪资管理|工资类别|打开工资类别"命令，打开"打开工资类别"对话框。选中"在职人员"所在行，单击"确定"按钮。

执行"业务工作|人力资源|薪资管理|业务处理|扣缴所得税"命令，打开"个人所得税申报模板"对话框，如图 4-171 所示。设置"请选择所在地区名"为"系统"，并选中"系统扣缴个人所得税报表"所在行。

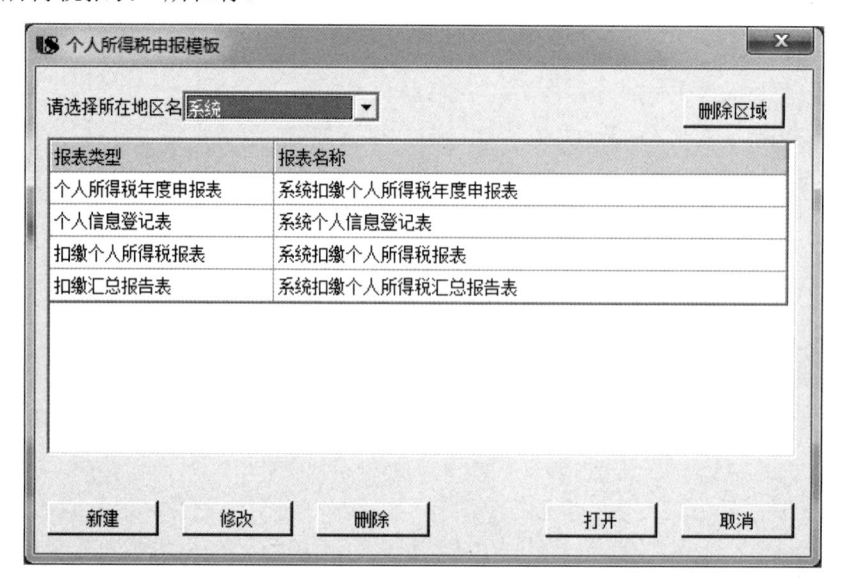

图 4-171 "个人所得税申报模板"对话框

单击"打开"按钮，打开"所得税申报"对话框，如图 4-172 示。

图 4-172 "所得税申报"对话框

单击"确定"按钮，打开"所得税申报"窗口，显示"系统扣缴个人所得税报表"，如图 4-173 所示。

系统扣缴个人所得税报表

2021年8月－2021年8月

总人数：11

序号	纳税义…	身份证照…	身份证号码	所得期间	收入额	费用扣除	准予扣除…	应纳税所…	税率	应扣税额	已扣税额	备注
1	杨帆	身份证		8	21500.00	5000.00		11727.00	25	1926.75	1926.75	
2	刘方	身份证		8	10500.00	5000.00		3169.00	10	211.90	211.90	
3	李强	身份证		8	8250.00	5000.00		1418.50	3	42.56	42.56	
4	王瑞	身份证		8	7650.00	5000.00		951.70	3	28.55	28.55	
5	赵宁	身份证		8	11600.00	5000.00		4024.80	10	297.48	297.48	
6	于静	身份证		8	11600.00	5000.00		4024.80	10	297.48	297.48	
7	赵强	身份证		8	6750.00	5000.00		251.50	3	7.55	7.55	
8	刘东生	身份证		8	6450.00	5000.00		18.10	3	0.54	0.54	
9	马月	身份证		8	6650.00	5000.00		173.70	3	5.21	5.21	
10	姜伟	身份证		8	7500.00	5000.00		835.00	3	25.05	25.05	
11	王佳明	身份证		8	4600.00	5000.00		0.00	0	0.00	0.00	
合计					103050.00	55000.00		26594.10		2843.07	2843.07	

图 4-173 "所得税申报"窗口

（3）个人所得税的制单。

会计李强在企业应用平台中，执行"业务工作|财务会计|总账|凭证|填制凭证"命令，进入"填制凭证"界面。单击"增加"按钮，设置"摘要"为"个人所得税"，并设置第 1 笔分录的"科目名称"为"管理费用/职工薪酬"、"部门"为"总经理办公室"、"借方金额"为"1 926.75"。

按回车键，设置第 2 笔分录的"科目名称"为"管理费用/职工薪酬"、"部门"为"财务部"、"借方金额"为"283.01"。

按回车键，设置第 3 笔分录的"科目名称"为"管理费用/职工薪酬"、"部门"为"采购部"、"借方金额"为"8.09"。

按回车键，设置第 4 笔分录的"科目名称"为"管理费用/职工薪酬"、"部门"为"仓管部"、"借方金额"为"5.21"。

按回车键，设置第 5 笔分录的"科目名称"为"管理费用/职工薪酬"、"部门"为"人力资源部"、"借方金额"为"25.05"。

按回车键，设置第 6 笔分录的"科目名称"为"销售费用/职工薪酬"、"借方金额"为"594.96"。

按回车键，设置第 7 笔分录的"科目名称"为"应交税费/应交个人所得税"、"贷方金额"为"2 843.07"（或者直接单击"="按钮，系统将自动填充该值），单击"保存"按钮，即生成个人所得税的记账凭证，如图 4-174 所示。

（4）凭证的主管签字、审核与记账。

① 财务副总刘方在企业应用平台中，执行"业务工作|财务会计|总账|凭证|主管签字"命令，打开"主管签字"对话框。单击"确定"按钮，进入"主管签字列表"界面。双击

"摘要"为"工资总额"的凭证，进入"主管签字"界面。单击"签字"按钮，完成该凭证的主管签字工作。单击"退出"按钮，返回"主管签字列表"界面。

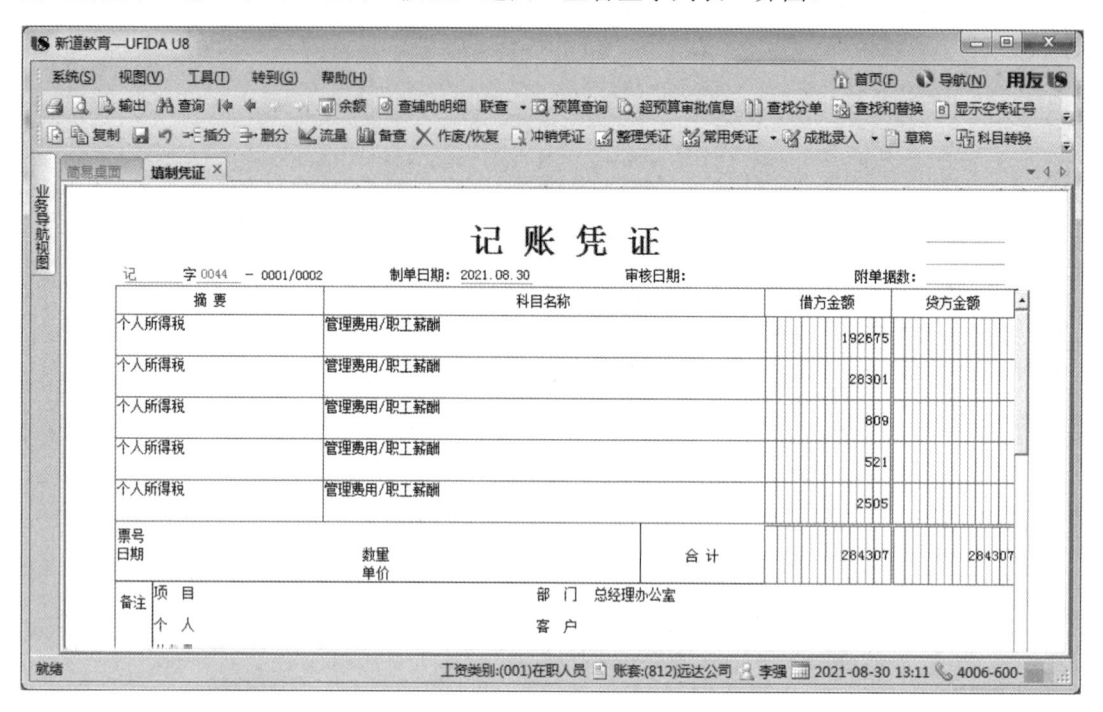

图 4-174 个人所得税的记账凭证

双击"摘要"为"个人承担社会保险费"的凭证，进入"主管签字"界面。单击"签字"按钮，完成该凭证的主管签字工作。单击"退出"按钮，返回"主管签字列表"界面。

双击"摘要"为"个人承担住房公积金"的凭证，进入"主管签字"界面。单击"签字"按钮，完成该凭证的主管签字工作。单击"退出"按钮，返回"主管签字列表"界面。

单击"取消"按钮，返回系统主窗口。

执行"业务工作|财务会计|总账|凭证|审核凭证"命令，打开"凭证审核"对话框。单击"确定"按钮，进入"凭证审核列表"界面。双击"摘要"为"工资总额"的凭证，进入"凭证审核"界面。单击"审核"按钮，完成对该凭证的审核。单击"确定"按钮，返回"审核凭证列表"界面。

同理，完成对"摘要"为"个人承担社会保险费"和"个人承担住房公积金"的凭证的审核，单击"取消"按钮，返回系统主窗口。

② 会计李强在企业应用平台中，执行"业务工作|财务会计|总账|凭证|记账"命令，打开"记账"对话框。单击"记账"按钮，系统自动完成记账工作，并给出提示信息和记账报告。单击"确定"按钮，单击"退出"按钮，关闭"记账"对话框。

（5）委托银行代发工资的制单。

会计李强在企业应用平台中，执行"业务工作|财务会计|总账|期末|转账定义|自定义转账"命令，打开"自定义转账设置"窗口。

单击"增加"按钮,打开"转账目录"对话框。设置"转账序号"为"0006"、"转账说明"输入"代发职工工资"、"凭证类别"为"记 记账凭证",如图4-175所示。

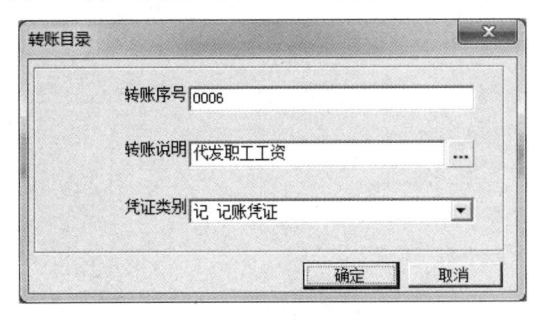

图 4-175 "转账目录"对话框

单击"确定"按钮,返回"自定义转账设置"窗口。单击"增行"按钮,设置"科目编码"为"221101"、"部门"为"总经理办公室"、"方向"为"借"、"金额公式"为"QM(221101,月,,1)"(期末余额),即完成第1行的编辑。同理,完成第2~6行的编辑,相应信息如图4-176所示。

图 4-176 "自定义转账设置"窗口

单击"增行"按钮,设置"科目编码"为"100201"、"方向"为"贷"、"金额公式"为"JG()"(取对方科目计算结果),单击"保存"按钮,如图4-176所示。

执行"业务工作|财务会计|总账|期末|转账生成"命令,打开"转账生成"对话框。双击"0006"所在行的"是否结转"栏,选中该行,单击"确定"按钮,系统给出"2021.08月或之前有未记账凭证,是否继续结转"的提示信息。单击"是"按钮,打开"转账"对话框。

拖动右侧的滚动条找到"银行存款/工行存款"分录,单击其"贷方金额"栏,双击"备注"中的"项目",打开"辅助项"对话框。设置"结算方式"为"202"(转账支票)、"票号"为"13200762"、"发生日期"为"2021-08-30",单击"确定"按钮,返回"转账"对话框。单击"保存"按钮,结果如图4-177所示。

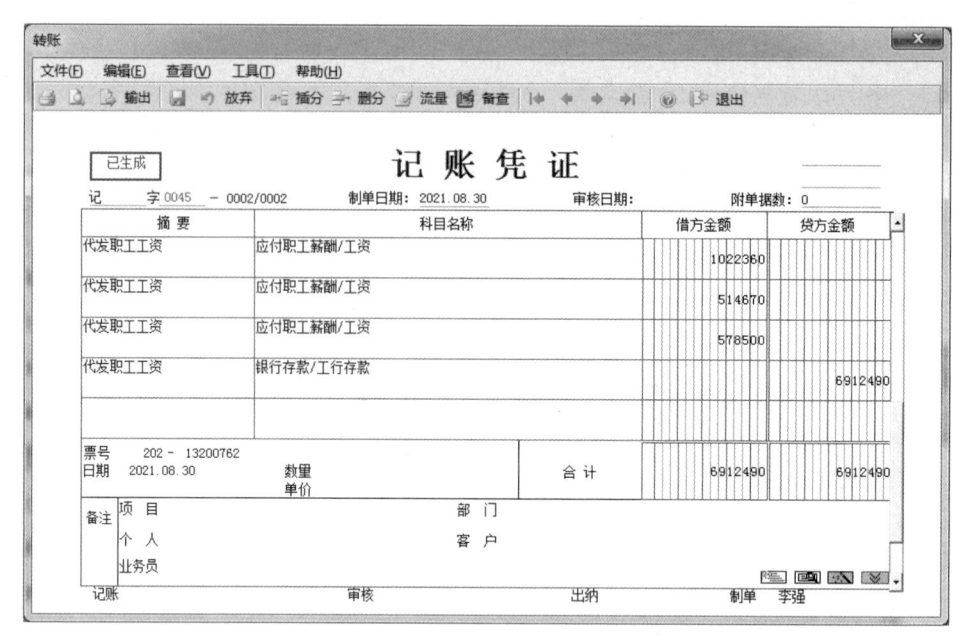

图 4-177 生成的记账凭证

任务三十三　计提单位承担的五险一金

任务目标：

完成计提单位承担的五险一金（养老保险、医疗保险、失业保险、工伤保险、生育保险、住房公积金）的业务操作。

【任务资料】

2021 年 8 月 30 日，计提单位承担的社会保险费和住房公积金。单位承担社会保险费和住房公积金的分摊科目如表 4-4 所示。

表 4-4　单位承担社会保险费和住房公积金的分摊科目

部门名称	人员类别	单位承担社会保险费（28.8%）（养老保险 16%、医疗保险 10%、失业保险 1%、工伤保险 1%、生育保险 0.8%）		单位承担住房公积金（12%）	
		借方科目	贷方科目	借方科目	贷方科目
总经理办公室	企管人员	660201 管理费用——职工薪酬	221103 应付职工薪酬——社会保险费	660201 管理费用——职工薪酬	221104 应付职工薪酬——住房公积金
财务部	财务人员	660201 管理费用——职工薪酬		660201 管理费用——职工薪酬	
销售部	销售人员	660104 销售费用——职工薪酬		660104 销售费用——职工薪酬	
采购部	采购人员	660201 管理费用——职工薪酬		660201 管理费用——职工薪酬	
仓管部	库管人员				
人力资源部	企管人员				

【任务说明】

此业务是公司月末计提单位承担的社会保险费和住房公积金的业务。要完成此业务，就需要进行单位承担的社会保险费和住房公积金分摊科目设置、工资分摊与制单等操作。

【岗位说明】

会计李强进行单位承担的社会保险费和住房公积金分摊科目设置、工资分摊与制单。

【任务操作路径】

（1）会计李强在企业应用平台中，执行"业务工作|人力资源|薪资管理|工资类别|打开工资类别"命令，打开"打开工资类别"对话框。选中"在职人员"所在行，单击"确定"按钮。

（2）执行"业务工作|人力资源|薪资管理|业务处理|工资分摊"命令，打开"工资分摊"对话框。单击"工资分摊设置"按钮，打开"分摊类型设置"对话框。单击"增加"按钮，打开"分摊计提比例设置"对话框。设置"计提类型名称"为"单位承担社会保险费"、"分摊计提比例"为"28.8%"，单击"下一步"按钮，打开"分摊构成设置"对话框。根据表 4-4 设置"部门名称""人员类别""工资项目""借方科目""贷方科目"，即完成单位承担社会保险费的分摊科目设置，如图 4-178 所示。单击"完成"按钮，返回"分摊类型设置"对话框。

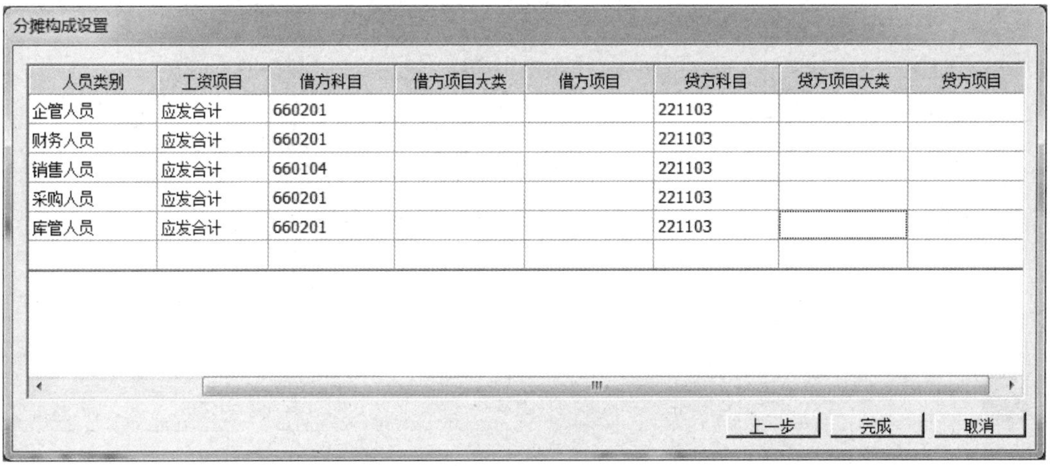

人员类别	工资项目	借方科目	借方项目大类	借方项目	贷方科目	贷方项目大类	贷方项目
企管人员	应发合计	660201			221103		
财务人员	应发合计	660201			221103		
销售人员	应发合计	660104			221103		
采购人员	应发合计	660201			221103		
库管人员	应发合计	660201			221103		

图 4-178 "分摊构成设置"对话框 1

（3）同理，完成单位承担住房公积金的分摊科目设置，如图 4-179 所示。

（4）单击"返回"按钮，返回"工资分摊"对话框。勾选"单位承担社会保险费"和"单位承担住房公积金"复选框，选中所有核算部门，勾选"明细到工资项目"复选框，单击"确定"按钮，进入"工资分摊明细"界面，显示"单位承担社会保险费一览表"，如图 4-180 所示。

图 4-179 "分摊构成设置"对话框 2

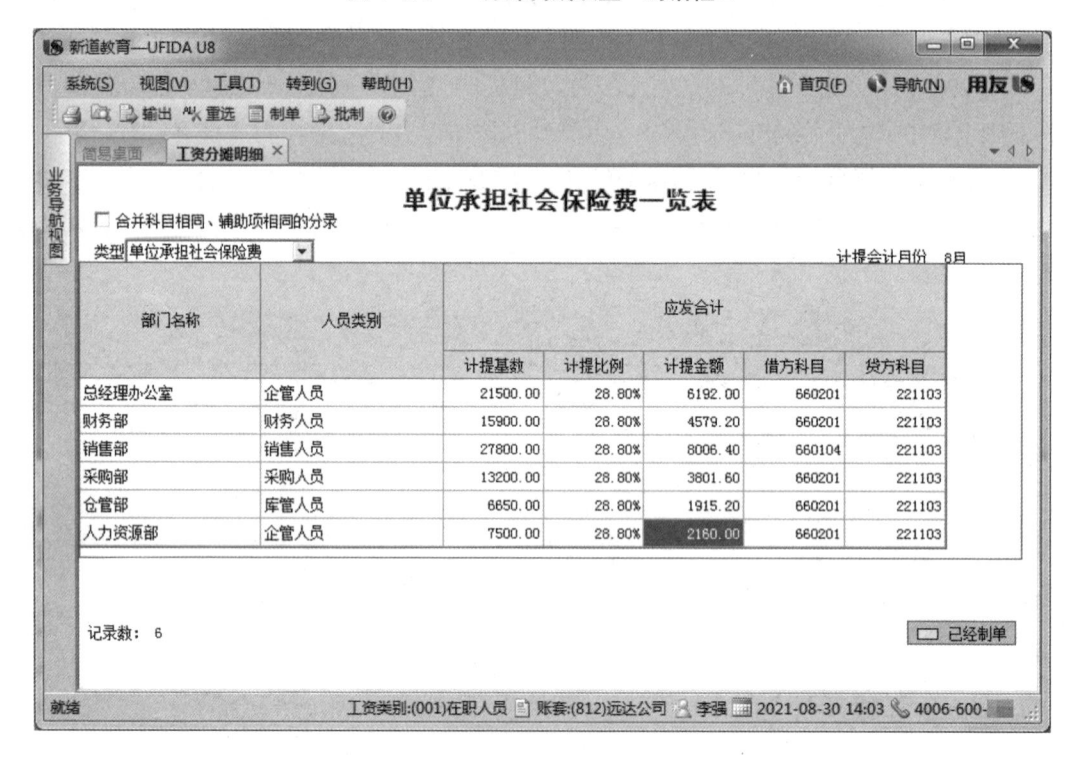

图 4-180 单位承担社会保险费一览表

（5）勾选"合并科目相同、辅助项相同的分录"复选框，单击"制单"按钮，进入"填制凭证"界面。设置"凭证类别"为"记账凭证"，单击"保存"按钮，生成单位承担社会保险费的记账凭证，如图 4-181 所示。

（6）退出"填制凭证"界面，返回"工资分摊明细"界面。单击"类型"栏的下拉按钮，在弹出的下拉列表中选择"单位承担住房公积金"选项，勾选"合并科目相同、辅助项相同的分录"复选框，单击"制单"按钮，进入"填制凭证"界面。设置"凭证类别"为"记账凭证"，单击"保存"按钮，生成单位承担住房公积金的记账凭证，如图 4-182 所示。

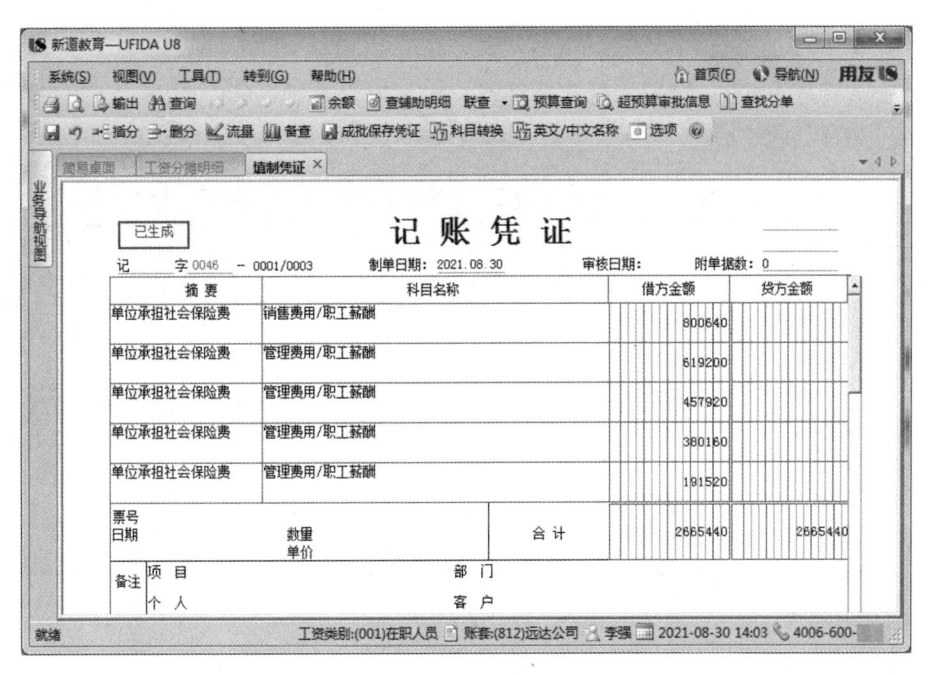

图 4-181　单位承担社会保险费的记账凭证

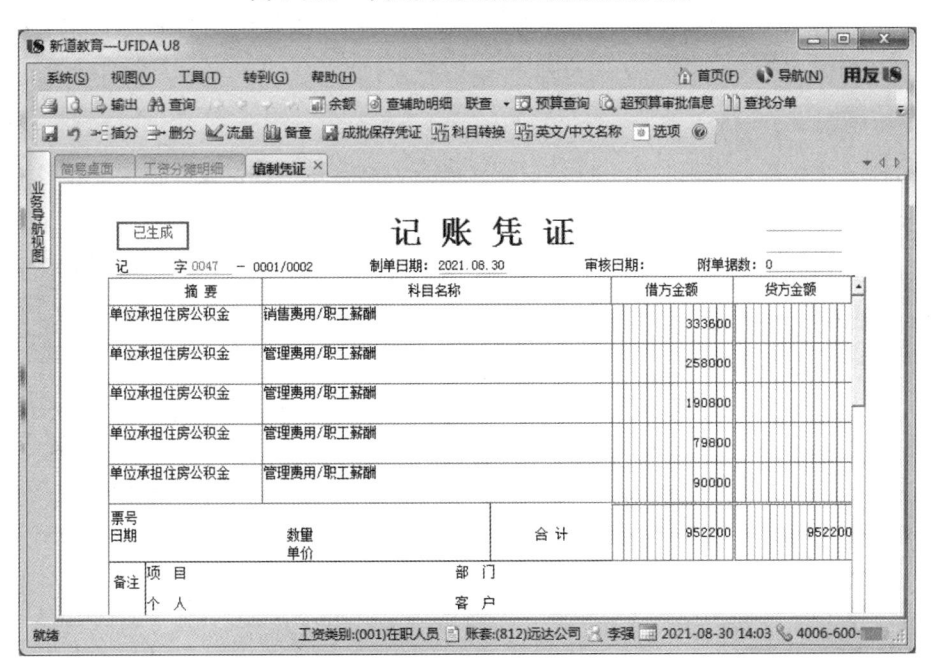

图 4-182　单位承担住房公积金的记账凭证

任务三十四　计提工会经费及职工教育经费

任务目标：

完成计提工会经费及职工教育经费的业务操作。

【任务资料】

2021 年 8 月 30 日，计提本月工会经费及职工教育经费。单位计提工会经费及职工教育经费的分摊科目如表 4-5 所示。

表 4-5　单位计提工会经费及职工教育经费的分摊科目

部门名称	人员类别	工会经费（2%）		职工教育经费（2.5%）	
		借方科目	贷方科目	借方科目	贷方科目
总经理办公室	企管人员	660201 管理费用——职工薪酬	221105 应付职工薪酬——工会经费	660201 管理费用——职工薪酬	221106 应付职工薪酬——职工教育经费
财务部	财务人员	660201 管理费用——职工薪酬		660201 管理费用——职工薪酬	
销售部	销售人员	660104 销售费用——职工薪酬		660104 销售费用——职工薪酬	
采购部	采购人员	660201 管理费用——职工薪酬		660201 管理费用——职工薪酬	
仓管部	库管人员	660201 管理费用——职工薪酬		660201 管理费用——职工薪酬	
人力资源部	企管人员	660201 管理费用——职工薪酬		660201 管理费用——职工薪酬	

【任务说明】

此业务是公司月末计提单位承担的工会经费（应发工资合计的 2%）及职工教育经费（应发工资合计的 2.5%）的业务。要完成此业务，就需要进行单位承担的工会经费及职工教育经费分摊科目设置、工资分摊与制单等操作。

【岗位说明】

会计李强进行单位承担的工会经费及职工教育经费分摊科目设置、工资分摊与制单。

【任务操作路径】

（1）会计李强在企业应用平台中，执行"业务工作|人力资源|薪资管理|业务处理|工资分摊"命令，打开"工资分摊"对话框。单击"工资分摊设置"按钮，打开"分摊类型设置"对话框。单击"增加"按钮，打开"分摊计提比例设置"对话框。设置"计提类型名称"为"工会经费"、"分摊计提比例"为"2%"，单击"下一步"按钮，打开"分摊构成设置"对话框。根据表 4-5 设置"部门名称""人员类别""工资项目""借方科目""贷方科目"，即完成工会经费的分摊科目设置，如图 4-183 所示。单击"完成"按钮，返回"分摊类型设置"对话框。

微课 4-7　计提工会经费及职工教育经费

（2）同理完成职工教育经费的分摊科目设置，如图 4-184 所示。

（3）单击"返回"按钮，返回"工资分摊"对话框。勾选"工会经费"和"职工教育经费"复选框，选中所有核算部门，勾选"明细到工资项目"复选框，单击"确定"按钮，进入"工资分摊明细"界面，显示"工会经费一览表"。

（4）勾选"合并科目相同、辅助项相同的分录"复选框，单击"制单"按钮，进入"填制凭证"界面。设置"凭证类别"为"记账凭证"，单击"保存"按钮，生成工会经费的记账凭证，如图 4-185 所示。

图 4-183 "分摊构成设置"对话框 1

图 4-184 "分摊构成设置"对话框 2

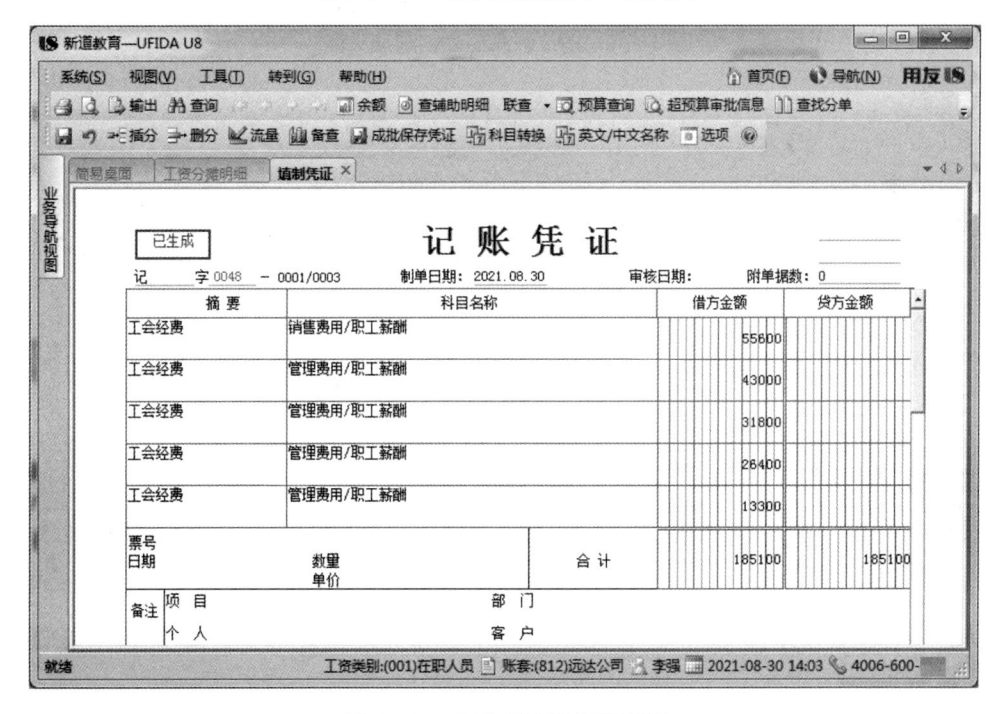

图 4-185 工会经费的记账凭证

（5）单击"退出"按钮，返回"工资分摊明细"界面。单击"类型"栏的下拉按钮，在弹出的下拉列表中选择"职工教育经费"选项，勾选"合并科目相同、辅助项相同的分录"复选框，单击"制单"按钮，进入"填制凭证"界面。设置"凭证类别"为"记账凭证"，单击"保存"按钮，生成职工教育经费的记账凭证，如图 4-186 所示。

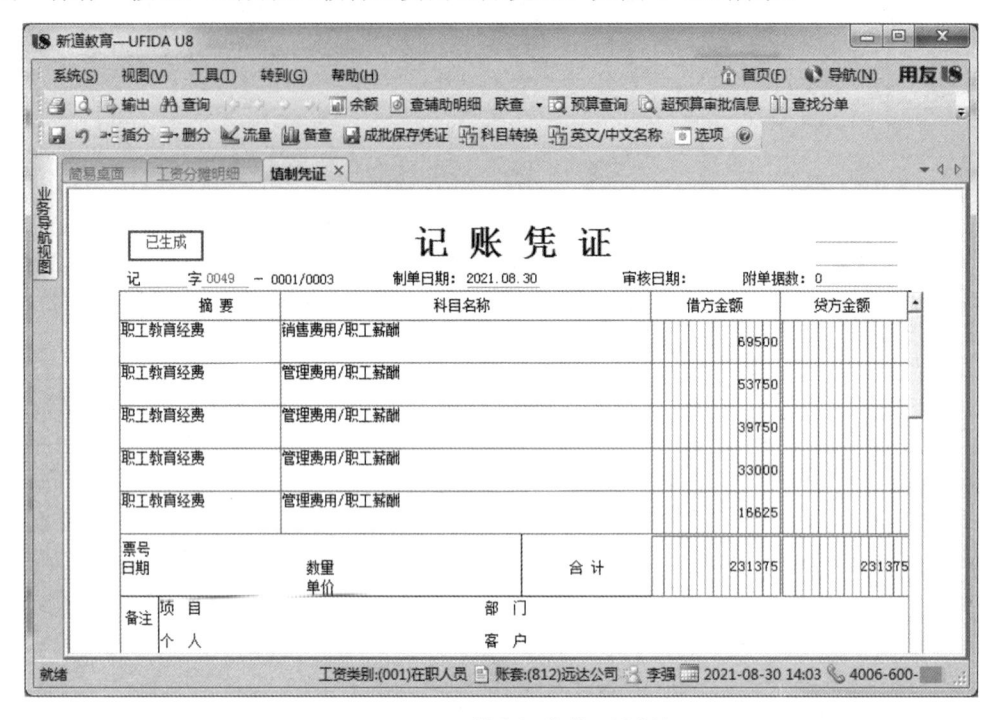

图 4-186 职工教育经费的记账凭证

任务三十五　查询并输出工资表

任务目标：

完成查询并输出工资表的业务操作。

【任务资料】

2021 年 8 月 30 日，查看"工资发放条""部门工资汇总表"等，输出"工资发放条.xls""2021 年 8 月部门工资汇总.xls"文件，并保存。

【任务说明】

此业务是查询并输出工资表的业务。要完成此业务，就需要进行账表查询并输出。

【岗位说明】

人力资源副总姜伟查看"工资发放条"和"部门工资汇总表"，并将其以 Excel 文件格式输出。

【任务操作路径】

（1）查看"工资发放条"并输出"工资发放条.xls"文件。

人力资源副总姜伟在企业应用平台中,执行"业务工作|人力资源|薪资管理|工资类别|打开工资类别"命令,打开"打开工资类别"对话框。选中"在职人员"所在行,单击"确定"按钮。

执行"业务工作|人力资源|薪资管理|统计分析|账表|工资表"命令,打开"工资表"对话框。选中"工资发放条"选项,单击"查看"按钮,打开"选择分析部门"窗口。选中所有部门,单击"确定"按钮,打开"工资发放条"窗口,如图4-187所示。

图4-187 "工资发放条"窗口

单击"输出"按钮,打开"另存为"对话框。选择输出路径,设置"文件名"为"工资发放条","保存类型"默认为.xls,如图4-188所示。单击"保存"按钮,打开"请输入表/工作单名"对话框,单击"确认"按钮,完成"工资发放条.xls"文件的输出。

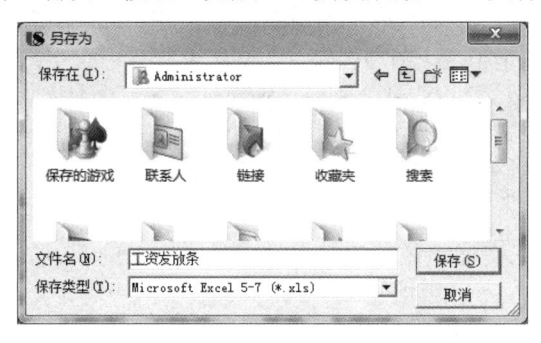

图4-188 "另存为"对话框

(2)查看"部门工资汇总表"并输出"2021年8月部门工资汇总.xls"文件。

人力资源副总姜伟在企业应用平台中,执行"业务工作|人力资源|薪资管理|统计分析|账表|工资表"命令,打开"工资表"对话框。选中"部门工资汇总表"选项,单击"查看"按钮,打开"部门工资汇总表-选择部门范围"对话框。单击"确定"按钮,打开"部门工资汇总表"窗口,如图4-189所示。

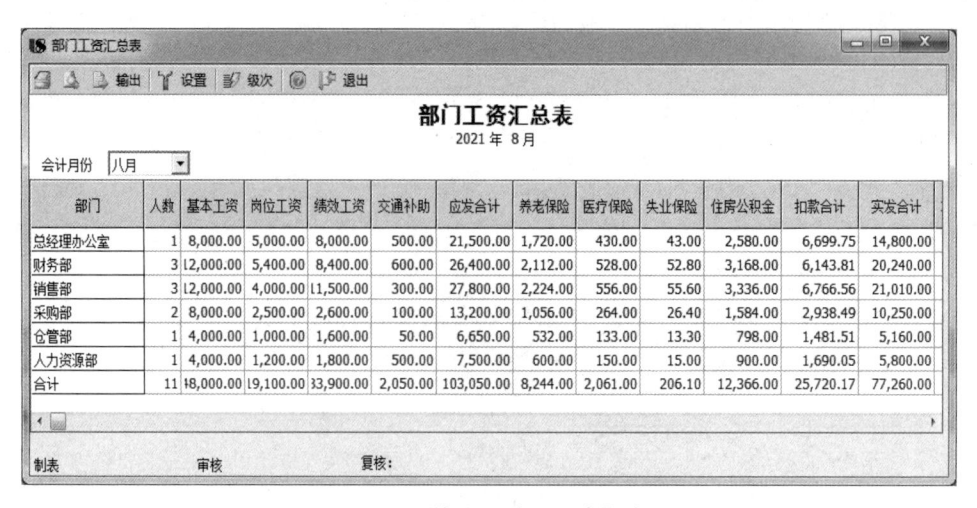

图 4-189 "部门工资汇总表"窗口

单击"输出"按钮,打开"另存为"对话框,选择输出路径,设置"文件名"为"部门工资汇总表","保存类型"默认为.xls。单击"保存"按钮,在系统打开的"输入对话框"的编辑栏中录入工作表名"2021年8月部门工资汇总"。单击"确定"按钮,完成"2021年8月部门工资汇总.xls"文件的输出。

任务三十六 计算应交增值税及结转未交增值税

任务目标:

完成计算应交增值税及结转未交增值税的业务操作。

【任务资料】

2021年8月30日,计算本月应交增值税,并结转本月未交增值税。利用对应结转方式将"应交税费——应交增值税(销项税额)""应交税费——应交增值税(进项税额转出)""应交税费——应交增值税(进项税额)"科目转入"应交税费——转出未交增值税"科目,生成凭证并记账。

【任务说明】

此业务是计算本月应交增值税及结转本月未交增值税的业务。要完成此业务,就需要使用对应结转方式生成凭证并记账。

【岗位说明】

会计李强进行对应结转的设置、凭证的生成与记账处理,财务副总刘方完成凭证的主管签字和审核。

【任务操作路径】

(1)对应结转设置。

会计李强在企业应用平台中,执行"业务工作|财务会计|总账|期末|转账定义|对应结转"

命令，打开"对应结转设置"窗口。设置"编号"为"0007"、"摘要"为"结转销项税额"、"转出科目"为"22210103"。

单击"增行"按钮，设置"转入科目编码"为"22210106"、"凭证类别"为"记 记账凭证"，如图 4-190 所示。单击"保存"按钮。

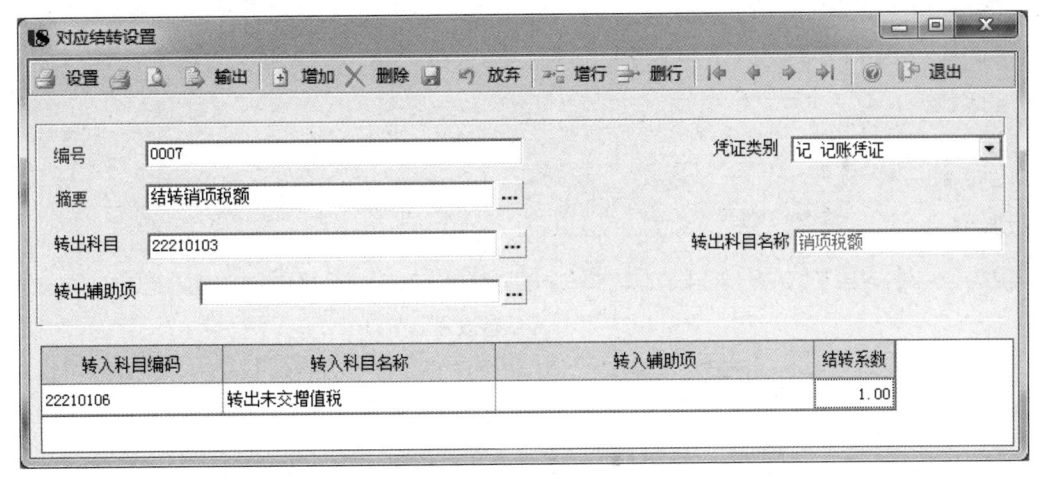

图 4-190 "对应结转设置"窗口 1

单击"增加"按钮，设置"编号"为"0008"、"摘要"为"结转进项税额转出"、"转出科目"为"22210102"。

单击"增行"按钮，设置"转入科目编码"为"22210106"、"凭证类别"为"记 记账凭证"，如图 4-191 所示。单击"保存"按钮。

图 4-191 "对应结转设置"窗口 2

单击"增加"按钮，设置"编号"为"0009"、"摘要"为"结转进项税额"、"转出科目"为"22210101"。

单击"增行"按钮，设置"转入科目编码"为"22210106"、"凭证类别"为"记 记账凭证"，如图 4-192 所示。

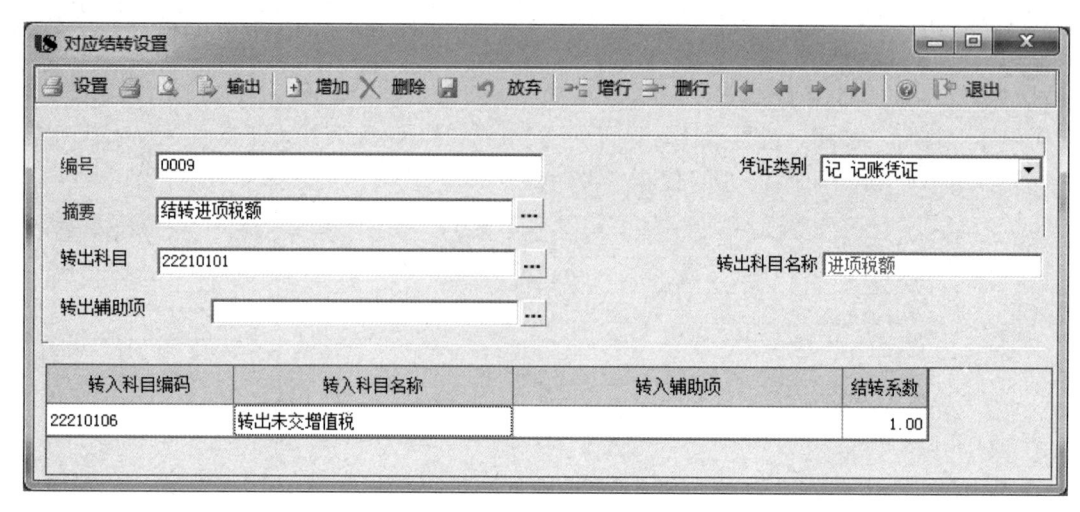

图 4-192 "对应结转设置"窗口 3

单击"保存"按钮,单击"退出"按钮。
(2)对应结转凭证生成。

会计李强在企业应用平台中,执行"业务工作|财务会计|总账|期末|转账生成"命令,打开"转账生成"对话框。选中"对应结转"单选按钮,分别选中"编号"为"0007""0008""0009"的记录行,双击其"是否结转"栏,出现"Y",如图 4-193 所示。

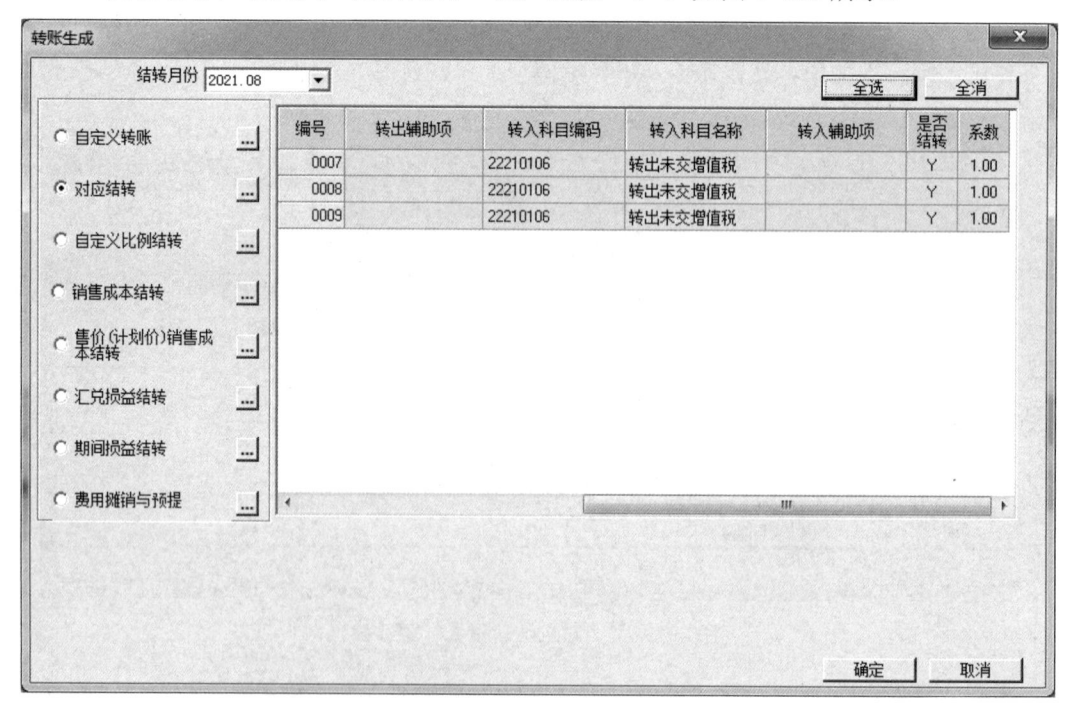

图 4-193 "转账生成"对话框

单击"确定"按钮,打开"转账"对话框,生成结转销项税额凭证。单击"保存"按钮,凭证左上角出现"已生成"字样,如图 4-194 所示。

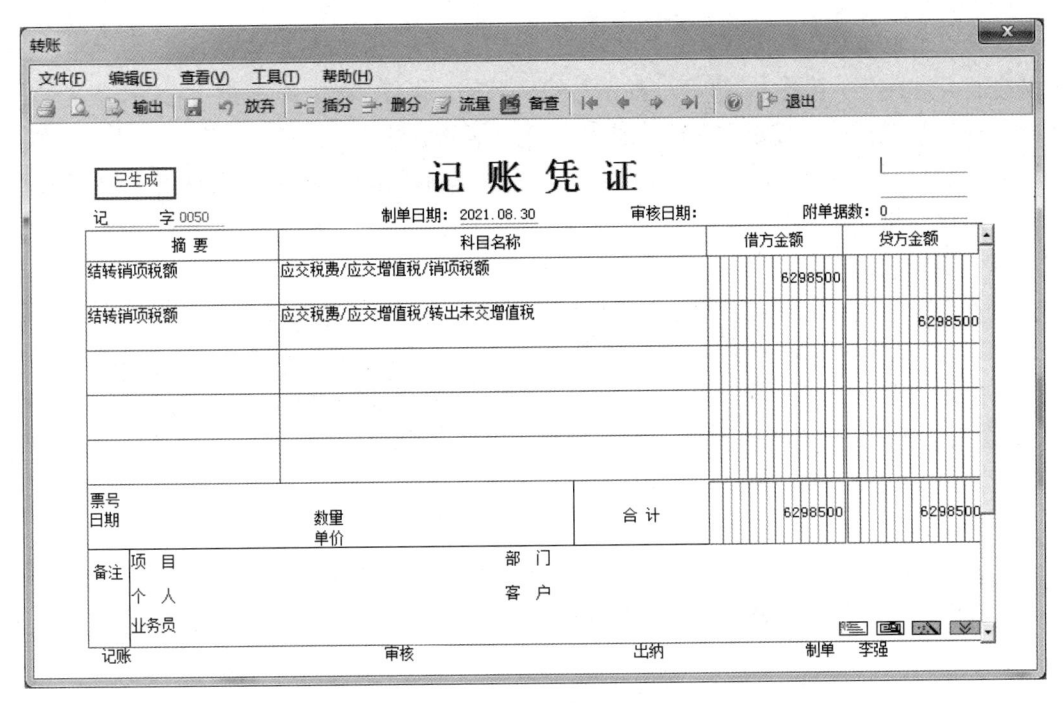

图 4-194 结转销项税额凭证

单击"下张凭证"按钮,保存结转进项税额凭证,如图 4-195 所示。

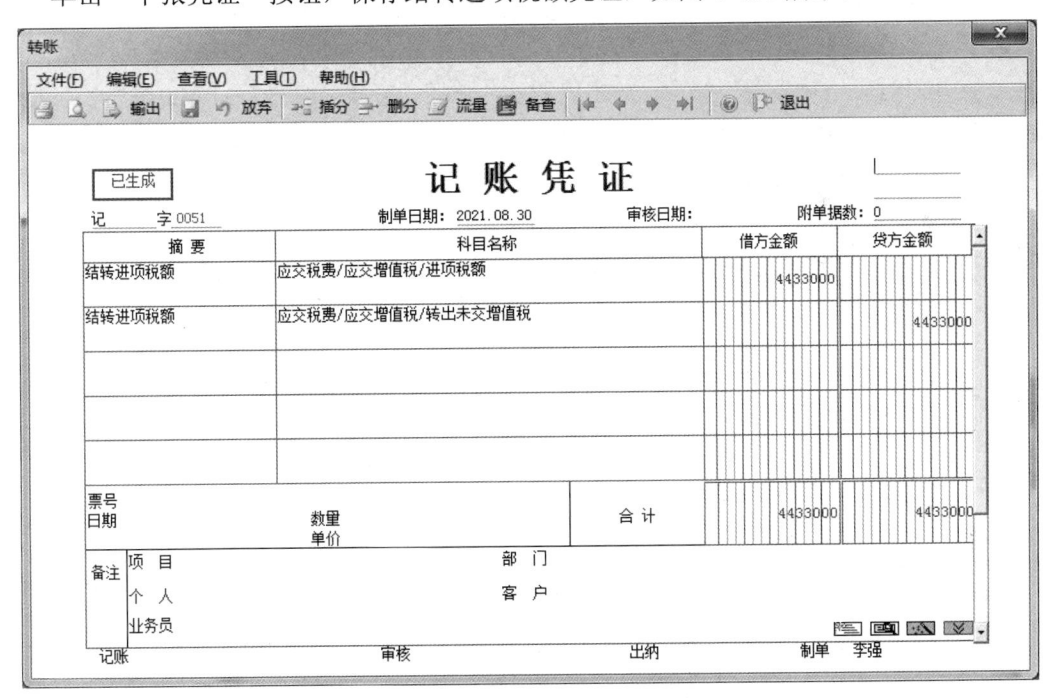

图 4-195 结转进项税额凭证

(3) 主管签字 1。

财务副总刘方在企业应用平台中,执行"业务工作|财务会计|总账|凭证|主管签字"命

令,打开"主管签字"对话框。单击"确定"按钮,进入"主管签字列表"界面。双击第一个凭证行,进入"主管签字"界面,显示待签字凭证。执行"批处理|成批主管签字"命令,打开"凭证"对话框,提示共完成2张待签字凭证的成批签字,单击"退出"按钮。单击"确定"按钮,打开"凭证"对话框,提示是否重新刷新凭证列表数据,单击"是"按钮,单击"退出"按钮。

(4)审核凭证1。

财务副总刘方在企业应用平台中,执行"业务工作|财务会计|总账|凭证|审核凭证"命令,打开"凭证审核"对话框。单击"确定"按钮,进入"凭证审核列表"界面。双击第一个凭证行,进入"审核凭证"界面。执行"批处理|成批审核凭证"命令,打开"凭证"对话框,提示共完成2张待审核凭证的成批审核,单击"退出"按钮。单击"确定"按钮,打开"凭证"对话框,提示是否重新刷新凭证列表数据,单击"是"按钮,单击"退出"按钮。

(5)记账1。

会计李强在企业应用平台中,执行"业务工作|财务会计|总账|凭证|记账"命令,打开"记账"对话框。选中"2021.08月份凭证"单选按钮,单击"全选"按钮,记账范围自动显示为所有已审核的待记账凭证。单击"记账"按钮,系统自动进行记账,并给出"记账完毕"的提示信息。

单击"确定"按钮,单击"退出"按钮。

(6)结转转出未交增值税。

会计李强在企业应用平台中,执行"业务工作|财务会计|总账|期末|转账定义|对应结转"命令,打开"对应结转设置"窗口。单击"增加"按钮,设置"编号"为"0010"、"摘要"为"结转转出未交增值税"、"转出科目"为"22210106"。

单击"增行"按钮,设置"转入科目编码"为"222102"、"凭证类别"为"记 记账凭证",如图4-196所示。

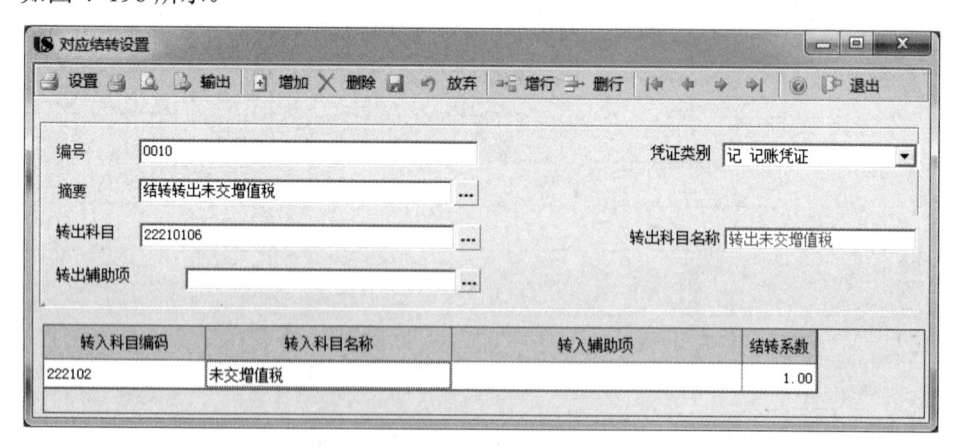

图4-196 "对应结转设置"窗口4

单击"保存"按钮,单击"退出"按钮。

执行"业务工作|财务会计|总账|期末|转账生成"命令,打开"转账生成"对话框。选中

"对应结转"单选按钮，选中"编号"为"0010"的记录行，双击其"是否结转"栏，出现"Y"。单击"确定"按钮，打开"转账"对话框，生成结转转出未交增值税凭证。单击"保存"按钮，凭证左上角出现"已生成"字样，如图 4-197 所示。

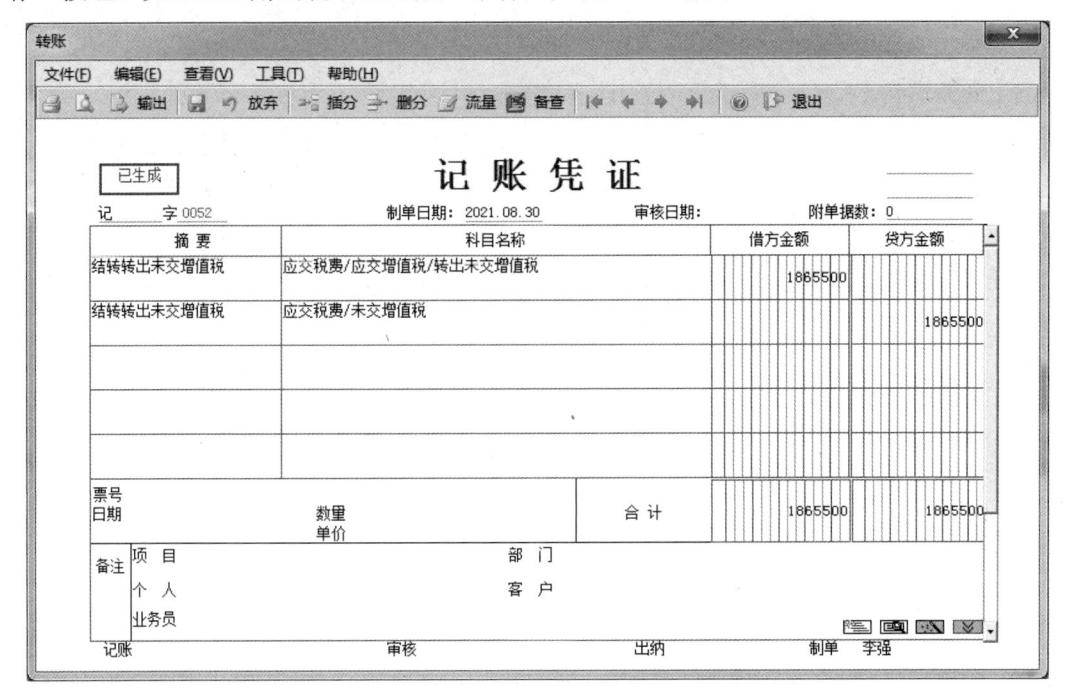

图 4-197 结转转出未交增值税凭证

（7）主管签字 2。

财务副总刘方在企业应用平台中，执行"业务工作|财务会计|总账|凭证|主管签字"命令，打开"主管签字"对话框。单击"确定"按钮，进入"主管签字列表"界面。双击第一个凭证行，进入"主管签字"界面。单击"签字"按钮，完成该凭证的主管签字工作。单击"退出"按钮。

（8）审核凭证 2。

财务副总刘方在企业应用平台中，执行"业务工作|财务会计|总账|凭证|审核凭证"命令，打开"凭证审核"对话框。单击"确定"按钮，进入"凭证审核列表"界面。双击第一个凭证行，进入"审核凭证"界面。单击"审核"按钮，完成对该凭证的审核，单击"退出"按钮。

（9）记账 2。

会计李强在企业应用平台中，执行"业务工作|财务会计|总账|凭证|记账"命令，打开"记账"对话框。选中"2021.08 月份凭证"单选按钮，单击"全选"按钮，记账范围自动显示为所有已审核的待记账凭证。单击"记账"按钮，系统自动进行记账，并给出"记账完毕"的提示信息。

单击"确定"按钮，单击"退出"按钮。

任务三十七 计算城市维护建设税及教育费附加

任务目标：
完成计算城市维护建设税及教育费附加的业务操作。

【任务资料】
2021年8月30日，计算城市维护建设税及教育费附加。利用自定义转账方式生成凭证。

【任务说明】
此业务是计算城市维护建设税及教育费附加的业务。要完成此任务，就需要使用自定义转账方式生成凭证并记账。

【岗位说明】
会计李强进行自定义转账的设置、凭证的生成与记账处理，财务副总刘方完成凭证的主管签字和审核。

【任务操作路径】
（1）自定义转账设置。

会计李强在企业应用平台中，执行"总账|期末|转账定义|自定义转账"命令，打开"自定义转账设置"窗口。

单击"增加"按钮，打开"转账目录"对话框。设置"转账序号"为"0011"、"转账说明"为"计算城市维护建设税教育费附加"，"凭证类别"默认为"记 记账凭证"，如图4-198所示。

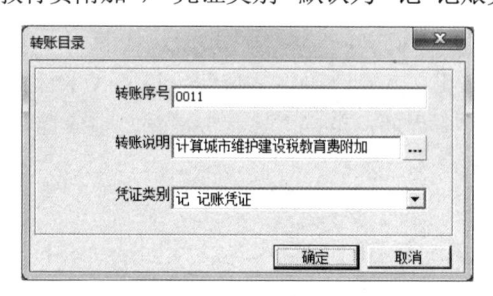

图4-198 "转账目录"对话框

单击"确定"按钮，返回"自定义转账设置"窗口。单击"增行"按钮，设置"科目编码"为"222105"、"方向"为"贷"，单击"金额公式"的参照按钮，打开"公式向导"对话框。

设置"公式名称"为"期末余额"，单击"下一步"按钮，设置"科目"为"222102"，其他选项采用系统默认设置。单击"完成"按钮，返回"自定义转账设置"窗口，在编辑状态下将光标移至公式末尾，录入"*0.07"，按回车键。

单击"增行"按钮，设置"科目编码"为"222106"、"方向"为"贷"，单击"金额公式"的参照按钮，打开"公式向导"对话框。

设置"公式名称"为"期末余额",单击"下一步"按钮,设置"科目"为"222102",其他选项采用系统默认设置。单击"完成"按钮,返回"自定义转账设置"窗口,在编辑状态下将光标移至公式末尾,录入"*0.03",按回车键。

单击"增行"按钮,设置"科目编码"为"6403"、"方向"为"借"、"金额公式"为"JG()",如图 4-199 所示。

图 4-199 "自定义转账设置"窗口

单击"保存"按钮,单击"退出"按钮。

(2)自定义转账凭证生成。

会计李强在企业应用平台中,执行"业务工作|财务会计|总账|期末|转账生成"命令,打开"转账生成"对话框。选中"自定义转账"单选按钮,选中"编号"为"0011"的记录行,双击其"是否结转"栏,出现"Y"。单击"确定"按钮,打开"转账"对话框,生成自定义转账凭证。单击"保存"按钮,凭证左上角出现"已生成"字样,如图 4-200 所示。

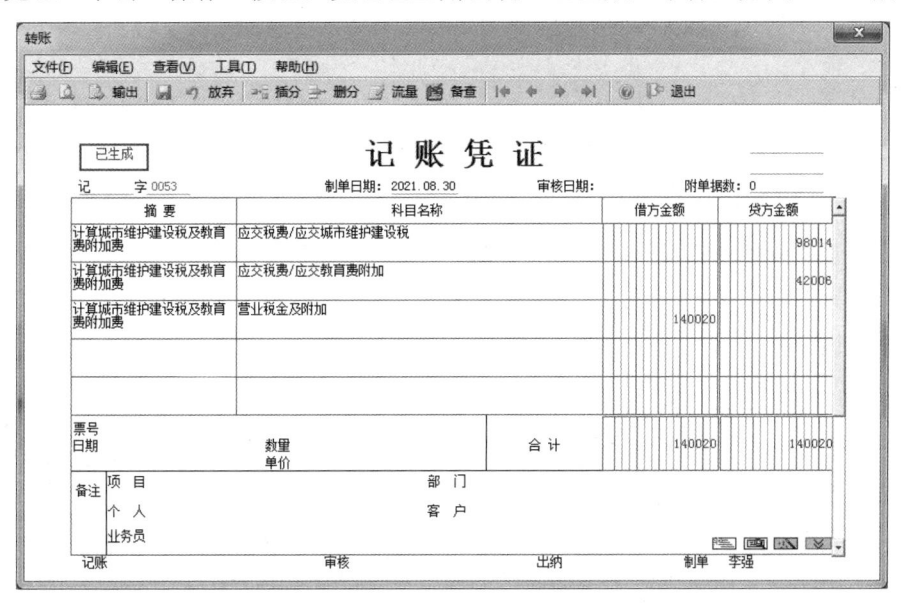

图 4-200 生成的自定义转账凭证

(3) 主管签字。

财务副总刘方在企业应用平台中，执行"业务工作|财务会计|总账|凭证|主管签字"命令，打开"主管签字"对话框。单击"确定"按钮，进入"主管签字列表"界面。双击第一个凭证行，进入"主管签字"界面。单击"签字"按钮，完成该凭证的主管签字工作。单击"退出"按钮。

(4) 审核凭证。

财务副总刘方在企业应用平台中，执行"业务工作|财务会计|总账|凭证|审核凭证"命令，打开"凭证审核"对话框。单击"确定"按钮，进入"凭证审核列表"界面。双击第一个凭证行，进入"审核凭证"界面。单击"审核"按钮完成对该凭证的审核，单击"退出"按钮。

(5) 记账。

会计李强在企业应用平台中，执行"业务工作|财务会计|总账|凭证|记账"命令，打开"记账"对话框。选中"2021.08 月份凭证"单选按钮，单击"全选"按钮，记账范围自动显示为所有已审核的待记账凭证。单击"记账"按钮，系统自动进行记账，并给出"记账完毕"的提示信息。单击"确定"按钮，单击"退出"按钮。

任务三十八　期间损益结转处理

任务目标：

完成期间损益结转处理的业务操作。

【任务资料】

2021 年 8 月 30 日，利用期间损益结转方式进行期间损益结转。

【任务说明】

此业务是月末期间损益结转业务。要完成此业务，就需要使用期间损益结转方式生成凭证并记账。

【岗位说明】

会计李强进行期间损益结转的设置、凭证生成与记账处理，财务副总刘方完成凭证的主管签字和审核。

【任务操作路径】

(1) 期间损益结转设置。

会计李强在企业应用平台中，执行"业务工作|财务会计|总账|期末|转账定义|期间损益"命令，打开"期间损益结转设置"对话框。设置"凭证类别"为"记 记账凭证"、"本年利润科目"为"4103"，如图 4-201 所示，单击"确定"按钮。

微课 4-8　期间损益结转

图 4-201 "期间损益结转设置"对话框

(2) 期间损益结转凭证生成。

会计李强在企业应用平台中,执行"业务工作|财务会计|总账|期末|转账生成"命令,打开"转账生成"对话框。选中"期间损益结转"单选按钮,单击"全选"按钮,如图 4-202 所示。

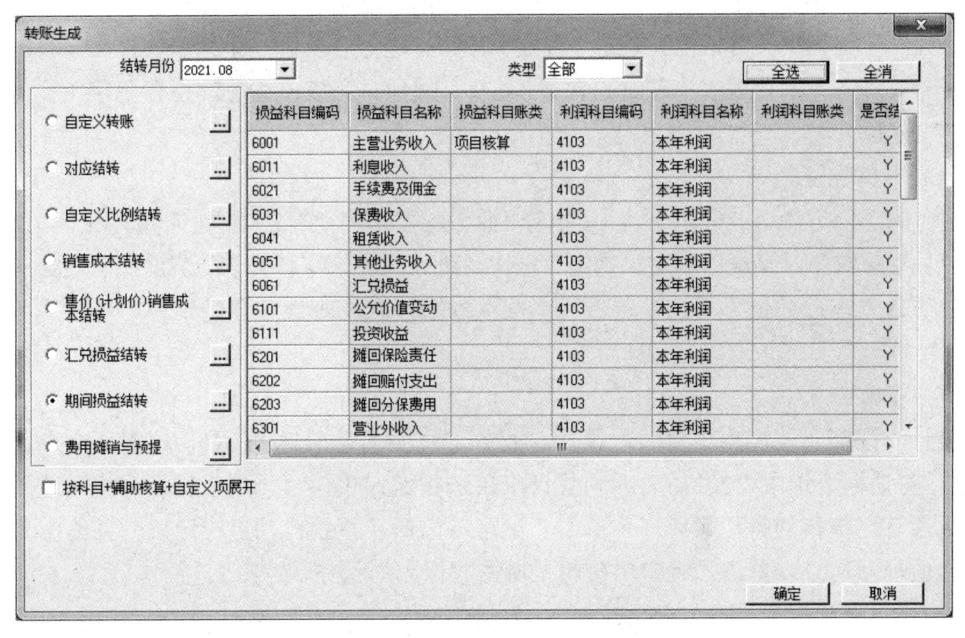

图 4-202 "转账生成"对话框

单击"确定"按钮,打开"转账"对话框,生成期间损益结转凭证。单击"保存"按钮,凭证左上角出现"已生成"字样,如图 4-203 所示。

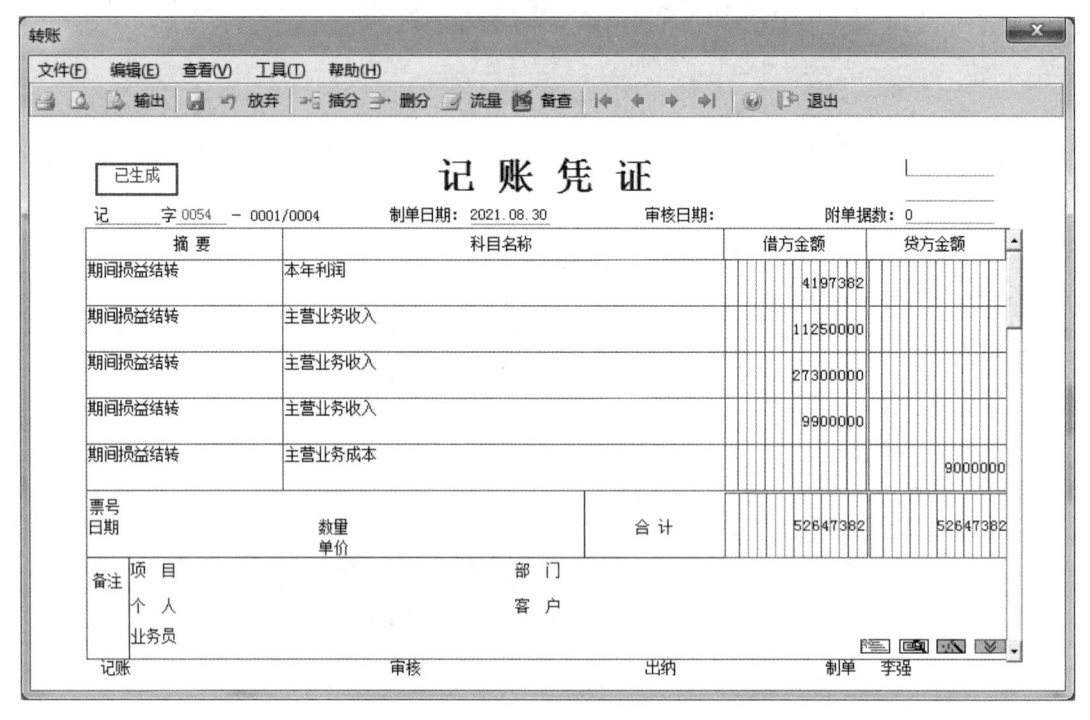

图 4-203 期间损益结转凭证

(3)主管签字。

财务副总刘方在企业应用平台中,执行"业务工作|财务会计|总账|凭证|主管签字"命令,打开"主管签字"对话框。单击"确定"按钮,进入"主管签字列表"界面。双击第一个凭证行,进入"主管签字"界面。单击"签字"按钮,完成该凭证的主管签字工作。单击"退出"按钮。

(4)审核凭证。

财务副总刘方在企业应用平台中,执行"业务工作|财务会计|总账|凭证|审核凭证"命令,打开"凭证审核"对话框。单击"确定"按钮,进入"凭证审核列表"界面。双击第一个凭证行,进入"审核凭证"界面。单击"审核"按钮,完成对该凭证的审核,单击"退出"按钮。

(5)记账。

会计李强在企业应用平台中,执行"业务工作|财务会计|总账|凭证|记账"命令,打开"记账"对话框。选中"2021.08 月份凭证"单选按钮,单击"全选"按钮,记账范围自动显示为所有已审核的待记账凭证。单击"记账"按钮,系统自动进行记账,并给出"记账完毕"的提示信息。单击"确定"按钮,单击"退出"按钮。

任务三十九　计算并结转本月企业所得税

任务目标：

完成计算并结转本月企业所得税的业务操作。

【任务资料】

2021年8月30日，计算并结转本月企业所得税。利用自定义转账和期间损益结转方式生成凭证并记账。

【任务说明】

此业务是计算并结转本月企业所得税的业务。要完成此业务，就需要使用自定义转账和期间损益结转方式生成凭证并记账。

【岗位说明】

会计李强进行自定义转账设置、自定义转账凭证和期间损益结转凭证的生成与记账处理，财务副总刘方完成凭证的主管签字和审核。

【任务操作路径】

（1）自定义转账设置。

会计李强在企业应用平台中，执行"业务工作|财务会计|总账|期末|转账定义|自定义转账"命令，打开"自定义转账设置"窗口。

单击"增加"按钮，打开"转账目录"对话框。设置"转账序号"为"0012"、"转账说明"为"计算本月企业所得税"、"凭证类别"为"记 记账凭证"，如图4-204所示。

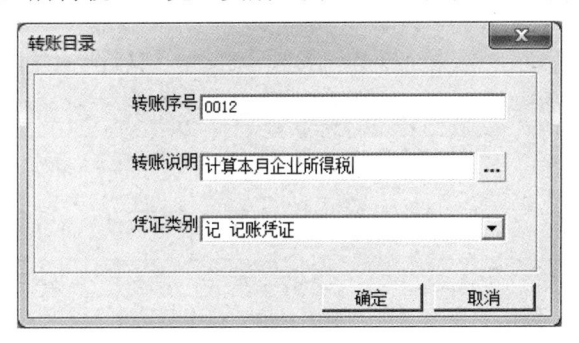

图4-204　"转账目录"对话框

单击"确定"按钮，返回"自定义转账设置"窗口。单击"增行"按钮，设置"科目编码"为"6801"、"方向"为"借"，单击"金额公式"的参照按钮，打开"公式向导"对话框。

设置"公式名称"为"贷方发生额"，单击"下一步"按钮，设置"科目"为"4103"，勾选"继续输入公式"复选框，选中"-（减）"单选按钮，其他选项采用系统默认设置，如图4-205所示。

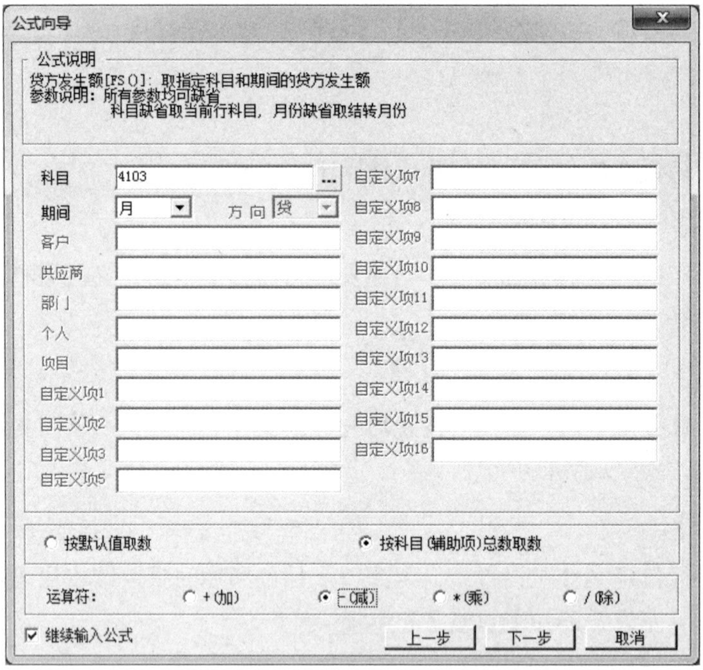

图 4-205 "公式向导"对话框

单击"下一步"按钮,设置"公式名称"为"借方发生额"。单击"下一步"按钮,设置"科目"为"4103"。单击"完成"按钮,公式被带回"自定义转账设置"窗口,在编辑状态下将公式用"()"括起来,并在公式末尾录入"*0.25",按回车键,"金额公式"栏显示"(FS(4103,月,贷)-FS(4103,月,借))*0.25"。

单击"增行"按钮,设置"科目编码"为"222103"、"方向"为"贷"、"金额公式"为"JG()",如图 4-206 所示。单击"保存"按钮,单击"退出"按钮。

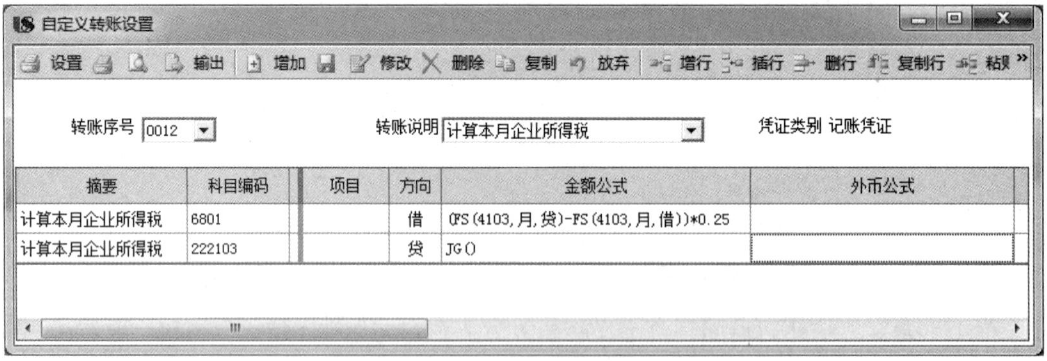

图 4-206 "自定义转账设置"窗口

(2)自定义转账凭证生成。

会计李强在企业应用平台中,执行"业务工作|财务会计|总账|期末|转账生成"命令,打开"转账生成"对话框。选中"自定义转账"单选按钮,选中"编号"为"0012"的记录行,双击其"是否结转"栏,出现"Y"。单击"确定"按钮,打开"转账"对话框,生成

自定义转账凭证。单击"保存"按钮，凭证左上角出现"已生成"字样，如图 4-207 所示。

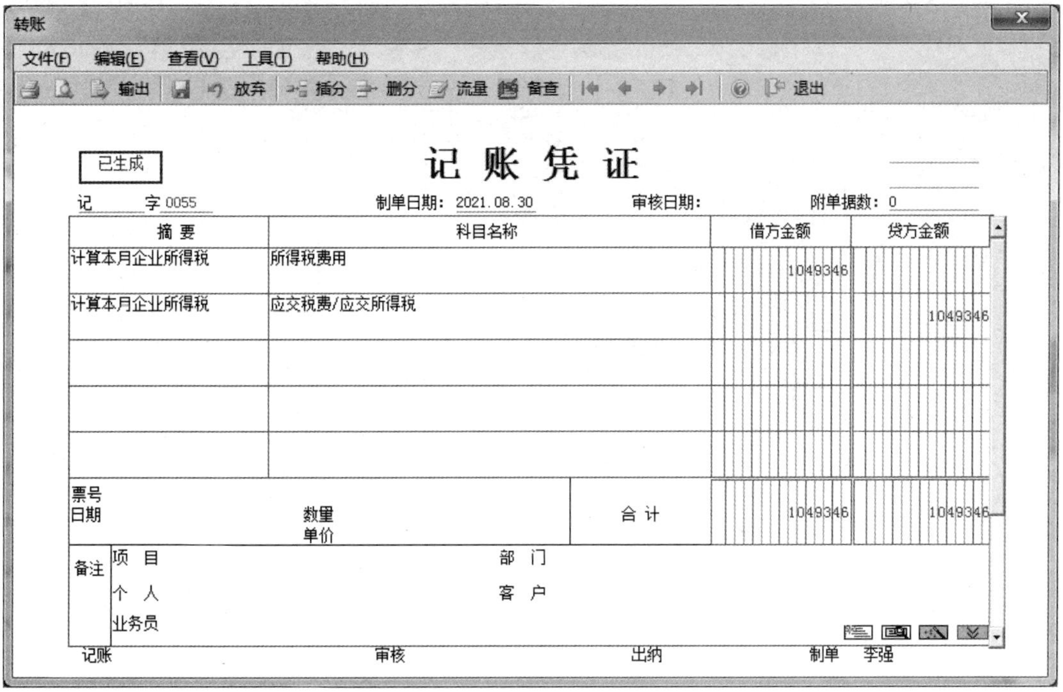

图 4-207　生成的自定义转账凭证

（3）主管签字 1。

财务副总刘方在企业应用平台中，执行"业务工作|财务会计|总账|凭证|主管签字"命令，打开"主管签字"对话框。单击"确定"按钮，进入"主管签字列表"界面。双击第一个凭证行，进入"主管签字"界面。单击"签字"按钮，完成该凭证的主管签字工作。单击"退出"按钮。

（4）审核凭证 1。

财务副总刘方在企业应用平台中，执行"业务工作|财务会计|总账|凭证|审核凭证"命令，打开"凭证审核"对话框。单击"确定"按钮，进入"凭证审核列表"界面。双击第一个凭证行，进入"审核凭证"界面。单击"审核"按钮，单击"退出"按钮。

（5）记账 1。

会计李强在企业应用平台中，执行"业务工作|财务会计|总账|凭证|记账"命令，打开"记账"对话框。选中"2021.08 月份凭证"单选按钮，单击"全选"按钮，记账范围自动显示为所有已审核的待记账凭证。单击"记账"按钮，系统自动进行记账，并给出"记账完毕"的提示信息。单击"确定"按钮，单击"退出"按钮。

（6）期间损益结转凭证生成。

会计李强在企业应用平台中，执行"业务工作|财务会计|总账|期末|转账生成"命令，打开"转账生成"对话框。选中"期间损益结转"单选按钮，选中"损益科目名称"为"所得税费用"的记录行，双击其"是否结转"栏，出现"Y"，如图 4-208 所示。

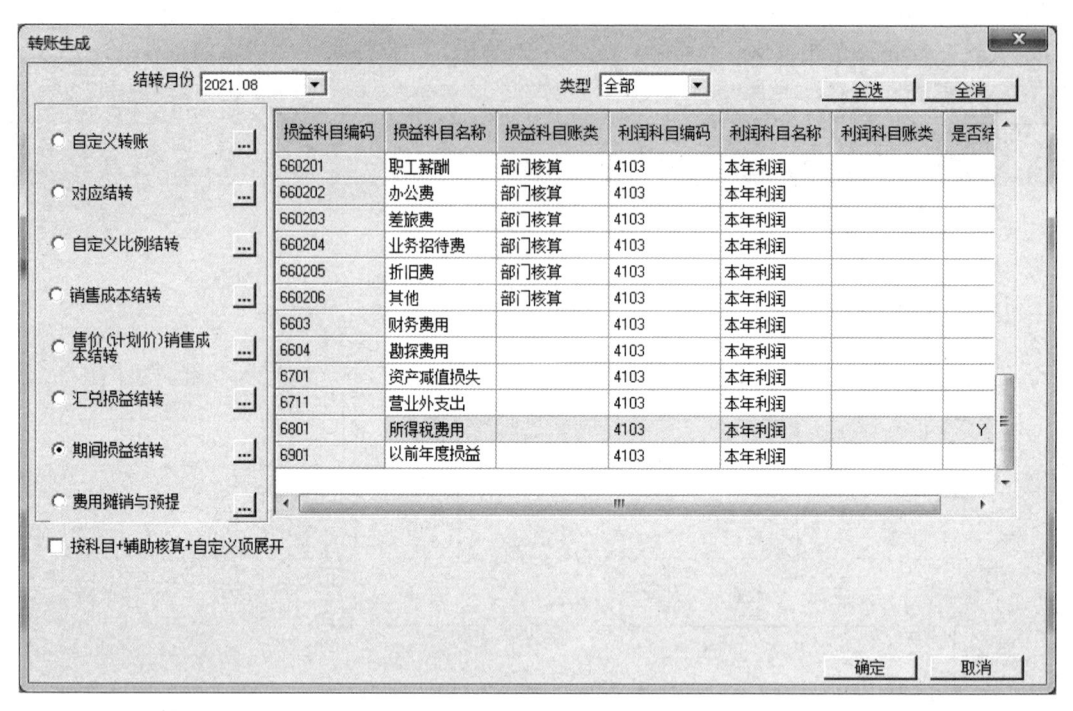

图 4-208 "转账生成"对话框

单击"确定"按钮,打开"转账"对话框,生成期间损益结转凭证。单击"保存"按钮,凭证左上角出现"已生成"字样,如图 4-209 所示。

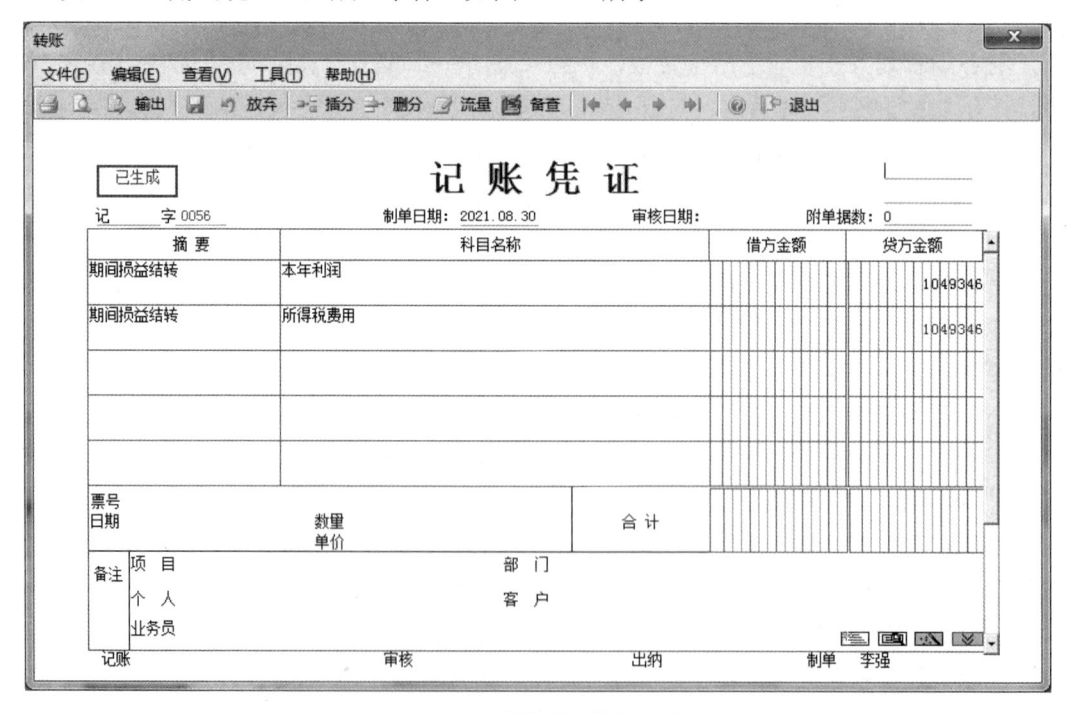

图 4-209 期间损益结转凭证

（7）主管签字 2。

财务副总刘方在企业应用平台中，执行"业务工作|财务会计|总账|凭证|主管签字"命令，打开"主管签字"对话框。单击"确定"按钮，进入"主管签字列表"界面。双击第一个凭证行，进入"主管签字"界面。单击"签字"按钮，完成该凭证的主管签字工作。单击"退出"按钮。

（8）审核凭证 2。

财务副总刘方在企业应用平台中，执行"业务工作|财务会计|总账|凭证|审核凭证"命令，打开"凭证审核"对话框。单击"确定"按钮，进入"凭证审核列表"界面。双击第一个凭证行，进入"审核凭证"界面。单击"审核"按钮，单击"退出"按钮。

（9）记账 2。

会计李强在企业应用平台中，执行"业务工作|财务会计|总账|凭证|记账"命令，打开"记账"对话框。选中"2021.08 月份凭证"单选按钮，单击"全选"按钮，记账范围自动显示为所有已审核的待记账凭证。单击"记账"按钮，系统自动进行记账，并给出"记账完毕"的提示信息。单击"确定"按钮，单击"退出"按钮。

任务四十　银行对账处理

任务目标：

完成银行对账处理的业务操作。

【任务资料】

2021 年 8 月 30 日，由会计李强进行银行对账，编制银行存款余额调节表。远达公司银行账的启用日期为 2021 年 8 月 1 日，工行存款的单位日记账的调整前余额为 312 354 元、银行对账单的调整前余额为 309 854 元。远达公司有一笔日期为 2021 年 7 月 7 日的企业已收银行未记账的未达账款（2 500 元）。银行对账单如表 4-6 所示。

表 4-6　银行对账单

日期	结算方式	票号	摘要	借方金额/元	贷方金额/元
2021-08-01			缴纳税费		44 057
2021-08-01			缴纳税费		3 786.57
2021-08-02	电汇	15628730	付定金		3 000
2021-08-02	同城特约委托收款	301	缴纳社会保险		4 839.9
2021-08-02	同城特约委托收款	302	缴纳社会保险		4 880.7
2021-08-04			预收款	20 000	
2021-08-04	电汇	10356149	付购货款		27 378
2021-08-05			销货款	127 764	
2021-08-05	电汇	10200753	付购货款		114 075
2021-08-08	转账支票	13200753	缴纳住房公积金		11 484
2021-08-08	电汇	10357604	付款单		210 600

续表

日期	结算方式	票号	摘要	借方金额/元	贷方金额/元
2021-08-11			销货款	210 600	
2021-08-12			退货款	5 265	
2021-08-16			收销货款	191 646	
2021-08-17	电汇	10357607	付购货款		114 000
2021-08-20			收销货款	128 992.5	

【任务说明】

此业务是银行对账业务。要完成此业务，就需要进行自动和手动银行对账处理。

【岗位说明】

会计李强进行银行对账。

【任务操作路径】

（1）会计李强在企业应用平台中，执行"业务工作|财务会计|总账|出纳|银行对账|银行对账期初录入"命令，打开"银行科目选择"对话框，如图4-210所示。

图4-210 "银行科目选择"对话框1

（2）"科目"默认为"工行存款（100201）"，单击"确定"按钮，打开"银行对账期初"对话框，确定"启用日期"为"2021.08.01"，如图4-211所示。

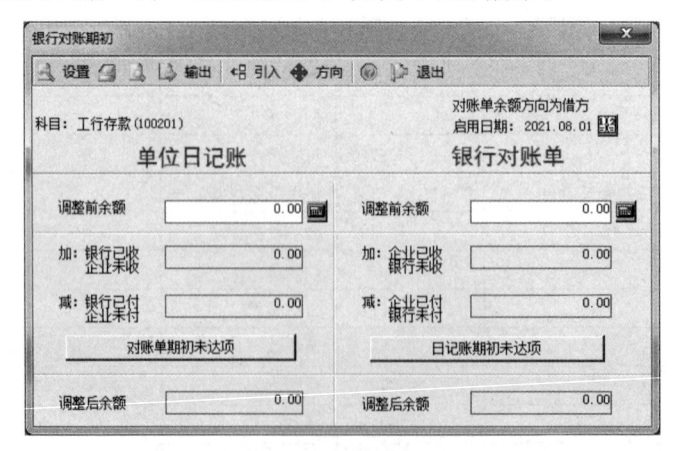

图4-211 "银行对账期初"对话框1

（3）设置"单位日记账"的"调整前余额"为"312 354.00"、"银行对账单"的"调整前余额"为"309 854.00"，如图 4-212 所示。

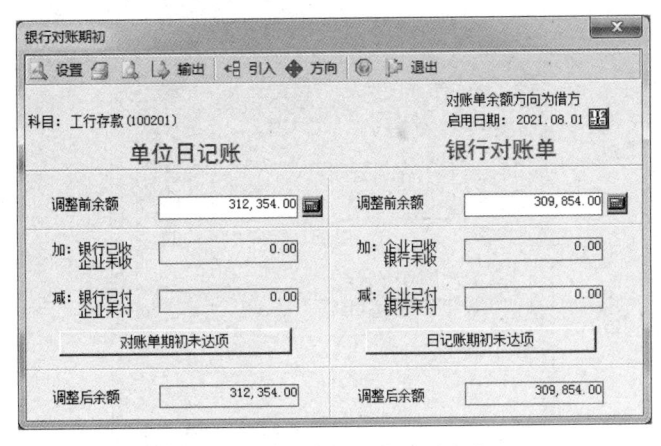

图 4-212　设置"调整前余额"

（4）单击"日记账期初未达项"按钮，打开"企业方期初"窗口。单击"增加"按钮，设置"凭证日期"为"2021.07.07"、"借方金额"为"2 500.00"，如图 4-213 所示。

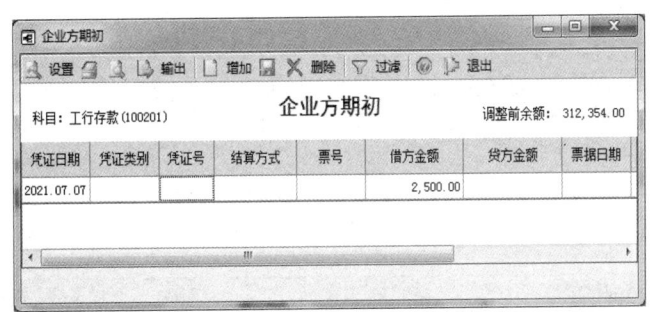

图 4-213　"企业方期初"对话框

（5）单击"保存"按钮，单击"退出"按钮，返回"银行对账期初"对话框，如图 4-214 所示。单击"退出"按钮。

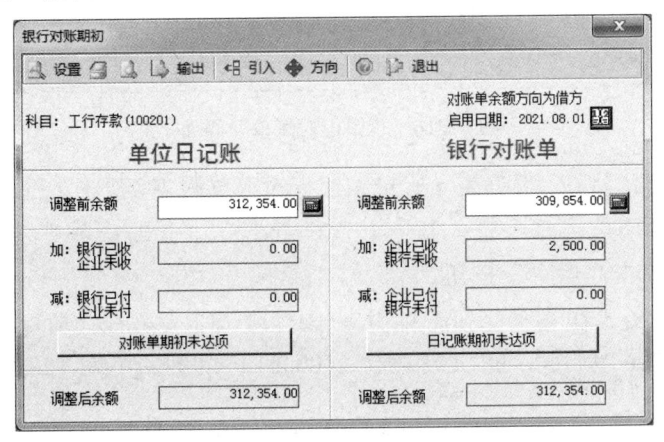

图 4-214　"银行对账期初"对话框 2

（6）执行"业务工作|财务工作|总账|出纳|银行对账|银行对账单"命令，打开"银行科目选择"对话框。设置"科目"为"工行存款（100201）"、"月份"为"2021.08"，如图 4-215 所示。

图 4-215 "银行科目选择"对话框 2

（7）单击"确定"按钮，进入"银行对账单"界面，如图 4-216 所示。

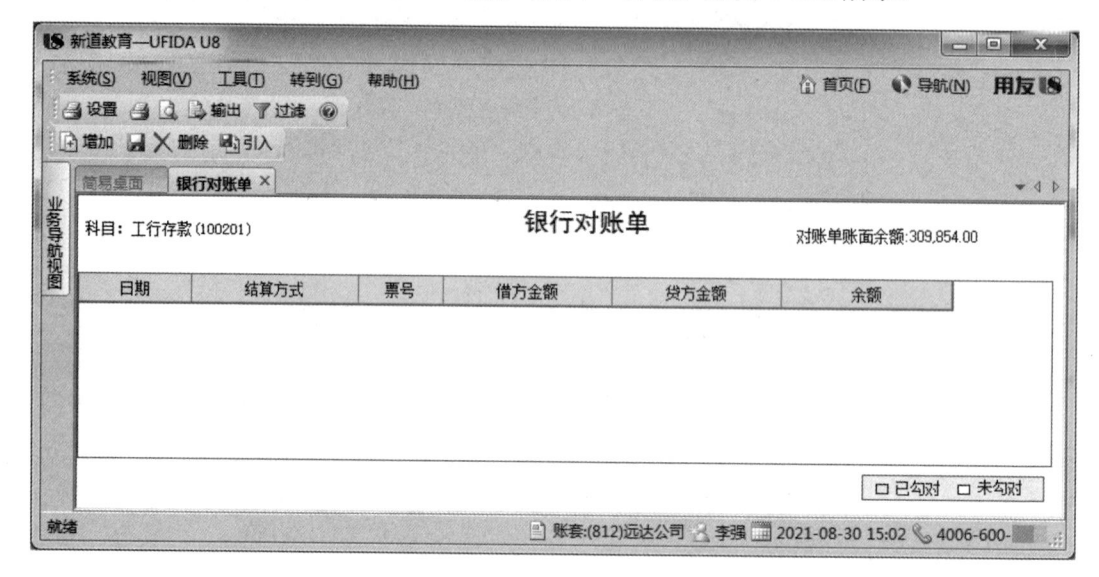

图 4-216 "银行对账单"界面 1

（8）单击"增加"按钮，根据表 4-6 录入银行对账单数据，包括"日期"、"结算方式"、"票号"（注意：所有票号都不录入第一个"0"字符）、"借方金额"或"贷方金额"，如图 4-217 所示。单击"保存"按钮。

（9）执行"业务工作|财务工作|总账|出纳|银行对账|银行对账"命令，打开"银行科目选择"对话框，设置"科目"为"工行存款（100201）"、"月份"为"2021.08"，如图 4-218 所示。

图 4-217 "银行对账单"界面 2

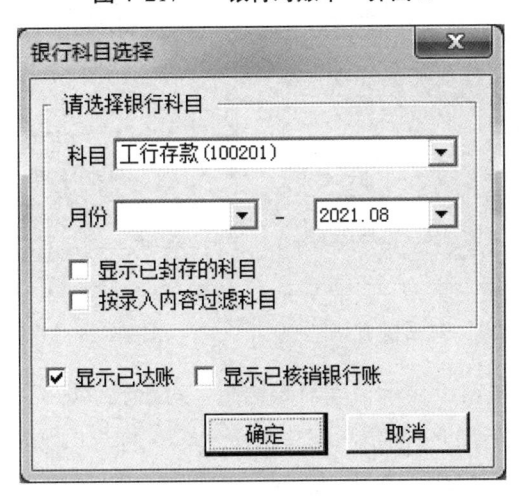

图 4-218 "银行科目选择"对话框 3

（10）单击"确定"按钮，进入"银行对账"界面，如图 4-219 所示。

图 4-219 "银行对账"界面 1

（11）单击"对账"按钮，打开"自动对账"对话框，如图 4-220 所示。

（12）设置"截止日期"为"2021-08-30"，其他选项采用系统默认设置，如图 4-221 所示。

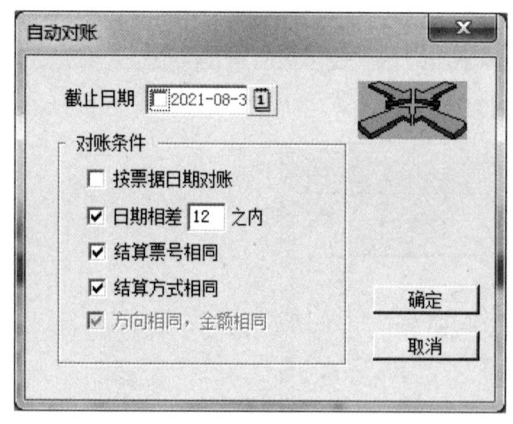

图 4-220 "自动对账"对话框 1

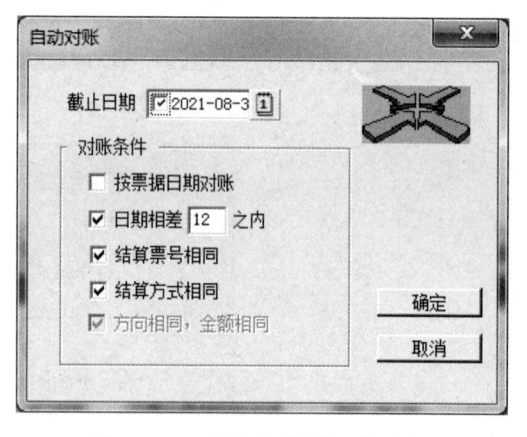

图 4-221 "自动对账"对话框 2

（13）单击"确定"按钮，显示自动对账结果，对于已达账项，系统自动在"单位日记账"和"银行对账单"双方的"两清"栏中打上"○"标志，如图 4-222 所示。

（14）在"银行对账"界面，对于一些应勾对而未勾对的账项，可分别双击其"两清"栏，直接进行手工调整。例如，"单位日记账"中金额为 20 000 元的这笔账与"银行对账单"中金额为 20 000 元的这笔账需要进行手工对账，分别双击二者的"两清"栏，出现"Y"标志，如图 4-223 所示。

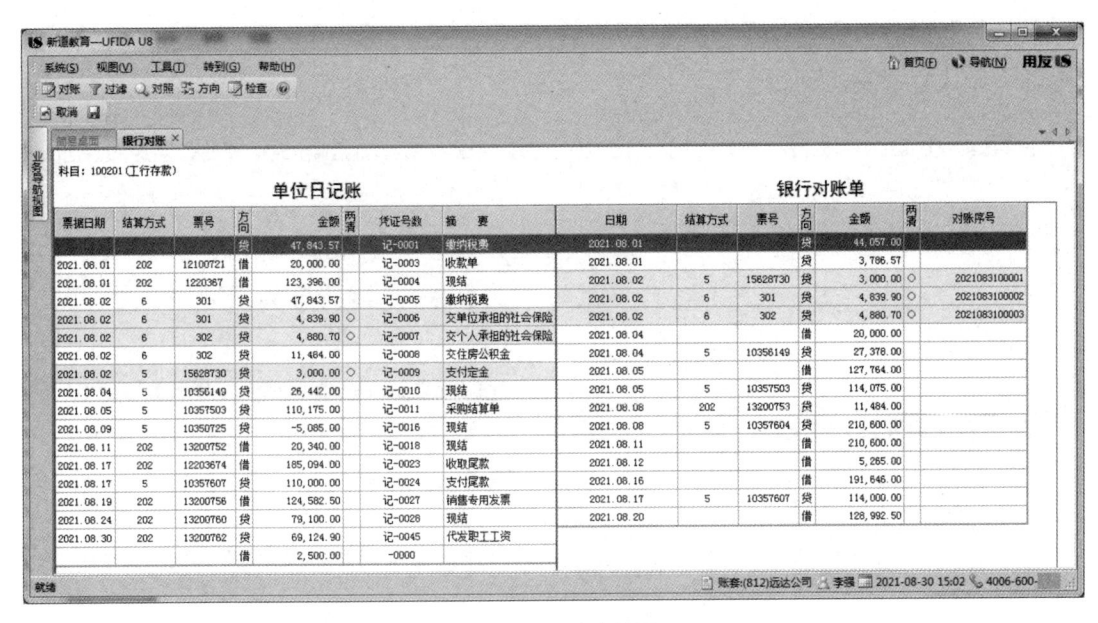

图 4-222 对账结果

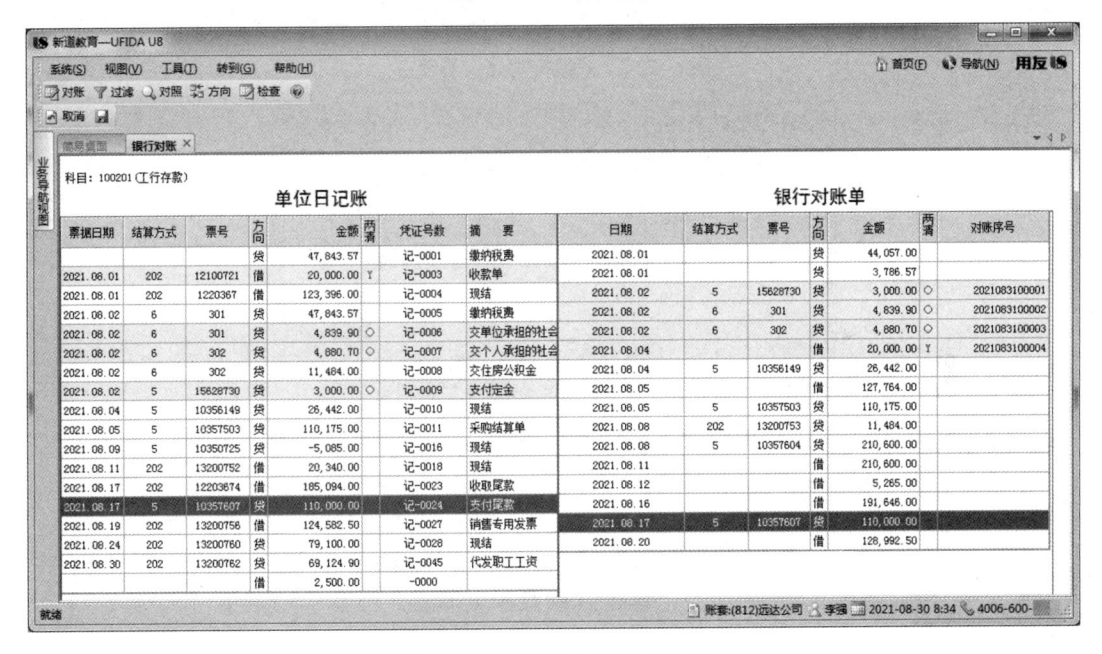

图 4-223 "银行对账"界面 2

（15）所有数据对账完毕的结果如图 4-224 所示。

（16）对账完毕，单击"检查"按钮，打开"对账平衡检查"对话框，如图 4-225 所示。若检查结果平衡，则单击"确定"按钮。

（17）执行"业务工作|财务会计|总账|出纳|银行对账|余额调节表查询"命令，进入"银行存款余额调节表"界面，如图 4-226 所示。

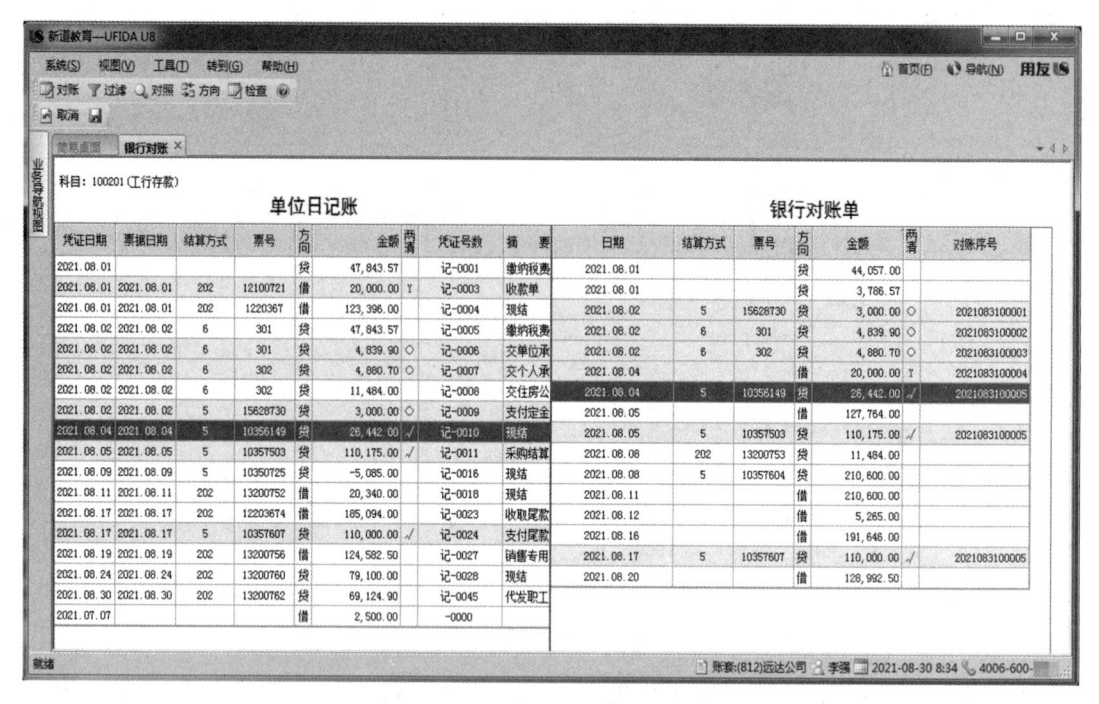

图 4-224 "银行对账"界面 3

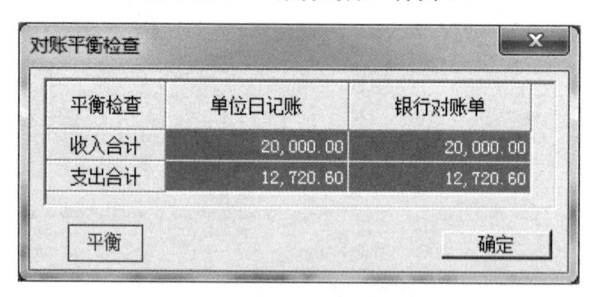

图 4-225 "对账平衡检查"对话框

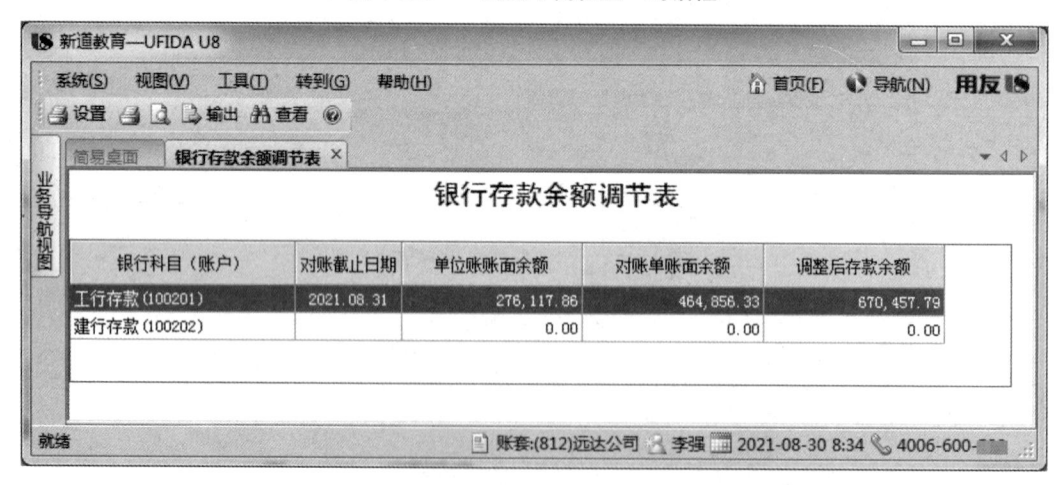

图 4-226 "银行存款余额调节表"界面

（18）选中"银行科目（账户）"为"工行存款（100201）"的记录行，单击"查看"按钮或双击该记录行，打开"银行存款余额调节表"对话框，如图4-227所示。

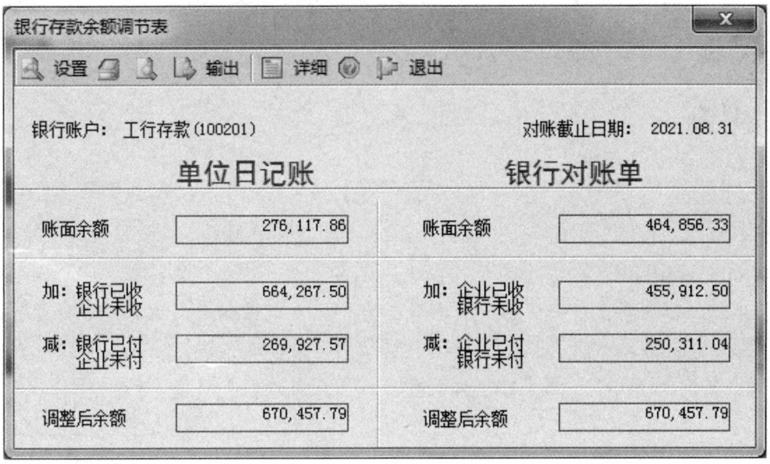

图4-227 "银行存款余额调节表"对话框

（19）单击"详细"按钮，进入"余额调节表（详细）"界面，显示该银行账户的银行存款余额调节表的详细情况，如图4-228所示。

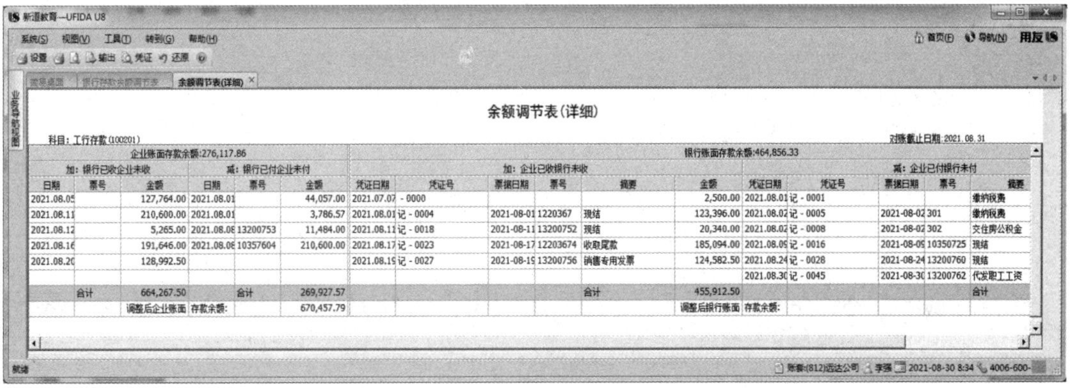

图4-228 "余额调节表（详细）"界面

提示：

- 第一次使用银行对账功能，系统要求录入单位日记账与银行对账单期初未达账项。
- 在录入单位日记账与银行对账单期初未达账项后，请不要随意调整启用日期，尤其是向前调，因为这样可能会造成启用日期后的期初数不能再参与对账。
- "对账条件"中的"方向相同，金额相同"是必选条件，对账"截止日期"为可选条件。
- 对于已达账项，系统自动在"单位日记账"和"银行对账单"双方的"两清"栏中打上"〇"标志。
- 在自动对账不能完全对上的情况下，可进行手工对账。

任务讨论

销售业务涉及的运费有哪些形式？分别如何处理？

知识补充

如果要使用采购管理系统、销售管理系统、库存管理系统和存货核算系统对企业的采购与销售业务进行处理，那么在进行日常业务处理前，我们需要对购销存管理系统进行基础档案设置，主要包括基础信息和基本科目的设置，具体包括仓库档案、收发类别、采购类型、销售类型、存货科目、对方科目等的设置。这些内容的设置可以使业务处理更便捷。

课堂思考：新一代信息技术对会计工作有什么影响？

知识链接

为什么要"业财一体化"

20世纪70年代后，随着电子计算机和IT产业的发展，财务领域出现了会计核算系统、费用报销系统和资金管理系统等初级的财务管理系统。之后，ERP系统接过了第二棒，让财务会计进入流程化阶段。

过去的财务部门往往只能在事后拿到业务数据进行整理和分析，这使企业的管控和决策具有一定的滞后性。企业在做大到一定规模之后，就需要通过财务和业务数据的联动，实时分析调整，以便反向规划调整业务。因此，EPM（企业绩效管理）成为"业财一体化"的新趋势。

随着企业数字化转型浪潮的到来，业务和流程日益线上化、智能化，业务数据和财务数据继续以指数级增长。在新环境下，部分老牌EPM系统的架构，在产品可扩展性和大数据分析能力上已经无法满足企业发展的需求。

例如，一家刚成立的小企业，财务部门的职能可能更多的是完成记账、核算等事务性的工作。在具有一定的规模后，企业就需要针对海量的财务数据做一些基础的经营分析，从而预测和规划未来的业务，以便保证完成企业的经营目标。以编制全面预算为例，企业通过传统财务软件，光是收集和整理各类业财数据就得花费3~4个月的时间，且因为全面预算编制的特性，在编制过程中，财务人员需要不断调整，从而产生多个版本的全面预算，不同版本全面预算的保存和对比分析效率极为低下。

随着企业的不断发展，财务部门也开始转型，从以前的"账房先生"变成"管理军师"。在事务性工作做完之后，财务部门还需要将其职能扩大到业务财务、战略财务，不能局限在核算之后出结果，而是要深入业务的前端，既要完成财务指标，又要找出这些结果是由哪些经营活动产生的。因此，"业财一体化"逐渐成为EPM系统的新趋势。

项目五

企业月末结账处理

项目总体要求

知识目标:

1. 了解月末处理的含义及其作用。
2. 熟悉并掌握各子系统的期末业务处理的内容和操作方法。
3. 掌握各子系统间的结账流程。

能力目标:

1. 能够正确处理各子系统的期末业务。
2. 能够根据任务的设计需要查阅有关资料、相关案例,明确各子系统期末业务处理的设计理念,在团队合作的基础上完成企业各子系统的期末业务处理工作。

任务描述	任务解析	任务要求	职业素质
本项目的主要任务是在月末时对各子系统进行结账处理，在把一定时期内应记入账簿的经济业务全部登记入账后，计算记录本期发生额及期末余额，并将本月余额结转至下期或新的账簿	月末结账需要遵循以下顺序。 先对采购管理系统进行月末结账，后对应付款管理系统进行月末结账。 先对销售管理系统进行月末结账，后对应收款管理系统进行月末结账。 先对采购管理系统与销售管理系统进行月末结账，后对库存管理系统与存货核算系统进行月末结账。 先对库存管理系统进行月末结账，后对存货核算系统进行月末结账。 固定资产系统和薪资管理系统的月末结账不分先后顺序。 最后对总账系统进行月末结账	（1）若上月尚未结账，则本月业务不能记账；不允许跨月取消月末结账，只能从最后一个月逐月取消。 （2）若没有期初记账，则不允许进行月末结账。 （3）只有在当前会计月的所有工作全部完成的前提下，才能进行月末结账。 （4）在月末结账前，用户一定要进行数据备份。 （5）在月末结账后，该月的单据将不能被修改和删除，该月未录入的单据将被视为下个会计月的单据	通过模拟企业的业务进行软件操作，认识到财务人员在工作过程中应该秉承公平、公正的态度，对业务进行精准的核算，严格按照《企业会计准则》开展工作，对工作要严谨、认真，培养良好的职业道德

任务一 各业务子系统的月末结账处理

任务目标：

2021年8月30日，对2021年8月由采购管理系统、销售管理系统、库存管理系统、存货核算系统、固定资产系统、薪资管理系统处理的经济业务进行月末结账。

一、采购管理系统的月末结账处理

【任务资料】

对采购管理系统进行月末结账。

【任务说明】

此业务是对由采购管理系统处理的经济业务进行月末结账的业务。采购管理系统的月末结账可以将多个月的单据进行结账，但不允许跨月结账。

【岗位说明】

采购人员刘东生完成采购管理系统的月末结账。

【任务操作路径】

（1）采购人员刘东生在企业应用平台中，执行"业务工作|供应链|采购管理|采购订货|采购订单列表"，打开"查询条件选择——采购订单列表"窗口。单击"确定"按钮，先在"订单列表"中单击"全选"按钮，再单击"批关"按钮，系统给出批量关闭采购订单的提示信息。单击"确定"按钮，关闭未关闭的采购订单。

（2）执行"业务工作|供应链|采购管理|月末结账"命令，打开"结账"对话框。选中"会计月份"为"8"的记录行，如图5-1所示。

（3）单击"结账"按钮，打开"月末结账"对话框。单击"否"按钮，即完成采购管理系统的月末结账，结果如图 5-2 所示。

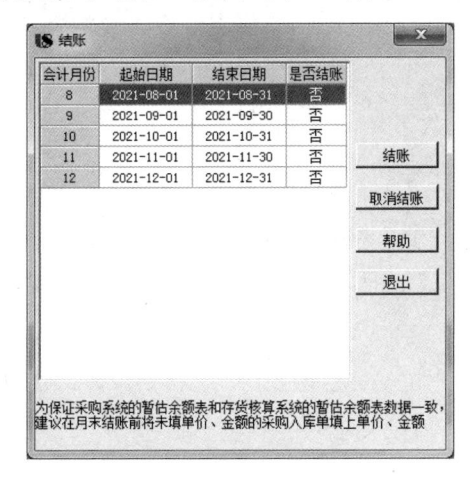

图 5-1　"结账"对话框 1

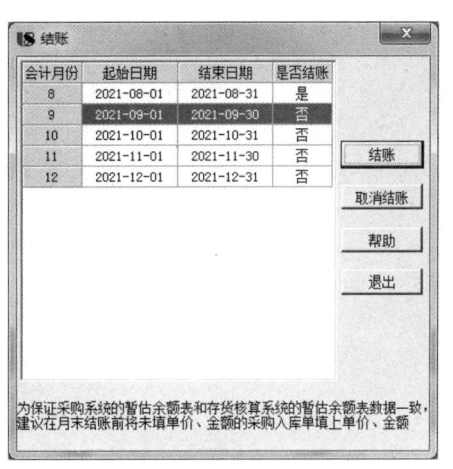

图 5-2　"结账"对话框 2

二、销售管理系统的月末结账处理

【任务资料】

对销售管理系统进行月末结账。

【任务说明】

此业务是对由销售管理系统处理的经济业务进行月末结账的业务。要完成此业务，就需要将本月的销售单据封存，并将本月的销售数据记入有关账表中。

【岗位说明】

销售人员于静完成销售管理系统的月末结账。

【任务操作路径】

（1）销售人员于静在企业应用平台中，执行"供应链|销售管理|销售订货|订单列表"命令，打开"查询条件选择——销售订单列表"窗口。单击"确定"按钮，先在"订单列表"中单击"全选"按钮，再单击"批关"按钮，系统给出批量关闭销售订单的提示信息。单击"确定"按钮，关闭未关闭的销售订单。

（2）执行"供应链|销售管理|月末结账"命令，打开"结账"对话框。选中"会计月份"为"8"的记录行，单击"结账"按钮，打开"月末结账"对话框。单击"否"按钮，单击"退出"按钮，即完成销售管理系统的月末结账，结果如图 5-3 所示。

提示：

- 只有在对销售管理系统进行月末结账后，才能对库存管理系统、存货核算系统和应收款管理系统进行月末结账。

- 若要取消销售管理系统的月末结账，则必须先取消库存管理系统、存货核算系统和应收款管理系统的月末结账。若它们当中的任何一个系统不能取消月末结账，则销售管理系统的月末结账都不能取消。

图 5-3 "结账"对话框 3

三、库存管理系统的月末结账处理

【任务资料】

对库存管理系统进行月末结账。

【任务说明】

此业务是对由库存管理系统处理的经济业务进行月末结账的业务。要完成此业务，就需要将本月的出入库单据封存，并将本月的库存数据记入有关账表中。

【岗位说明】

库管人员马月完成库存管理系统的月末结账。

【任务操作路径】

库管人员马月在企业应用平台中，执行"供应链|库存管理|月末结账"命令，系统询问是否继续，单击"是"按钮，即完成库存管理系统的月末结账。

提示：

- 只有在对采购管理系统和销售管理系统进行月末结账后，才能对库存管理系统进行月末结账。
- 只有在存货核算系统当月未结账或取消月末结账后，库存管理系统的月末结账才能取消。

四、存货核算系统的月末结账处理

【任务资料】

对存货核算系统进行月末结账。

【任务说明】

此业务要对由存货核算系统处理的经济业务进行月末结账。

【岗位说明】

会计李强完成存货核算系统的月末结账。

【任务操作路径】

(1) 会计李强在企业应用平台中,执行"供应链|存货核算|业务核算|月末结账"命令,打开"结账"对话框,如图 5-4 所示。

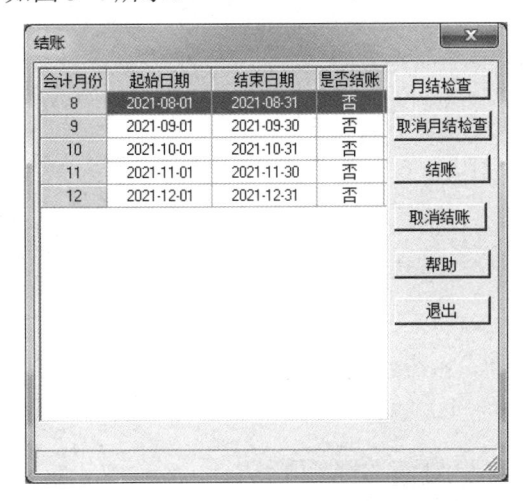

图 5-4 "结账"对话框 4

(2) 单击"结账"按钮,单击"确定"按钮,系统给出"月末结账完成"的提示信息。单击"确定"按钮,即完成存货核算系统的月末结账。

提示:

- 只有在对采购管理系统、销售管理系统和库存管理系统进行月末结账后,才能对存货核算系统进行月末结账。
- 在对存货核算系统进行月末结账前,必须保证采购(开具发票和结算)、销售(审核全部发货单)、库存(录入并审核所有单据)业务全部做完。

五、固定资产系统的月末结账处理

【任务资料】

对固定资产系统进行月末结账。

【任务说明】

此业务要对由固定资产系统处理的经济业务进行期末处理。

【岗位说明】

会计李强完成固定资产系统的月末结账。

【任务操作路径】

(1) 会计李强在企业应用平台中，执行"业务工作|财务会计|固定资产|处理|月末结账"命令，打开"月末结账"对话框。单击"开始结账"按钮，打开"与账务对账结果"对话框，如图 5-5 所示。

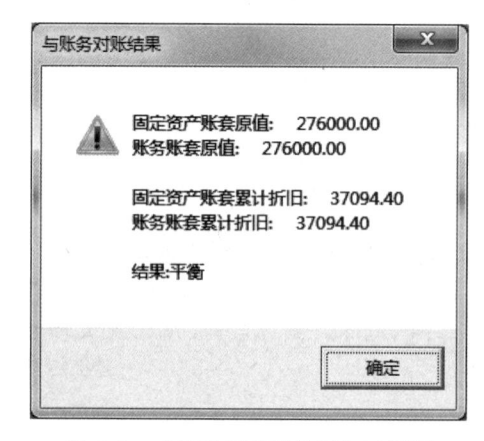

图 5-5　"与账务对账结果"对话框

(2) 单击"确定"按钮，系统给出"月末结账成功完成"的提示信息。单击"确定"按钮，即完成固定资产系统的月末结账。

六、薪资管理系统的月末结账处理

【任务资料】

对薪资管理系统进行月末结账。

【任务说明】

此业务要对由薪资管理系统处理的经济业务进行月末结账。

【岗位说明】

人力资源副总姜伟完成薪资管理系统的月末结账。

【任务操作路径】

(1) 人力资源副总姜伟在企业应用平台中，执行"业务工作|人力资源|薪资管理|工资类别|打开工资类别"命令，打开"打开工资类别"对话框。选中"类别编码"为"001"的记录行，单击"确定"按钮。

(2) 执行"业务工作|人力资源|薪资管理|业务处理|工资变动"命令，进入"工资变动"

界面。先单击"计算"按钮,再单击"汇总"按钮,即完成对工资的汇总业务。执行"业务工作|人力资源|薪资管理|工资类别|关闭工资类别"命令,关闭该工资类别。

(3)同理,完成"002 退休人员"和"003 其他"的工资汇总业务。

(4)执行"业务工作|人力资源|薪资管理|工资类别|关闭工资类别"命令,关闭所有工资类别。执行"业务工作|人力资源|薪资管理|业务处理|月末处理"命令,打开"月末处理"对话框,如图 5-6 所示。

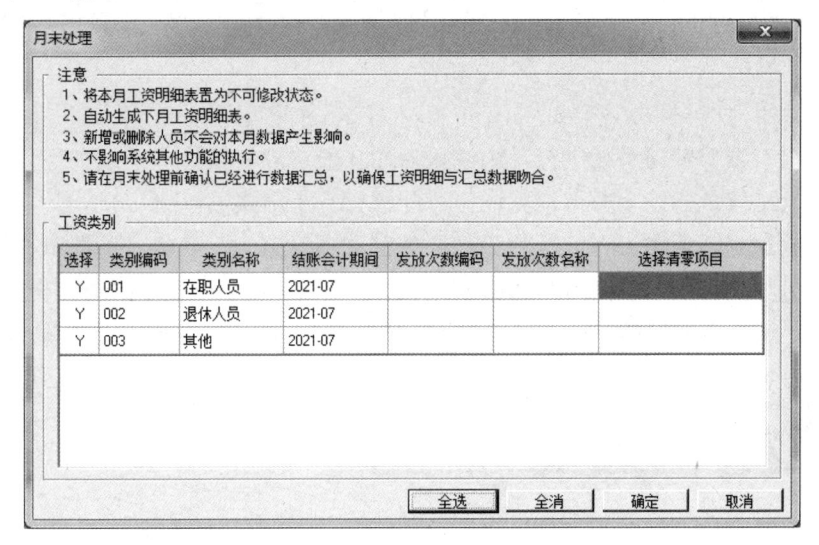

图 5-6 "月末处理"对话框

(5)先单击"全选"按钮,再单击"确定"按钮,打开"薪资管理"对话框。单击"是"按钮,即完成薪资管理系统的月末结账。

提示:尽管本期并没有发生"002 退休人员""003 其他"工资类别的相关业务,但是只有在对所有工资类别进行汇总处理之后,才能对薪资管理系统进行月末结账。

任务二　各财务子系统的月末结账处理

任务目标:

2021 年 8 月 30 日,对 2021 年 8 月由应收款管理系统、应付款管理系统、总账系统处理的经济业务进行月末结账。

一、应收款管理系统的月末结账处理

【任务资料】

对应收款管理系统进行月末结账。

【任务说明】

此业务要对由应收款管理系统处理的经济业务进行月末结账。

【岗位说明】

会计李强完成应收款管理系统的月末结账。

【任务操作路径】

会计李强在企业应用平台中,执行"业务工作|财务会计|应收款管理|期末处理|月末结账"命令,打开"月末处理"对话框。双击"八月"结账标志栏,出现"Y",单击"下一步"按钮。单击"完成"按钮,系统给出"8月份结账成功"的提示信息。单击"确定"按钮,即完成应收款管理系统的月末结账。

提示:

- 只有在对销售管理系统进行月末结账后,才能对应收款管理系统进行月末结账。
- 本月的结算单必须全部审核完成,才能进行月末结账。
- 在企业应用平台中,在应收款管理系统的选项设置中,若将"单据审核日期依据"设置为"单据日期",则本月的销售发票、应收单、收款单在结账前应全部审核完毕;若将"单据审核日期依据"设置为"业务日期",则月末有未审核的单据,仍然可以进行月末结账。

二、应付款管理系统的月末结账处理

【任务资料】

对应付款管理系统进行月末结账。

【任务说明】

此业务要对由应付款管理系统处理的经济业务进行月末结账。

【岗位说明】

会计李强完成应付款管理系统的月末结账。

【任务操作路径】

会计李强在企业应用平台中,执行"业务工作|财务会计|应付款管理|期末处理|月末结账"命令,打开"月末处理"对话框。双击"八月"结账标志栏,出现"Y",单击"下一步"按钮。单击"完成"按钮,系统给出"8月份结账成功"的提示信息。单击"确定"按钮,即完成应付款管理系统的月末结账。

提示:

- 只有在对采购管理系统进行月末结账后,才能对应付款管理系统进行月末结账。
- 本月的结算单必须全部审核完成,才能进行月末结账。
- 在企业应用平台中,在应付款管理系统的选项设置中,若将"单据审核日期依据"设置为"单据日期",则本月的采购发票、应付单、付款单在结账前应全部审核完毕;若将"单据审核日期依据"设置为"业务日期",则月末有未审核的单据,仍然可以进行月末结账。

三、总账系统的月末对账及结账处理

【任务资料】

对总账系统进行月末对账及月末结账处理。

【任务说明】

此业务是检查本期所发生的经济业务的记账凭证是否都已经进行过审核、记账及期末处理，完成对总账系统的对账及结账工作。要完成此业务，就需要先对各业务子系统进行月末结账，再进行总账系统与各子系统对账和总账系统结账。

【岗位说明】

财务副总刘方完成总账系统的月末对账及结账工作。

【任务操作路径】

（1）财务副总刘方在企业应用平台中，执行"业务工作|财务会计|总账|期末|对账"命令，打开"对账"对话框。

（2）将光标定位在要进行对账的月份"2021.08"上，单击"选择"按钮。

（3）单击"对账"按钮，开始自动对账，并显示对账结果，如图 5-7 所示。

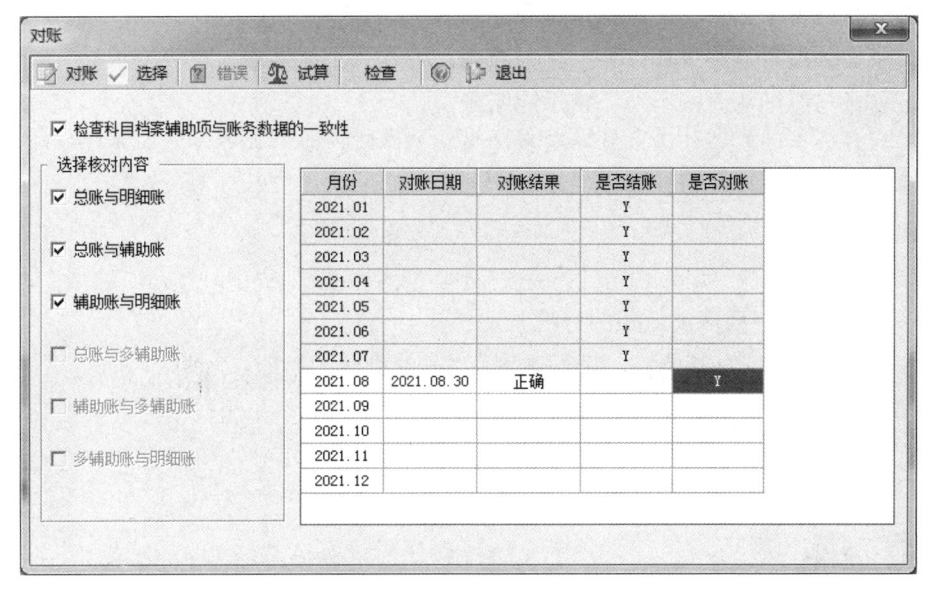

图 5-7　对账结果

（4）单击"试算"按钮，可以对各科目类别的余额进行试算平衡，单击"确定"按钮。

（5）执行"业务工作|财务会计|总账|期末|结账"命令，打开"结账"对话框。单击要结账的月份"2021.08"，单击"下一步"按钮。单击"对账"按钮，系统对要结账的月份进行账账核对。单击"下一步"按钮，系统显示"2021 年 08 月工作报告"，如图 5-8 所示。

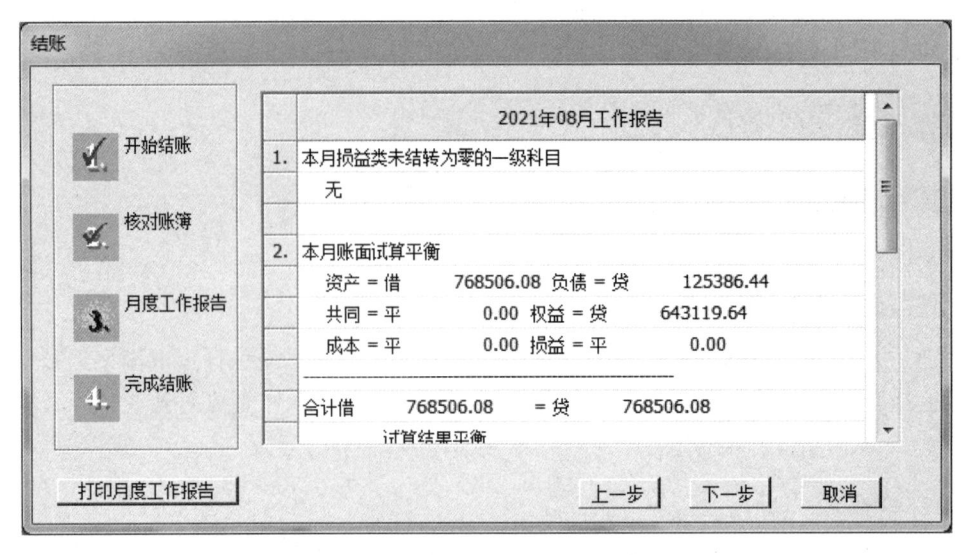

图 5-8　2021 年 08 月工作报告

（6）在查看工作报告后，单击"下一步"按钮，单击"结账"按钮，若符合结账要求，则系统将进行结账，否则不予结账。

提示：

- 结账只能由有结账权限的人进行。
- 若本月还有未记账凭证，则本月不能结账。
- 结账必须按月连续进行，若上月未结账，则本月不能结账。
- 若总账与明细账对账不符，则不能结账。
- 若与其他系统联合使用，其他子系统未全部结账，则总账系统本月不能结账。
- 在结账前，要进行数据备份。
- 取消结账的方法如下。

    第一步，执行"业务工作|财务会计|总账|期末|结账"命令，打开"结账"对话框。
    第二步，选择要取消结账的月份。
    第三步，按 Ctrl+Shift+F6 组合键激活"取消结账"功能。
    第四步，单击"确认"按钮，取消结账。

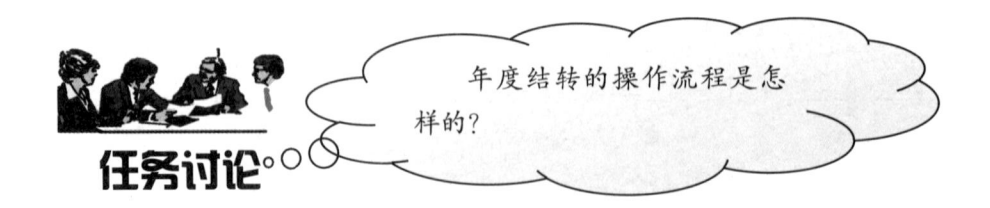

年度结转的操作流程是怎样的？

知识补充

在每个新会计年度开始时,都要把上一会计年度的会计数据结转到新年度的账中。年度结转由账套主管完成。在结转以前,要先建立新年度账。在结转中,要注意各子系统的结转次序。

课堂思考:在多系统条件下的期末处理中,各系统的处理顺序如何?

知识链接

各业务子系统的单据种类

1. 采购管理系统

采购管理系统的单据包括采购订单、到货单、采购入库单、采购发票、采购结算单等。

采购发票有两种情况。

(1)货物已经办理入库手续,填写了采购入库单,但是发票还在运输途中,这时办理入库手续的货物称为暂估的货物。

(2)对外订购货物,货物在运输途中,但是已经开具了采购发票,要等到货物入库以后才办理结算手续,这时,此项业务称为在途业务。

2. 销售管理系统

销售管理系统的单据包括销售订单、销售发货单、销售发票、代垫运费单、费用支出单等。

3. 库存管理系统

库存管理系统的单据包括采购入库单、产成品入库单、其他入库单、销售出库单、材料出库单、其他出库单、调拨单、盘点单等。

4. 存货核算系统

存货核算系统的单据包括采购入库单、产成品入库单、其他入库单、销售出库单、材料出库单、其他出库单等。

项目六

企业会计报表编制

项目总体要求

知识目标:

1. 系统学习使用报表模板生成报表的方法。
2. 掌握生成报表数据的方法。

能力目标:

1. 能够在 UFO 报表系统中设计报表的格式和编制公式。
2. 能从总账系统或其他子系统中读取有关的财务信息,自动编制各种会计报表,包括资产负债表、利润表等。

任务描述	任务解析	任务要求	职业素质
在期末所有经济业务都登记入账后,财务人员必须以日常核算资料为依据,通过整理、汇总来编制用于集中反映企业某一时点资产状况和一定时期财务状况的财务报告。UFO报表系统是处理报表的工具,在UFO报表系统中可以设计报表的格式和编制公式,从总账系统或其他子系统中读取有关的财务信息,自动编制各种会计报表,包括资产负债表、利润表等	按照会计报表的服务对象,可将企业的会计报表分为对外会计报表和对内会计报表。 对外会计报表的格式、内容、编制方法等必须遵循国家会计制度的统一规定。对内会计报表的格式、内容由各企业经营模式的不同而存在很大的差异,一般都是由各企业根据自己的需要自行设计的	(1)在格式状态下所做的操作对本报表所有的表页都发生作用,不能进行数据的录入、计算等操作。在此状态下,系统显示报表的格式,报表的数据全部被隐藏。 (2)在数据状态下管理报表的数据,如录入关键字、计算表页等。此时,不能修改报表的格式。在此状态下,系统显示报表的全部内容,包括格式和数据	在编制会计报表时,保持恒心、具有高度的责任心是财务人员必须具有的职业道德。在对报表进行分析时,财务人员需要能够独立看懂会计报表,并能对会计报表进行精准的分析。财务人员要保护国家利益,为保证社会和集体利益提供真实、可靠的会计报表

任务 利用 UFO 报表模板生成资产负债表和利润表

任务目标:

完成利用 UFO 报表模板生成资产负债表和利润表的业务操作。

一、编制资产负债表

【任务资料】

利用"2007年新会计制度科目"报表模板生成"812"账套 2021 年 7 月和 8 月的资产负债表并输出(文件名为"资产负债表.rep")。

【任务说明】

此业务是月末对资产负债表进行编制的业务。要完成此业务,就需要利用 UFO 报表系统设置资产负债表的报表格式并计算报表数据。

【岗位说明】

财务副总刘方完成资产负债表的编制。

【任务操作路径】

(1)调用"资产负债表"模板。

① 财务副总刘方在企业应用平台中,执行"业务工作|财务会计|UFO 报表-[report1]"命令,打开"UFO 报表-[report1]"窗口。在"UFO 报表"窗口中,执行"文件|新建"命令,建立一张空白报表,报表名默认为"report1"。

微课 6-1 编制资产负债表

② 在"UFO 报表-[report1]"窗口中,执行"格式|报表模板"命令,打开"报表模板"对话框。设置"您所在的行业"为"2007年新会计制度科目"、"财务报表"为"资产负债

表"，如图 6-1 所示。

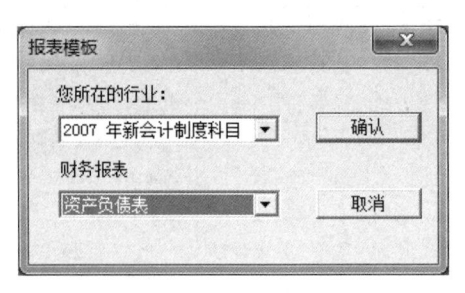

图 6-1 "报表模板"对话框 1

③ 单击"确认"按钮，系统给出"模板格式将覆盖本表格式！是否继续"的提示信息。单击"确定"按钮，即可打开"资产负债表"模板，如图 6-2 所示。

图 6-2 "资产负债表"模板

（2）调整报表模板。

① 选中 A3 单元格，将"编制单位"删除。

② 选中 A3 单元格，执行"数据|关键字|设置"命令，打开"设置关键字"对话框，如图 6-3 所示。

③ 选中"单位名称"单选按钮，单击"确定"按钮，"单位名称"即被设置为关键字。

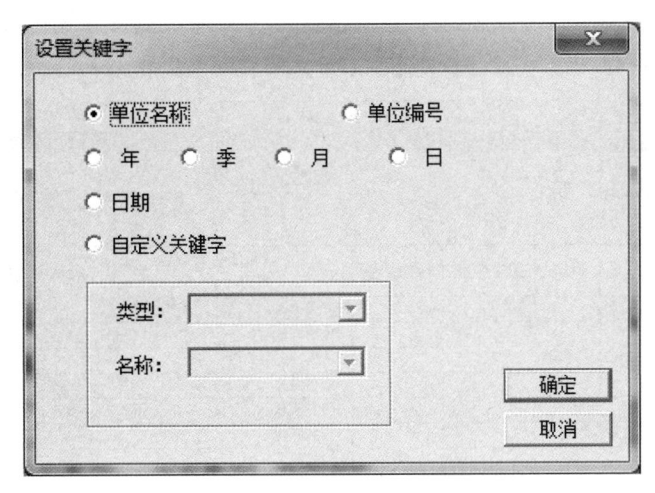

图 6-3 "设置关键字"对话框 1

（3）保存报表格式。

① 执行"文件|保存"命令。若是第一次保存，则打开"另存为"对话框。

② 选择保存路径，设置报表"文件名"和"文件类型"，如图 6-4 所示。

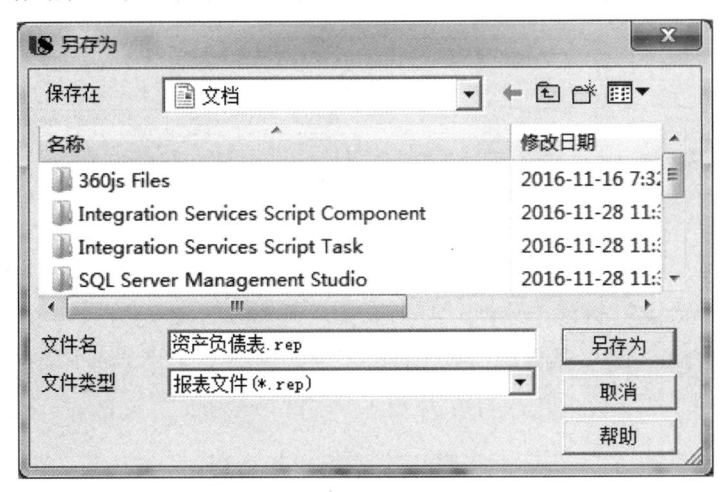

图 6-4 "另存为"对话框 1

③ 单击"另存为"按钮，保存报表格式。

提示：

- 在设置完报表格式以后，切记要及时保存，以便以后随时调用。
- 如果没有保存就退出，系统就会给出"是否保存报表"的提示信息，以防止误操作。
- ".rep"为用友报表文件专用扩展名。
- 报表文件的输出格式还包括".txt"".mdb"".xls"".wk4"。

（4）生成资产负债表数据并保存。

① 单击报表底部左下角的"格式|数据"按钮，使当前状态为"数据"状态，如图 6-5 所示。

图 6-5 "数据"状态

② 在数据状态下，执行"数据|计算时提示选择账套"命令。

③ 执行"数据|关键字|录入"命令，打开"录入关键字"对话框。设置"单位名称"为"远达公司"、"年"为"2021"、"月"为"7"、"日"为"31"，如图 6-6 所示。

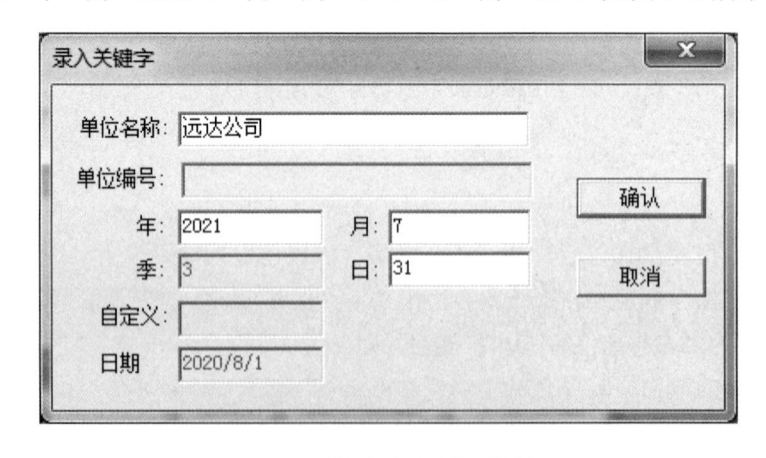

图 6-6 "录入关键字"对话框

④ 单击"确认"按钮，系统给出"是否重算第 1 页"的提示信息，单击"是"按钮，打开账套选择窗口。

⑤ 选择"812"账套，单击"登录"按钮，系统会自动根据单元公式计算 7 月的数据，如图 6-7 所示。若单击"否"按钮，则系统不计算 7 月的数据，以后可以执行"数据|表页重算"命令，生成 7 月的数据。执行"文件|保存"命令，保存文件。

资产	行次	期末余额	年初余额	负债和所有者权益（或股东权益）	行次	期末余额	年初余额
流动资产：				流动负债：			
货币资金	1	365,886.62	298,533.38	短期借款	32		
交易性金融资产	2			交易性金融负债	33		
应收票据	3			应付票据	34		
应收账款	4	24,108.00	24,108.00	应付账款	35	159,650.00	180,050.00
预付款项	5			预收款项	36		
应收利息	6			应付职工薪酬	37	12,735.15	4,859.15
应收股利	7			应交税费	38	47,843.57	13,368.33
其他应收款	8			应付利息	39		
存货	9	338,560.00	306,210.00	应付股利	40		
一年内到期的非流动资产	10			其他应付款	41	10,622.70	6,182.70
其他流动资产	11			一年内到期的非流动负债	42		
流动资产合计	12	728,554.62	628,851.38	其他流动负债	43		
非流动资产：				流动负债合计	44	230,851.42	204,460.18
可供出售金融资产	13			非流动负债：			
持有至到期投资	14			长期借款	45		
长期应收款	15			应付债券	46		
长期股权投资	16			长期应付款	47		
投资性房地产	17			专项应付款	48		
固定资产	18	176,896.80	182,908.80	预计负债	49		
在建工程	19			递延所得税负债	50		

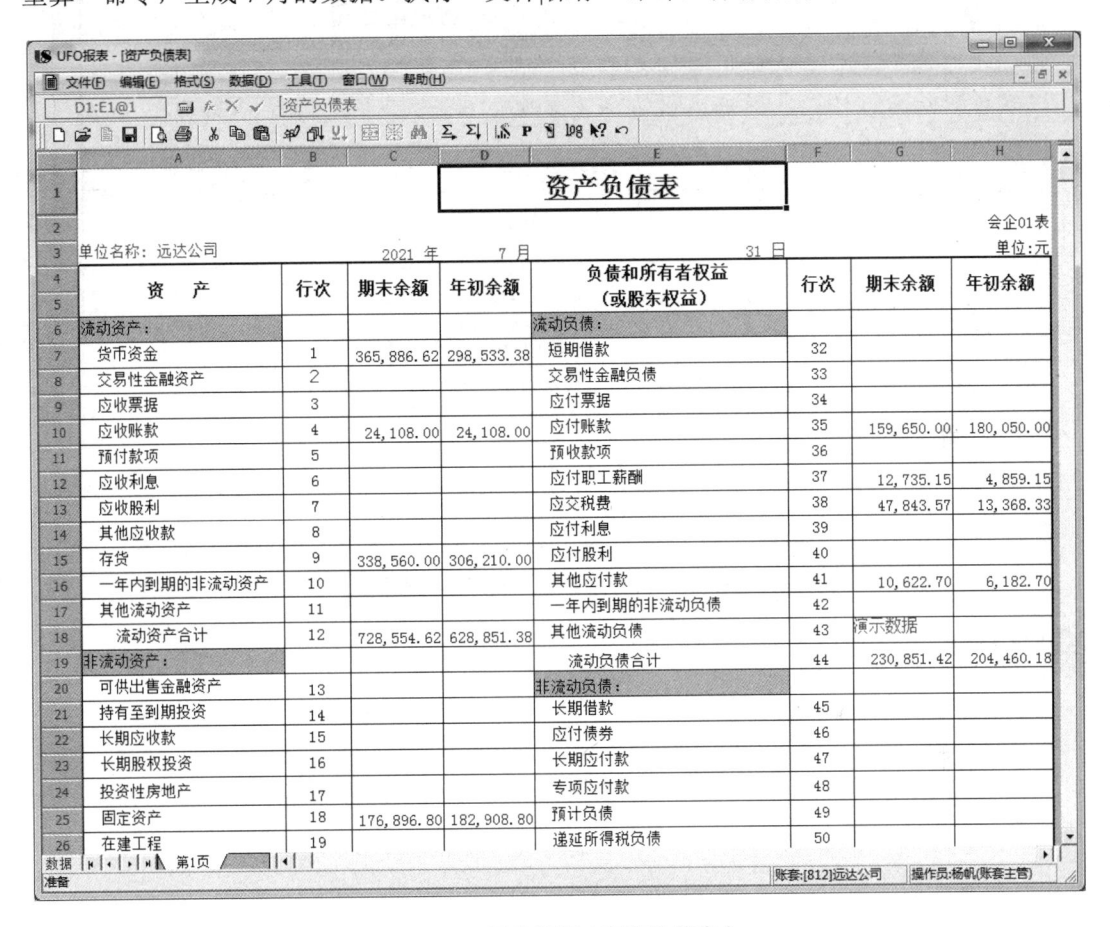

图 6-7　7 月的数据（资产负债表）

⑥ 执行"编辑|追加|表页"命令，打开"追加表页"窗口。设置追加表页数量为"1"，单击"确认"按钮，即新增一个表页。选中"第 2 页"，执行"数据|关键字|录入"命令，打开"录入关键字"对话框。设置"单位名称"为"远达公司"、"年"为"2021"、"月"为"8"、"日"为"30"。单击"确认"按钮，系统给出"是否重算第 2 页"的提示信息。单击"是"按钮，选择"812"账套，单击"登录"按钮，系统会自动根据单元公式计算 8 月的数据，如图 6-8 所示。执行"文件|保存"命令，保存文件。

	A	B	C	D	E	F	G	H
1				资产负债表				
2								会企01表
3	单位名称：远达公司		2021 年	8 月		30 日		单位:元
4	资　　产	行次	期末余额	年初余额	负债和所有者权益（或股东权益）	行次	期末余额	年初余额
5								
6	流动资产：				流动负债：			
7	货币资金	1	123,050.48	298,533.38	短期借款	32		
8	交易性金融资产	2			交易性金融负债	33		
9	应收票据	3	71,530.00		应付票据	34		
10	应收账款	4	24,708.00	24,108.00	应付账款	35	123,848.00	180,050.00
11	预付款项	5			预收款项	36		
12	应收利息	6			应付职工薪酬	37	42,494.40	4,859.15
13	应收股利	7			应交税费	38	-61,687.16	13,368.33
14	其他应收款	8		演示数据	应付利息	39		
15	存货	9	310,312.00	306,210.00	应付股利	40		
16	一年内到期的非流动资产	10			其他应付款	41	20,731.20	6,182.70
17	其他流动资产	11			一年内到期的非流动负债	42		
18	流动资产合计	12	529,600.48	628,851.38	其他流动负债	43		
19	非流动资产：				流动负债合计	44	125,386.44	204,460.18
20	可供出售金融资产	13			非流动负债：			
21	持有至到期投资	14			长期借款	45		
22	长期应收款	15			应付债券	46		
23	长期股权投资	16			长期应付款	47		
24	投资性房地产	17			专项应付款	48		
25	固定资产	18	238,905.60	182,908.80	预计负债	49		
26	在建工程	19			递延所得税负债	50		

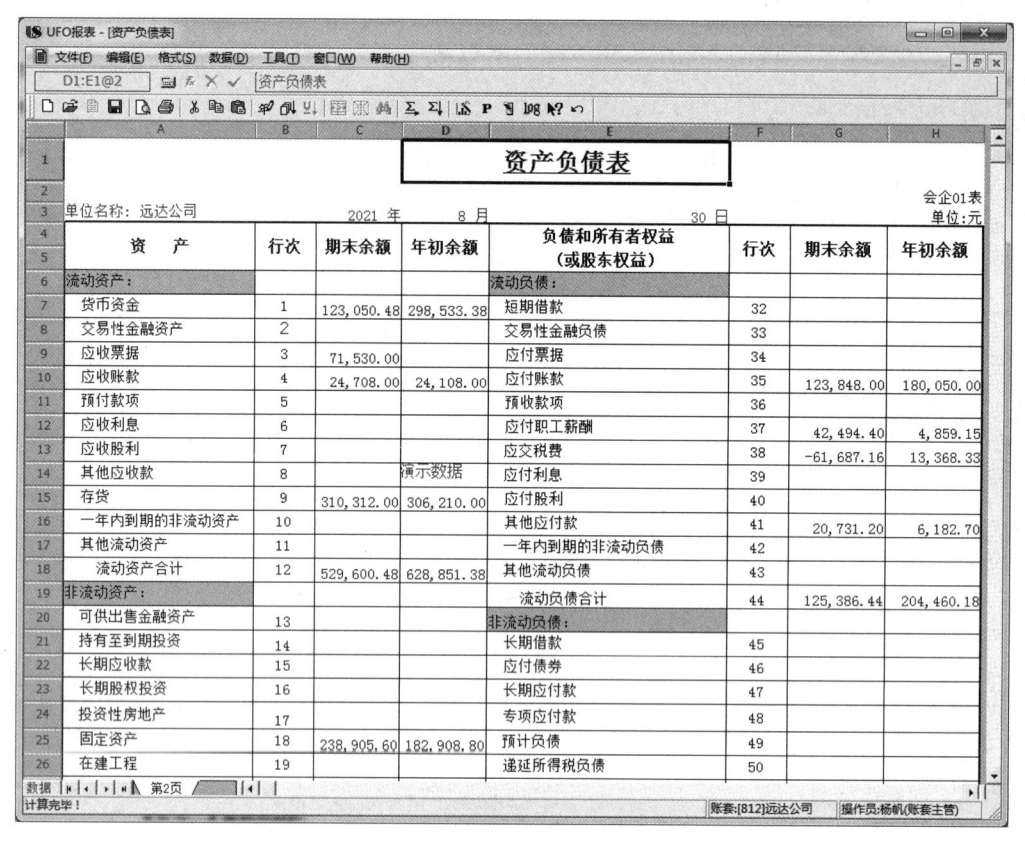

图 6-8　8 月的数据（资产负债表）

二、编制利润表

【任务资料】

利用"2007 年新会计制度科目"报表模板生成"812"账套 2021 年 8 月的利润表并输出（文件名为"利润表.rep"）。

【任务说明】

此业务是月末对利润表进行编制的业务。要完成此业务，就需要利用 UFO 报表系统设置利润表的报表格式并计算报表数据。

【岗位说明】

财务副总刘方完成利润表的编制。

【任务操作路径】

（1）调用"利润表"模板。

① 财务副总刘方在企业应用平台中，执行"业务工作|财务会计|UFO 报表"命令，打开"UFO 报表-[report1]"窗口。在"UFO 报表-[report1]"窗口中，执行"文件|新建"命令，建立一张空白报表。

② 在"UFO 报表-[report1]"窗口中，执行"格式|报表模板"命令，打开"报表模板"对话框。设置"您所在的行业"为"2007 年新会计制度科目"、"财务报表"为"利润表"，如图 6-9 所示。单击"确认"按钮，系统给出"模板格式将覆盖本表格式！是否继续"的提示信息。单击"确定"按钮，打开"利润表"模板，如图 6-10 所示。

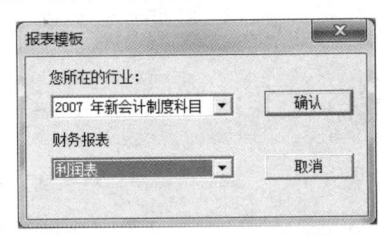

图 6-9 "报表模板"对话框 2

图 6-10 "利润表"模板

（2）调整报表模板。

① 选中 A3 单元格，将"编制单位"删除。

② 选中 A3 单元格，执行"数据|关键字/设置"命令，打开"设置关键字"对话框，如图 6-11 所示。

③ 选中"单位名称"单选按钮，单击"确定"按钮，"单位名称"即被设置为关键字，如图 6-12 所示。

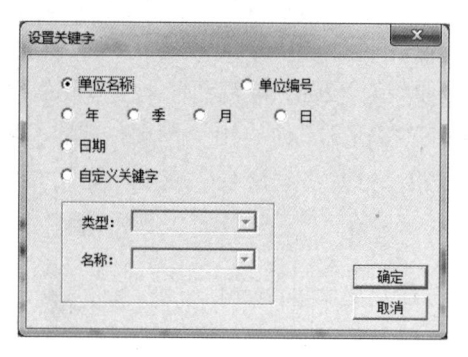

图 6-11 "设置关键字"对话框 2

图 6-12 调整后的"利润表"模板

（3）保存报表格式。

① 执行"文件|保存"命令。若是第一次保存，则打开"另存为"对话框。

② 选择保存路径，设置报表"文件名"和"文件类型"，如图 6-13 所示。

③ 单击"另存为"按钮，保存报表格式。

提示：

- 在设置完报表格式以后，切记要及时保存，以便以后随时调用。
- 如果没有保存就退出，系统会给出"是否保存报表"的提示信息，以防止误操作。
- ".rep"为用友报表文件专用扩展名。

- 报表文件的输出格式还包括".txt"".mdb"".xls"".wk4"。

图 6-13　"另存为"对话框 2

（4）生成利润表数据并保存。

① 单击报表底部左下角的"格式|数据"按钮，使当前状态为"数据"状态。

② 在数据状态下，执行"数据|关键字|录入"命令，打开"录入关键字"对话框。设置"单位名称"为"远达公司"、"年"为"2021"、"月"为"8"。单击"确认"按钮，系统给出"是否重算第 1 页"的提示信息，单击"是"按钮，打开账套选择窗口。

③ 选择"812"账套，单击"确定"按钮，系统会自动根据单元公式计算 8 月的数据，如图 6-14 所示。若单击"否"按钮，则系统不计算 8 月的数据，以后可以执行"数据|表页重算"命令，生成 8 月的数据。执行"文件|保存"命令，保存文件。

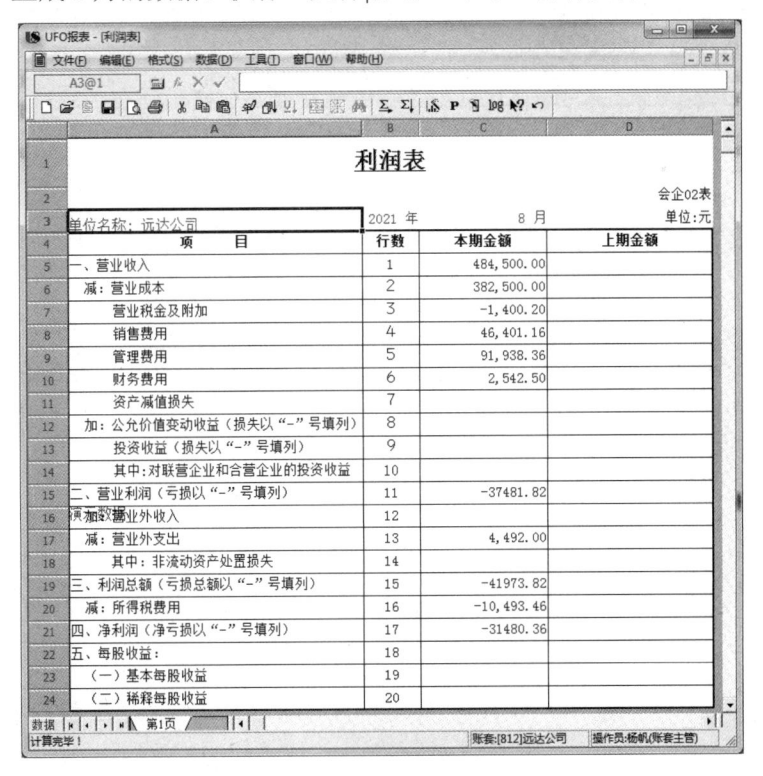

图 6-14　8 月的数据（利润表）

任务讨论

会计报表有哪 4 个要素？什么是表样单元？什么是数据单元？

知识补充

取数函数的作用是提供数据的来源、类别、所属的会计账套、所属的会计期间等各项信息，引导系统准确地从数据源取出所需的数据。

课堂思考：什么是关键字？会计报表的关键字有哪几种？

知识链接

报表中数据的来源有以下 4 个：一是总账系统；二是其他子系统；三是其他报表，或者同一报表的不同表页或者同一表页的其他单元；四是系统外部，包括网络等。